LANDTAG VON BADEN-WÜRTTEMBERG

# LANDTAG VON BADEN-WÜRTTEMBERG

17. Wahlperiode
2021 – 2026

1. Auflage

Redaktionsschluss: 1. Juni 2022

Kürschners Politikkontakte

Landtag von Baden-Württemberg
Konrad-Adenauer-Straße 3
70173 Stuttgart
Telefon: 0711 2063-0
Telefax: 0711 2063-142402
E-Mail: post@landtag-bw.de
Internet: www.landtag-bw.de

Wahl zum Landtag von Baden-Württemberg
der 17. Wahlperiode: 14. März 2021
Dauer der Wahlperiode: 5 Jahre
Beginn der Wahlperiode: 1. Mai 2021
Ende der Wahlperiode: 30. April 2026

ISBN 978-3-95879-156-5

Herausgeber: Andreas Holzapfel
Redaktion: Andrea Gertig-Hadaschik, Katrin Holzapfel

Bildnachweis: Landtag von Baden-Württemberg; Laurence Chaperon (Thomas Strobl), Kultusministerium Baden-Württemberg; Rainer Pfisterer (Bayaz, Dr. Danyal)

Gesamtherstellung: Medienhaus Plump, Rheinbreitbach

# INHALT

MUHTEREM ARAS MdL

Präsidentin des Landtags von Baden-Württemberg

# VORWORT

Am 14. März 2021 waren die Bürgerinnen und Bürger aufgerufen, ein neues Parlament zu wählen. 63,8 Prozent der Baden-Württembergerinnen und Baden-Württemberger gaben an dem Tag ihre Stimme ab und entschieden so über das politische Geschehen im Südwesten in den nächsten fünf Jahren.

Bei der Wahl 2021 erreichten die Grünen 32,6 Prozent – ein Plus von 2,3 Prozentpunkten. Die CDU kam auf ein Ergebnis von 24,1 Prozent, das entspricht einem Minus von 2,9 Prozentpunkten. Die SPD zog mit einem Wahlergebnis von 11 Prozent in das Parlament ein, 1,7 Prozentpunkte weniger als bei der vorherigen Wahl. Die FDP kam nach Auszählung aller Stimmzettel auf 10,5 Prozent, ein Plus von 2,2 Prozentpunkten. Auch der AfD gelang erneut der Einzug ins Parlament. Sie erreichte 9,7 Prozent der Stimmen, ein Minus von 5,4 Prozentpunkten.

Der 17. Landtag besteht erneut aus fünf Fraktionen. Durch die Wahl hat sich nicht nur die Größe der Fraktionen geändert, sondern auch die Größe des Parlaments insgesamt: Laut Wahlgesetz muss der Landtag von Baden-Württemberg mindestens 120 Sitze haben. Übergang- und Ausgleichsmandate haben dazu geführt, dass sich die Zahl der Abgeordneten in dieser Legislaturperiode auf 154 erhöht hat.

Seine vielfältigen Aufgaben und seine politischen Entscheidungen transparent, verständlich und bürgernah zu vermitteln, dieses Ziel verfolgt der Landtag von Baden-Württemberg schon lange. Demokratie lebt vom Austausch und von Begegnungen. Beides ist im Landtag bei Veranstaltungen und der Teilnahme an Besuchsprogrammen möglich.

Die Corona-Pandemie hat dies in den letzten Jahren allerdings sehr erschwert. Doch der Landtag hat sich der Situation angepasst: So sind Schulklassenbesuche seit 2020 digital möglich, Veranstaltungen wie auch öffentliche Plenarsitzungen werden per Livestream übertragen und die Aktivitäten in den sozialen Netzwerken wurden deutlich erweitert.

Darüber hinaus bietet der Landtag eine ganze Reihe weiterer Informationsmöglichkeiten wie Publikationen und die vielfältigen Angebote auf der Website, die mehrsprachig und in leichter Sprache verfügbar sind.

Ich lade Sie, liebe Bürgerinnen und Bürger, ein, diese vielfältigen Angebote zu nutzen oder selbst zu uns in den Landtag zu kommen: Besuchen Sie unsere Veranstaltungen, nehmen Sie an den Besucherprogrammen teil und erleben Sie die interaktive Dauerausstellung im Bürger- und Medienzentrum! Unabhängig davon können Sie auch jederzeit Ihre Wahlkreisabgeordnete bzw. Ihren Wahlkreisabgeordneten ansprechen – einen Überblick über die in den 17. Landtag gewählten Abgeordneten finden Sie in dieser Publikation.

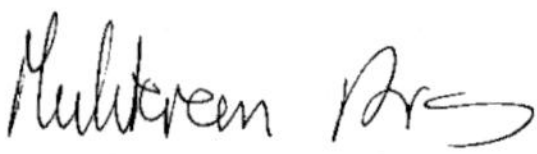

Muhterem Aras MdL

Präsidentin des Landtags von Baden-Württemberg

# WAHL UND ARBEITSWEISE DES LANDTAGS

Als die Bundesrepublik Deutschland im Jahre 1949 gebildet wurde, bestanden im heutigen Landesgebiet von Baden-Württemberg die drei Länder Baden, Württemberg-Baden und Württemberg-Hohenzollern. Diese drei Länder waren im Jahre 1945 von der Besatzungsmacht auf dem Gebiet der früheren Länder Baden und Württemberg unter Einbeziehung des ehemals preußischen Regierungsbezirks Sigmaringen gebildet worden. Aufgrund einer Volksabstimmung, die vom Bundesgesetzgeber gemäß Artikel 118 GG angeordnet worden war, wurden die drei nach dem Krieg entstandenen Länder im Jahre 1952 zum neuen Land Baden-Württemberg vereinigt. Die Volksabstimmung fand am 9. Dezember 1951 statt, eine Verfassunggebende Landesversammlung für Baden-Württemberg wurde am 9. März 1952 gewählt, und mit der Bildung einer vorläufigen Regierung ist das Land Baden-Württemberg am 25. April 1952 ins Leben getreten. Die Verfassunggebende Landesversammlung hat nach Erfüllung ihres Auftrags – die Verfassung des Landes Baden-Württemberg ist dort im November 1953 verabschiedet worden, sie ist am 19. November 1953 in Kraft getreten – bis zum Jahre 1956 als erster Landtag des Landes Baden-Württemberg weiter amtiert.

Die Wahlperiode des 17. Landtags hat am 1. Mai 2021 begonnen und dauert fünf Jahre.

## Die Wahl des Landtags

Bei der Wahl am 14. März 2021 haben die Parteien folgende Stimmenanteile erreicht: GRÜNE 32,6 %, CDU 24,1 %, SPD 11,0 %, FDP/DVP 10,5 % und AfD 9,7 %. Entsprechend diesem Stimmenergebnis entfallen im 17. Landtag auf die GRÜNEN 58 Sitze, auf die CDU 42, auf die SPD 19, auf die FDP/DVP 18 und auf die AfD 17 Sitze. Die Wahlbeteiligung betrug 63,8 % (vorangegangene Landtagswahl: 70,4 %).

Das bis zur Wahl 2021 angewandte Wahlsystem sieht wie folgt aus: Wahlberechtigt und wählbar sind alle Deutschen, die am Wahltag das 18. Lebensjahr vollendet haben und seit drei Monaten in Baden-Württemberg ihre Wohnung (bei mehreren Wohnungen ihre Hauptwohnung) oder sonst einen gewöhnlichen Aufenthalt haben.

Das Wahlsystem ist eine Verbindung von Verhältniswahl und Persönlichkeitswahl: Das Sitzverhältnis der Parteien im Landtag richtet sich nach dem Stimmenverhältnis der Parteien im Land (Verhältniswahl), die Zuteilung dieser Parlamentssitze an die einzelnen Bewerber richtet sich nach den Stimmen, die diese Bewerber in ihrem jeweiligen Wahlkreis errungen haben (Persönlichkeitswahl).

Es gibt nur Wahlkreisbewerber, d. h. jeder Kandidat muss sich in einem der 70 Wahlkreise des Landes zur Wahl stellen. Der Wähler hat bei diesem Wahlsystem – anders als bei der Bundestagswahl – nicht zwei Stimmen, sondern nur eine Stimme, die er für einen Kandidaten in seinem Wahlkreis abgibt; diese eine Stimme wird jedoch zweimal gewertet, einmal bei der Ermittlung, wie viele Sitze einer Partei im Landtag zustehen, zum Zweiten bei der Feststellung, welche Bewerber dieser Partei einen Parlamentssitz erhalten.

Genauer besehen stellt sich dieses Wahlsystem wie folgt dar:

1. 120 Abgeordnetensitze, das ist die Mindestzahl der Mitglieder des Landtags, werden auf die Parteien im Verhältnis ihrer Gesamtstimmenzahl im Land verteilt. Für jede Partei werden dazu alle Stimmen zusammengezählt, die auf ihre Wahlkreisbewerber im ganzen Land entfallen sind. Auf diese Weise wurde bei der Landtagswahl 2021 entsprechend dem Stimmenverhältnis der Parteien zunächst folgende Sitzverteilung im Landtag ermittelt: GRÜNE 45, CDU 33, SPD 15, FDP/DVP 14 und AfD 13 Sitze. Dies ist also das Ergebnis des Verhältniswahl-Grundsatzes.

   Es werden bei dieser Zuteilung von Parlamentssitzen nach dem Verhältniswahlprinzip nur solche Parteien berücksichtigt, die auf Landesebene mindestens 5 v. H. der Stimmen erreicht haben (5-Prozent-Klausel).

   Anschließend werden die errechneten Sitze auf die vier Regierungsbezirke (Stuttgart, Karlsruhe, Freiburg, Tübingen) verteilt, um eine regionale Ausgewogenheit über das ganze Land hinweg zu gewährleisten. Dies geschieht gesondert für jede Partei auf Grundlage der von ihr in den Regierungsbezirken erlangten Stimmen. Eine Partei, die in einem Regierungsbezirk besonders stark ist, erhält daher in diesem Regierungsbezirk auch verhältnismäßig viele Mandate. Bei der letzten Landtagswahl ergab sich folgende Verteilung (jeweils Regierungsbezirk Stuttgart / Karlsruhe / Freiburg / Tübingen): GRÜNE 16 / 11 / 10 / 8, CDU 12 / 8 / 6 / 7, SPD 6 /4 / 3 / 2, FDP/DVP 6 / 3 / 3 / 2, AfD 5 / 4 / 2 / 2.

2. Zweitens muss ermittelt werden, welche Kandidaten die Sitze erhalten, die einer Partei im jeweiligen Regierungsbezirk zustehen. Zunächst kommen diejenigen Bewerber zum Zuge, die einen Wahlkreis gewonnen haben, die also unter den Bewerbern ihres Wahlkreises die meisten Stimmen erhalten haben (relative Mehrheit); man spricht hier von „Direktmandaten". Die übrigen Sitze dieser Partei – die sogenannten Zweitmandate – gehen an diejenigen Bewerber, die zwar kein Direktmandat erringen konnten, aber im Verhältnis zu den übrigen Bewerbern ihrer Partei im betreffenden Regierungsbezirk die höchsten Stimmenanteile erhalten haben.

   Die Grünen haben alle ihrer 58 Mandate im 17. Landtag als Direktmandate erworben. Die CDU errang 12 Direktmandate, die übrigen Mandate sind Zweitmandate. Die Fraktionen SPD, FDP/DVP und AfD haben ausschließlich Zweitmandate.

   Die Gesamtzahl der Direktmandate im Land entspricht der Zahl der Wahlkreise und beträgt daher 70. Auf Grund der Mindestgröße des Landtags von 120 Abgeordneten werden mindestens 50 weitere Mandate als Zweitmandate vergeben.

   Konnten die Bewerber einer Partei in einem Regierungsbezirk mehr Direktmandate erringen als ihrer Partei dort nach dem Stimmenverhältnis Sitze zustehen („Überhangmandate"), erhöht sich die Gesamtzahl der Sitze im Landtag entsprechend; die erfolgreichen Bewerber können ihre Sitze also behalten. Zum Ausgleich erhalten die übrigen Parteien im selben Regierungsbezirk so viele zusätzliche Sitze – sogenannte Ausgleichsmandate – bis der Proporz im Regierungsbezirk wieder hergestellt ist; die Ausgleichsmandate führen ebenfalls zu einer Vergrößerung des Landtags.

   Bei der Landtagswahl vom 14. März 2021 haben die Grünen insgesamt 13 Überhangmandate errungen, 7 davon im Regierungsbezirk Stuttgart, 4 im Regierungsbezirk Karlsruhe und 2 im Regierungsbezirk Freiburg. Die übrigen Parteien haben hierfür insgesamt 21 Ausgleichsmandate erhalten (jeweils Regierungsbezirk Stuttgart / Karlsruhe / Freiburg): CDU 5 / 3 / 1, SPD 2 / 2 / 0, FDP/DVP 2 / 2 / 0, AfD 2 / 1 / 1. Durch Überhang- und Ausgleichsmandate zählt der 17. Landtag folglich 154 Mitglieder.

3. Die Parteien können in jedem Wahlkreis neben dem Bewerber einen Ersatzbewerber – von den Parteien meist „Zweit-

kandidat“ genannt – aufstellen, der in den Landtag nachrückt, wenn der (Haupt-)Bewerber vorzeitig ausscheidet.

Soweit die Grundzüge des Wahlsystems. Die Landtagswahl war in Baden-Württemberg bis zur Wahl 2021 – um dies nochmals hervorzuheben – durchgehend Persönlichkeitswahl, weil niemand in den Landtag gelangt, der sich nicht in einem Wahlkreis bewirbt und dort nicht eine entsprechend hohe Stimmenzahl erreicht hat, um damit ein Direktmandat oder aber ein Zweitmandat zu erringen. Darin liegt ein wesentlicher Unterschied gegenüber der Bundestagswahl. Dort wird nur die Hälfte der Abgeordneten durch Persönlichkeitswahl gewählt, die andere Hälfte gelangt durch Listenwahl, nämlich über die Landeslisten in den Bundestag. In Baden-Württemberg wurde das Wahlsystem im Jahr 2022 reformiert, so dass künftig auch im Südwesten die Wahl der Abgeordneten durch Persönlichkeitswahl und Listenwahl erfolgt.

Die Bürger wählen den Landtag nicht nur, sie können ihn auch durch Volksabstimmung vorzeitig auflösen. Eine solche Volksabstimmung findet statt, wenn sie in einem Volksbegehren von einem Zehntel der Wahlberechtigten verlangt wird.

## Präsidentin, Präsidium, Schriftführer

Unter den Vertretungs- und Leitungsorganen des Landtags sind zu unterscheiden:

Die *Präsidentin* vertritt den Landtag nach außen, auch im Verhältnis zu anderen Staatsorganen und Behörden. Sie sorgt für die geschäftsordnungsmäßige Behandlung aller Vorlagen, Initiativen und Eingaben, sie wirkt auf eine sachgerechte Gestaltung der Parlamentsarbeit hin, sie führt – gegebenenfalls im Zusammenwirken mit dem Präsidium – die Parlamentsgeschäfte. Die Präsidentin tritt dafür ein, dass die Rechte des Landtags durch die übrigen Gewalten gewahrt werden. In den Räumen des Landtags übt sie das Hausrecht und die Polizeigewalt aus. Zur Wahrung der Entscheidungsfreiheit des Parlaments bedürfen öffentliche Versammlungen unter freiem Himmel und Aufzüge innerhalb eines gesetzlich festgelegten Umkreises um das Landtagsgebäude – der „Bannmeile“ – einer Ausnahmeerlaubnis, die vom Innenministerium nur im Einvernehmen mit der Landtagspräsidentin erteilt werden kann. Der Präsidentin untersteht schließlich die Landtagsverwaltung. Im Rahmen des Haushaltsplans weist sie die Einnahmen und Ausgaben an. Das Vorschlagsrecht für die Wahl der Präsidentin steht herkömmlich der größten Fraktion zu.

Die Präsidentin wird von zwei Vizepräsidenten vertreten.

Das *Präsidium* ist das Steuerungsgremium für den Ablauf der Parlamentsarbeit. Ihm gehören neben der Präsidentin und ihren Stellvertretern auch die Spitzen der Fraktionen an (Zusammensetzung vgl. S. 198). Im Präsidium wird der Ablauf der Plenarsitzungen abgesprochen, ihm obliegt die Aufstellung des Arbeits- und Terminplans des Landtags; dieses Gremium berät ferner über Angelegenheiten, die für die Stellung des Parlaments und für seine Arbeit von grundsätzlicher Bedeutung sind. In den parlamentarischen Angelegenheiten entscheidet das Präsidium in der Regel einvernehmlich, nicht durch Mehrheitsbeschluss. Des Weiteren unterstützt das Präsidium die Präsidentin bei den Aufgaben der Parlamentsverwaltung. Das Präsidium stellt auch den Entwurf des Haushaltsplans für den Bereich des Parlaments auf. Für die Ernennung und Entlassung der Beamten des Landtags bedarf die Präsidentin des Einvernehmens des Präsidiums.

Von diesem Leitungsgremium ist der *Sitzungsvorstand* in den Plenarsitzungen des Landtags zu unterscheiden, der sich zusammensetzt aus der jeweils amtierenden Präsidentin und zwei *Schriftführern*. Der Landtag hat zu diesem Zweck 27 Abgeordnete als Schriftführer gewählt (vgl. S. 198).

## Fraktionen

Die Fraktionen sind die politischen Gliederungen des Parlaments, in denen die Abgeordneten derselben Partei zusammengeschlossen sind. In den Fraktionen formiert sich die politische Haltung der Abgeordneten einer Partei zu den im Plenum und in den Ausschüssen anstehenden Entscheidungen und Debatten. Aus den Fraktionen geht ein großer Teil der politischen Initiativen für die Parlamentsarbeit hervor. Der Landtag hat die Rechtsstellung und die Finanzierung der Fraktionen durch ein besonderes Fraktionsgesetz, das am 1.1.1995 in Kraft getreten ist, geregelt.

Auch in organisatorischer Hinsicht sind die Parlamentsfraktionen wichtige Einheiten, ohne die das Parlament nicht arbeitsfähig wäre. Die Planung und Steuerung der Parlamentsarbeit beruht weithin auf Absprachen unter den Parlamentsfraktionen. Auch der Ablauf der Debatten im Plenum ist in weitgehendem

Maße nach Fraktionen geordnet, z. B. wenn das Wort dem Redner dort für eine Fraktion oder im Rahmen des Redezeitkontingents seiner Fraktion erteilt wird. Äußerlich wird die Gliederung in Fraktionen in der Sitzordnung des Plenums sichtbar (vgl. S. 33; dabei ist die Einordnung der Fraktionen in „rechts" und „links" traditionell von der Präsidentin aus gesehen). Die Fraktionen haben das Vorschlagsrecht oder Benennungsrecht bei einer Vielzahl von Personalentscheidungen wie z. B. für die Besetzung der Landtagsausschüsse, für den Vorsitz in den Ausschüssen, für die Wahl der Präsidentin und der Vizepräsidenten und anderes mehr. Sie sind initiativberechtigt, d. h. sie können Gesetzentwürfe und andere Anträge einbringen, die vom Fraktionsvorsitzenden namens der Fraktion unterzeichnet sind.

Für die verschiedenen Sachgebiete der Landespolitik haben die Fraktionen Arbeitskreise gebildet, die vor allem Initiativen der Fraktionen vorbereiten und die Beratungen der Ausschüsse begleiten. Die Fraktionen verfügen über einen Stab von Mitarbeitern und Beratern. Im Haushalt des Landtags stehen den Fraktionen zu diesem Zweck 81 Planstellen des höheren Dienstes für Parlamentarische Berater zur Verfügung. Daneben erhalten die Fraktionen aus dem Landeshaushalt finanzielle Zuschüsse, wobei die Oppositionsfraktionen im Verhältnis ihrer Mitgliederzahl mehr erhalten als die Regierungsfraktionen. Des Weiteren leisten die Abgeordneten Beiträge an ihre Fraktion.

Die Zusammensetzung der fünf Fraktionen des gegenwärtigen Landtags und ihrer jeweiligen Vorstände ist auf S. 192 ff. dargestellt.

### Die Opposition

In der parlamentarischen Demokratie nimmt die Opposition, obwohl die Verfassung sie gar nicht erwähnt, eine wichtige Funktion wahr; normalerweise ist unsere parlamentarische Demokratie ohne Opposition nicht denkbar. Die Opposition hat einen wichtigen Anteil an der Kontrolle der Regierung. Die Handlungsmöglichkeiten der Opposition sind durch eine Reihe von Minderheitenrechten in Verfassung, Parlamentsgeschäftsordnung und parlamentsrechtlichen Gesetzen abgesichert. Dazu gehören u. a. die Einsetzung von Untersuchungsausschüssen und Enquetekommissionen, die Durchsetzung von Sondersitzungen des Landtags sowie die Einbringung eines Misstrauensantrags gegen den Ministerpräsidenten oder einen Minister.

Im Übrigen versucht die Geschäftsordnung, auch in Bezug auf den Debattenablauf im Plenum, die Opposition in angemessener Weise zur Geltung zu bringen. Auf Debattenbeiträge des Ministerpräsidenten hat die Opposition ein unmittelbares Entgegnungsrecht. Desgleichen kommt auch in der Aussprache zu einer Regierungserklärung als erstes die Opposition zu Wort. Bei der Aufstellung der Plenartagesordnungen haben die Oppositionsfraktionen in gleicher Weise wie die Regierungsfraktionen Anspruch darauf, bevorzugte Plätze an vorderer Stelle der Tagesordnung zu belegen, wofür in der Geschäftsordnung ein rollierendes System unter den Fraktionen festgelegt ist.

In der 17. Wahlperiode steht den beiden Regierungsfraktionen GRÜNE und CDU mit 100 Mitgliedern (GRÜNE 58, CDU 42) eine Opposition mit zusammen 54 Mitgliedern (SPD 19, FDP/DVP 18, AfD 17) gegenüber.

## Sitzungen des Plenums

Die Beschlüsse des Landtags werden vom Plenum, der Vollversammlung des Parlaments, in öffentlicher Sitzung gefasst. Das Plenum ist zugleich das Forum für die öffentliche politische Debatte, für wichtige politische Aussagen der Fraktionen und der Regierung. Das Publikum hat im Rahmen der zur Verfügung stehenden Plätze im Zuhörerraum Zutritt. Auf der Pressetribüne haben die Parlamentsjournalisten ihre Plätze. Rundfunk und Fernsehen können unmittelbar aus dem Plenarsaal senden. Alle Plenarsitzungen werden im Internet live übertragen, auch in einer barrierefreien Version (www.landtag-bw.de). Über die Plenarsitzungen wird von den Landtagsstenografen ein Wortprotokoll aufgenommen, das der Allgemeinheit – ebenso wie die Beratungsvorlagen des Plenums (Drucksachen) – zugänglich ist.

In der Regel finden monatlich drei Plenarsitzungen statt, davon zwei ganztags und eine halbtags. In den fünf Jahren der 16. Wahlperiode waren es 146 Plenarsitzungen. Es wäre allerdings verfehlt, den Umfang der Parlamentsarbeit allein nach der Zahl der öffentlichen Plenarsitzungen zu beurteilen. Die Beschlüsse des Plenums werden auf unterschiedlichen Ebenen intensiv vorbereitet, insbesondere in den Landtagsausschüssen und in den Beratungsgremien der Fraktionen. So geht jeder Entscheidung des Plenums in der Regel eine Vielzahl von Vorberatungen in anderen Gremien voraus.

Die Plenarsitzung wird von der Präsidentin oder den Vizepräsidenten im Wechsel geleitet. Ihnen sitzen zwei Abgeordnete als Schriftführer zur Seite, die die Präsidentin oder ihre Stellvertreter bei der Verhandlungsleitung und bei der Durchführung der Abstimmungen unterstützen. Die Präsidentin oder die Vizepräsidenten erteilen das Wort, wobei nicht allein die Reihenfolge der Wortmeldungen ausschlaggebend ist, sondern auch das Bestreben, die gegensätzlichen politischen Standpunkte in der Debatte einander gegenübertreten zu lassen. Mitglieder der Regierung und ihre Beauftragten (z. B. politische Staatssekretäre) müssen auf ihr Verlangen zu jeder Zeit das Wort erhalten, auch außerhalb der Rednerliste und außerhalb der Tagesordnung. Im Interesse einer lebendigen politischen Debatte steht den Vorsitzenden der Oppositionsfraktionen ein unmittelbares Entgegnungsrecht zu, wenn der Ministerpräsident in einer Aussprache das Wort ergreift.

Die Tagesordnungen der Plenarsitzungen werden vom Präsidium aufgestellt. Die vom Präsidium festgelegte Tagesordnung kann allerdings vom Landtag selbst auf Vorschlag einer Fraktion oder der Präsidentin geändert werden. Dasselbe gilt für die vom Präsidium festgelegten Redezeiten. Grundsätzlich haben die Fraktionen eine gleiche Grundredezeit, jedoch werden auf Verlangen einer Fraktion Redezeitzuschläge festgelegt, die sich nach der Fraktionsstärke richten. Das Präsidium hat indes auch die Möglichkeit, von der Festlegung von Redezeiten abzusehen.

## Die Ausschüsse

Die Parlamentsausschüsse haben die Aufgabe, die Beschlüsse des Plenums vorzubereiten. Sie sind der Ort für eine gründliche und detaillierte Beratung unter den Experten der Fraktionen. Die Sitzungen der Landtagsausschüsse finden weitgehend nichtöffentlich statt. Zu ihrer Information können die Ausschüsse öffentliche oder nichtöffentliche Anhörungen zu einem ihnen überwiesenen Beratungsgegenstand durchführen, in welchen Sachverständige, Vertreter der interessierten Kreise oder Sprecher der von einer Vorlage Betroffenen zu Wort kommen. Dieses in den Vereinigten Staaten gebräuchliche Mittel des öffentlichen Hearings hat sich in der deutschen Parlamentspraxis immer mehr eingebürgert.

Die Ausschüsse haben das Recht, durch Mehrheitsbeschluss auch sonst öffentlich zu tagen. Ebenso muss öffentlich getagt werden, wenn zwei Fraktionen dies beantragen. Die Geschäftsordnung des baden-württembergischen Landtags gibt auch gewisse Möglichkeiten, bestimmte Debatten vom Plenum in eine öffentliche Ausschusssitzung zu verlagern (z. B. Besprechung Großer Anfragen, Beratung von Fraktionsanträgen).

Die Landtagsausschüsse befassen sich mit Angelegenheiten, die ihnen – in der Regel vom Plenum – im Einzelfall überwiesen worden sind. Darüber hinaus können sie auch andere Fragen aus ihrem Geschäftsbereich beraten und dem Landtag zur Entscheidung vorlegen (Selbstbefassungsrecht). Die Ausschüsse handeln also nicht nach außen, sondern sind Organe der Entscheidungsvorbereitung für das Plenum. Eine Ausnahme bilden z. B. bestimmte gesetzlich festgelegte Mitwirkungsrechte des zuständigen Ausschusses beim Haushaltsvollzug. Es gibt daneben Ausschüsse, die unter bestimmten Voraussetzungen an die Stelle des Gesamtlandtags treten können: der Ständige Ausschuss, der als „Zwischenparlament" nach Ablauf der Wahlperiode oder nach einer vorzeitigen Landtagsauflösung bis zum Zusammentritt des neuen Landtags die Rechte des Parlaments gegenüber der Regierung wahrt (während der Wahlperiode hat der Ständige Ausschuss die Aufgaben eines Fachausschusses für Verfassungs- und Rechtsfragen); ferner das für den Notstandsfall (Art. 62 der Verfassung) gebildete, aus 22 Abgeordneten bestehende Notparlament. Ein Landtagsausschuss mit verselbstständigten Aufgaben ist auch das Parlamentarische Kontrollgremium. Es übernimmt die Aufgaben des früheren G-10-Gremiums, nämlich die parlamentarische Kontrolle der Regierung bei Post- und Telekommunikationsüberwachung und die Befugnisse des Ständigen Ausschusses zur Kontrolle des Verfassungsschutzes nach dem Landesverfassungsschutzgesetz. Damit soll die Kontrolle des Verfassungsschutzes effektiver werden.

Der Landtag hat zwölf ständige Fachausschüsse sowie den Petitionsausschuss gebildet. Dabei wurde von dem Grundsatz ausgegangen, dass jedem Fachministerium im Landtag ein Ausschuss gegenübersteht, der auch Gesprächspartner und „Kontrolleur" des betreffenden Ministeriums ist. Die Ausschusssitzungen der 13 Ausschüsse sind auf zwei aufeinanderfolgende Wochen verteilt, in denen auch Fraktionssitzungen und Sitzungen der den Ausschüssen zugeordneten Fraktionsarbeitskreise stattfinden.

Alle Fachausschüsse und das Präsidium zählen 22 Mitglieder.

In den Ausschüssen sind jeweils alle fünf Fraktionen vertreten, und zwar entsprechend ihrer Stärke im Landtag, so dass sich die Mehrheitsverhältnisse des Plenums auf der Ausschussebene widerspiegeln. So ist gewährleistet, dass alle Fraktionen bereits in den vorbereitenden Beratungen der Ausschüsse zur Geltung kommen und dass die Ausschussempfehlungen in der Regel im Plenum des Landtags bestätigt werden. Für diese proportionale Aufteilung der Ausschusssitze auf die Fraktionen gibt es unterschiedliche Berechnungsverfahren. In der Geschäftsordnung des Landtags ist das Höchstzahlverfahren nach Sainte-Laguë/Schepers als Regelverfahren verankert (§ 17a). Danach werden zunächst die Mitgliederzahlen der einzelnen Fraktionen nacheinander durch die Zahlen 1, 3, 5, 7 usf. geteilt. Die zu vergebenden Ausschusssitze werden sodann an die einzelnen Fraktionen in der Reihenfolge der auf sie entfallenden höchsten Quotienten („Höchstzahlen") zugeteilt. Dies ergibt bei den 22er Ausschüssen folgende Zusammensetzung: Grüne 8, CDU 6, SPD 3, FDP/DVP 3 und AfD 2 Sitze.

Dieses Berechnungsverfahren, das auch beim Deutschen Bundestag zur Anwendung kommt, führt zu einer strengeren mathematischen Proportion als etwa das bekannte Höchstzahlverfahren nach d'Hondt und kann unter bestimmten Voraussetzungen, namentlich bei kleineren Ausschüssen, für kleinere Fraktionen vorteilhaft sein.

**Petitionsausschuss**

Jedermann hat das verfassungsmäßig gewährleistete Recht, sich einzeln oder in Gemeinschaft mit anderen schriftlich mit Bitten oder Beschwerden (Petitionen) an den Landtag zu wenden, und zwar ohne Rücksicht auf Wohnsitz, Staatsangehörigkeit, Volljährigkeit usw. Seit 2011 können Petitionen auch online eingereicht werden (https://www.landtag-bw.de/Petitionen).

Strafgefangenen sowie Personen, die zwangsweise in einem Zentrum für Psychiatrie untergebracht sind, steht das Petitionsrecht ebenfalls zu. Ihre Petitionen sind dem Landtag nach einer Anweisung ungeöffnet zuzuleiten. Der Landtag ist für die Behandlung der Petition zuständig, soweit das Begehren oder die Beschwerde den Aufgabenbereich des Landes berührt. Dies ist z. B. der Fall, wenn der Petent sich gegen Entscheidungen einer Behörde des Landes oder einer unter dessen Aufsicht stehenden Einrichtung wendet. Über jede zulässige Petition entscheidet das Landtagsplenum. Zur Vorbereitung seiner Entscheidungen in Petitionsangelegenheiten hat der Landtag den Petitionsausschuss gebildet, der auch in der Landesverfassung rechtlich verankert ist (Artikel 35a). Ausnahmsweise können Petitionen auch an einen anderen Ausschuss überwiesen werden, beispielsweise im Zusammenhang mit anhängigen Gesetzesberatungen. Der Petitionsausschuss ergreift die zur Aufklärung des Sachverhalts erforderlichen Maßnahmen. Er besitzt dafür besondere gesetzliche Aufklärungsbefugnisse wie das Recht auf Aktenvorlage, Auskunft und Zutritt zu den Einrichtungen des Landes. Das Auskunfts- und Zutrittsrecht besitzt er unmittelbar auch gegenüber den nachgeordneten Behörden, während die Anforderung von Akten über das zuständige Ministerium erfolgt. Der Petitionsausschuss holt zu jeder Petition eine schriftliche Stellungnahme der Regierung ein, und er bittet erforderlichenfalls Vertreter der Regierung und der Behörden zu seinen Sitzungen. Er kann ferner Ortsbesichtigungen vornehmen und in besonderen Fällen den Petenten mündlich anhören.

Der Petitionsausschuss schließt die Bearbeitung der Petition mit einer Beschlussempfehlung ab (zum Inhalt vgl. § 68 Abs. 2 GeschO), über die das Plenum beschließt. Durch ein besonderes Verfahren ist sichergestellt, dass die Regierung die Ausführung von Beschlüssen, in denen der Landtag Petitionen zur Berücksichtigung überweist, nicht ablehnt, wenn sie nicht zuvor im Ausschuss einer dahin gehenden Beschlussempfehlung widersprochen hat. Im Übrigen wacht der Petitionsausschuss bei solchen Beschlüssen und anderen Ersuchen an die Regierung über ihre Erledigung.

Die Inanspruchnahme des Petitionsausschusses ist erheblich. Rund 5600 Petitionen sind in der letzten Wahlperiode 2016–2021 vom Petitionsausschuss bearbeitet worden. Gut ein Fünftel der Petitionen war ganz oder teilweise erfolgreich. Dabei ist zu berücksichtigen, dass schon während des Petitionsverfahrens zahlreiche Eingaben Erfolg haben, weil die Regierung aufgrund der vom Petitionsausschuss veranlassten Überprüfung von sich aus Abhilfe schafft. Insgesamt gesehen erfüllt der Petitionsausschuss eine wichtige Mittlerfunktion zwischen Bürger und Staat.

## Untersuchungsausschüsse und Enquetekommissionen

Zur Untersuchung einzelner Sachverhalte kann der Landtag von Fall zu Fall Untersuchungsausschüsse einsetzen, die mit besonderen Aufklärungsbefugnissen ausgestattet sind. Solche Ausschüsse können unmittelbar auch bei den unteren Behörden Akten anfordern und Auskünfte einholen, sie haben Zutritt zu allen Einrichtungen des Landes und der unter seiner Aufsicht stehenden Verwaltungsträger, sie können beim Gericht Beschlagnahme- und Durchsuchungsanordnungen erwirken. Zeugen und Sachverständige sind gesetzlich zum Erscheinen vor Untersuchungsausschüssen verpflichtet. Eine Falschaussage vor dem Untersuchungsausschuss (und zwar auch die uneidliche Aussage) ist ebenso strafbar wie falsche Aussagen vor Gericht. Besondere Schutzvorschriften bestehen für den von der Untersuchung Betroffenen, etwa in Gestalt erweiterter Aussageverweigerungsrechte und bestimmter Beteiligungsrechte im Untersuchungsverfahren.

Während die Regierung sonst zu allen Ausschusssitzungen unbeschränkt Zutritt hat, können die Regierungsmitglieder und -beauftragten von der Teilnahme an Sitzungen der Untersuchungsausschüsse bei der Beweisaufnahme unter bestimmten Voraussetzungen ausgeschlossen werden, z. B. wenn dies durch überwiegende Interessen eines Zeugen oder zur Erlangung einer wahrheitsgemäßen Aussage geboten ist. Ferner ist ihr Zutritt zu Beratungssitzungen gesetzlich eingeschränkt.

Das parlamentarische Untersuchungsrecht ist in starkem Maß als Waffe der Parlamentsminderheit ausgestattet. Eine Minderheit im Landtag (nämlich ein Viertel der Mitglieder oder zwei Fraktionen) kann die Einsetzung eines Untersuchungsausschusses erzwingen, wobei die Minderheit auch über die Festlegung des Untersuchungsthemas allein bestimmt. Der Landtag ist verpflichtet, den von der Minderheit beantragten Ausschuss einzusetzen. Die von den Unterzeichnern eines solchen Minderheitsantrags beantragten Beweise müssen vom Ausschuss erhoben werden. Der Minderheitsschutz setzt sich innerhalb des Untersuchungsausschusses fort: Der Untersuchungsausschuss ist grundsätzlich zur Erhebung von Beweisen verpflichtet, die von der Minderheit im Ausschuss beantragt werden. Solche Beweisanträge können nur in engen Grenzen, nämlich entsprechend den Regelungen über die Zurückweisung von Beweisanträgen im Strafprozess, abgelehnt werden. Die Minderheit im Ausschuss kann auch die Einberufung einer Sitzung des Untersuchungsausschusses verlangen. Bei der Berichterstattung an das Plenum kann die Minderheit, ja sogar jedes Ausschussmitglied, dem Bericht des Untersuchungsausschusses einen abweichenden Bericht anschließen.

Das Verfahren der Untersuchungsausschüsse ist in einem besonderen Gesetz geregelt, das zur Ausführung von Artikel 35 der Verfassung ergangen ist. Das gesamte Recht der Untersuchungsausschüsse ist in Baden-Württemberg Anfang des

Jahres 1976 reformiert worden mit dem Bestreben, die Erfordernisse einer möglichst wirkungsvollen Arbeit von Untersuchungsausschüssen zu verbinden mit den Belangen eines rechtsstaatlichen Verfahrens, das insbesondere mit Rücksicht auf die berechtigten Interessen der Betroffenen und Zeugen geboten ist. 2016 wurden weitere wichtige Änderungen vorgenommen, etwa die Möglichkeit, einen Ermittlungsbeauftragten einzusetzen, die Regelung der richterlichen Durchsicht von Beweismitteln und die Präzisierung der Rechte und Pflichten eines Betroffenen.

Im Jahr 1992 hat der Landtag das Instrument der Enquetekommission in seine Geschäftsordnung aufgenommen, das es beim Bundestag und einigen Landesparlamenten schon länger gab. Den Enquetekommissionen gehören – im Unterschied zu Untersuchungsausschüssen – auch Nichtparlamentarier an, also vor allem Sachverständige. Dementsprechend unterscheiden sich die beiden Formen auch in ihrem Zweck: Enquetekommissionen eignen sich insbesondere für Themen, die einer grundsätzlichen bzw. wissenschaftlichen Aufbereitung bedürfen.

Die Einsetzung einer Enquetekommission ist ebenfalls als ein Recht der Minderheit ausgestaltet.

## Die Gesetzgebung

Das Recht, beim Parlament Gesetzentwürfe einzubringen (Gesetzesinitiativrecht), steht der Regierung und den Abgeordneten zu. In der Praxis macht allerdings die Regierung von ihrem Initiativrecht in größerem Umfang Gebrauch als die Abgeordneten.

**Gesetzentwürfe im Landtag von Baden-Württemberg**

| | 16. Wahlp. 2016–2021 | 15. Wahlp. 2011–2016 | 14. Wahlp. 2006–2011 |
|---|---|---|---|
| Regierungsentwürfe | 139 | 157 | 137 |
| Entwürfe von Abgeordneten und Fraktionen | 79 | 40 | 43 |
| zusammen | 218 | 197 | 180 |
| verabschiedete Gesetze | 165 | 170 | 152 |

Gesetzentwürfe aus der Mitte des Landtags müssen von mindestens acht Abgeordneten oder von einer Fraktion unterzeichnet sein. Auf das Gesetzesinitiativrecht des Volkes wird im Weiteren gesondert eingegangen.

Die Gesetzentwürfe werden im Plenum in zwei oder drei Beratungen (früher: „Lesungen“) behandelt. Die Erste Beratung dient der Darlegung und der Erörterung der Grundsätze der Vorlage. Über den Inhalt des Entwurfs wird hier noch nicht beschlossen. Auch die Ablehnung des Gesetzentwurfs ist in der Ersten Beratung noch nicht möglich, so dass jeder Gesetzentwurf mindestens zwei Beratungen unterzogen wird.

Im Anschluss an die Erste Beratung wird der Gesetzentwurf in der Regel an den fachlich zuständigen Ausschuss überwiesen (unterbleibt die Ausschussüberweisung, so schließt sich als nächstes die Zweite Beratung im Plenum an), oder auch an mehrere Ausschüsse, wobei ein Ausschuss als federführend bestimmt wird. Der Ausschuss kann dem Plenum einzelne Änderungen des Entwurfs empfehlen, oder er empfiehlt die unveränderte Annahme des Gesetzes oder die Ablehnung.

Mit der Ausschussempfehlung gelangt der Gesetzentwurf wieder in das Plenum des Landtags, wo die abschließende Zweite Beratung folgt. Bei dieser Beratung wird im Plenum auf der Grundlage des Vorschlags des Ausschusses nach einer nochmaligen Grundsatzaussprache über die einzelnen Paragrafen des Gesetzentwurfs beraten und abgestimmt. Jeder Abgeordnete kann hier Änderungsanträge stellen. Bei besonders bedeutsamen Gesetzentwürfen, nämlich bei Verfassungsänderungen und bei Haushaltsgesetzen, muss im Plenum eine weitere Beratung stattfinden (die Dritte Beratung), in der nochmals jede Einzelvorschrift aufgerufen und zur Abstimmung gestellt wird. Auch bei anderen Gesetzen wird eine Dritte Beratung durchgeführt, wenn der Landtag dies bei der Ersten Beratung beschlossen hat.

Das Gesetzgebungsverfahren im Landtag endet mit einer „Schlussabstimmung“ über das gesamte Gesetz, dem eigentlichen parlamentarischen Gesetzesbeschluss. Das Gesetz wird mit der Mehrheit der abgegebenen Stimmen beschlossen. Bei verfassungsändernden Gesetzen ist in der Schlussabstimmung eine qualifizierte Mehrheit erforderlich (Artikel 64 Abs. 2 der Verfassung). Die verfassungsmäßig zustande gekommenen Gesetze werden sodann vom Ministerpräsidenten ausgefertigt und im Gesetzblatt des Landes verkündet.

Das Verfahren der mehrmaligen Beratung im Parlamentsplenum und der dazwischenliegenden Ausschussberatungen, wobei noch weitere Verfahrensvarianten möglich sind, mag umständlich erscheinen. Es ermöglicht aber eine sorgfältige Vorbereitung der Gesetzesentscheidungen des Parlaments, die als generelle

Norm auch auf nicht voraussehbare Fallgestaltungen passen müssen.

Im Jahr 1974 ist durch eine Verfassungsänderung neben der Regierung und den Abgeordneten auch dem Volk das Recht der Gesetzesinitiative gegenüber dem Landtag gegeben worden. Ein solcher Volksgesetzentwurf wird durch Volksbegehren beim Landtag eingebracht. Voraussetzung für die Einbringung beim Landtag ist die Unterstützung durch mindestens ein Zehntel der Wahlberechtigten (d. h. gegenwärtig rund 760.000). Stimmt der Landtag der vom Volk eingebrachten Gesetzesvorlage nicht unverändert zu, so findet eine Volksabstimmung über den Entwurf statt, bei welcher das Volk entscheidet, ob der Entwurf Gesetz werden soll oder ob er abgelehnt wird. Hier wird also das Staatsvolk unmittelbar als Gesetzgeber tätig.

**Volksantrag**

Im Jahr 2015 hat der Verfassungsgeber eine neue Form der Bürgerbeteiligung eingeführt, den Volksantrag. Mit ihm können 0,5 Prozent der Wahlberechtigten (derzeit ca. 39.000) den Landtag verpflichten, sich mit bestimmten Gegenständen der politischen Willensbildung im Zuständigkeitsbereich des Landtags zu befassen. Die Vertrauensleute eines Volksantrags haben einen Anspruch auf Anhörung in den zuständigen Ausschüssen des Landtags.

Gegenstand eines Volksantrags kann auch ein Gesetzentwurf sein. Stimmt der Landtag diesem nicht unverändert zu, können die Antragsteller ihn im Wege des Volksbegehrens weiterverfolgen und damit gegebenenfalls zur Volksabstimmung bringen.

**Kontrolle der Regierung**

Das Parlament ist nicht nur Träger der gesetzgebenden Gewalt, also der Legislative, ihm obliegt vielmehr auch die Regierungskontrolle.

Wesentliches Merkmal des parlamentarischen Regierungssystems ist die parlamentarische Verantwortlichkeit der Regierung. Sie kommt in allererster Linie zum Ausdruck in der Kompetenz des Parlaments, den Regierungschef zu wählen und ihn zu stürzen. Das Letztere, die Abwahl des Ministerpräsidenten, ist nach der Landesverfassung – entsprechend dem Vorbild des Grundgesetzes – nur in der Form des sogenannten konstruktiven Misstrauensvotums möglich, d. h. in der Weise, dass der Landtag einen Nachfolger für den Ministerpräsidenten, den er ablösen will, wählt und dessen Regierung bestätigt. Überhaupt bedarf jede Berufung eines Ministers seitens des Ministerpräsidenten der Bestätigung durch den Landtag. Außerdem kann der Landtag mit einer Mehrheit von zwei Dritteln der Abgeordneten den Ministerpräsidenten zwingen, ein Mitglied seiner Regierung zu entlassen. Dem Landtag ist von der Verfassung damit – anders als dem Bundestag – eine unmittelbare Mitsprache auch bei der Zusammensetzung der Regierung eingeräumt.

Der Landtag kontrolliert das Handeln der Regierung. Dieser Verfassungsauftrag macht einen wesentlichen Anteil des Alltagsgeschehens im Landesparlament aus. Dem Landtag steht hierfür ein vielfältiges Instrumentarium an Einwirkungsmöglichkeiten zur Verfügung, etwa das Recht des Plenums und der Landtagsausschüsse, Regierungsmitglieder herbeizuzitieren, damit diese dem Parlament Rede und Antwort stehen. Hierher gehören ferner die verschiedenen, in der Geschäftsordnung näher geregelten Formen des parlamentarischen Fragerechts: Jeder Abgeordnete kann an die Regierung Kleine Anfragen richten – diese werden schriftlich beantwortet – oder Mündliche Anfragen, die die Regierung in einer Fragestunde vor dem Plenum des Landtags mündlich beantwortet. Zudem haben die Abgeordneten die Möglichkeit, im Rahmen einer Regierungsbefragung an die Landesregierung Fragen von aktuellem Interesse zu richten. Große Anfragen werden von mindestens 15 Abgeordneten oder von einer Fraktion zu politisch bedeutsamen Themen eingebracht und können, nach vorheriger schriftlicher Stellungnahme der Regierung, zu einer Debatte im Plenum führen. Zu Themen von aktuellem und allgemeinem Interesse kann von einer Fraktion – auch kurzfristig – eine Aktuelle Debatte im Plenum beantragt werden. Ein gebräuchliches Mittel der Einwirkung auf das Handeln der Regierung sind schließlich Anträge aus der Mitte des Hauses, die darauf abzielen, die Regierung um bestimmte Maßnahmen zu ersuchen (das Beratungsverfahren für solche Anträge, die von einer Fraktion oder wenigstens fünf Abgeordneten unterzeichnet sein müssen, ist in §§ 54, 57 der Geschäftsordnung näher geregelt). Zum Bereich der Regierungskontrolle gehören schließlich die oben erwähnten Untersuchungsausschüsse und die Beschlüsse des Landtags auf Petitionen.

Der Landtag war in der Vergangenheit bemüht, sich in seinem geschäftsordnungsmäßigen Verfahren an gewandelte Gegebenheiten anzupassen und neue Handlungsformen zu entwickeln, wo dies durch die Entwicklung geboten war. So ist beispielsweise in verschiedenen Bereichen eine frühzeitige Beteiligung des Landtags an Planungen der Exekutive oder bei Verhandlungen über Staatsverträge sichergestellt worden. Aufgrund einer Absprache mit der Landesregierung wird der Landtag darüber hinaus über die Beratungen der Ministerkonferenzen der Länder informiert, in welchen unter den jeweiligen Fachministern auf vielen Gebieten ein gemeinsames Vorgehen der Länder abgesprochen wird. Eine rechtzeitige Einschaltung des Parlaments in diesen Bereichen und die frühzeitige Information sollen vor allem verhindern, dass das Parlament durch Entscheidungen der Exekutive faktisch festgelegt wird. Im herkömmlichen parlamentarischen System lassen sich diese neuen Mitwirkungsformen am ehesten als Maßnahmen der präventiven Regierungskontrolle (im Gegensatz zu einer nachvollziehenden Kontrolle) einordnen.

**Das Etatrecht des Parlaments**

Der Landtag hat das Recht der Haushaltsbewilligung. Er beschließt über den Staatshaushaltsplan, in welchem alle Einnahmen und Ausgaben des Landes auszuweisen sind. Der Landtag erteilt dem Haushaltsplan seine Zustimmung in der Form eines Gesetzes, das Haushaltsgesetz. Nach der Verfassung soll dieses Gesetz vor Beginn des betreffenden Rechnungsjahres verabschiedet sein, was sich allerdings, wie die Praxis zeigt, schwer einhalten lässt. Die Beratungen über den Entwurf des Haushaltsplans, der von der Regierung aufgestellt und eingebracht wird, geben dem Parlament Gelegenheit, alle Bereiche der Landespolitik zu debattieren. Die Beratungen über den Haushalt werden eingeleitet durch die Haushaltsrede des Finanzministers vor dem Landtag, zuweilen geht dieser Haushaltsrede eine allgemeine Regierungserklärung des Ministerpräsidenten voran. Im Anschluss daran führt der Landtag in einer Ersten Beratung des Haushalts zunächst eine Generalaussprache über die Regierungspolitik. Die Haushaltsberatungen nehmen den Landtag und vor allem den Finanzausschuss, der jeweils mehrere Wochen lang die einzelnen Positionen des Haushaltsentwurfs berät, zeitlich in erheblichem Umfang in Anspruch.

Das finanzielle Gesamtvolumen des Landeshaushalts beläuft sich im Jahr 2022 auf rund 58 Milliarden Euro. Hiervon nehmen allerdings die Personalausgaben des Landes allein rund 40 % in Anspruch. Der weitaus überwiegende Teil der Haushaltsausgaben ist durch gesetzliche Verpflichtungen festgelegt. Der Anteil des Etatvolumens, der für den Haushaltsgesetzgeber als frei verfügbar angesehen werden kann, macht nur wenige Prozent aus.

Normalerweise wird der Staatshaushaltsplan jeweils für den Zeitraum eines Jahres beschlossen. In den vergangenen Jahren ist wiederholt ein sogenannter Doppelhaushalt mit einer Laufzeit von zwei Jahren von der Regierung vorgelegt und vom Landtag verabschiedet worden. Bei einem solchen Zweijahreshaushalt findet im Landtag nur alle zwei Jahre die umfassende Haushaltsberatung über sämtliche Ausgabenpositionen statt. Die in der Zwischenzeit notwendig werdenden Korrekturen werden hier durch weniger umfangreiche Nachtragshaushalte vorgenommen, die sowohl bei der Entwurfsvorbereitung seitens der Regierung als auch bei der parlamentarischen Beratung weniger Arbeitsaufwand erfordern. Der Doppelhaushalt kann über die zweijährige Laufzeit hinweg größeren Unsicherheiten hinsichtlich der Einnahmen- und Ausgabenentwicklung (z. B. durch unvorhergesehene Konjunktur- und Kostenbewegungen) ausgesetzt sein als die auf ein Jahr beschränkte Haushaltsplanung.

Zum Budgetrecht (Etatrecht) des Landtags gehört neben der Haushaltsbewilligung ferner die Kontrolle über den Haushaltsvollzug. Anhand der vom Finanzminister erstellten Haushaltsrechnung überprüft der Landtag jeweils für ein abgeschlossenes Haushaltsjahr das Finanzgebaren der Behörden. Er stützt sich dabei vor allem auf die Prüfungsberichte des Landesrechnungshofs, einer unabhängigen Behörde, deren Prüfungstätigkeit eine wesentliche Voraussetzung für eine wirksame politische Kontrolle seitens des Parlaments darstellt. Im Einzelnen wird die Denkschrift des Rechnungshofs im zuständigen Landtagsausschuss sehr intensiv beraten, bevor der Landtag der Regierung die Entlastung erteilt. Der Landtag kann auch einzelne Sachverhalte zur weiteren Aufklärung an den Rechnungshof zurückverweisen, er kann der Regierung bestimmte Maßnahmen aufgeben, über deren Vollzug sie dem Landtag zu berichten hat, oder bestimmte Sachverhalte missbilligen.

## Mitwirkung des Landtags in Angelegenheiten der Europäischen Union sowie in grenzüberschreitenden Gremien

Zu einem Schwerpunkt der Tätigkeit des Landtags hat sich in den vergangenen Wahlperioden die Europapolitik entwickelt.

Der Landtag steht durch die zunehmende europäische Integration vor neuen Herausforderungen. Die Übertragung von Gesetzgebungskompetenzen der Länder auf die Europäische Union trifft gerade den Landtag in seinem eigenständigen gesetzgeberischen Gestaltungsspielraum.

Das Landesparlament hat deshalb frühzeitig eine eigene Mitwirkung in Angelegenheiten der damals noch so genannten Europäischen Gemeinschaft angestrebt. Schon 1989 wurde sichergestellt, dass die Landesregierung den Landtag über alle Vorhaben der Europäischen Gemeinschaft unterrichtet, die für das Land von herausragender politischer Bedeutung sind oder ganz bzw. teilweise die Gesetzgebungszuständigkeit der Länder berühren. Seit 1995 sind die Informations- und Mitwirkungsrechte des Landtags in der Landesverfassung verankert (Artikel 34a).

Diese Mitwirkungsrechte hat das Landesparlament im Jahr 2011 nochmals kraftvoll erweitert und damit bundesweit unter den Landtagen eine Vorreiterrolle übernommen. Konkret geht es darum, dass die Landesregierung im Bundesrat bei EU-Vorhaben, die ausschließliche Gesetzgebungszuständigkeiten der Länder betreffen, an Beschlüsse des Landtags gebunden ist.

Zur Stärkung seiner Europafähigkeit hat bereits der 14. Landtag einen eigenen Europaausschuss eingerichtet. Diesem Ausschuss kommt bei der Wahrnehmung der Rechte in Europaangelegenheiten nach Artikel 34a Landesverfassung eine maßgebliche Rolle zu.

Die dem Landtag von der Landesregierung zugeleiteten Vorhaben der Europäischen Union werden dem Ausschuss für Europa und Internationales bzw. den Fachausschüssen zur Beratung überwiesen. Institutionelle und Querschnittsthemen sowie die Subsidiaritätskontrolle beim „Frühwarnsystem" werden vom Ausschuss für Europa und Internationales, fachbezogene Vorhaben federführend vom zuständigen Fachausschuss behandelt. Die Ausschüsse beraten die Vorlage und fassen eine Beschlussempfehlung, über die das Landtagsplenum entscheidet; in Eilfällen kann der Ausschuss auch eine abschließende Stellungnahme zu einem EU-Vorhaben abgeben.

Ziel dieses Beteiligungsverfahrens in Angelegenheiten der Europäischen Union ist es, auf die Willensbildung der Landesregierung und deren Abstimmung im Bundesrat Einfluss zu nehmen.

Die bisherigen Erfahrungen mit den Beteiligungsverfahren haben gezeigt, welch starke Bedeutung die Rechtssetzungstätigkeit der Europäischen Union für die Länder hat. So berührten viele der bisher dem Landtag zugeleiteten EU-Vorhaben die Gesetzgebungskompetenz der Länder, insbesondere in den Bereichen Umwelt- und Naturschutz sowie Bildungs- und Kulturpolitik.

Das europapolitische Engagement des Landtags zeigt sich im Übrigen in der Mitwirkung in wichtigen europäischen Gremien der interregionalen Zusammenarbeit.

So ist das Land Baden-Württemberg im Ausschuss der Regionen der Europäischen Union in Brüssel durch Landtagspräsidentin Muhterem Aras und Staatssekretär Florian Hassler (Stellvertreter: Dr. Wolfgang Reinhart MdL und Josef Frey MdL) vertreten. Der Ausschuss, der durch den Maastrichter Vertrag geschaffen wurde und seit 1994 arbeitet, ist ein wichtiger Schritt auf dem Weg zu einer besseren Vertretung der Regionen bei der Europäischen Union. Zudem nimmt der Abgeordnete Josef Frey im Kongress der Gemeinden und Regionen beim Europarat in Straßburg die Interessen des Landes wahr. Der Kongress ist ein beratendes Gremium, das sich insbesondere für die Stärkung der lokalen und regionalen Demokratie in den 47 Mitgliedstaaten des Europarates einsetzt.

Der Landtag engagiert sich zudem in der grenzüberschreitenden Zusammenarbeit und hat dazu mit den Nachbarn des Landes parlamentarische Partnerschaften geknüpft. Mit dem Elsass verbindet Baden-Württemberg die längste Zusammenarbeit dieser Art. Sie hat sich verfestigt im „Oberrheinrat“. Die Mitglieder kommen aus dem Elsass, aus Baden-Württemberg, der Nordwestschweiz und Rheinland-Pfalz. Die Beteiligten wollen, dass sich das Oberrheingebiet zu einer grenzüberschreitenden europäischen Modellregion entwickelt – in Übereinstimmung mit ihren jeweiligen Regierungen. Aus Baden-Württemberg gehören dem Gremium 16 Landtagsabgeordnete an sowie sieben Landräte und drei Oberbürgermeister aus der Region.

Zu einem ständigen Beratungsgremium haben sich ferner die Parlamente der Bodensee-Anrainerländer in der „Internationalen Parlamentarischen Bodensee-Konferenz“ zusammengefunden. Ziel ist, die Regierungs-Kooperation rund um den Bodensee zu unterstützen, weitere Anregungen zu geben und bei den

Bürgerinnen und Bürgern für ein grenzüberschreitendes, gemeinsames Bodensee-Bewusstsein zu werben.

## Die Stellung des Abgeordneten

Der Überblick über die Arbeitsweise des Landtags zeigt bereits, wie vielfältig die parlamentarischen Aufgaben eines Abgeordneten im Plenum, in den Ausschüssen, in den Fraktionen und deren Arbeitskreisen sind. Hinzu kommen Verpflichtungen des Abgeordneten im öffentlichen Leben und seine Verpflichtungen im Wahlkreis, wo man erwartet, dass die dortigen Abgeordneten für die Bevölkerung erreichbar sind. Trotzdem ist der Abgeordnete nicht nur Repräsentant eines Wahlkreises, ebenso wie er im Landtag nicht nur Vertreter seiner Partei ist, sondern nach dem Auftrag der Verfassung „Vertreter des ganzen Volkes".

Durch Verfassungsvorschriften und Gesetze wird die Unabhängigkeit und die Entscheidungsfreiheit des Abgeordneten besonders abgesichert. Dazu gehört etwa der Schutz des Abgeordneten vor Kündigung oder anderen Benachteiligungen in seinem privaten Arbeitsverhältnis wegen des Landtagsmandats (Artikel 29 der Verfassung) oder das Berufsgeheimnis des Abgeordneten (Artikel 39). Die Freiheit der Abstimmung und die Redefreiheit im Parlament sind durch die sogenannte Indemnität geschützt; dies bedeutet, dass der Abgeordnete wegen einer Abstimmung im Landtag oder wegen einer Äußerung in Ausübung des Landtagsmandats nicht außerhalb des Landtags zur Verantwortung gezogen, also zum Beispiel gerichtlich verfolgt werden darf (Artikel 37). Für Handlungen, die keinen solchen Bezug zum Abgeordnetenmandat haben, etwa Verkehrsdelikte, kann ein Abgeordneter nicht strafrechtlich verfolgt werden (sogenannte Immunität, Artikel 38), es sei denn, der Landtag hat hierin eingewilligt. Für bestimmte Bereiche hat der Landtag diese Genehmigung in allgemeiner Form erteilt. Auf die Immunität kann ein Abgeordneter nicht verzichten, sie ist nicht ein persönliches Privileg des Abgeordneten, sondern soll die Funktionsfähigkeit des Parlaments insgesamt gewährleisten.

Auch die Abgeordnetenentschädigung hat den Zweck, die Unabhängigkeit des Abgeordneten zu sichern. Die Einzelheiten sind im Abgeordnetengesetz geregelt. Heute erhält der Landtagsabgeordnete eine steuerpflichtige Entschädigung von monatlich 8.275 Euro. Erhöhte Entschädigungen erhalten die Präsidentin, die Vizepräsidenten, die Fraktionsvorsitzenden und die parlamentarischen Geschäftsführer.

Für allgemeine Kosten wie Wahlkreisbüro, Porto, Mehraufwendungen am Sitz des Landtags und bei parlamentarisch bedingten Reisen erhält der Abgeordnete eine monatliche Pauschale in Höhe von 2.371 Euro. Reisekosten werden auf Nachweis erstattet. Das Land zahlt dem Abgeordneten auch die tatsächlich entstandenen Kosten für Mitarbeiter oder mandatsbedingte Werk- oder Dienstleistungen bis zu einer bestimmten Höhe. Als Alternative ist aber auch eine monatliche Pauschale von 400 Euro möglich. Zur Aufwandsentschädigung gehört ferner, dass dem Abgeordneten Telefon, Fax und Internet im Landtag kostenlos zur Verfügung stehen. Im Übrigen kann er die Deutsche Bahn innerhalb Baden-Württembergs frei nutzen.

Nach dem Ausscheiden aus dem Landtag steht dem Abgeordneten Übergangsgeld zu. Die Dauer der Zahlung hängt davon ab, wie lange er im Parlament war. Die Altersvorsorge der Abgeordneten erfolgt seit einer ab 1. Dezember 2019 geltenden Gesetzesänderung primär über das Versorgungswerk der Landtage von Nordrhein-Westfalen, Brandenburg und Baden-Württemberg. Für die Altersversorgung erhalten die Abgeordneten einen Vorsorgebeitrag in Höhe von 1.900 Euro.

Krankheitsfürsorge erhalten die Abgeordneten entweder durch einen Zuschuss nach den beamtenrechtlichen Beihilfevorschriften oder durch einen „Arbeitgeberanteil" zu ihren Krankenversicherungsbeiträgen.

Das Landtagsmandat schließt eine berufliche Tätigkeit nicht aus. Berufliche Praxis und berufliche Erfahrung können für das Amt des Abgeordneten durchaus von Vorteil sein. Der Gesetzgeber hat jedoch bestimmt, dass die meisten Tätigkeiten im öffentlichen Dienst aus Gründen der Gewaltenteilung und wegen der Gefahr von Interessenkollisionen unvereinbar mit dem Landtagsmandat sind (Inkompatibilität). Dies betrifft insbesondere Beamte, Richter und Staatsanwälte, aber auch Angestellte des Landes sowie Vorstandsmitglieder und leitende Angestellte von öffentlichen Einrichtungen, die unter der Aufsicht des Landes stehen. Erfasst sind auch die Geschäftsführung und leitende Angestellte von privaten Unternehmen, die mehrheitlich in öffentlicher Hand sind. Die Betroffenen scheiden mit Annahme der Wahl aus ihrem bisherigen Amt aus bzw. dürfen ihre Tätigkeit nicht mehr ausüben; die Rechte und Pflichten aus dem Dienst- oder Arbeitsverhältnis ruhen während der Zugehörigkeit zum Landtag. Andere Angestellte der genannten Einrichtungen haben, wenn sie in den Landtag gewählt werden, einen

Anspruch auf Arbeitszeitermäßigung mit entsprechender Kürzung ihrer Bezüge oder auf Beurlaubung ohne Entgelt.

Es bestehen für Abgeordnete übrigens sehr detaillierte Anzeigepflichten, wonach Berufe, Tätigkeiten in Unternehmensorganen oder vergütete und ehrenamtliche Verbandsfunktionen auf überregionaler Ebene zu veröffentlichen und andere entgeltliche Tätigkeiten (z. B. Beratung, Gutachtenerstellung) sowie politische Spenden der Präsidentin anzuzeigen sind. Die Offenlegung der beruflichen Verhältnisse und möglicher Interessenkollisionen dient der Verdeutlichung des freien Mandats.

**Die Landtagsverwaltung**

Die Verwaltung des Landtags umfasst die eigenen Beratungs-, Unterstützungs- und Informationsdienste des Parlaments. Mit rund 300 Stellen handelt es sich um eine kleine Verwaltung, die aber jederzeit in der Lage sein muss, die Bedingungen für eine reibungslose Arbeit des Parlaments zu gewährleisten. Dienstvorgesetzte dieser Verwaltung, die dem Parlament als solchem und gleichermaßen allen Fraktionen dient, ist die Landtagspräsidentin, nicht die Regierung. Geleitet wird die Parlamentsverwaltung, die in drei Abteilungen untergliedert ist, von der Landtagdirektorin. Zur Parlamentsabteilung gehören der Plenar- und Ausschussdienst, der die Plenarsitzungen vorbereitet und die Geschäfte der Ausschüsse führt, der Stenografische Dienst, der für die Protokollierung zuständig ist und die Ausschussberichte vorbereitet, und das Petitionsbüro, dem die geschäftsmäßige Behandlung der an den Landtag gerichteten Eingaben obliegt. Weiter sind hier der Juristische Dienst, das Referat für Angelegenheiten der Abgeordneten und Mitarbeiterentschädigung sowie das Referat für Europäische Angelegenheiten angesiedelt. In der Verwaltungsabteilung finden sich die klassischen Bereiche Personal, Haushalt, Gebäudemanagement, Informations- und Kommunikationstechnik sowie das Referat Schriftgutmanagement, Archiv, Dokumentation und Bibliothek. Schließlich verfügt der Landtag über ein infrastrukturelles Gebäudemanagement, zu dem unter anderem der Ordnungs- und Sitzungsdienst, die Boten und die Pförtner gehören, ein technisches Gebäudemanagement sowie eine eigene Druckerei.

In der Abteilung Grundsatz und Kommunikation befinden sich die Presse- und Öffentlichkeitsarbeit, das Veranstaltungsmanagement, das Referat für Politische Bildung, Besucherdienst, Protokoll und Gedenken sowie das Referat für Planung, Grundsatz, Konzepte und Koordination.

Das Dokumentations- und Auskunftssystem über die Landtagsdrucksachen und Landtagsprotokolle wird beim Landtag von Baden-Württemberg bereits seit 1976 in automatisierter Form geführt und ist im Internet für jedermann verfügbar. Die für die Arbeit von Parlament und Regierung interessierenden Datenbanken des Landes sind im „Landesinformationssystem“ zusammengefasst. Dieses Datenbanksystem, eine gemeinsame Informationseinrichtung von Landtag und Landesregierung, bietet Zugriff auf eine Vielzahl von Daten aus den Bereichen Statistik, Schulwesen, Hochschulen, Umwelt, also auf Informationen, die für die Parlamentsarbeit von Bedeutung sind. Es ist über die Website des Statistischen Landesamts zugänglich.

## Der Landtag im Internet

Der Landtag von Baden-Württemberg ist im Internet mit einem umfangreichen Angebot vertreten. Unter der Adresse www.landtag-bw.de kann alles Wissenswerte über das Parlament, die Fraktionen und die einzelnen Abgeordneten abgerufen werden. Außerdem enthalten die Webseiten aktuelle Informationen über parlamentarische Initiativen, Sitzungspläne, Tagesordnungen und Veranstaltungen. Plenardebatten werden live übertragen und stehen dann in einer Mediathek als Videos zur Verfügung. Auch die Anmeldung zu Besuchen im Landtag kann online erfolgen. Zusätzlich gibt es unter der Adresse www.jungerlandtag-bw.de eine eigene Website für Jugendliche.

Zu finden ist der Landtag auch in den sozialen Netzwerken Facebook, Twitter und Instagram.

# SITZORDNUNG IM PLENARSAAL

(Stand: 08. April 2022)

17. Wahlperiode

**6**/2

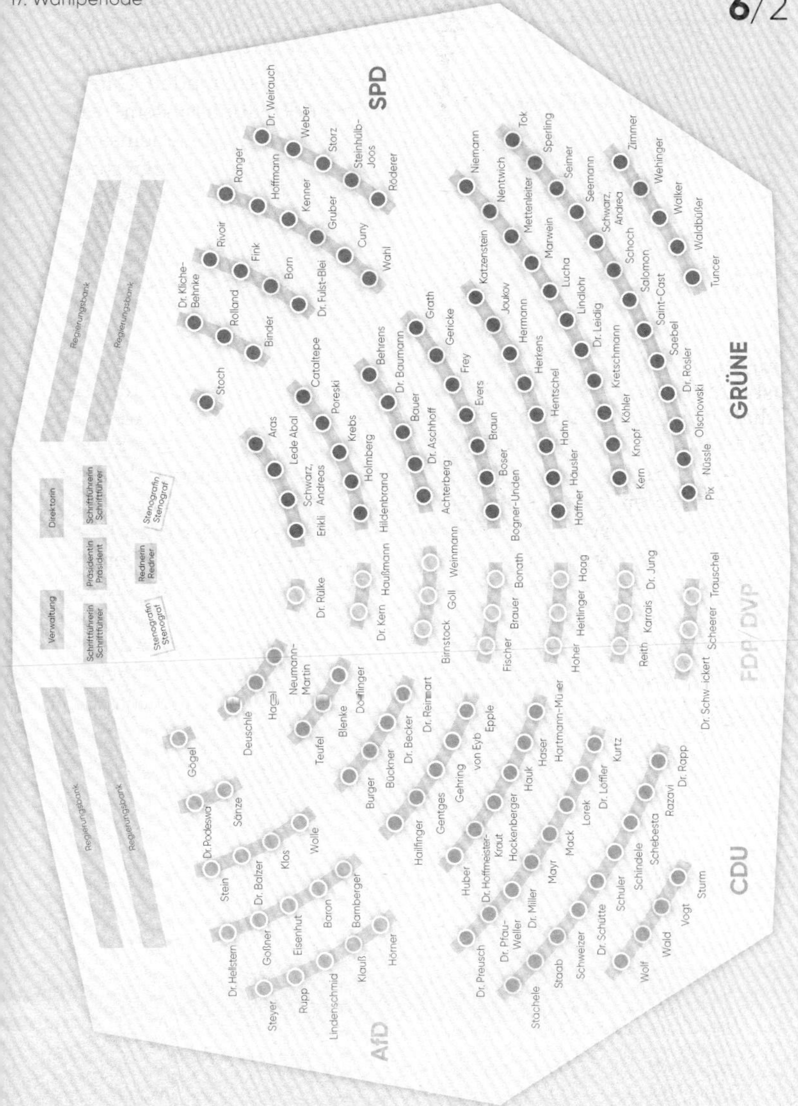


Hinweis:
Die Abgeordneten des Landtags sitzen mit Ausnahme der Fraktionsvorstände in der Regel in alphabetischer Reihenfolge.

## Vorbemerkung zum biografischen Teil

Biografien und Bilder der Abgeordneten werden auf den folgenden Seiten in alphabetischer Reihenfolge veröffentlicht. Die Anzahl der Sterne (*) nach dem Namen der Fraktion besagt, in wie vielen Wahlperioden eine Abgeordnete oder ein Abgeordneter Mitglied des Landtags von Baden-Württemberg war bzw. ist; das bedeutet allerdings weder, dass die Mitgliedschaft während der ganzen Wahlperiode noch dass sie ununterbrochen bestanden hat.

ACHTERBERG, Gudula
Diplom-Betriebswirtin (FH)

Wahlkreisbüro
Kaiserstr. 17
74072 Heilbronn
Telefon 07131 74535-64
Telefax 07131 74535-69
gudula.achterberg@
gruene.landtag-bw.de
www.gudula-achterberg.de

*Fraktion GRÜNE*
*Nachfolgerin im Direktmandat*
*im Wahlkreis 18*
*Heilbronn*

*Persönliche Angaben:*
Geboren am 19. Dezember 1965 in Kiel; verheiratet, zwei Kinder.

*Ausbildung, Berufslaufbahn, berufliche Funktionen:*
Grundschule in Heide/Holstein. Gymnasium und Abitur in Bad Sobernheim. 1985 bis 1992 Angestellte der Deutschen Lufthansa AG in Frankfurt/Main. 1993 bis 1996 Studium der Betriebswissenschaften an der Fachhochschule Aachen. 1997 bis 2000 IT-Prozessberaterin bei der IDS Scheer AG in Saarbrücken. 2000 bis 2006 Elternzeit. Ausbildung zur Gedächtnistrainerin. 2007 bis 2017 ehrenamtliche Aufgaben in der Elternvertretung und im Förderverein an der Eichbottschule Leingarten und am Mönchsee-Gymnasium Heilbronn und im Sportverein Leingarten sowie Jugendbegleiterin an der Eichbottschule. 2016 bis 2021 Kreisgeschäftsführerin des Kreisverbands Heilbronn von Bündnis 90/Die Grünen.

*Politische Funktionen:*
Seit 2015 Mitglied des Gemeinderats der Stadt Leingarten. Seit 2020 Mitglied des Vorstands des Ortsverbands Leingarten von Bündnis 90/Die Grünen. 2016 und 2021 Zweitkandidatin im Wahlkreis 18 Heilbronn.
Mitglied des Landtags von Baden-Württemberg seit 1. Februar 2022.

*Sonstige Funktionen und Mitgliedschaften:*
–

*Angaben nach Teil I der Offenlegungsregeln:*
–

Eingetreten am 1. Februar 2022
für die ausgeschiedene Abg. Susanne Bay.

ARAS, Muhterem
Landtagspräsidentin
Dipl.-Ökonomin, Steuerberaterin

Büro Stuttgart
Telefon 0711 2063-661
Telefax 0711 2063-660
muhterem.aras@gruene.landtag-bw.de
www.muhterem-aras.de

*Fraktion GRÜNE*
*Direktmandat im Wahlkreis 1*
*Stuttgart I*

*Persönliche Angaben:*
Geboren 1966 in Elmaağaç bei Bingöl, Anatolien/Türkei; verheiratet, zwei Kinder.

*Ausbildung, Berufslaufbahn, berufliche Funktionen:*
Mittlere Reife in Nürtingen. 1988 Abitur am beruflichen Gymnasium Johann-Friedrich-von-Cotta-Schule in Stuttgart. Studium der Wirtschaftswissenschaften in Hohenheim. Arbeit in der Fraktionsgeschäftsstelle der Grünen im Stuttgarter Rathaus (studienbegleitend). 1994 bis 1999 Angestellte im steuerberatenden Bereich. Seit 2000 eigene Steuerberaterkanzlei in Stuttgart-Mitte.

*Politische Funktionen:*
Seit 1993 Mitglied bei Bündnis 90/Die Grünen. 1999 bis 2011 Mitglied des Stuttgarter Gemeinderats; ab 2007 Fraktionsvorsitzende der Grünen.
Mitglied des Landtags von Baden-Württemberg seit 11. April 2011. In der 15. Wahlperiode Mitglied des Bildungsausschusses sowie Vorsitzende des Arbeitskreises Finanzen und Wirtschaft und finanzpolitische Sprecherin der Landtagsfraktion GRÜNE. Seit 11. Mai 2016 Präsidentin des Landtags.

*Sonstige Funktionen und Mitgliedschaften:*
Mitglied des Stiftungsrats der Bürgerstiftung Stuttgart. Mitglied des Kuratoriums des Fördervereins collegium iuvenum Stuttgart e. V. (CIS). Mitglied des Kuratoriums des Deutsch-Türkischen Forums Stuttgart e. V. Mitglied des Stiftungsrats der Stiftung Hospitalhof Stuttgart. Mitgliedschaften: Heinrich-Böll-Stiftung Baden-Württemberg e. V., Bund für Umwelt und Naturschutz Deutschland (BUND), Freunde und Förderer des Altenzentrums Zamenhof und Haus Hasenberg e. V., Förderverein der Nesin-Stiftung (FöNeS) e. V., MTV Stuttgart 1843 e. V.

*Angaben nach Teil I der Offenlegungsregeln:*
Selbständige Steuerberaterin. Mitglied des Vorstands von UnternehmensGrün, Bundesverband der grünen Wirtschaft e. V.

DR. ASCHHOFF, Susanne
Tierärztin

Danziger Baumgang 90
68307 Mannheim
susanne.aschhoff@
gruene.landtag-bw.de

*Fraktion GRÜNE*
*Direktmandat im Wahlkreis 35*
*Mannheim I*

*Persönliche Angaben:*
Geboren am 21. Juli 1971 in Nürnberg.

*Ausbildung, Berufslaufbahn, berufliche Funktionen:*
Grundschule und Gymnasium in Nürnberg; 1990 Abitur am Willstätter Gymnasium. 1990 bis 1991 Praktikum in einer Tierarztpraxis in Köln. 1991 bis 1996 Studium der Veterinärmedizin an der Tierärztlichen Fakultät der Ludwig-Maximilians-Universität München; 1997 Approbation, 1998 Promotion. 1997 bis 2001 wissenschaftliche Mitarbeiterin am Walther-Straub-Institut für Pharmakologie und Toxikologie der medizinischen Fakultät der Ludwig-Maximilians-Universität München. 2001 bis 2004 Assistenzärztin in einer Kleintierklinik in Mannheim. Seit 2004 Mitinhaberin einer tierärztlichen Gemeinschaftspraxis für Kleintiere in Mannheim.

*Politische Funktionen:*
Seit 2009 Mitglied von Bündnis 90/Die Grünen. Seit 2009 Mitglied des Bezirksbeirats Mannheim-Schönau. 2011 bis 2013 Mitglied des Vorstands des Kreisverbands Mannheim von Bündnis 90/Die Grünen. Seit 2010 Sprecherin des Ortsverbands Nord von Bündnis 90/Die Grünen Mannheim.
Mitglied des Landtags von Baden-Württemberg seit 14. April 2021.

*Sonstige Funktionen und Mitgliedschaften:*
2010 bis 2016 beratendes Mitglied des Ausschusses für Bildung und Gesundheit der Stadt Mannheim als Elternvertreterin der konfessionellen Kindertagesstätten. Mitgliedschaften: Mannheim sagt Ja! e. V., Schutzgemeinschaft Deutscher Wald, KZ Gedenkstätte Sandhofen e. V., Tierschutzverein Rhein-Neckar e. V., Futteranker Mannheim e. V., 1. Karate Do Mannheim-Schönau e. V., Interessengemeinschaft Nordkultur e. V., Kultur- und Interessengemeinschaft Mannheim-Schönau e. V., Spiegelverein Mannheim-Luzenberg e. V. Fördervereine: Freundeskreis der Stadtbibliothek Schönau e. V., Förderverein Jugendhaus Schönau e. V., Förderverein Jugendtreff Luzenberg e. V., Freundeskreis Hans-Christian-Andersen-Schule e. V., Vereinigung der Freunde des Johanna-Geissmar-Gymnasiums e. V.

*Angaben nach Teil I der Offenlegungsregeln:*
Selbstständige Tierärztin. Mitglied der Vertreterversammlung der Volksbank Sandhofen eG (ehrenamtlich).

DR. BALZER, Rainer
Ingenieur, Studiendirektor

Schumannstraße 14
76669 Bad Schönborn
Telefon 07253 70801
Mobiltelefon 0171 4267298
rainer.balzer@afd-bw.de

*Fraktion der AfD*
*Zweitmandat im Wahlkreis 29 Bruchsal*

*Persönliche Angaben:*
Geboren am 10. Juni 1959 in Heidelberg; katholisch, verheiratet.

*Ausbildung, Berufslaufbahn, berufliche Funktionen:*
1979 Abitur am technischen Gymnasium in Bruchsal. 1979 bis 1981 Wehrdienst. 1981 bis 1987 Studium des Maschinenbaus in Karlsruhe und Stuttgart, Abschluss als Diplom-Ingenieur. 2002 Promotion zum Dr.-Ing. an der Universität Stuttgart. 1987 bis 1992 Berufstätigkeit bei Fa. Balzer & Co. GmbH. Seit 1992 Lehrkraft an der Hubert-Sternberg-Schule in Wiesloch. Seit 2006 Fachberater in der Schulaufsicht für das Regierungspräsidium Karlsruhe. 2012 bis 2016 Dozent an der Dualen Hochschule Baden-Württemberg Mannheim.

*Politische Funktionen:*
Bis 2013 Mitglied der Jungen Union und der CDU. Seit 2014 Sprecher der AfD im Kreisverband Karlsruhe-Land.
Mitglied des Landtags von Baden-Württemberg seit 6. April 2016.

*Sonstige Funktionen und Mitgliedschaften:*
2004 bis 2008 Schöffe am Amtsgericht Bruchsal. Mitglied des Vereins Deutscher Ingenieure e. V. Mitglied des AeroClubs Heidelberg e. V. und der Schützengesellschaft Wiesloch 1901 e. V. Sänger im Kirchenchor. Mitglied des Obst- und Gartenbauvereins Bad Schönborn-Mingolsheim e. V.

*Angaben nach Teil I der Offenlegungsregeln:*
Studiendirektor a. D. (Dienstverhältnis ruht wegen des Mandats).

BAMBERGER, Alfred
Softwareentwickler

Zähringerallee 26
75177 Pforzheim
Telefon 07231 1677472
mail@alfred-bamberger.de
www.alfred-bamberger.de

*Fraktion der AfD*
*Nachfolger im Zweitmandat*
*im Wahlkreis 42*
*Pforzheim*

*Persönliche Angaben:*
Geboren am 10. Juni 1957 in Eichstätt-Wintershof (Oberbayern); christliche Freikirche, verheiratet.

*Ausbildung, Berufslaufbahn, berufliche Funktionen:*
Reserveoffizier der Bundeswehr. Hochschulstudium (TU München) mit Abschluss Dipl.-Informatiker. Drei Jahre Hardwareentwickler in München. GmbH-Gesellschafter und Geschäftsführer. Sieben Jahre Freelancer Softwareentwicklung. 12 Jahre angestellter Softwareentwickler. Selbstständiger Softwareentwickler.

*Politische Funktionen:*
Seit 2013 Sprecher des AfD-Kreisverbands Pforzheim/Enzkreis.
Seit 2019 Mitglied des Gemeinderats der Stadt Pforzheim.
Mitglied des Landtags von Baden-Württemberg seit 5. Januar 2022.

*Sonstige Funktionen und Mitgliedschaften:*
–

*Angaben nach Teil I der Offenlegungsregeln:*
Selbstständiger Softwareentwickler. Mitglied des Verwaltungsrats der Sparkasse Pforzheim Calw. Mitglied des Verwaltungsrats der STADTBAU GmbH PFORZHEIM. Mitglied des Verwaltungsrats der Volkshochschule Pforzheim-Enzkreis GmbH (ehrenamtlich).

Eingetreten am 5. Januar 2022
für den verstorbenen Abg. Dr. Bernd Grimmer.

BARON, Anton
Produktmanager, Wirtschafts-
ingenieur, B. Eng.

Wahlkreisbüro
Schulgasse 17
74613 Öhringen
Telefon 0711 2063-5613
Telefax 0711 2063-145613
anton.baron@afd.landtag-bw.de
www.anton-baron.de

*Fraktion der AfD*
*Zweitmandat im Wahlkreis 21 Hohenlohe*

*Persönliche Angaben:*
Geboren am 3. November 1987 in Dshambul, Kasachstan; ledig.

*Ausbildung, Berufslaufbahn, berufliche Funktionen:*
2006 bis 2009 Ausbildung zum Verfahrensmechaniker für Kunststoff- und Kautschuktechnik. 2009 Assistant Quality Manager. 2010 Fachhochschulreife. 2010 bis 2014 Studium Wirtschaftingenieurwesen, Bachelor of Engineering. 2014 Projektingenieur. 2015 Produktmanager.

*Politische Funktionen:*
Mitglied der Alternative für Deutschland. Sprecher des AfD-Kreisverbands Hohenlohe/Schwäbisch Hall. Mitglied des Gemeinderats der Stadt Öhringen. Mitglied des Kreistags des Hohenlohekreises; Sprecher der AfD-Gruppe.
Mitglied des Landtags von Baden-Württemberg seit 6. April 2016.

*Sonstige Funktionen und Mitgliedschaften:*
Mitglied der Desiderius-Erasmus-Stiftung. Mitglied des Vereins konservativer Kommunalpolitiker in Baden-Württemberg. Mitglied des Fördervereins Solebad Niedernhall e. V.

*Angaben nach Teil I der Offenlegungsregeln:*
Produktmanager bei der Albert Berner Deutschland GmbH (Großhandel) (Arbeitsverhältnis ruht).

BAUER, Theresia
Ministerin für Wissenschaft,
Forschung und Kunst

Wahlkreisbüro
Bergheimer Str. 147
69115 Heidelberg
Telefon 06221 9146618
Telefon Landtag 0711 2063-6460
theresia.bauer@gruene.landtag-bw.de
www.theresia-bauer.de

*Fraktion GRÜNE*
*Direktmandat im Wahlkreis 34*
*Heidelberg*

*Persönliche Angaben:*
Geboren am 6. April 1965 in Zweibrücken/Pfalz; verheiratet, zwei Söhne.

*Ausbildung, Berufslaufbahn, berufliche Funktionen:*
1985 bis 1993 Studium der Politikwissenschaften, Volkswirtschaft und Germanistik in Heidelberg und Mannheim, 1993 Magisterabschluss. 1993 bis 1995 Referentin für politische Bildung in der Gesellschaft für politische Ökologie und anschließend bis 2001 Geschäftsführerin der Heinrich-Böll-Stiftung Baden-Württemberg e.V. (bis 1996: Gesellschaft für politische Ökologie). Seit 12. Mai 2011 Ministerin für Wissenschaft, Forschung und Kunst.

*Politische Funktionen:*
Seit 1987 Mitglied der Grünen.
Mitglied des Landtags von Baden-Württemberg seit 11. April 2001. In früheren Wahlperioden Mitglied des Ausschusses für Wissenschaft, Forschung und Kunst sowie hochschulpolitische Sprecherin, stellv. Fraktionsvorsitzende und parlamentarische Geschäftsführerin der Fraktion GRÜNE.

*Sonstige Funktionen und Mitgliedschaften:*
Vorsitzende des Verwaltungsrats des Badischen Staatstheaters Karlsruhe. Co-Vorsitzende des Verwaltungsrats der Württembergischen Staatstheater Stuttgart. Vorsitzende der Stiftungsverwaltung der Carl-Zeiss-Stiftung. Mitglied des Senats der Max-Planck-Gesellschaft zur Förderung der Wissenschaften e.V. Mitglied des Senats der Berlin-Brandenburgischen Akademie der Wissenschaften KöR. Mitglied des Kuratoriums der Klaus Tschira Stiftung gGmbH. Mitglied des Wissenschaftsbeirats der Metropolregion Rhein-Neckar.

*Angaben nach Teil I der Offenlegungsregeln:*
Ministerin für Wissenschaft, Forschung und Kunst. Geschäftsführerin der Heinrich-Böll-Stiftung Baden-Württemberg (ruhendes Arbeitsverhältnis). Co-Vorsitzende des Aufsichtsrats und Mitglied des wissenschaftlichen Beirats von Baden-Württemberg International – Gesellschaft für internationale wirtschaftliche und wissenschaftliche Zusammenarbeit mbH. Co-Vorsitzende des Aufsichtsrats der e-mobil BW GmbH. Co-Vorsitzende des Aufsichtsrats der Leichtbau BW GmbH. Mitglied des Aufsichtsrats der Internationale Bauausstellung Heidelberg GmbH. Mitglied des Aufsichtsrats der Baden-Württemberg Stiftung gGmbH.

DR. BAUMANN, Andre
Diplom-Biologe

Wahlkreisbüro
Mannheimer Straße 7
68723 Schwetzingen
Telefon 06202 4094785
andre.baumann@
gruene.landtag-bw.de
www.andrebaumann.de

*Fraktion GRÜNE*
*Direktmandat im Wahlkreis 40*
*Schwetzingen*

*Persönliche Angaben:*
Geboren am 10. Juni 1973 in Heidelberg; verheiratet, vier Kinder.

*Ausbildung, Berufslaufbahn, berufliche Funktionen:*
Nordstadt-Grundschule und Hebelgymnasium in Schwetzingen, 1993 Abitur. Zivildienst in Kranenburg, NABU-Naturschutzstation. 1995 bis 2001 Studium der Biologie (Schwerpunkt Naturschutz) und Rechtswissenschaften (nicht abgeschlossen) in Marburg. 2002 bis 2005 Promotion in Regensburg als DfG-Stipendiat. 2006 bis 2007 wissenschaftlicher Mitarbeiter, später stellvertretender Leiter des Instituts für Agrarökologie und Biodiversität (IfAB) in Mannheim. 2007 bis 2016 Vorsitzender des NABU Baden-Württemberg. Mai 2016 bis Januar 2020 politischer Staatssekretär im Ministerium für Umwelt, Klima und Energiewirtschaft Baden-Württemberg. Februar 2020 bis Mai 2021 Staatssekretär im Staatsministerium und Bevollmächtigter des Landes Baden-Württemberg beim Bund. Seit Mai 2021 politischer Staatssekretär im Ministerium für Umwelt, Klima und Energiewirtschaft Baden-Württemberg.

*Politische Funktionen:*
Seit 2001 Mitglied von Bündnis 90/Die Grünen und Grüne Liste Plankstadt. Seit 2019 Vorstandsmitglied und seit 2020 Sprecher des Kreisverbands Kurpfalz-Hardt von Bündnis 90/Die Grünen.
Mitglied des Landtags von Baden-Württemberg seit 13. April 2021.

*Sonstige Funktionen und Mitgliedschaften:*
Lehrbeauftragter für Naturschutz an der Hochschule für Forstwissenschaft Rottenburg (unentgeltlich). Mitglied des Nationalparkrats des Nationalparks Schwarzwald. Mitglied des Stiftungsrats der Stiftung Naturschutzfonds Baden-Württemberg. Mitglied des Stiftungsrats der Stiftung Landesbank Baden-Württemberg. Mitglied des Kuratoriums des Vereins Wolfgang Raufelder - Umweltschutz e. V. Mitgliedschaften: Bund für Umwelt und Naturschutz (BUND) e. V., NABU (Naturschutzbund), NaturFreunde Radolfzell e. V., Schwäbischer Albverein e. V., Freundeskreis Nationalpark Schwarzwald e. V. und Bundesverband Beruflicher Naturschutz e. V. Weitere Mitgliedschaften: Sängerbund Schwetzingen e. V., Tierschutzverein Schwetzingen und Umgebung e. V., Freundeskreis der Zeyher-Grundschule e. V. Schwetzingen und Freundeskreis des Hebelgymnasiums Schwetzingen e. V., Deutsches Jugendherbergswerk e. V.

*Angaben nach Teil I der Offenlegungsregeln:*
Politischer Staatssekretär im Ministerium für Umwelt, Klima und Energiewirtschaft. Mitglied des Aufsichtsrats von Forst Baden-Württemberg AöR.

BAY, Susanne
Diplomverwaltungswirtin (FH)

Jägerhausstr. 144
74074 Heilbronn
Wahlkreisbüro
Kaiserstraße 17
74072 Heilbronn
Telefon 07131 74535-64
Telefax 07131 74535-69
susanne.bay@gruene.landtag-bw.de
www.susanne-bay.de

*Fraktion GRÜNE*
*Direktmandat im Wahlkreis 18 Heilbronn*

*Persönliche Angaben:*
Geboren am 5. Januar 1965 in Crailsheim; evangelisch, verheiratet, zwei Töchter.

*Ausbildung, Berufslaufbahn, berufliche Funktionen:*
Dammgrundschule Heilbronn. 1975 bis 1984 Justinus-Kerner-Gymnasium Heilbronn, Abschluss Abitur. 1984 bis 1986 Vorbereitungsdienst für den gehobenen nichttechnischen Verwaltungsdienst bei der Gemeinde Talheim, dann beim Landratsamt Heilbronn. 1986 bis 1988 Studium der Verwaltungswirtschaft an der Fachhochschule für öffentliche Verwaltung in Ludwigsburg, Abschluss Diplom. Umzug nach Tübingen und dort von November 1988 bis Mai 1992 Leiterin des Sachgebiets Haushalt und des Inneren Dienstes bei der Bundesforschungsanstalt für Viruskrankheiten der Tiere. 1992 bis 1998 Elternzeit, zurück in Heilbronn. Ab Juli 1998 Beurlaubung bei der Bundesforschungsanstalt und in genehmigter Nebentätigkeit in Teilzeit Aufbau einer Verwaltung für die neu gegründete Offene Hilfen gGmbH, einer Einrichtung der ambulanten Hilfe für Menschen mit einem geistigen Handicap und deren Familien in Heilbronn. 2013 Ausscheiden aus dem Beamtenverhältnis und hauptberuflich bei den Offenen Hilfen, insbesondere zuständig für die Finanzen.

*Politische Funktionen:*
Seit 2009 Mitglied bei Bündnis 90/Die Grünen. Seit 2011 Mitglied des Vorstands des Ortsverbands Heilbronn. Seit 2009 Stadträtin in Heilbronn, seit 2011 dort Fraktionsvorsitzende der Grünen; Mitglied des Ältestenrats, des Verwaltungsausschusses und des Jugendhilfeausschusses.
Mitglied des Landtags von Baden-Württemberg seit 5. April 2016.

*Sonstige Funktionen und Mitgliedschaften:*
Vorsitzende des Fördervereins der Offene Hilfen gGmbH – Angebote für Menschen mit einer geistigen Behinderung e. V. Schatzmeisterin des Vereins Otto-Kirchheimer-Preis e. V. Mitglied des Gaffenberg Fördervereins e. V. Mitglied des Kuratoriums der Gaffenberg Stiftung. Mitglied des Förderkreises Dammgrundschule Heilbronn e. V. und des Fördervereins Mönchsee-Gymnasium Heilbronn e. V. Mitglied der Museumsfreunde Heilbronn e. V. Mitglied des Fördervereins Literaturhaus Heilbronn. Mitglied des Stiftungsrats der Bürgerstiftung Heilbronn. Mitglied der Heinrich-Böll-Stiftung, der Naturfreunde und bei Greenpeace.

*Angaben nach Teil I der Offenlegungsregeln:*
Mitglied des Aufsichtsrats der SLK-Kliniken Heilbronn GmbH. Mitglied des Verwaltungsrats der Kreissparkasse Heilbronn.

Mandat niedergelegt mit Ablauf des 31. Januar 2022.
Nachfolgerin: Gudula Achterberg.

DR. BECKER, Alexander
Musikwissenschaftler

Gerwigstr. 4
76437 Rastatt
Telefon 0711 2063-8102
info@alexanderbecker-mdl.de
www.alexanderbecker-mdl.de

*Fraktion der CDU*
*Zweitmandat im Wahlkreis 32*
*Rastatt*

*Persönliche Angaben:*
Geboren am 10. Mai 1972 in Karlsruhe; wohnhaft in Ötigheim; römisch-katholisch, verheiratet, zwei Kinder.

*Ausbildung, Berufslaufbahn, berufliche Funktionen:*
1991 Abitur am Tulla-Gymnasium in Rastatt. Ersatzdienst im Kindergarten für körper- und mehrfachbehinderte Kinder in Rastatt. Studium der Musikwissenschaft, Philosophie und Soziologie an der Universität Fridericiana Karlsruhe, 1999 Magisterabschluss, 2009 Promotion zum Dr. phil. (Dissertation „Zur Instrumentation in Max Regers Orchesterwerken"). Seit 1999 wissenschaftlicher Mitarbeiter im Max-Reger-Institut Karlsruhe, seit 2017 Mitglied der Institutsleitung.

*Politische Funktionen:*
1991 bis 1993 und 1996 bis 1999 Kreisvorsitzender der Jungen Union Rastatt, 2002 bis 2005 Mitglied des JU-Landesvorstands. 2007 bis 2017 Mitglied des Vorstands der CDU Nordbaden. 2013 bis 2017 Vorsitzender des CDU-Kreisverbands Rastatt. 1999 bis 2017 Mitglied des Gemeinderats von Ötigheim. 2004, 2009, 2014 und 2019 Zweitkandidat von Daniel Caspary MdEP. 2016 Zweitkandidat von Sylvia Felder im Wahlkreis 32 Rastatt.
Mitglied des Landtags von Baden-Württemberg seit 1. April 2019.

*Sonstige Funktionen und Mitgliedschaften:*
Seit 2019 Mitglied des Verwaltungsrats des Badischen Staatstheaters Karlsruhe sowie des Kuratoriums der Landeszentrale für politische Bildung Baden-Württemberg. 1987 bis 2012 Übungsleiter, seit 1991 Dirigent verschiedener Orchester. 2001 bis 2014 Vorsitzender des Mandolinen- und Gitarrenorchesters 1924 Ötigheim e. V. Seit 2009 Mitglied des Präsidiums des Bundes Deutscher Zupfmusiker Landesverband Baden-Württemberg e. V. Seit 2015 Mitglied des Vorstands des Freundeskreises der Hochschule für Musik Karlsruhe e. V.

*Angaben nach Teil I der Offenlegungsregeln:*
Leiter des Max-Reger-Instituts/Elsa-Reger-Stiftung in Karlsruhe. Dirigent des Mandolinen- und Gitarrenorchesters 1924 Ötigheim e. V. Vizepräsident des Bundes Deutscher Zupfmusiker Landesverband Baden-Württemberg e. V.

BEHRENS, Hans-Peter
Dipl.-Ing. (FH) Elektrotechnik-Nachrichtentechnik

Wahlkreisbüro
Schwarzwaldstr. 57 A
76532 Baden-Baden
Telefon 0711 2063-6480
hans-peter.behrens@gruene.landtag-bw.de
www.hans-peter-behrens.de

*Fraktion GRÜNE*
*Direktmandat im Wahlkreis 33 Baden-Baden*

*Persönliche Angaben:*
Geboren 1961 in Schwäbisch Gmünd; verheiratet.

*Ausbildung, Berufslaufbahn, berufliche Funktionen:*
Grundschule in Dietersweiler. Realschule und Ausbildung zum Radio- und Fernsehtechniker in Baden-Baden. Arbeit in Handwerk und Industrie. Fachhochschulreife in Karlsruhe. 1987 bis 1992 Studium der Elektrotechnik in Offenburg. 1992 bis 2019 Abteilungs- und Sachgebietsleiter bei den Stadtwerken Baden-Baden.

*Politische Funktionen:*
Seit 2003 Mitglied bei Bündnis 90/Die Grünen. Seit 2004 (mit kurzer Unterbrechung) Mitglied des Kreistags des Landkreises Rastatt; 2008 bis 2014 Fraktionsvorsitzender. 2006 bis 2011 Sprecher des Kreisverbands Rastatt/Baden-Baden von Bündnis 90/Die Grünen. Mitglied der Landesarbeitsgemeinschaften „Wirtschaft, Finanzen und Soziales“, „Ökologie“ und „Energie“ von Bündnis 90/Die Grünen; in den beiden letztgenannten mehrere Jahre als Sprecher. Mitglied und Ersatzmitglied in der Bundesarbeitsgemeinschaft „Energie“ von Bündnis 90/Die Grünen. 2009 Wahlkreiskandidat, 2013 Listenkandidat bei der Bundestagswahl. 2006, 2011 und 2016 Zweitkandidat bei der Landtagswahl. 2014 bis 2019 Mitglied der Verbandsversammlung des Regionalverbands Mittlerer Oberrhein.
Mitglied des Landtags von Baden-Württemberg seit 1. November 2019.

*Sonstige Funktionen und Mitgliedschaften:*
Vereinsmitgliedschaften: Initiative für sozial- und ökopädagogische Erziehung e. V. (Kindertagesstätte Haus Löwenzahn – Steinbach/Baden-Baden)., Obst- und Gartenbauverein Weitenung e. V., Musikverein Weitenung e. V., Trägerverein Frauen- und Kinderschutzhaus Baden-Baden und Landkreis Rastatt e. V., Naturschutzbund Deutschland e. V., Patronatsgesellschaft für Theater und Philharmonie Baden-Baden e. V. Lebenshilfe der Region Baden-Baden/Bühl/Achern e. V. „Ehrenbürger“ der Hochschule Offenburg. Beteiligt an mehreren Bürger-Photovoltaikanlagen sowie einem Bürgerwasserkraftwerk.

*Angaben nach Teil I der Offenlegungsregeln:*
Sachgebietsleiter Planung Strom bei den Stadtwerken Baden-Baden (Arbeitsverhältnis ruht).

BINDER, Sascha
Rechtsanwalt

Wahlkreisbüro
Hohenstaufenstraße 29
73312 Geislingen
Telefon 07331 7153225
Telefax 07331 7154335
info@saschabinder.de

*Fraktion der SPD*
*Zweitmandat im Wahlkreis 11 Geislingen*

*Persönliche Angaben:*
Geboren am 4. März 1983; römisch-katholisch, ledig, zwei Kinder.

*Ausbildung, Berufslaufbahn, berufliche Funktionen:*
Schule und Abitur in Geislingen a. d. Steige. 2003 bis 2008 Studium der Rechtswissenschaften an der Eberhard-Karls-Universität Tübingen, Erstes Staatsexamen. 2006 bis 2009 wissenschaftlicher Mitarbeiter bei Bundesminister a. D. Walter Riester. 2008 bis 2010 Referendariat am Landgericht Ulm, Zweites Staatsexamen. 2010 bis Mai 2015 Rechtsanwalt in der Kanzlei Vogl Rechtsanwälte, Göppingen. Juni 2015 bis 2017 selbständiger Rechtsanwalt und Syndikus bei der Vinzenz von Paul gGmbH (Teilzeit). Seit 2018 selbständiger Rechtsanwalt in der Kanzlei Kellner & Kollegen.

*Politische Funktionen:*
1999 bis 2001 Mitglied und Sprecher des Jugendgemeinderats Geislingen. 2007 bis 2015 Vorsitzender des SPD-Kreisverbands Göppingen. Seit 2018 Generalsekretär der SPD Baden-Württemberg. Seit 2009 Kreisrat im Landkreis Göppingen; stellv. Vorsitzender der SPD-Kreistagsfraktion. Seit 2014 Stadtrat in Geislingen; bis 2019 stellv. Oberbürgermeister (ehrenamtlich).
Mitglied des Landtags von Baden-Württemberg seit 14. April 2011.

*Sonstige Funktionen und Mitgliedschaften:*
Vorsitzender des Fördervereins psychosoziale Krebsberatung im Landkreis Göppingen e. V. Mitgliedschaften: Turngemeinde Geislingen/Steige e. V., Sport-Club 1900 Geislingen e. V., Tennisclub Bad Überkingen e. V., Arbeiterwohlfahrt e. V., ver.di, Uganda-Freundeskreis e. V., VfB Stuttgart 1893 e. V., Naturfreunde e. V.

*Angaben nach Teil I der Offenlegungsregeln:*
Selbständiger Rechtsanwalt in der Kanzlei Kellner & Kollegen, Geislingen. Mitglied des Beirats des Alb-Elektrizitätswerks Geislingen-Steige eG. Mitglied des Verwaltungsrats der Kreissparkasse Göppingen (Mitglied des Kreditausschusses). Präsident des Landesverbands proBürger-Bus Baden-Württemberg e. V.

BIRNSTOCK, Dennis
Biotechnologe

Europastraße 29
72622 Nürtingen
Telefon 07022 9921006
dennis.birnstock@fdp.landtag-bw.de
www.dennis-birnstock.de

*Fraktion der FDP/DVP*
*Zweitmandat im Wahlkreis 9*
*Nürtingen*

*Persönliche Angaben:*
Geboren am 7. Februar 1991 in Filderstadt; neuapostolisch, verheiratet, ein Kind.

*Ausbildung, Berufslaufbahn, berufliche Funktionen:*
Weilerhau-Grundschule in Filderstadt. Elisabeth-Selbert-Gymnasium (damals: Eduard-Spranger-Gymnasium) in Filderstadt. 2009 bis 2010 Grundwehrdienst bei der Luftwaffe. 2011 bis 2015 Bachelor-Studium der Biotechnologie an der Hochschule Esslingen. 2015 bis 2018 Master-Studium der Technischen Biologie an der Universität Stuttgart. 2018 bis 2020 Forschungsmitarbeiter bei der TETEC AG in Reutlingen. Seit 2020 Associate Scientist bei Auregen Bio-Therapeutics GmbH in Reutlingen.

*Politische Funktionen:*
Seit 2013 Mitglied der Freien Demokratischen Partei. Seit 2014 Mitglied des Gemeinderats Filderstadt. Seit 2019 stellv. Vorsitzender des FDP-Ortsverbands Filderstadt. Seit 2019 Fraktionsvorsitzender der FDP-Fraktion im Filderstädter Gemeinderat.
Mitglied des Landtags von Baden-Württemberg seit 14. April 2021.

*Sonstige Funktionen und Mitgliedschaften:*
Mitglied des Kuratoriums der Jugendstiftung Baden-Württemberg. Mitglied des Beirats der element-i Bildungsstiftung gGmbH. Mitglied des Beirats für den Schülerwettbewerb des Landtags von Baden-Württemberg zur Förderung der politischen Bildung. Mitglied des Kuratoriums der Stiftung des Württembergischen Landessportbunds. Stellv. Mitglied der Verbandsversammlung des Zweckverbands Filderwasserversorgung. Stellv. Mitglied der Verbandsversammlung des Zweckverbands Hochwasserschutz Körsch.

*Angaben nach Teil I der Offenlegungsregeln:*
Forschungsmitarbeiter als Associate Scientist bei Auregen BioTherapeutics GmbH (Biotechnologie) (Arbeitsverhältnis ruht). Mitglied des Aufsichtsrats des Sport- und Badezentrums Fildorado GmbH. Mitglied des Kuratoriums der DLRG Deutsche Lebens-Rettungs-Gesellschaft Landesverband Württemberg e. V.

BLENKE, Thomas
Volljurist

Bergwaldstraße 40
75391 Gechingen
Telefon 07056 966525
Telefax 07056 966527
Thomas.Blenke@cdu.landtag-bw.de
www.Thomas-Blenke.de

*Fraktion der CDU*
*Direktmandat im Wahlkreis 43*
*Calw*

*Persönliche Angaben:*
Geboren am 17. April 1960 in Ludwigshafen/Rhein; evangelisch, verheiratet.

*Ausbildung, Berufslaufbahn, berufliche Funktionen:*
Grundschule Gechingen. Hermann-Hesse-Gymnasium Calw. Abitur am Wirtschaftsgymnasium Calw. Banklehre bei der Deutschen Bank, Stuttgart. Studium der Rechtswissenschaft in Tübingen, 1988 Erstes Staatsexamen. 1991 Assessorexamen. 1991 bis 1993 Regierungspräsidium Tübingen. 1993 bis 1995 Verkehrsministerium Baden-Württemberg. 1995 bis 2001 Parlamentarischer Berater der CDU-Fraktion im Landtag von Baden-Württemberg, Parlamentsrat a. D. 2002 bis 2005 ehrenamtlicher Rektor und Geschäftsführer der Fachhochschule Calw gGmbH, Hochschule für Wirtschaft und Medien.

*Politische Funktionen:*
Seit 1978 Mitglied der CDU. Seit 1995 Vorsitzender des CDU-Kreisverbandes Calw und Mitglied des Bezirksvorstands der CDU Nordbaden. Seit 1995 Mitglied der Mittelstandsvereinigung der CDU. 1984 bis 1991 und 2004 bis 2017 Gemeinderat in Gechingen. Bis Juli 2017 erster stellv. Bürgermeister der Gemeinde Gechingen. Seit 2005 Mitglied des Kreistags des Landkreises Calw; dort stellv. Vorsitzender der CDU-Fraktion. Vorsitzender der Konferenz der innenpolitischen Sprecher von CDU/CSU in Bund und Ländern (ehrenamtlich).
Mitglied des Landtags von Baden-Württemberg seit 17. April 2001.

*Sonstige Funktionen und Mitgliedschaften:*
Mitgliedschaft und Ehrenämter in Vereinen und Organisationen. Mitglied des Kuratoriums des Internationalen Forums Burg Liebenzell.

*Angaben nach Teil I der Offenlegungsregeln:*
Parlamentsrat a. D. (Dienstverhältnis ruht wegen des Mandats). Mitglied des Aufsichtsrats der Staatlichen Toto-Lotto-GmbH Baden-Württemberg. Stellv. Mitglied des Verwaltungsrats der Sparkasse Pforzheim Calw. Mitglied der Verbandsversammlung des Zweckverbands Hermann-Hesse-Bahn (ehrenamtlich).

BOGNER-UNDEN, Andrea
Landtagsabgeordnete
Oberstudienrätin a. D.

Aichgasserstraße 6
88639 Wald
Telefon 07578 93100
Telefax 07578 93102
andrea.bogner-unden@
gruene.landtag-bw.de
www.bogner-unden.de

*Fraktion GRÜNE*
*Direktmandat im Wahlkreis 70*
*Sigmaringen*

*Persönliche Angaben:*
Geboren am 4. November 1955 in Stuttgart; evangelisch, vier Kinder.

*Ausbildung, Berufslaufbahn, berufliche Funktionen:*
Grundschule, Gymnasium und Abitur in Stuttgart. 1975 bis 1981 Studium für das Lehramt in den Fächern Politik, Sport und Geschichte in Freiburg. 1981 bis 1983 Referendariat in Rottweil. Zusatzlehrbefähigung für das Fach Psychologie. 1983 bis 2016 Lehrerin an der Heimschule Kloster Wald.

*Politische Funktionen:*
Beisitzerin im Vorstand des Kreisverbands Sigmaringen von Bündnis 90/Die Grünen.
Mitglied des Landtags von Baden-Württemberg seit 6. April 2016. Mitglied des Ausschusses für Europa und Internationales und des Ausschusses für Kultus, Jugend und Sport. Sprecherin der Fraktion GRÜNE für Erwachsenenbildung und Weiterbildung.

*Sonstige Funktionen und Mitgliedschaften:*
Stellv. Vorsitzende des Beirats für den Schülerwettbewerb des Landtags von Baden-Württemberg zur Förderung der politischen Bildung. Stellv. Vorsitzende der Parlamentariergruppe der Europa-Union im Landtag von Baden-Württemberg.
Mitglied des Landesbeirats für Alphabetisierung und Grundbildung. Mitglied des Beirats der Gemeinnützigen Elternstiftung Baden-Württemberg. Mitglied des Kuratoriums der Landeszentrale für politische Bildung Baden-Württemberg (LpB). Mitglied des Stiftungsrats der Stiftung Entwicklungs-Zusammenarbeit Baden-Württemberg (SEZ). Stellv. Mitglied des Verwaltungsrats des Landestheaters Württemberg-Hohenzollern. Mitglied des Beirats der Stiftung „Singen mit Kindern". Stellv. Vorsitzende des Fördervereins Ablachtalbahn e. V. Beisitzerin im Vorstand des Turn- und Sportvereins 1924 Wald e. V. Mitglied des Vereins der Freunde und Förderer der Hochschule Albstadt Sigmaringen e. V. Mitglied der Europa-Union Deutschland, Kreisverband Zollernalbkreis. Mitglied des Deutschen Alpenvereins Sektion Pfullendorf.

*Angaben nach Teil I der Offenlegungsregeln:*
Mitglied des Beirats des Landesverbands der Schulfördervereine Baden-Württemberg e. V. (LSFV BW).

BONATH, Frank
Dipl. Volkswirt, Unternehmensberater

Max-Planck-Str. 11
78052 Villingen-Schwenningen
Telefon 07721 94 63 77-0
Telefax 07721 94 63 77-9
bonath@fdp-vs.de
www.frank-bonath.de

*Fraktion der FDP/DVP*
*Zweitmandat im Wahlkreis 54*
*Villingen-Schwenningen*

*Persönliche Angaben:*
Geboren am 24. März 1972 in Villingen-Schwenningen; römisch-katholisch, verheiratet, drei Kinder.

*Ausbildung, Berufslaufbahn, berufliche Funktionen:*
Grund- und Hauptschule in Unterkirnach. Wirtschaftsschule und Wirtschaftsgymnasium in Villingen-Schwenningen, 1992 Abitur. 1992 bis 1993 Zivildienst beim DRK im Rettungsdienst. 1993 bis 1998 Studium der Volkswirtschaftslehre in Konstanz und Freiburg, Abschluss als Diplom Volkswirt. 1998 bis 2000 Produktmanager e-commerce bei der ACI AG. 2000 bis 2012 Vorstand der DenkungenAllerArt AG, der Circon AG und der Crealogix-ERP AG sowie Business Area Manager der terna GmbH. 2012 Aufbaustudium zum zertifizierten Restrukturierungs- und Sanierungsberater an der SRH Hochschule in Heidelberg. 2013 bis 2022 Vorstand der längsseits AG.

*Politische Funktionen:*
1999 bis 2002 Mitglied des Gemeinderats von Unterkirnach. Seit 2014 Mitglied des Gemeinderats von Villingen-Schwenningen; Vorsitzender der FDP-Fraktion. Stellv. Vorsitzender des FDP-Kreisverbands Schwarzwald-Baar-Kreis. Vorsitzender des FDP-Stadtverbands Villingen-Schwenningen.
Mitglied des Landtags von Baden-Württemberg seit 13. April 2021. Vorsitzender des Arbeitskreises für Umwelt, Klima und Energiewirtschaft der FDP/DVP-Fraktion. Sprecher für Energie und Umwelt sowie für Liegenschaften und Beteiligungen der FDP/DVP-Fraktion.

*Sonstige Funktionen und Mitgliedschaften:*
Mitglied des Landesbeirats für Natur- und Umweltschutz. Mitglied des Stiftungsrats der Stiftung Naturschutzfonds Baden-Württemberg. Erster Vorsitzender des Vereins Bernhardshütte e. V. Mitglied in diversen regionalen und kommunalen Vereinen.

*Angaben nach Teil I der Offenlegungsregeln:*
Geschäftsführer der zweiB Beteiligungen GmbH. Geschäftsführer der zweiB Beratung GmbH (Unternehmensberatung). Geschäftsführer der GVV Städtische Wohnbaugesellschaft Singen mbH i. L. Mitglied des Aufsichtsrats des Schwarzwald-Baar Klinikums Villingen-Schwenningen GmbH. Mitglied des Stiftungsrats des Spitalfonds Villingen Stiftung öR. Stellv. Mitglied des Aufsichtsrats der Kunsteisbahn Villingen-Schwenningen GmbH.

BORN, Daniel
Stellv. Landtagspräsident

Schwetzinger Straße 10
68766 Hockenheim
Telefon 06205 38324
hockenheim@daniel-born.de
www.daniel-born.de

*Fraktion der SPD*
*Zweitmandat im Wahlkreis 40*
*Schwetzingen*

*Persönliche Angaben:*
Geboren am 17. September 1975 in Speyer; evangelisch, ledig.

*Ausbildung, Berufslaufbahn, berufliche Funktionen:*
Gymnasium und Abitur in Schwetzingen. Studium der Rechtswissenschaft in Konstanz, Erstes Staatsexamen. Referendariat in Mannheim und New York, Assessorexamen. Führungskraft bei der Agentur für Arbeit.

*Politische Funktionen:*
Seit 1991 Mitglied der SPD. Vorstandsämter bei Jusos und SPD. 2005 bis 2015 SPD-Ortsvereinsvorsitzender. 2011 bis 2016 stellv. SPD-Kreisvorsitzender. 2009 bis 2016 Gemeinderat in Oberhausen-Rheinhausen stellv. Vorsitzender der Gemeinderatsfraktion. 2014 bis 2016 Kreisrat im Landkreis Karlsruhe. Seit 2017 Mitglied der Antragskommission der SPD Baden-Württemberg, seit 2018 Mitglied des Landesvorstands, seit 2020 Mitglied des Präsidiums der SPD Baden-Württemberg. Seit 2021 Co-Kreisvorsitzender der SPD Rhein-Neckar.
Mitglied des Landtags von Baden-Württemberg seit 6. April 2016. Seit 11. Mai 2021 stellv. Präsident des Landtags. Mitglied des Landtagspräsidiums. Mitglied des Ausschusses für Kultus, Jugend und Sport. Mitglied des Ausschusses für Landesentwicklung und Wohnen. Mitglied des Vorstands der SPD-Fraktion. Sprecher der SPD-Landtagsfraktion für frühe Bildung, Wohnungspolitik und Religionspolitik.

*Sonstige Funktionen und Mitgliedschaften:*
Mitglied des Stiftungsrats der Stiftung Kinderland. Mitglied des Kuratoriums der Bundesakademie für musikalische Jugendbildung. Mitglied des Kuratoriums der Landeszentrale für politische Bildung. Mitglied bei ver.di. Mitglied des Mieterbunds. Mitglied bei „Gelbe Hand – mach' meinen Kumpel nicht an". Mitglied des Mildred-Scheel-Kreises e. V. (Förderverein der Deutschen Krebshilfe). Mitglied verschiedener örtlicher Vereine. 2007 bis 2015 Kirchengemeinderat. Vorsitzender des AWO-Ortsvereins Hockenheim. Mitglied des AWO-Kreisvorstands. Mitglied des Vorstands von PLUS Rhein-Neckar e. V.

*Angaben nach Teil I der Offenlegungsregeln:*
Führungskraft bei der Bundesagentur für Arbeit (Arbeitsverhältnis ruht). Jugendschutzprüfer bei der FSK Freiwillige Selbstkontrolle der Filmwirtschaft GmbH (ehrenamtlich).

BOSER, Sandra
Staatssekretärin
Diplom-Betriebswirtin

Wahlkreisbüro
Marktstraße 12
77933 Lahr
sandra.boser@gruene.landtag-bw.de
www.sandra-boser.de

*Fraktion GRÜNE*
*Direktmandat im Wahlkreis 50*
*Lahr*

*Persönliche Angaben:*
Geboren am 20. Juni 1976 in Spaichingen; verheiratet, zwei Söhne.

*Ausbildung, Berufslaufbahn, berufliche Funktionen:*
Grundschule Wolfach. Realschule Wolfach. Wirtschaftsgymnasium und Abitur in Hausach. 1995 bis 1998 Studium an der Berufsakademie in Mannheim zur Diplom-Betriebswirtin. 1995 bis 2008 bei der SV Sparkassenversicherung in Stuttgart und Mannheim. 2010 bis 2011 Mitarbeiterin im Abgeordnetenbüro von Alexander Bonde MdB.

*Politische Funktionen:*
2008 bis 2011 Geschäftsführerin des Kreisverbands Ortenau von Bündnis 90/Die Grünen. 2016 bis 2018 Vorsitzende des Kreisverbands Ortenau von Bündnis 90/Die Grünen.
Mitglied des Landtags von Baden-Württemberg seit 11. April 2011. 2011 bis 2021 Vorsitzende des Arbeitskreises Bildung der Fraktion GRÜNE. 2014 bis 2021 stellv. Vorsitzende der Fraktion GRÜNE.

*Sonstige Funktionen und Mitgliedschaften:*
Mitglied des Beirats von Teach First Deutschland in Baden-Württemberg.

*Angaben nach Teil I der Offenlegungsregeln:*
Staatssekretärin im Ministerium für Kultus, Jugend und Sport. Stellv. Mitglied des Verwaltungsrats des Südwestrundfunks.

BRAUER, Stephen
Diplom-Handelslehrer

Leuchtenbergstraße 5/1
74564 Crailsheim
Telefon 07951 961678
Telefax 07951 2960793
stephen.brauer@fdp.landtag-bw.de
www.stephen-brauer.de

*Fraktion der FDP/DVP*
*Zweitmandat im Wahlkreis 22*
*Schwäbisch Hall*

*Persönliche Angaben:*
Geboren am 25. September 1970 in Crailsheim; verheiratet, ein Kind.

*Ausbildung, Berufslaufbahn, berufliche Funktionen:*
Studium der Wirtschaftspädagogik in Nürnberg; Abschluss als Diplom-Handelslehrer. Zweites Staatsexamen in Stuttgart.
Lehrtätigkeiten an Beruflichen Schulen in Reutlingen, Ellwangen und Crailsheim. Schulleitung eines Berufskollegs des Kolping-Bildungswerks. Lehrtätigkeiten an der Berufsakademie Stuttgart und an der Pädagogischen Hochschule Ludwigsburg. Akademiereferent an der Landesakademie für Fortbildung und Personalentwicklung an Schulen (Standort Comburg).

*Politische Funktionen:*
Vorsitzender des FDP-Kreisverbands Schwäbisch Hall. Mitglied des Vorstands des FDP-Bezirksverbands Heilbronn/Franken. Vorsitzender der FDP-Fraktion im Kreistag des Landkreises Schwäbisch Hall.
Mitglied des Landtags von Baden-Württemberg seit 1. August 2018.

*Sonstige Funktionen und Mitgliedschaften:*
Vorsitzender der Sportkreises Schwäbisch Hall e. V. im Württembergischen Landessportbund (WLSB).

*Angaben nach Teil I der Offenlegungsregeln:*
Oberstudienrat an der Kaufmännischen Schule Crailsheim (Dienstverhältnis ruht wegen des Mandats). Mitglied des Aufsichtsrats der WLSB-Service-GmbH.

BRAUN, Martina
Bio-Bäuerin, Pharmazeutisch-technische Assistentin

Linach 26
78120 Furtwangen
Telefon 07723 3942
Telefax 07723 503515
braunlinach@aol.com

*Fraktion GRÜNE*
*Direktmandat im Wahlkreis 54 Villingen-Schwenningen*

*Persönliche Angaben:*
Geboren am 3. April 1960 in Furtwangen; römisch-katholisch, verheiratet, drei Kinder.

*Ausbildung, Berufslaufbahn, berufliche Funktionen:*
Grundschule und Gymnasium Furtwangen. Mittlere Reife. Anschließend Berufsfachschule für Pharmazeutisch-technische Assistenten Freiburg. In verschiedenen Apotheken gearbeitet bis zur Einheirat auf den Hinterbauernhof. Seither in der Landwirtschaft tätig.

*Politische Funktionen:*
1999 bis 2009 Ortschaftsrätin und stellv. Ortsvorsteherin. Seit 2009 Kreisrätin im Schwarzwald-Baar-Kreis. Seit 2012 Mitglied des Vorstands des Kreisverbands Schwarzwald-Baar von Bündnis 90/Die Grünen.
Mitglied des Landtags von Baden-Württemberg seit 8. April 2016.

*Sonstige Funktionen und Mitgliedschaften:*
Leiterin des Aktivforums „Gentechnik und Biopatentierung" der Katholischen Landvolkbewegung Freiburg.

*Angaben nach Teil I der Offenlegungsregeln:*
Mitarbeiterin im landwirtschaftlichen Betrieb von Roman Braun. Mitglied der Bundesdelegiertenversammlung und des Bundesfachausschusses „Milch" von Bioland e.V. Sprecherin der Regionalgruppe Schwarzwald-Baar des Bioland Landesverbands Baden-Württemberg e.V.

BÜCKNER, Tim
Landtagsabgeordneter,
Master of Laws (LL.M.)

Burren 2
73453 Abtsgmünd
Telefon Landtag 0711 2063-8200
Telefon Wahlkreis 07171 9411183
Tim.Bueckner@cdu.landtag-bw.de
info@tim-bueckner.de
www.tim-bueckner.de

*Fraktion der CDU*
*Zweitmandat im Wahlkreis 25*
*Schwäbisch Gmünd*

*Persönliche Angaben:*
Geboren am 20. Oktober 1983 in Schwäbisch Gmünd; verheiratet, römisch-katholisch.

*Ausbildung, Berufslaufbahn, berufliche Funktionen:*
Grundschulzeit an der Uhlandschule Bettringen und der Grundschule Hardt. Abitur am Scheffold-Gymnasium Schwäbisch Gmünd. Zivildienst am Stauferklinikum Mutlangen. Studium der Rechtswissenschaften an der FernUniversität Hagen mit Abschluss Bachelor und Master of Laws (LL.M.). Wissenschaftlicher Mitarbeiter beim Landtagsabgeordneten Dr. Stefan Scheffold. Bis April 2021 Kreisgeschäftsführer des CDU-Kreisverbands Ostalb.

*Politische Funktionen:*
Mitglied des Landtags von Baden-Württemberg seit 13. April 2021.

*Sonstige Funktionen und Mitgliedschaften:*
Mitgliedschaften u. a. Sektion Schwäbisch Gmünd des Deutschen Alpenvereins (DAV) e. V., World Wide Fund for Nature (WWF), Münsterbauverein Schwäbisch Gmünd e. V., Verein der Freunde der St. Michael-Chorknaben e. V., Förderverein Freibad Bettringen e. V. , Salvator-Freundeskreis e. V., PATE e. V., Heimatverein Waldstetten/Wißgoldingen e. V.

*Angaben nach Teil I der Offenlegungsregeln:*
–

BURGER, Klaus
Bankkaufmann
Geschäftsstellenleiter

Karlstr. 28
72488 Sigmaringen
Telefon 07571 7317000
Telefax 07572 763666
klaus.burger@cdu.landtag-bw.de

*Fraktion der CDU*
*Zweitmandat im Wahlkreis 70 Sigmaringen*

*Persönliche Angaben:*
Geboren am 7. August 1958 in Mengen; katholisch, verheiratet, drei Kinder.

*Ausbildung, Berufslaufbahn, berufliche Funktionen:*
Grund- und Hauptschule Hohentengen. Mittlere Reife. Kaufmännische Berufsschule Bad Saulgau. 1977 Abschluss der Lehre zum Bankkaufmann. 1977 bis 1978 Wehrdienst in der 1./PzGrenBtl 281 Dornstadt. 1978 bis 2002 Bankkaufmann, zuletzt Filialleiter. 2003 bis 2011 Geschäftsstellenleiter beim Bauernverband Biberach-Sigmaringen e. V., 2011 bis 2013 Geschäftsführer und ab 2013 mandatsbedingt wieder Geschäftsstellenleiter in Teilzeit.

*Politische Funktionen:*
Seit 1994 Gemeinderat, seit 1999 stellv. Bürgermeister der Gemeinde Hohentengen. 2002 bis 2014 Vorsitzender des CDU-Gemeindeverbands Hohentengen-Göge. Seit 2009 Kreisrat im Landkreis Sigmaringen. Seit 2013 Vorsitzender des CDU-Kreisverbands Sigmaringen. Mitglied des Bezirksfachausschusses Ländlicher Raum und Landwirtschaft des CDU-Bezirksverbands Württemberg-Hohenzollern. Mitglied des Landesfachausschusses Ländlicher Raum, Landwirtschaft und Verbraucherschutz der CDU Baden-Württemberg. Mitglied des Landtags von Baden-Württemberg seit 3. Juli 2012.

*Sonstige Funktionen und Mitgliedschaften:*
Mitglied der LEADER-Aktionsgruppe Oberschwaben. Schatzmeister des Vereins der Freunde und Förderer Oberschwäbischer Pilgerweg e. V. Schatzmeister des Kreisverbands Sigmaringen der Schutzgemeinschaft Deutscher Wald. Mitglied des Kuratoriums des Freilichtmuseums Heuneburg. Mitglied des Kuratoriums des Fördervereins des Benediktinerinnenklosters Unserer Lieben Frau zu Habsthal e. V.

*Angaben nach Teil I der Offenlegungsregeln:*
Geschäftsstellenleiter beim Bauernverband Biberach-Sigmaringen e. V. Mitglied der Vertreterversammlung der Volksbank Bad Saulgau eG. Mitglied des Werksausschusses des Eigenbetriebs „Kreisabfallwirtschaft Sigmaringen“.

CATALTEPE, Ayla
MTLA, Berufsschulpädagogin

Konrad-Adenauer-Straße 12
70173 Stuttgart
Telefon 0711 2063-6440
Ayla.Cataltepe@gruene.landtag-bw.de
www.ayla-cataltepe.de

*Fraktion GRÜNE*
*Direktmandat im Wahlkreis 10*
*Göppingen*

*Persönliche Angaben:*
Geboren am 1. September 1972 in Göppingen; ein Kind.

*Ausbildung, Berufslaufbahn, berufliche Funktionen:*
Grundschule in Eislingen/Fils. Mittlere Reife in Göppingen. 1992 Staatliches Examen zur medizinisch-technischen Laboratoriumsassistentin. 1992 bis 1993 Tätigkeit als MTLA im Medizinisch-Diagnostischen Labor Dr. Dr. Frey und Dr. Huesgen, Leinfelden-Echterdingen. 1994 Tätigkeit als MTLA im Medizinisch-Diagnostischen Gemeinschaftslabor Prof. Dr. med. habil. Enders und Kollegen in Stuttgart. 1994 bis 2003 Tätigkeit als MTLA am Zentralinstitut für Transfusionsmedizin und Blutspendedienst am Katharinenhospital des Klinikums Stuttgart. 2001 Examen zur Fachlehrerin an MTA-Schulen. 2003 bis 2005 Tätigkeit als MTLA in der Zentralen Einrichtung für Klinische Chemie der Universitätsklinik Ulm/Donau. 2003 bis 2004 Dozentin an der Akademie für Gesundheitsberufe und Schule für Medizinisch-technische Assistenzberufe der Universitätsklinik Ulm/Donau. 2009 bis 2011 pädagogische Fachkraft beim Deutschen Roten Kreuz Kreisverband Göppingen e.V. 2011 bis 2021 Mitarbeiterin und persönliche Referentin für Abgeordnete der Fraktion GRÜNE im Landtag von Baden-Württemberg. 2014 berufsbegleitendes Studium der Politikwissenschaft, Verwaltungswissenschaft und Soziologie an der FernUniversität in Hagen (immatrikuliert).

*Politische Funktionen:*
2014 Mitglied des Vorstands des Kreisverbands Göppingen von Bündnis 90/Die Grünen, 2016 Co-Vorsitzende. Seit 2019 Vorsitzende des Ortsverbands Eislingen/Fils von Bündnis 90/Die Grünen. Mitglied des Landtags von Baden-Württemberg seit 13. April 2021.

*Sonstige Funktionen und Mitgliedschaften:*
Mitglied des Kuratoriums der Landeszentrale für politische Bildung Baden-Württemberg. Seit 1. April 2019 Mitglied des Frauenbeirats der FernUniversität in Hagen.

*Angaben nach Teil I der Offenlegungsregeln:*
–

CUNY, Sebastian
Politikwissenschaftler

Zentgrafenstraße 11
69198 Schriesheim
Telefon 06203 4202553
Sebastian.Cuny@spd.landtag-bw.de
www.sebastian-cuny.de

*Fraktion der SPD*
*Zweitmandat im Wahlkreis 39 Weinheim*

*Persönliche Angaben:*
Geboren am 7. September 1978 in Heidelberg; deutsche und französische Staatsbürgerschaft, verheiratet, ein Kind.

*Ausbildung, Berufslaufbahn, berufliche Funktionen:*
Abitur am St.-Raphael-Gymnasium Heidelberg. Studium der Politikwissenschaft und Neuere/Sozial- und Wirtschaftsgeschichte an der Universität Mannheim. Fernstudium PR-Management. Trainer für innerparteiliche Bildung (SPD-Parteivorstand). Seit 2006 selbstständiger PR-Berater. 2011 bis 2020 Wahlkreisreferent eines Landtagsabgeordneten.

*Politische Funktionen:*
Mitglied des Gemeinderats der Stadt Schriesheim; Vorsitzender der SPD-Fraktion. Stellv. Vorsitzender des SPD-Kreisverbands Rhein-Neckar.
Mitglied des Landtags von Baden-Württemberg seit 14. April 2021.

*Sonstige Funktionen und Mitgliedschaften:*
Stellv. Vorsitzender des Stiftungsrats der Stiftung Entwicklungs-Zusammenarbeit Baden-Württemberg (SEZ). Mitglied der Europa-Union Deutschland e. V. Mitgliedschaften: Parlamentarischer Ring Volksbund Deutsche Kriegsgräberfürsorge, NaturFreunde Deutschlands, Ortsgruppe Schriesheim e. V., Sportverein 1919 Schriesheim e. V., Eintracht Frankfurt e. V.

*Angaben nach Teil I der Offenlegungsregeln:*
Selbstständiger PR-Berater (Tätigkeit ruht weitgehend).

DEUSCHLE, Andreas
Rechtsanwalt

Wahlkreisbüro
Bahnhofstraße 27
73728 Esslingen am Neckar
Telefon 0711 350545
Telefax 0711 3509246
post@andreas-deuschle.de
www.andreas-deuschle.de

*Fraktion der CDU*
*Zweitmandat im Wahlkreis 7*
*Esslingen*

*Persönliche Angaben:*
Geboren am 18. November 1978 in Nürtingen; wohnhaft in Esslingen a. N.; evangelisch, verheiratet, zwei Kinder.

*Ausbildung, Berufslaufbahn, berufliche Funktionen:*
1998 Abitur in Esslingen. Zivildienst beim Evangelischen Jugendwerk Bezirk Esslingen. 1999 bis 2005 Studium der Rechtswissenschaften an der Eberhard-Karls-Universität Tübingen. 2005 Erstes juristisches Staatsexamen. Referendariat in Esslingen, Stuttgart, Berlin. 2007 Assessorexamen. 2007 bis 2013 als Syndikus beim Energieversorger EnBW AG. Seit April 2016 bei der Netze BW GmbH. Seit 2008 Rechtsanwalt in eigener Kanzlei.

*Politische Funktionen:*
2003 bis 2008 Mitglied des Landesvorstands der Jungen Union Baden-Württemberg. 2008 bis 2010 Vorsitzender Richter am Landesschiedsgericht der Jungen Union. Kooptiertes Mitglied des CDU-Stadtverbands Esslingen a. N. Vorsitzender des CDU-Kreisverbands Esslingen. Seit 2018 Mitglied des Bezirksvorstands der CDU Nordwürttemberg.
Mitglied des Landtags von Baden-Württemberg seit 12. April 2011. Seit 2011 Vorsitzender der AG Digitalisierung der CDU-Landtagsfraktion. Seit 2016 Vorsitzender des Ausschusses für Wissenschaft, Forschung und Kunst.

*Sonstige Funktionen und Mitgliedschaften:*
Mitglied der Rechtsanwaltskammer Stuttgart. Mitglied des Medienrats und des medienpädagogischen Ausschusses des Medienrats der Landesanstalt für Kommunikation Baden-Württemberg. Mitglied des Kuratoriums der Hochschule für Technik Stuttgart. Mitglied des Deutschen Roten Kreuzes – Kreisverband Esslingen e. V.

*Angaben nach Teil I der Offenlegungsregeln:*
Selbständiger Rechtsanwalt. Syndikusrechtsanwalt und Manager Regulierungsmanagement bei der Netze BW GmbH (Arbeitsverhältnis ruht). Mitglied des Aufsichtsrats der Baden-Württemberg Stiftung gGmbH.

DÖRFLINGER, Thomas
Bankkaufmann
Dipl. Betriebswirt (FH)

Reichenbacher Weg 14
88444 Ummendorf
Telefon 07351 3400493
thomas.doerflinger@
cdu.landtag-bw.de
www.doerflinger-biberach.de

*Fraktion der CDU*
*Direktmandat im Wahlkreis 66 Biberach*

*Persönliche Angaben:*
Geboren am 12. September 1969 in Laupheim; katholisch, verheiratet, ein Kind.

*Ausbildung, Berufslaufbahn, berufliche Funktionen:*
Grundschule in Ummendorf. Gymnasium und Abitur am Wieland-Gymnasium Biberach. Wehrdienst in Mengen und Ummendorf. Ausbildung zum Bankkaufmann bei der Landesgirokasse Stuttgart. Studium der Betriebswirtschaft an der Fachhochschule in Nürtingen. Trainee-Programm bei der Landesbank Baden-Württemberg zum Vermögensmanager. Dachfondsmanager und Fondsresearcher bei der Baden-Württembergischen Bank. Seit 2012 Vermögenverwalter bei der Kreissparkasse Biberach.

*Politische Funktionen:*
1. Vorsitzender des CDU-Gemeindeverbands Ummendorf. Stellv. Vorsitzender des CDU-Kreisverbands Biberach. Mitglied des Kreistags des Landkreises Biberach. Mitglied des Gemeinderats Ummendorf.
Mitglied des Landtags von Baden-Württemberg seit 5. April 2016.

*Sonstige Funktionen und Mitgliedschaften:*
Vorsitzender des Stiftungsvorstands der Ummendorfer Bürgerstiftung. Mitglied diverser Vereine.

*Angaben nach Teil I der Offenlegungsregeln:*
Mitarbeiter der Kreissparkasse Biberach in der Vermögensverwaltung (Arbeitsverhältnis ruht). Mitglied des Aufsichtsrats der Flughafen Stuttgart GmbH. Mitglied des Aufsichtsrats der SWEG Südwestdeutsche Landesverkehrs-GmbH.

EISENHUT, Bernhard
Kaufmann

Postfach 0224
78202 Singen
landtag@eisenhut.net

*Fraktion der AfD*
*Zweitmandat im Wahlkreis 57*
*Singen*

*Persönliche Angaben:*
Aufgewachsen und wohnhaft im Kreis Konstanz, zweifacher Vater.

*Ausbildung, Berufslaufbahn, berufliche Funktionen:*
Abgeschlossene Berufsausbildung als Zahntechniker. Ausbildung zum Rettungssanitäter bei verschiedenen Truppenteilen der Bundeswehr. Ausbildung zum Gemmologen und Diamantgutachter. Inhaber von Uhren- und Schmuckgeschäften und Pfandleihen sowie diverse Beteiligungen in dieser Branche. Über zwei Jahrzehnte als Insolvenzabwickler für Banken und Insolvenzverwalter in der Schmuck- und Edelmetallbranche tätig. Im Auftrag von deutschen, holländischen und belgischen Firmen jahrelang in Afrika als Aufkäufer oder Vermittler für Rohdiamanten und Waschgold sowie in Israel und im Libanon tätig. 1995 Geschäftsführer einer Immobiliengesellschaft. Seit 38 Jahren im Kreis Konstanz als Unternehmer tätig.

*Politische Funktionen:*
Schatzmeister des AfD-Kreisverbands Konstanz. Seit 2019 Mitglied des Kreistags des Landkreises Konstanz.
Mitglied des Landtags von Baden-Württemberg seit 17. April 2021.

*Sonstige Funktionen und Mitgliedschaften:*
Sportschütze.

*Angaben nach Teil I der Offenlegungsregeln:*
Selbstständiger Juwelier (Juwelier Eisenhut).

EPPLE, Konrad
Schlossermeister

Dornierstraße 25
71254 Ditzingen
Telefon 0711 2063-699
Telefax 0711 2063-14699
info@konrad-epple.de
www.konrad-epple.de

*Fraktion der CDU*
*Zweitmandat im Wahlkreis 13 Vaihingen*

*Persönliche Angaben:*
Geboren am 4. August 1963 in Stuttgart; evangelisch, ledig.

*Ausbildung, Berufslaufbahn, berufliche Funktionen:*
Grundschule und Hauptschule in Ditzingen. 1979 bis 1982 Lehre als Schlosser. 1982 bis 1987 Facharbeiter. 1987 bis 1988 Meisterschule, 1988 Schlossermeister. Seit 2004 selbstständiger Schlossermeister.

*Politische Funktionen:*
Seit 1977 Mitglied der Jungen Union. Seit 1979 Mitglied der CDU. 1983 bis 1994 Vorsitzender der Jungen Union Ditzingen. Seit 1995 Mitglied des Vorstands des CDU-Kreisverbands Ludwigsburg. Seit 1997 Vorsitzender des CDU-Stadtverbands Ditzingen. Seit 1988 Gemeinderat der Stadt Ditzingen. Seit 1996 Mitglied des Kreistags Ludwigsburg. Seit 1999 Erster Ehrenamtlicher Stellv. Oberbürgermeister der Stadt Ditzingen. 2004 bis 2009 Mitglied der Regionalversammlung des Verbands Region Stuttgart.
Mitglied des Landtags von Baden-Württemberg seit 11. April 2011.

*Sonstige Funktionen und Mitgliedschaften:*
Seit 1982 aktives Mitglied der Freiwilligen Feuerwehr, seit 1997 stellv. Abteilungskommandant. Mitglied in vielen Ditzinger Vereinen.

*Angaben nach Teil I der Offenlegungsregeln:*
Selbstständiger Schlossermeister Metallbau – Sanitäre Anlagen. Stellv. Mitglied des Aufsichtsrats der RKH Regionale Kliniken Holding und Services GmbH, Ludwigsburg. Stellv. Mitglied des Aufsichtsrats der RKH Kliniken Ludwigsburg-Bietigheim gGmbH. Stellv. Mitglied des Aufsichtsrats der RKH Orthopädische Klinik Markgröningen gGmbH.

ERIKLI, Nese
Projektleiterin

Konrad-Adenauer-Straße 3
70173 Stuttgart
Telefon 0711 2063-6104
Telefax 0711 2063-146104
nese.erikli@gruene.landtag-bw.de
www.nese-erikli.de

*Fraktion GRÜNE*
*Direktmandat im Wahlkreis 56*
*Konstanz*

*Persönliche Angaben:*
Geboren am 19. Juli 1981 als jüngstes von sechs Kindern in Heilbronn; Muslima, ledig.

*Ausbildung, Berufslaufbahn, berufliche Funktionen:*
Abitur in Heilbronn. Jurastudium an den Universitäten Konstanz und Linz. Projektleiterin Stiftungsmanagement Blaues Kreuz Kantonalverband Zürich.

*Politische Funktionen:*
2011 bis 2017 Mitglied des Kreisvorstands von Bündnis 90/Die Grünen Konstanz. 2013 bis 2016 Sprecherin der LAG Demokratie, Recht und Innere Sicherheit von Bündnis 90/Die Grünen Baden-Württemberg.
Mitglied des Landtags von Baden-Württemberg seit 6. April 2016. Mitglied des Ständigen Ausschusses, des Ausschusses für Wissenschaft, Forschung und Kunst und des Untersuchungsausschusses Zulagen Ludwigsburg. Stellv. Vorsitzende des Arbeitskreises der Fraktion GRÜNE für Wissenschaft, Forschung und Kunst. Sprecherin für Bürgerbeteiligung und Demokratie sowie Sprecherin für Forschungspolitik.

*Sonstige Funktionen und Mitgliedschaften:*
Mitglied in NABU (Naturschutzbund Deutschland), BUND (Bund für Umwelt und Naturschutz Deutschland), Arbeitsgemeinschaft kommunales Kino Konstanz – Zebra Kino e. V., NIEDERBURG Große Konstanzer Narrengesellschaft 1884 e. V., Deutscher Mieterbund Bodensee e. V., Verkehrsclub Deutschland (VCD) e. V.

*Angaben nach Teil I der Offenlegungsregeln:*
–

EVERS, Daniela
Rechtsanwältin

Rehlingstraße 16A
79100 Freiburg i. Br.
Telefon 0711 2063-6220
daniela.evers@gruene.landtag-bw.de
daniela-evers-gruene.de

*Fraktion GRÜNE*
*Direktmandat im Wahlkreis 46*
*Freiburg I*

*Persönliche Angaben:*
Geboren am 24. April 1971 in Freiburg i. Br.; verheiratet, zwei Kinder.

*Ausbildung, Berufslaufbahn, berufliche Funktionen:*
Schulische Ausbildung mit Abitur in Freiburg. Studium der Rechtswissenschaft in Passau und Freiburg; Erstes und Zweites Staatsexamen. Seit 2000 Rechtsanwältin mit Schwerpunkt Asyl- und Ausländerrecht.

*Politische Funktionen:*
2009 bis 2021 Mitglied des Gemeinderats von Titisee-Neustadt; 2014 bis 2021 Sprecherin der Grünen Fraktion im Gemeinderat. 2011 bis 2021 Vorsitzende des Kreisverbands Breisgau-Hochschwarzwald der Grünen.
Mitglied des Landtags von Baden-Württemberg seit 14. April 2021.

*Sonstige Funktionen und Mitgliedschaften:*
Mitglied des Kuratoriums der Landeszentrale für politische Bildung Baden-Württemberg. Mitglied des Aufsichtsrats des Freiburger Münsterbauvereins e. V.

*Angaben nach Teil I der Offenlegungsregeln:*
Selbstständige Rechtsanwältin mit Schwerpunkt Asyl- und Ausländerrecht.

FREIHERR VON EYB, Arnulf
Selbstständiger Rechtsanwalt
Fachanwalt für Arbeitsrecht

Schloss 2
74677 Dörzbach
Telefon 07937 803318
info@arnulf-von-eyb.de
www.arnulf-von-eyb.de

*Fraktion der CDU*
*Zweitmandat im Wahlkreis 21*
*Hohenlohe*

*Persönliche Angaben:*
Geboren am 10. Februar 1955 in Heidelberg; evangelisch, verheiratet.

*Ausbildung, Berufslaufbahn, berufliche Funktionen:*
Volksschule Dörzbach. Realschule Krautheim. Internatsaufenthalte. Abschluss Realschule Schloß Schwarzenberg. Fachoberschule Aschaffenburg. Zwei Jahre Bundeswehr, Ausbildung zum Reserveoffizier Luftwaffe, Oberstleutnant d. R. Studium der Betriebswirtschaftslehre in Nürnberg und Frankfurt, Diplom-Betriebswirt. Studium der Rechtswissenschaften in Heidelberg. Referendariat am Landgericht Heilbronn. Seit 1990 Rechtsanwalt, seit 1991 selbstständig; seit 2001 Fachanwalt für Arbeitsrecht.

*Politische Funktionen:*
Vorsitzender des CDU-Kreisverbands Hohenlohe. Stellv. Vorsitzender des CDU-Bezirksverbands Nordwürttemberg. Co-Vorsitzender des CDU-Bezirksfachausschusses Landwirtschaft/Ländlicher Raum. Mitglied des Vorstands der Mittelstandsvereinigung der CDU (MIT) Hohenlohe.
Mitglied des Landtags von Baden-Württemberg seit 12. April 2011.

*Sonstige Funktionen und Mitgliedschaften:*
Mitglied des Vorstands des Wirtschaftsrats der CDU e. V., Sektion Hohenlohe/Schwäbisch Hall. Mitglied diverser Vereine.

*Angaben nach Teil I der Offenlegungsregeln:*
Selbstständiger Rechtsanwalt, Fachanwalt für Arbeitsrecht. Lehrbeauftragter an der Hochschule Heilbronn (15 Stunden pro Semester). Vorsitzender des Aufsichtsrats der gemeinnützigen Jagsttalbahn AG (ehrenamtlich). Präsident des Bundes Deutscher Zupfmusiker Landesverband Baden-Württemberg e. V. (ehrenamtlich).

FINK, Nicolas
Diplom-Verwaltungswirt (FH)
Bürgermeister a. D.

Wahlkreisbüro
Katharinenstraße 21
73728 Esslingen
Telefon 0711 352002
wahlkreis@nicolas-fink.de
nicolas-fink.de

*Fraktion der SPD*
*Zweitmandat im Wahlkreis 7*
*Esslingen*

*Persönliche Angaben:*
Geboren am 8. September 1976 in Schorndorf; verheiratet, zwei Kinder.

*Ausbildung, Berufslaufbahn, berufliche Funktionen:*
Gymnasium und Abitur in Plochingen. Zivildienst beim Kreisjugendring Esslingen. 1998 bis 2002 Studium zum Diplom-Verwaltungswirt (FH) in Ludwigsburg. 2002 bis 2006 hauptamtlicher Ortsvorsteher in Kirchheim unter Teck-Nabern. 2006 bis 2018 Bürgermeister der Gemeinde Aichwald.

*Politische Funktionen:*
Seit 1999 Mitglied der SPD. Verschiedene Vorstandsämter (u. a. Ortsvereinsvorsitzender) in der SPD Hochdorf. 1999 bis 2002 Mitglied des Gemeinderats der Gemeinde Hochdorf. Seit 2009 Mitglied des Kreistags des Landkreises Esslingen; u. a. stellv. Fraktionsvorsitzender. Mitglied des Gemeinderats der Stadt Esslingen; Vorsitzender der SPD-Fraktion.
Mitglied des Landtags von Baden-Württemberg seit 1. Januar 2019.

*Sonstige Funktionen und Mitgliedschaften:*
Stellv. Vorsitzender des FC Esslingen e. V. Mitgliedschaften: Motorsportclub „Eiserne Hand“ e. V. Aichwald, Musikverein Aichschieß e. V., Obst- und Gartenbauverein Aichwald e. V., Bürgerverein Zehntscheuer Nabern e. V. , Weißer Ring, Verein der Freunde und Förderer der Wilhelma Stuttgart-Bad Cannstatt e. V., Verband der Verwaltungsbeamten in Baden-Württemberg e. V., Verband Baden-Württembergischer Bürgermeister e. V., Sozialdemokratische Gemeinschaft für Kommunalpolitik e. V. Baden-Württemberg, „Initiative Mahlwerk“ KUNST KULTUR AKTION e. V., Sozialverband VdK Baden-Württemberg e. V., FC St. Pauli e. V., VfB Stuttgart 1893 e. V.

*Angaben nach Teil I der Offenlegungsregeln:*
Bürgermeister der Gemeinde Aichwald a. D. (Dienstverhältnis ruht wegen des Mandats). Mitglied des Aufsichtsrats der Stadtwerke Esslingen am Neckar GmbH & Co. KG. Mitglied des Verwaltungsrats der Kreissparkasse Esslingen-Nürtingen.

FISCHER, Rudi
Maschinenbau-Techniker und
techn. Betriebswirt

Bei der Ziegelhütte 3
72555 Metzingen
Telefon privat 07123 41991
Telefon Landtag 0711 2063-917
rudi.fischer@fdp.landtag-bw.de

*Fraktion der FDP/DVP*
*Zweitmandat im Wahlkreis 61*
*Hechingen-Münsingen*

*Persönliche Angaben:*
Geboren am 17. März 1954 in Pfullingen; evangelisch, seit 1984 verheiratet, drei Kinder.

*Ausbildung, Berufslaufbahn, berufliche Funktionen:*
1969 Hauptschule in Pfullingen. 1972 Mechanikerlehre in Reutlingen. 1975 Bundeswehr. Anschließend Berufstätigkeit in verschiedenen mittelständischen Betrieben. 1978 Studium zum Maschinenbau-Techniker. Ca. 1/2 Jahr Assistent des Betriebsleiters bei einer deutschen Tochterfirma in England. Anschließend Konstrukteur in einem Familienunternehmen. Ab 1984 in unterschiedlichen Bereichen und Funktionen bei einem deutschen Automobilhersteller. 1990 im Nutzfahrzeugbereich, 2001 Produktmanager im Vertrieb, bis 2018 im zentralen Logistikbereich. Seit Juli 2018 Rentner.

*Politische Funktionen:*
Seit 2009 Vorsitzender der FDP-Ortsverbands Metzingen.
Mitglied des Landtags von Baden-Württemberg seit 11. Juli 2019.

*Sonstige Funktionen und Mitgliedschaften:*
–

*Angaben nach Teil I der Offenlegungsregeln:*
–

FREY, Josef
Diplom-Sozialpädagoge (FH)

Wahlkreisbüro
Spitalstraße 56
79539 Lörrach
Telefon 07621 7099090
Telefax 0711 2063-14645
Josef.Frey@gruene.landtag-bw.de
www.josha-frey.de

*Fraktion GRÜNE*
*Direktmandat im Wahlkreis 58 Lörrach*

*Persönliche Angaben:*
Geboren am 18. März 1959 in Heidelberg; römisch-katholisch, verheiratet, ein Sohn.

*Ausbildung, Berufslaufbahn, berufliche Funktionen:*
Grundschule in Schwarzach/Odw. Gymnasium und Abitur in Mosbach. 1980 bis 1985 Studium zum Diplom-Sozialpädagogen (FH) an der Katholischen Fachhochschule für Sozialwesen, Freiburg/Brsg. 1985 bis 1987 Mitarbeiter beim Caritasverband für den Ortenaukreis. 1987 bis 1994 Mitarbeiter in diversen Drogenhilfeeinrichtungen in Basel (CH). 1994 bis 2001 Mitarbeiter im kantonalen Jugendamt Basel. 2001 bis 2009 Beauftragter für Suchtprävention im Kanton Basel-Stadt. 2010 bis 2011 Leiter der Koordinationsstelle Freiwilligenarbeit des Kantons Basel-Stadt.

*Politische Funktionen:*
Vizepräsident des Oberrheinrats.
Mitglied des Landtags von Baden-Württemberg seit 11. April 2011.

*Sonstige Funktionen und Mitgliedschaften:*
Vizepräsident des Euro-Instituts (Kehl). Vorsitzender des Caritasrats des Caritasverbands für den Landkreis Lörrach e. V. Mitglied beim Deutschen Roten Kreuz, bei der Interessengemeinschaft Velo im Landkreis Lörrach e. V. (IG Velo) und beim Bund für Umwelt und Naturschutz Deutschland (BUND).

*Angaben nach Teil 1 der Offenlegungsregeln:*
–

DR. FULST-BLEI, Stefan
Berufsschullehrer

Wahlkreisbüro Mannheim Nord
Carl-Reuther-Straße 1
68305 Mannheim
Telefon 0621 862487-22
Telefax 0621 862487-27
stefan.fulst-blei@spd.landtag-bw.de
www.fulst-blei.de

*Fraktion der SPD*
*Zweitmandat im Wahlkreis 35*
*Mannheim I*

*Persönliche Angaben:*
Geboren am 7. Juni 1968 in Mannheim; verheiratet, zwei Kinder.

*Ausbildung, Berufslaufbahn, berufliche Funktionen:*
Realschule in Mannheim-Feudenheim. 1984 bis 1987 Ausbildung zum Bankkaufmann bei der Sparkasse Mannheim. 1990 Abitur (Zweiter Bildungsweg) am Staatlichen Kolleg zur Erlangung der Hochschulreife, Mannheim. 1990 bis 1995 Studium der Wirtschaftspädagogik und Politikwissenschaft an der Universität Mannheim. 1994/1995 Studium der Betriebswirtschaft am Trinity College Dublin, Irland. 1995 bis 2001 Gewerkschaftssekretär der Gewerkschaft Öffentliche Dienste, Transport und Verkehr (ÖTV), zuletzt im Referat für europäische und internationale Zusammenarbeit. 2001 bis 2003 Referendariat an der Max-Hachenburg-Schule (kfm. Berufsschule), Mannheim, von 2003 bis 2013 dort Berufsschullehrer. 2003 Promotion zum Doktor der Wirtschaftswissenschaften der Universität Mannheim.

*Politische Funktionen:*
1992 Vorsitzender der Jusos Mannheim. 1994 bis 2004 Bezirksbeirat. Seit 1998 Mitglied des Vorstands des SPD-Kreisverbands Mannheim; seit 2016 stellv. Vorsitzender. 2004 bis 2013 und seit 2019 Mitglied des Gemeinderats der Stadt Mannheim, 2006 bis 2011 Vorsitzender der SPD-Gemeinderatsfraktion; Mitglied des Ausschusses für Bildung und Gesundheit und des Betriebsausschusses Technische Betriebe. 2009 bis 2014 Mitglied der Verbandsversammlung des Verbands Region Rhein-Neckar.
Mitglied des Landtags von Baden-Württemberg seit 12. April 2011. Seit 2012 Bildungspolitischer Sprecher, 2013 bis 2016 Parlamentarischer Geschäftsführer und seit 2016 stellv. Fraktionsvorsitzender der SPD-Landtagsfraktion.

*Sonstige Funktionen und Mitgliedschaften:*
Stellv. Vorsitzender des Regionalverbands Mannheim/Rhein-Neckar des Arbeiter-Samariter-Bundes Landesverband Baden-Württemberg e. V. (ASB). Vorsitzender des Aufsichtsrats des SV Waldhof Mannheim 07 e. V. Mitglied des Kuratoriums der Steinbeis-Stiftung für Wirtschaftsförderung. Mitgliedschaft in zahlreichen Mannheimer Vereinen. Mitglied der Gewerkschaft Erziehung und Wissenschaft. Mitglied des Beirats von PLUS Psychologische Lesben- und Schwulenberatung Rhein-Neckar e. V. (Träger des Kompetenzzentrums zu sexuell übertragbaren Infektionen, Mannheim (KOSI.MA)).

*Angaben nach Teil I der Offenlegungsregeln:*
Berufsschullehrer (Oberstudienrat) an der Max-Hachenburg-Schule, kaufmännische Berufsschule, Mannheim (beurlaubt). Vorsitzender des Beirats der BIOTOPIA Arbeitsförderungsbetriebe Mannheim gGmbH. Mitglied des Aufsichtsrats der Universitätsklinikum Mannheim GmbH. Stellv. Mitglied des Aufsichtsrats der Popakademie Baden-Württemberg GmbH.

GEHRING, Christian
Kriminalhauptkommissar a. D.

Wahlkreisbüro
Gmünder Straße 65
73614 Schorndorf
Telefon 0178 9680642
christian.gehring@cdu.landtag-bw.de
www.christian-gehring.de

*Fraktion der CDU*
*Zweitmandat im Wahlkreis 16 Schorndorf*

*Persönliche Angaben:*
Geboren am 1. Januar 1979 in Villingen-Schwenningen; evangelisch, verheiratet, drei Kinder.

*Ausbildung, Berufslaufbahn, berufliche Funktionen:*
Grundschule in Oberbaldingen und Graben-Neudorf. Realschule in Stühlingen. 1995 bis 1999 Ausbildung zum Polizeibeamten in Lahr und Freiburg. 2003 bis 2005 berufsbegleitende Fachhochschulreife an der Fachoberschule Neu-Ulm. 2005 bis 2008 Studium an der Hochschule für Polizei in Villingen-Schwenningen zum Dipl.-Verwaltungswirt (FH). Berufliche Stationen: 1999 bis 2001 Einsatzhundertschaft Stuttgart. 2001 bis 2011 Personenschützer beim Polizeipräsidium Stuttgart. 2011 bis 2017 Kriminalpolizeidirektion Waiblingen. 2017 bis 2019 Landeskriminalamt Baden-Württemberg, Führungsgruppe Staatsschutz. 2019 bis 2021 Ministerium für Inneres, Digitalisierung und Migration.

*Politische Funktionen:*
Seit 2005 Mitglied der CDU. Seit 2013 Mitglied des Vorstands der CDU Kernen im Remstal. Seit 2014 Vorsitzender des Regionalarbeitskreises Rems-Murr des CDU-Arbeitskreises Polizei und kooptiertes Mitglied des Vorstands der CDU Rems-Murr. Seit 2015 stellv. Vorsitzender des Bezirksarbeitskreises Nordwürttemberg des CDU-Arbeitskreises Polizei, Landespressesprecher des Arbeitskreises Polizei der CDU Baden-Württemberg und stellv. Vorsitzender der CDU Kernen im Remstal.
Mitglied des Landtags von Baden-Württemberg seit 16. April 2021.

*Sonstige Funktionen und Mitgliedschaften:*
Mitglied in diversen Vereinen.

*Angaben nach Teil I der Offenlegungsregeln:*
Kriminalhauptkommissar a. D. (Dienstverhältnis ruht wegen des Mandats).

GENTGES, Marion
Ministerin der Justiz
und für Migration

Wahlkreisbüro
Friedrichstr. 5
77933 Lahr
Telefon 0711 2063-8103
Telefax 0711 2063-148103
marion.gentges@cdu.landtag-bw.de
www.marion-gentges.de

*Fraktion der CDU*
*Zweitmandat im Wahlkreis 50*
*Lahr*

*Persönliche Angaben:*
Geboren am 23. August 1971 in Haslach i. K.; katholisch, verheiratet, ein Kind.

*Ausbildung, Berufslaufbahn, berufliche Funktionen:*
Grundschule in Welschensteinach. Gynasium und Abitur in Hausach. 1991 bis 1996 Studium der Rechtswissenschaften an der Albert-Ludwigs-Universität Freiburg i. Br; Erstes Staatsexamen. 1996 bis 1998 Referendariat am Landgericht Offenburg mit Stationen in Marburg a. d. L. und Brüssel; Zweites Staatsexamen. 1999 Zulassung zur Rechtsanwaltschaft. 2004 bis 2021 selbständige Rechtsanwältin in Zell a. H. Seit 2005 Fachanwältin für Arbeitsrecht. Seit Mai 2021 Ministerin der Justiz und für Migration des Landes Baden-Württemberg.

*Politische Funktionen:*
Seit 2018 Vorsitzende des Landesfachausschusses Kunst und Kultur der CDU Baden-Württemberg. Seit 2019 Mitglied des Landesverstands der CDU Baden-Württemberg.
Mitglied des Landtags von Baden-Württemberg seit 6. April 2016.

*Sonstige Funktionen und Mitgliedschaften:*
–

*Angaben nach Teil I der Offenlegungsregeln:*
Ministerin der Justiz und für Migration. Stellv. Mitglied des Aufsichtsrats der Baden-Württembergischen Bank. Präsidentin des Landesverbands der Musikschulen Baden-Württembergs e. V. Mitglied des Aufsichtsrats der Baden-Württemberg Stiftung gGmbH.

GERICKE, Silke
Germanistin (MA), Redakteurin, politische Referentin

Landtag von Baden-Württemberg
Konrad-Adenauer-Straße 3
70173 Stuttgart
Telefon 07141 688983-0
silke.gericke@gruene.landtag-bw.de
silke-gericke.de

*Fraktion GRÜNE*
*Direktmandat im Wahlkreis 12 Ludwigsburg*

*Persönliche Angaben:*
Geboren am 6. Dezember 1974 in Amberg; wohnhaft in Ludwigsburg, verheiratet, drei Kinder.

*Ausbildung, Berufslaufbahn, berufliche Funktionen:*
Johann-Andreas-Schmeller-Gymnasium Nabburg. Studium der neuen deutschen Literaturwissenschaften, Komparatistik und Theaterwissenschaften an der Universität Bayreuth mit Abschluss Magister. 2001 bis 2004 Redakteurin bei Panini. 2008 bis 2011 Kreisgeschäftsführerin bei Bündnis 90/Die Grünen Kreisverband Ludwigsburg. 2011 bis 2012 Referentin bei Daniel Renkonen MdL. 2012 bis 2014 Projektmanagerin bei Energetikom e. V. 2014 bis 2016 Projektmanagerin bei LIKOM. 2016 Referentin bei Wolfgang Raufelder MdL. 2017 bis 2021 Referentin bei Elke Zimmer MdL.

*Politische Funktionen:*
Mitglied von Bündnis 90/Die Grünen. 10. Juli 2019 bis 1. Juli 2021 Mitglied des Gemeinderats der Stadt Ludwigsburg; Mitglied des Ausschusses Mobilität/Technik/Umwelt.
Mitglied des Landtags von Baden-Württemberg seit 13. April 2021. Mitglied des Petitionsausschusses, des Ausschusses für Landesentwicklung und Wohnen und des Ausschusses für Verkehr. Vorsitzende des Arbeitskreises Verkehr der Fraktion GRÜNE.

*Sonstige Funktionen und Mitgliedschaften:*
–

*Angaben nach Teil I der Offenlegungsregeln:*
–

GÖGEL, Bernd
Groß- und Außenhandelskaufmann
Speditionskaufmann

Landtag von Baden-Württemberg
Konrad-Adenauer-Str. 3
70173 Stuttgart
Telefon 0711 2063-5618
Telefax 0711 2063-145618
bernd.goegel@afd.landtag-bw.de
bernd-goegel.de

*Fraktion der AfD*
*Zweitmandat im Wahlkreis 44*
*Enz*

*Persönliche Angaben:*
Geboren am 9. Januar 1955 in Niefern; evangelisch, verheiratet, zwei Kinder, vier Enkelkinder.

*Ausbildung, Berufslaufbahn, berufliche Funktionen:*
1965 bis 1973 Werkrealschule in Pforzheim. 1973 bis 1976 Ausbildung zum Groß- und Außenhandelskaufmann in Pforzheim. 1976 bis 1978 Grundwehrdienst bei der Bundeswehr in Dietz. 1978 bis 1983 Substitut-Marktleiter im Großhandel in Pforzheim. 1983 bis 2003 Disponent Speditionsleitung, Direktor Logistik in Haiterbach. Seit 2003 selbstständiger Speditionskaufmann und Geschäftsführer in Sulz a. N.

*Politische Funktionen:*
März 2013 Eintritt in die AfD. Mai 2013 bis 2014 stellv. Sprecher des Kreisverbands Pforzheim/Enzkreis. 2014 bis 2019 Sprecher des Kreisverbands Pforzheim/Enzkreis. 2017 bis 2019 stellv. Sprecher des Landesverbands der AfD Baden-Württemberg. März 2019 bis Februar 2020 1. Vorsitzender des Landesverbands der AfD Baden-Württemberg.
Mitglied des Landtags von Baden-Württemberg seit 6. April 2016. Seit 2017 Vorsitzender der AfD-Fraktion.

*Sonstige Funktionen und Mitgliedschaften:*
–

*Angaben nach Teil I der Offenlegungsregeln:*
–

GOLL, Julia
Richterin am Landgericht a. D.

Wahlkreisbüro
Werkstraße 24
71384 Weinstadt
Telefon 07151 502869-0
Telefax 07151 502869-9
julia.goll@fdp.landtag-bw.de
www.julia-goll.de

*Fraktion der FDP/DVP*
*Zweitmandat im Wahlkreis 15*
*Waiblingen*

*Persönliche Angaben:*
Geboren am 21. Oktober 1964 in Hamburg; römisch-katholisch, verheiratet, fünf Kinder.

*Ausbildung, Berufslaufbahn, berufliche Funktionen:*
1983 Abitur am humanistischen Gymnasium Christianeum in Hamburg. 1983 bis 1984 Studium der Chemie in Hamburg. 1984 bis 1989 Studium der Rechtswissenschaften in Heidelberg, Hamburg und Bonn. 1989 Erste juristische Staatsprüfung in Heidelberg. 1990 bis 1993 Rechtsreferendariat mit Stationen u. a. beim Verwaltungsgerichtshof Baden-Württemberg und dem Regierungspräsidium Leipzig. 1993 Zweite juristische Staatsprüfung in Stuttgart. 1993 Ernennung zur Richterin. Stationen als Richterin beim Landgericht Heidelberg, Amtsgericht Mosbach und Landgericht Mosbach sowie als Staatsanwältin bei der Staatsanwaltschaft Mosbach. 1996 Ernennung zur Richterin am Landgericht und Abordnung an das Justizministerium Baden-Württemberg als Persönliche Referentin des Ministers. Seit 1998 Richterin am Landgericht in Stuttgart. 2017 vorübergehende Abordnung an das Oberlandesgericht Stuttgart. Seit 2000 Prüferin in der Ersten juristischen Staatsprüfung.

*Politische Funktionen:*
Seit 1999 Mitglied der FDP. Seit 2017 stellv. Vorsitzende des FDP/DVP-Kreisverbands Rems-Murr. 1999 bis 2008 Stadträtin in Leonberg. 2004 bis 2008 Mitglied des Kreistags des Landkreises Böblingen. Seit 2009 Mitglied des Gemeinderats der Stadt Waiblingen; seit 2014 Vorsitzende der FDP-Fraktion. Seit 2014 Mitglied des Kreistags des Rems-Murr-Kreises; seit 2019 stellv. Fraktionsvorsitzende der FDP-FW-Fraktion.
Mitglied des Landtags von Baden-Württemberg seit 12. April 2021.

*Sonstige Funktionen und Mitgliedschaften:*
Mitglied bei Rotary International. Mitglied des Arbeitskreises „Waiblingen ENGAGIERT“. Mitglied des Stiftungsbeirats der Rems-Murr-Stiftung.

*Angaben nach Teil I der Offenlegungsregeln:*
Richterin am Landgericht a. D. (Dienstverhältnis ruht wegen des Mandats). Mitglied des Aufsichtsrats der Stadtwerke Waiblingen GmbH. Stellv. Mitglied des Aufsichtsrats der Städtischen Wohnungsgesellschaft Waiblingen GmbH. Stellv. Mitglied des Aufsichtsrats der Wirtschaft, Tourismus und Marketing GmbH Waiblingen (WTM). Stellv. Mitglied der Gesellschafterversammlung der Verpachtungsgesellschaft Waiblingen mbH. Stellv. Mitglied des Beirats der Energieagentur Rems-Murr gGmbH.

GOßNER, Hans-Jürgen
Industriemeister für Elektrotechnik (IHK), kfm. Angestellter

Wahlkreisbüro
Marktstraße 8
73033 Göppingen
Telefon 07161 9446464
hans-juergen.gossner@afd.landtag-bw.de
www.gossner-im-landtag.de

*Fraktion der AfD*
*Zweitmandat im Wahlkreis 10 Göppingen*

*Persönliche Angaben:*
Geboren am 17. November 1970 in Göppingen; konfessionslos; verheiratet, ein Kind.

*Ausbildung, Berufslaufbahn, berufliche Funktionen:*
1977 bis 1986 Grund- und Hauptschule in Albershausen. 1986 bis 1988 gewerblich-technische Berufsfachschule in Kirchheim unter Teck. 1988 bis 1992 Ausbildung zum Industrieelektroniker Fachrichtung Gerätetechnik in Göppingen. 1995 bis 1998 berufsbegleitende Weiterbildung zum geprüften Industriemeister Elektrotechnik (IHK) in Plochingen. 1992 bis 2004 Elektroniker in der Werksinstandhaltung eines Spielwarenherstellers. Seit 2004 Einkäufer in verschiedenen Unternehmen der Spielwaren-, Nahrungsmittel- und Baubranche.

*Politische Funktionen:*
1998 bis 2002 Mitglied der Partei „Die Republikaner“. Seit Januar 2016 Mitglied der Alternative für Deutschland. 2017 bis 2020 Beisitzer im Vorstand des AfD-Kreisverbands Göppingen. Seit Dezember 2020 stellv. Kreisvorsitzender des AfD-Kreisverbands Göppingen. Seit Februar 2018 Vorsitzender des AfD-Ortverbands Unteres Filstal.
Mitglied des Landtags von Baden-Württemberg seit 12. April 2021.

*Sonstige Funktionen und Mitgliedschaften:*
Mitglied des Krankenpflegevereins Uhingen e. V.

*Angaben nach Teil I der Offenlegungsregeln:*
–

GRATH, Martin
Bäckermeister, Betriebswirt des Handwerks

Talhofstraße 32
89518 Heidenheim
Telefon 07321 315503
martin@et-j.de

*Fraktion GRÜNE*
*Direktmandat im Wahlkreis 24 Heidenheim*

*Persönliche Angaben:*
Geboren am 26. November 1960 in Thalfingen (jetzt Elchingen); verheiratet, drei Kinder.

*Ausbildung, Berufslaufbahn, berufliche Funktionen:*
Grundschule in Heidenheim. Hauptschule in Heidenheim. Ausbildung zum Bäcker. 1978 Berufsaufbauschule, Mittlere Reife. Grundwehrdienst. Bäckermeister-Schule, Betriebswirt des Handwerks. Auslandsaufenthalt. 1991 Betriebsübernahme. 2003 Betriebsverkauf. Seitdem in der ehemals eigenen Bäckerei beschäftigt.

*Politische Funktionen:*
2004 bis 2016 Mitglied des Gemeinderats Heidenheim. Seit 2009 Mitglied des Kreistags des Landkreises Heidenheim.
Mitglied des Landtags von Baden-Württemberg seit 6. April 2016.

*Sonstige Funktionen und Mitgliedschaften:*
Vorsitzender des Fördervereins Naturtheater Heidenheim e. V. Mitgliedschaften: Naturtheater Heidenheim e. V., Ski-Club Heidenheim e. V., Tennis-Club Heidenheim e. V., Heidenheimer Sportbund 1846 e. V. (HSB), Förderverein der Klinik für Kinder- und Jugendmedizin am Klinikum Heidenheim e. V., Brenzpark e. V. (Heidenheim), Deutscher Feldbogen Sportverband e. V. (DFBV).

*Angaben nach Teil I der Offenlegungsregeln:*
Bäckermeister bei der Körnlesbeck Produktions- und Vertriebs GmbH, Heidenheim.

DR. GRIMMER, Bernd
Diplom-Volkswirt

Oberer Wingertweg 114
75177 Pforzheim
Telefon 07231 565088
Telefax 07231 565090
Bernd.Grimmer@afd.landtag-bw.de
bernd-grimmer.de

*Fraktion der AfD*
*Zweitmandat im Wahlkreis 42*
*Pforzheim*

*Persönliche Angaben:*
Geboren am 30. März 1950 in Pforzheim; verheiratet, zwei Kinder.

*Ausbildung, Berufslaufbahn, berufliche Funktionen:*
Volksschule und Gymnasium sowie Abitur in Pforzheim. 1969 bis 1971 Studium der Wirtschaftswissenschaften und Politik in Tübingen. 1971 bis 1974 Studium der Volkswirtschaftslehre in Karlsruhe, dort 1983 auch Promotion. 1975 bis 1979 wissenschaftlicher Mitarbeiter bei Bundesforschungsanstalten in Stuttgart und Brauschweig. 1979 bis 2010 leitender Angestellter bei einem Sozialversicherungsträger in Karlsruhe.

*Politische Funktionen:*
Langjähriger Stadtrat für parteifreie Vereinigungen im Gemeinderat der Stadt Pforzheim; seit 2014 Vorsitzender der AfD-Gemeinderatsfraktion. Seit 2014 Mitglied der Verbandsversammlung des Regionalverbands Nordschwarzwald. Seit 2013 (Gründung) Sprecher des Kreisverbands Pforzheim/Enzkreis der AfD.
Mitglied des Landtags von Baden-Württemberg seit 6. April 2016.

*Sonstige Funktionen und Mitgliedschaften:*
Mitglied mehrerer Pforzheimer Vereine.

*Angaben nach Teil I der Offenlegungsregeln:*
Mitglied des Aufsichtsrats der SWP Stadtwerke Pforzheim GmbH & Co. KG. Mitglied des Verwaltungsrats des Südwestdeutschen Kammerorchesters Pforzheim GmbH.

Gestorben am 18. Dezember 2021.
Nachfolger: Alfred Bamberger.

GRUBER, Gernot
Diplom-Mathematiker
Politikwissenschaftler

Hegelstraße 5
71522 Backnang
Bürgerbüro
Burgplatz 8
71522 Backnang
Telefon 07191 9145547
info@gernotgruber.de
www.GernotGruber.de

*Fraktion der SPD*
*Zweitmandat im Wahlkreis 17 Backnang*

*Persönliche Angaben:*
Geboren am 15. Januar 1963 in Murrhardt; evangelisch, verheiratet, eine gemeinsame Tochter, zwei Enkelinnen vom verheirateten Sohn meiner Frau; seit über 40 Jahren aktiver Langstreckenläufer.

*Ausbildung, Berufslaufbahn, berufliche Funktionen:*
1982 Abitur, Studium Mathematik und Politikwissenschaft an der Universität Tübingen und der Universität of Sussex (Brighton). 1. Staatsexamen 1989, Diplom in Mathematik 1991 (mit Auszeichnung). Seit Mai 1991 als Mathematiker bei der Allianz, seit 2003 Referatsleiter im Rechnungswesen der Allianz Deutschland AG, seit 2008 leitender Angestellter (Prokurist), seit Mai 2011 in Teilzeit, seit Juli 2012 als Referent, seit 1. Juni 2016 beurlaubt. 1993 bis 2000 nebenberuflich Lehrbeauftragter an der Hochschule für Technik in Stuttgart.

*Politische Funktionen:*
1982 Eintritt in die SPD. Juso-Sprecher Murrhardt. Seit 2000 Vorsitzender des SPD-Ortsvereins Backnang. Mitglied des Sport- und des Umweltbeirats der SPD Baden-Württemberg. Seit 2004 Kreisrat im Rems-Murr-Kreis.
Mitglied des Landtags von Baden-Württemberg seit 13. April 2011. Energiepolitischer, klimaschutzpolitischer und sportpolitischer Sprecher der SPD-Landtagsfraktion.

*Sonstige Funktionen und Mitgliedschaften:*
Mitglied in verschiedenen Sport-, Sozial-, Kultur- und Umweltvereinen, Bürgerinitiativen und Freundeskreisen. Mitglied bei der Arbeiterwohlfahrt, den Naturfreunden, im Freundeskreis Dr. Erhard Eppler, ver.di, Greenpeace, Naturschutzbund Deutschland, Bundesverband Windenergie und Förderer der deutschen Welthungerhilfe. Mitglied von Bürger-Energiegenossenschaften in Backnang, Murrhardt, dem Weissacher Tal und Welzheim.

*Angaben nach Teil I der Offenlegungsregeln:*
Leitender Angestellter der Allianz Lebensversicherungs-AG (beurlaubt). Mitglied des Beirats der Energieagentur Rems-Murr gGmbH.

HAAG, Friedrich
Selbständiger Unternehmer
Landwirt im Nebenerwerb

Konrad-Adenauer-Str. 3
70173 Stuttgart
Telefon 0711 2063 9240
Telefax 0711 2063 149240
friedrich.haag@fdp.landtag-bw.de
www.friedrich-haag.de

*Fraktion der FDP/DVP*
*Zweitmandat im Wahlkreis 2*
*Stuttgart II*

*Persönliche Angaben:*
Geboren am 20. Januar 1989 in Stuttgart; ledig.

*Ausbildung, Berufslaufbahn, berufliche Funktionen:*
Grundschule und Realschule in Degerloch. Fachhochschulreife. Gelernter Einzelhandelskaufmann. Seit 2015 selbständiger Unternehmer mit zwei Tankstellen. Landwirt im Nebenerwerb.

*Politische Funktionen:*
Mitglied des Landtags von Baden-Württemberg seit 14. April 2021. Mitglied des Verkehrsausschusses. Sprecher der FDP/DVP-Fraktion für Wohnungsbau und individuelle Mobilität.

*Sonstige Funktionen und Mitgliedschaften:*
Mitglied der Freiwilligen Feuerwehr Stuttgart, Abteilung Degerloch/Hoffeld. Mitglied des Stiftungsrats der Helene-Pfleiderer-Stiftung. Mitglied des Kuratoriums der Denkmalstiftung Baden-Württemberg. Mitglied des Liberalen Mittelstands (LIM) – Landesverband Baden-Württemberg e. V.

*Angaben nach Teil I der Offenlegungsregeln:*
Selbständiger Tankstellenunternehmer. Landwirt im Nebenerwerb.

HÄFFNER, Petra
Heilpraktikerin und
Physiotherapeutin

Heinrich-Rorbeck-Weg 12/1
73614 Schorndorf
Telefon 07181 9344422
Telefax 07181 9344418
petra.haeffner@gruene.landtag-bw.de

*Fraktion GRÜNE*
*Direktmandat im Wahlkreis 16*
*Schorndorf*

*Persönliche Angaben:*
Geboren am 2. Mai 1964 in Schorndorf; verwitwet, zwei Kinder.

*Ausbildung, Berufslaufbahn, berufliche Funktionen:*
1984 Staatsexamen zur Sport- und Gymnastiklehrerin. Bis 1992 Sportlehrerin im Christopherusheim in Welzheim. 1994 Staatsexamen Physiotherapie an der Schule für Krankengymnastik in Neustadt an der Weinstraße. 1994 bis 1998 Physiotherapeutin am Krankenhaus Bethel in Welzheim, zuletzt als Leitende Physiotherapeutin. Bis 2001 freie Mitarbeiterin in einer Physiotherapiepraxis. 2001 Abschluss der Heilpraktikerausbildung. Seit 2001 selbständige Heilpraktikerin in eigener Praxis. 2001 bis 2011 Lehrerin an der VPT Physiotherapeutenschule e. V. in Fellbach-Schmiden.

*Politische Funktionen:*
Mitglied des Landtags von Baden-Württemberg seit 17. April 2011.

*Sonstige Funktionen und Mitgliedschaften:*
Mitglied des Bundes für Umwelt und Naturschutz Deutschland (BUND). Stellv. Präsidentin des „Politik mit Frauen e. V." im Rems-Murr-Kreis.

*Angaben nach Teil I der Offenlegungsregeln:*
Selbständige Heilpraktikerin.

HÄUSLER, Martina
Betriebswirtin (VWA)

Königsturmstraße 33
73525 Schwäbisch Gmünd
Telefon 0711 2063-6250
Martina.Haeusler@
gruene.landtag-bw.de
www.martina-haeusler.de

*Fraktion GRÜNE*
*Direktmandat im Wahlkreis 25*
*Schwäbisch Gmünd*

*Persönliche Angaben:*
Geboren am 3. November 1964 in Schwäbisch Gmünd; geschieden, ein erwachsenes Kind.

*Ausbildung, Berufslaufbahn, berufliche Funktionen:*
1981 bis 1985 Ausbildung zur staatlich anerkannten Jugend- und Heimerzieherin. 1987 bis 1988 berufsbegleitende Ausbildung zur Bürokauffrau (IHK). 1993 bis 1996 berufsbegleitendes Studium an der Württembergischen Verwaltungs- und Wirtschaftsakademie; Betriebswirtin (VWA). 1984 bis 1987 Anerkennungsjahr und Projektarbeit bei der Gesellschaft für Jugendsozialarbeit und Bildungsförderung e. V. (GJB). 1987 bis 1998 Geschäftsführerin der Aktion Jugendberufshilfe im Ostalbkreis (AJO) e. V. 1998 bis 2004 Geschäftsführerin der Gesellschaft des Ostalbkreises für Beschäftigungsförderung gGmbH. 2005 bis 2010 Geschäftsführerin der SGB-II-Arbeitsgemeinschaft zur Beschäftigungsförderung im Ostalbkreis (abo) für den Bereich Markt & Integration und die Außenvertretung. 2011 alleinige Geschäftsführerin des Jobcenters Ostalbkreis (gesetzliche Nachfolgeorganisation der abo). 2014 bis 2020 diverse (Projekt-)Funktionen im Stabsbereich Integration der Stadtverwaltung Schwäbisch Gmünd. Seit 2013 freiberufliche Tätigkeit „Martina Häusler – Konzepte & Beratung“; Geschäftsführerin.

*Politische Funktionen:*
Seit Mai 2019 Mitglied des Kreistags des Ostalbkreises (Fraktion BÜNDNIS 90/DIE GRÜNEN). Seit Juni 2019 stellv. Mitglied der Verbandsversammlung des Kommunalverbands für Jugend und Soziales Baden-Württemberg. Seit November 2019 Beisitzerin im Vorstand des Kreisverbands Schwäbisch Gmünd von BÜNDNIS 90/DIE GRÜNEN.
Mitglied des Landtags von Baden-Württemberg seit 14. April 2021.

*Sonstige Funktionen und Mitgliedschaften:*
Seit 2003 (Gründungs-)Mitglied der Projektgruppe NewLimes e. V. Seit 2004 Mitglied des Fördervereins Gesellschaft der Freunde und Förderer der Jugendkulturinitiative Schwäbisch Gmünd e. V. Seit 2004 Mitglied bei Soroptimist International (SI), Club Schwäbisch Gmünd (Oktober 2015 bis September 2017 Präsidentin). Seit 2005 Mitglied des Kunstvereins KISS Kunst im Schloss Untergröningen e. V. (Juli 2005 bis Juni 2012 zweite Vorsitzende). Seit Dezember 2018 Mitglied des Fördervereins Gmünder Südstadt e. V. Seit Dezember 2019 Mitglied des Kirchengemeinderats der Evangelischen Kirchengemeinde Schwäbisch Gmünd. Seit September 2020 Mitglied des Vereins Hilfe für Togo e. V.

*Angaben nach Teil I der Offenlegungsregeln:*
Freiberufliche Tätigkeit als Beraterin „Martina Häusler – Konzepte & Beratung“ (Beratung von Institutionen und Unternehmen im sozialen Bereich) (Tätigkeit ruht). Mitglied des Aufsichtsrats der Wirtschaftsförderungsgesellschaft mbH Region Ostwürttemberg (WIRO).

HAGEL, Manuel
Dipl. Bankbetriebswirt

Haus der Abgeordneten
Konrad-Adenauer-Straße 12
70173 Stuttgart
Telefon 0711 2063-8105
Telefax 0711 2063-148105
Manuel.Hagel@cdu.landtag-bw.de
www.manuelhagel.de

*Fraktion der CDU*
*Direktmandat im Wahlkreis 65 Ehingen*

*Persönliche Angaben:*
Verheiratet, zwei Kinder, römisch-katholisch.

*Ausbildung, Berufslaufbahn, berufliche Funktionen:*
Realschule und mittlerer Bildungsabschluss in Ehingen (Donau). 2005 bis 2008 Ausbildung zum Bankkaufmann. 2009 Weiterbildung zum Bankfachwirt mit Abschluss an der Sparkassenakademie Baden-Württemberg. 2010 bis 2011 Weiterbildung zum Bankbetriebswirt mit Abschluss an der Sparkassenakademie Baden-Württemberg. 2013 Managementstudiengang an der Frankfurt School of Finance and Management mit Abschluss als Diplom Bankbetriebswirt. 2014 bis zum Einzug in den Landtag Filialdirektor bei der Sparkasse Ehingen.

*Politische Funktionen:*
2010 bis 2013 Kreisvorsitzender der Jungen Union Alb-Donau/Ulm. 2013 bis 2014 Bezirksvorsitzender der Jungen Union Württemberg-Hohenzollern. 2015 bis 2016 stellv. Landesvorsitzender der Jungen Union Baden-Württemberg. 2016 bis 2021 Generalsekretär der CDU Baden-Württemberg. Seit 2019 Vorsitzender des CDU-Kreisverbands Alb-Donau/Ulm. Seit 2009 Mitglied des Gemeinderats der Stadt Ehingen (Donau); 2014 bis 2019 Vorsitzender der CDU-Gemeinderatsfraktion. Seit 2019 ehrenamtlicher Stellvertreter des Oberbürgermeisters der Stadt Ehingen (Donau). Seit Mai 2019 Mitglied des Kreistags des Alb-Donau-Kreises.
Mitglied des Landtags von Baden-Württemberg seit 6. April 2016. Seit 2021 Vorsitzender der CDU-Landtagsfraktion.

*Sonstige Funktionen und Mitgliedschaften:*
Mitglied des Stiftungsrats der Bürgerstiftung Ehingen. Mitglied des Stiftungsrats der Ernst-und-Anna-Rumler-Stiftung Ehingen.

*Angaben nach Teil I der Offenlegungsregeln:*
Filialdirektor der Sparkasse Ulm in Ehingen (beurlaubt). Mitglied des Verwaltungsrats der Landeskreditbank Baden-Württemberg – Förderbank. Mitglied des Verwaltungsrats der Sparkasse Ulm. Mitglied des Aufsichtsrats der Krankenhaus GmbH Alb-Donau-Kreis.

HAHN, Martin
Landwirt

Helchenhof 24
88662 Überlingen
Wahlkreisbüro
Owinger Straße 4
88662 Überlingen
Telefon 07551 9891192
Telefax 07551 9893763
martin.hahn.wk@
gruene.landtag-bw.de
www.martin-hahn-mdl.de

*Fraktion GRÜNE*
*Direktmandat im Wahlkreis 67*
*Bodensee*

*Persönliche Angaben:*
Geboren am 13. Oktober 1963 in Stockach; katholisch, vier Kinder.

*Ausbildung, Berufslaufbahn, berufliche Funktionen:*
1970 bis 1980 Grundschule und Realschule mit Abschluss Mittlere Reife in Stockach. 1980 bis 1986 landwirtschaftliche Ausbildung bis zum Landwirtschaftsmeister.

*Politische Funktionen:*
1983 Freie Grüne Liste Überlingen. 1985 bis 1995 Mitglied der Landesarbeitsgemeinschaft Landwirtschaft. 1986 bis 1995 Mitglied der Bundesarbeitsgemeinschaft Landwirtschaft. 1989 bis 1991 Mitglied des Landesvorstands der Grünen Baden-Württemberg. 1991 bis 1993 Sprecher der Bundesarbeitsgemeinschaft Landwirtschaft. 1992 bis 2010 LBU-Gemeinderat in Überlingen. 1994 Bundestagskandidatur im Wahlkreis 197 Ravensburg-Bodensee. Seit 2004 Mitglied des Kreistags des Bodenseekreises. 2006 Landtagskandidatur im Wahlkreis 67. 2009 bis 2011 Vorsitzender der Fraktion Bündnis 90/Die Grünen im Kreistag des Bodenseekreises. Seit 2015 Sprecher der Landesarbeitsgemeinschaft Landwirtschaft, Ländlicher Raum und Ernährung.
Mitglied des Landtags von Baden-Württemberg seit 12. April 2011. Vorsitzender des Ausschusses für Ländlichen Raum und Verbraucherschutz. Mitglied des Ausschusses für Wirtschaft, Arbeit und Wohnungsbau. Agrarpolitischer Sprecher der Fraktion GRÜNE.

*Sonstige Funktionen und Mitgliedschaften:*
Mitglied des Bundes für Umwelt und Naturschutz Deutschland e. V. (BUND). Mitglied des Naturschutzbundes Deutschland e. V. (NABU). Mitglied des Badischen Landwirtschaftlichen Hauptverbands e. V. (BLHV). Mitglied der Arbeitsgemeinschaft bäuerliche Landwirtschaft e. V. (AbL). Mitglied des Tennis-Clubs Altbirnau e. V. Mitglied des Fördervereins Sommertheater Überlingen e. V.

*Angaben nach Teil I der Offenlegungsregeln:*
Selbstständiger Landwirt. Mitglied der Verbandsversammlung des Zweckverbands Oberschwäbische Elektrizitätswerke (OEW). Mitglied des Aufsichtsrats der Volksbank eG Überlingen.

HAILFINGER, Manuel
Justiziar

Haus der Abgeordneten
Konrad-Adenauer-Straße 12
70173 Stuttgart
Telefon 0711 2063-8220
manuel.hailfinger@cdu.landtag-bw.de
www.manuel-hailfinger.de

*Fraktion der CDU*
*Zweitmandat im Wahlkreis 61*
*Hechingen-Münsingen*

*Persönliche Angaben:*
Geboren am 7. Mai 1982 in Reutlingen; evangelisch, verheiratet.

*Ausbildung, Berufslaufbahn, berufliche Funktionen:*
2002 Abitur am Friedrich-Schiller-Gymnasium in Pfullingen. 2002 bis 2003 Zivildienst bei der Reutlinger AltenHilfe gGmbH. 2003 bis 2009 Studium der Rechtswissenschaften an der Eberhard-Karls-Universität in Tübingen. 2009 bis 2010 Ausbildung zum geprüften Fachmann für Versicherungsvermittlung bei der IHK München und Oberbayern. 2009 bis 2015 selbständige Tätigkeit als gebundener Versicherungsvermittler für die WWK und die Rheinland Versicherungen. 2011 bis 2021 selbständige Tätigkeit als Justiziar.

*Politische Funktionen:*
2003 bis 2011 Mitglied des Vorstands der CDU Sonnenbühl als Beisitzer (2003 bis 2005) und stellv. Vorsitzender. Seit 2004 Mitglied des Gemeinderats von Sonnenbühl; seit 2017 Vorsitzender der CDU-Gemeinderatsfraktion. Seit 2007 Mitglied des Vorstands des CDU-Kreisverbands Reutlingen als Beisitzer (2007 bis 2011), Schatzmeister (2011 bis 2013) und Vorsitzender. 2007 bis 2009 Vorsitzender der Jungen Union Sonnenbühl. 2008 bis 2014 Mitglied des Kreisvorstands der Jungen Union Reutlingen als stellv. Kreisvorsitzender (2008 bis 2011) und Kreisvorsitzender. Seit 2014 Mitglied des Ortschaftsrats Undingen. 2014 bis 2017 stellv. Bezirksvorsitzender der Jungen Union Württemberg-Hohenzollern. 2016 bis 2017 stellv. Landesvorsitzender der Jungen Union Baden-Württemberg. Seit 2021 stellv. Bezirksvorsitzender der CDU Württemberg-Hohenzollern.
Mitglied des Landtags von Baden-Württemberg seit 13. April 2021.

*Sonstige Funktionen und Mitgliedschaften:*
Seit 2004 Mitglied des Vorstands des TSV Undingen 1910 e. V. als Schatzmeister und Vorsitzender (seit 2014). Seit 2011 Vorsitzender des Tourismusvereins Sonnenalb e. V. Seit 2013 Mitglied des Vorstands des Vereins Biosphärengebiet Schwäbische Alb e. V. Seit 2018 Mitglied des Marketingausschusses der Tourismusgemeinschaft Mythos Schwäbische Alb im Landkreis Reutlingen e. V. Seit 2019 Vorsitzender des Sportkreises Reutlingen e. V. Mitglied des Verwaltungsrats des Landestheaters Württemberg-Hohenzollern.

*Angaben nach Teil I der Offenlegungsregeln:*
Mitglied des Kuratoriums der Staatlichen Toto-Lotto GmbH Baden-Württemberg. Mitglied des Vorstands des Württembergischen Landessportbundes e. V. (WLSB).

HARTMANN-MÜLLER, Sabine
Diplom-Betriebswirtin (FH)

Wahlkreisbüro
Hauptstraße 18
79761 Waldshut-Tiengen
Telefon 07741 8352605
Telefax 07741 8352631
post@hartmann-mueller.de
www.hartmann-mueller.de

*Fraktion der CDU*
*Zweitmandat im Wahlkreis 59 Waldshut*

*Persönliche Angaben:*
Geboren am 4. September 1962 in Memmingen/Allgäu; römisch-katholisch, verheiratet mit Richard Müller, zwei erwachsene Kinder.

*Ausbildung, Berufslaufbahn, berufliche Funktionen:*
Grundschule in Memmingen. Realschule in Kaufbeuren (Internat St. Maria). 1982 Fachhochschulreife an der Fachoberschule in Memmingen. 1982 bis 1987 Studium der Außenwirtschaft an der Fachhochschule Reutlingen, Abschluss als Diplom-Betriebswirtin (FH). Anschließend von 1988 bis 2011 Mitarbeiterin in verschiedenen Firmen im Personal, Finanz- und Rechnungswesen/Organisation in Ludwigsburg, Rheinfelden, Lörrach und Kaiseraugst (CH) in Voll- und Teilzeit mit zwei Familienpausen. Seit 1989 wohnhaft in Rheinfelden-Herten. 2012 bis 2019 Ortsvorsteherin des Stadtteils Herten der Großen Kreisstadt Rheinfelden (Baden).

*Politische Funktionen:*
Seit 1993 Mitglied der CDU. Seit 1995 Vorsitzende des CDU-Ortsverbands Herten. Seit 1997 Mitglied des Vorstands der Frauen Union Rheinfelden, darunter mehrere Jahre Vorsitzende. Beisitzerin im Vorstand des CDU-Kreisverbands Lörrach. Seit 1997 stellv. Vorsitzende des CDU-Stadtverbands Rheinfelden. Seit 1999 Mitglied des Ortschaftsrats Herten und Mitglied des Gemeinderats von Rheinfelden (Baden) für die CDU. 2006 und 2016 Zweitkandidatin der CDU im Wahlkreis Waldshut. Mitglied des Oberrheinrats und der Internationalen Parlamentarischen Bodensee-Konferenz.
Mitglied des Landtags von Baden-Württemberg seit 25. Oktober 2017. Mitglied des Verkehrs- und des Sozialausschusses.

*Sonstige Funktionen und Mitgliedschaften:*
–

*Angaben nach Teil I der Offenlegungsregeln:*
–

HASER, Raimund
Dipl. Betriebswirt (BA),
Wirtschaftsredakteur

Haus des Landtags
Konrad-Adenauer-Str. 3
70173 Stuttgart

*Fraktion der CDU*
*Zweitmandat im Wahlkreis 68 Wangen*

*Persönliche Angaben:*
Katholisch, verheiratet, eine Tochter.

*Ausbildung, Berufslaufbahn, berufliche Funktionen:*
Dipl. Betriebswirt (BA). Marketingleiter (ADG). Marketingleiter Volks- und Raiffeisenbank. Volontariat und Wirtschaftsredakteur bei einer Tageszeitung. Seit 2008 selbständig, Geschäftsführer (Verlag und Beratungsunternehmen).

*Politische Funktionen:*
Mitglied des Kreistags des Landkreises Ravensburg. Mitglied des Landesvorstands der CDU Baden-Württemberg.
Mitglied des Landtags von Baden-Württemberg seit 6. April 2016.

*Sonstige Funktionen und Mitgliedschaften:*
Mitglied des Kuratoriums der Stiftung Kinderchancen Allgäu. Mitglied des Stiftungsrats der kirchlichen Stiftung Kinder-, Jugend- und Familienhilfe St. Anna, Leutkirch (Betreiber des Kinderheims St. Anna in Leutkirch). Mitglied des Stiftungsrats der Stiftung Naturschutzzentrum Wurzacher Ried. Mitglied des Stiftungsrats der Donauschwäbischen Kulturstiftung des Landes Baden-Württemberg. Vorsitzender des Vereins Haus der Donauschwaben e. V.

*Angaben nach Teil I der Offenlegungsregeln:*
Einzelunternehmer (Verlag und Agentur „Inhalt“, Leutkirch). Mitglied des Aufsichtsrats der ZG Raiffeisen eG, Karlsruhe. Mitglied des Präsidiums des Bundes der Vertriebenen e. V. (BdV).

HAUK, Peter
Minister für Ernährung, Ländlichen Raum und Verbraucherschutz

Wahlkreisbüro
Zwingerstraße 12
74821 Mosbach
Telefon 06261 939931
Telefax 06261 931150
wahlkreis@peter-hauk.de
www.peter-hauk.de

*Fraktion der CDU*
*Direktmandat im Wahlkreis 38*
*Neckar-Odenwald*

*Persönliche Angaben:*
Geboren am 24. Dezember 1960 in Walldürn; katholisch, verheiratet, drei Kinder.

*Ausbildung, Berufslaufbahn, berufliche Funktionen:*
Gymnasium, Abitur in Amorbach. Grundwehrdienst. Studium der Forstwissenschaften in Freiburg, Diplom 1987. 1986/87 wiss. Mitarbeiter der Forstlichen Versuchs- und Forschungsanstalt Baden-Württemberg. 1987 bis 1989 Forstreferendar bei der Forstdirektion Stuttgart. 1989 Große Forstliche Staatsprüfung. 1989 bis 1991 Taxa-tor (Forsteinrichter) bei der Forstdirektion Freiburg. 1991 bis 1999 stellv. Leiter der Forstämter Schöntal (Jagst) und Adelsheim (2000). 2000 bis 2002 Projektleiter bei der Forstlichen Versuchs- und Forschungsanstalt Baden-Württemberg. 2002 bis 2005 Leiter des Staatl. Forstamtes Adelsheim. April 2005 bis Februar 2010 Minister für Ernährung und Ländlichen Raum. Mai 2015 bis April 2016 Projektleiter bei der unteren Forstbehörde im Main-Tauber-Kreis. Seit Mai 2016 Minister für Ländlichen Raum und Verbraucherschutz.

*Politische Funktionen:*
1987 bis 1995 Kreisvorsitzender der JU Neckar-Odenwald und Mitglied des JU-Bezirksvorstands. Mitglied des Vorstands der CDU Neckar-Odenwald und der CDU Nordbaden, 1993 bis 2014 stellv. Bezirksvorsitzender. Seit 2014 Bezirksvorsitzender der CDU Nordbaden. 1984 bis 1988 Ortschaftsrat. 1999 bis 2004 Kreisrat und Mitglied der Verbandsversammlung des Regionalverbands Unterer Neckar bzw. Rhein-Neckar-Odenwald.
Mitglied des Landtags von Baden-Württemberg seit 27. April 1992. 1996 bis 1998 Vorsitzender des Arbeitskreises Ländlicher Raum der CDU-Fraktion. 1998 bis 2005 stellv. Vorsitzender der CDU-Fraktion. Februar 2010 bis Januar 2015 Vorsitzender der CDU-Fraktion. Januar 2015 bis April 2016 Erster Stellv. Vorsitzender der CDU-Fraktion.

*Sonstige Funktionen und Mitgliedschaften:*
Mitglied des Stiftungsrats der Stiftung Entwicklungs-Zusammenarbeit Baden-Württemberg. Vorsitzender des Fördervereins St. Mauritius Osterburken-Hemsbach.

*Angaben nach Teil I der Offenlegungsregeln:*
Minister für Ernährung, Ländlichen Raum und Verbraucherschutz. Oberforstrat a. D. (Dienstverhältnis ruht wegen des Mandats). Vorsitzender des Aufsichtsrats der Badischen Staatsbrauerei Rothaus AG. Vorsitzender des Aufsichtsrats von Forst Baden-Württemberg AöR. Vorsitzender des Aufsichtsrats der Technikum Laubholz GmbH (TLH). Vorsitzender des Aufsichtsrats der MBW Marketing- und Absatzförderungsgesellschaft für Agrar- und Forstprodukte aus Baden-Württemberg mbH. Vorsitzender des Aufsichtsrats der Landsiedlung Baden-Württemberg GmbH. Mitglied des Verwaltungsrats der Landwirtschaftlichen Rentenbank AöR. Mitglied des Aufsichtsrats der Baden-Württemberg Stiftung gGmbH. Stellv. Mitglied des Verwaltungsrats des Südwestrundfunks. Mitglied des Verwaltungsrats der Johannes-Diakonie Mosbach.

Haußmann, Jochen
Diplom-Betriebswirt (DH)

Stettener Straße 24
71394 Kernen im Remstal
Telefon 07151 502869-7
Telefax 07151 502869-9
jochen.haussmann@
fdp.landtag-bw.de
www.jochen-haussmann-fdp.de

*Fraktion der FDP/DVP*
*Zweitmandat im Wahlkreis 16*
*Schorndorf*

*Persönliche Angaben:*
Geboren am 14. Juli 1966 in Esslingen; evangelisch, verheiratet, drei Kinder.

*Ausbildung, Berufslaufbahn, berufliche Funktionen:*
1985 Abitur am Staufer-Gymnasium in Waiblingen. Wehrdienst in Walldürn, 1986 bis 1989 Studium der Betriebswirtschaftslehre an der Dualen Hochschule Stuttgart (Berufsakademie) sowie Ausbildung bei den Technischen Werken der Stadt Stuttgart AG. 2000 bis 2001 Weiterbildungsstudium zum Projektmanagement-Fachmann (RKW/GPM) an der Bauhaus-Universität Weimar. 1990 bis 1998 Verwaltungsleiter der Werksniederlassungen Stuttgart, Freiburg und Reutlingen der STILL GmbH Hamburg. 1999 bis 2002 Prokurist und Leiter Personal, Marketing, Controlling und Organisation der PAYR GmbH Industriebau, Remshalden. Seit 2003 Prokurist und kaufmännischer Leiter der Unternehmensgruppe SCHATZ in Schorndorf, seit Dezember 2011 stellv. kaufmännischer Leiter in Teilzeit (Tätigkeit ruht seit Juli 2012).

*Politische Funktionen:*
Seit 2004 stellv. Fraktionsvorsitzender der FDP/FW-Kreistagsfraktion im Rems-Murr-Kreis. Vorsitzender des FDP/DVP-Kreisverbands Rems-Murr. Mitglied des Landesvorstands des Liberalen Mittelstands (LIM) – Landesverband Baden-Württemberg e. V.
Mitglied des Landtags von Baden-Württemberg seit 12. April 2011. Parlamentarischer Geschäftsführer und stellv. Vorsitzender sowie gesundheitspolitischer Sprecher der FDP/DVP-Landtagsfraktion.

*Sonstige Funktionen und Mitgliedschaften:*
Vorsitzender des Verwaltungsrats der Reinhold-Maier-Stiftung. Mitglied des Landeskuratoriums des Internationalen Bundes in Baden-Württemberg. Mitglied des Vereinsausschusses des Akkordeon-Orchesters Rommelshausen e. V. Mitglied des Sportkreisrats im Sportkreis Rems-Murr e. V. Mitglied der Initiative Sicherer Landkreis Rems-Murr e. V.

*Angaben nach Teil I der Offenlegungsregeln:*
Freiberufliche Tätigkeit als beratender Betriebswirt. Stellv. kaufmännischer Leiter der Unternehmensgruppe SCHATZ in Schorndorf (Arbeitsverhältnis ruht). Stellv. Mitglied des Aufsichtsrats der Rems-Murr-Kliniken gGmbH. Präsident des Deutschen Harmonika-Verbandes e. V. Mitglied des Präsidiums der European Accordion Federation e. V.

HEITLINGER, Georg
Landwirt

Im Zitterich 8
75031 Eppingen-Rohrbach
Telefon 0711 2063-9230
Georg.Heitlinger@fdp.landtag-bw.de
www.georg-heitlinger.de

*Fraktion der FDP/DVP*
*Zweitmandat im Wahlkreis 19*
*Eppingen*

*Persönliche Angaben:*
Geboren am 26. August 1970 in Bruchsal; katholisch, verheiratet, vier Kinder.

*Ausbildung, Berufslaufbahn, berufliche Funktionen:*
1977 bis 1981 Grundschule in Eppingen-Rohrbach. 1981 bis 1990 Gymnasium und Abitur in Eppingen. 1990 bis 1992 Ausbildung zum Groß- & Außenhandelskaufmann bei der ZG Raiffeisen, Pforzheim. 1992 bis 1994 Ausbildung zum Landwirt auf dem elterlichen Betrieb. 1995 bis 1998 berufsbegleitende Weiterbildung zum Handelsfachwirt IHK. Seit 1997 Inhaber der Georg Heitlinger Landwirtschaft sowie geschäftsführender Gesellschafter der Heitlinger Geflügelhof GmbH.

*Politische Funktionen:*
2006 bis 2009 Stadtverbandsvorsitzender der CDU Eppingen. Seit 1999 Ortschaftsrat in Eppingen-Rohrbach. Seit 2004 Mitglied des Gemeinderat der Großen Kreisstadt Eppingen. 2011 bis 2021 Ortsvorsteher von Eppingen-Rohrbach. Seit 2019 Mitglied des Kreistags des Landkreises Heilbronn und Mitglied der Verbandsversammlung des Regionalverbands Heilbronn-Franken. Seit 2021 Stadtverbandsvorsitzender der FDP Eppingen.
Mitglied des Landtags von Baden-Württemberg seit 17. April 2021.

*Sonstige Funktionen und Mitgliedschaften:*
Mitglied des Stiftungsrats der Stiftung Entwicklungs-Zusammenarbeit Baden-Württemberg.

*Angaben nach Teil I der Offenlegungsregeln:*
Geschäftsführender Gesellschafter der Heitlinger Geflügelhof GmbH.
1. Vorsitzender des Geflügelwirtschaftsverbands Baden-Württemberg e. V.

DR. HELLSTERN, Uwe
Diplom-Chemiker mit Promotion

Adam-Keller-Str. 14
72160 Horb a. N.
Telefon 0711 2063-5220
Telefax 0 711 2063-145221
Uwe.Hellstern@afd.landtag-bw.de

*Fraktion der AfD*
*Zweitmandat im Wahlkreis 45*
*Freudenstadt*

*Persönliche Angaben:*
Geboren am 6. August 1960; verheiratet, zwei Kinder.

*Ausbildung, Berufslaufbahn, berufliche Funktionen:*
Grundschule Nordstetten. Realschule Horb. Gymnasium in Freudenstadt; Abschluss Abitur. 1980 bis 1981 Ableistung Wehrdienst in Baden-Württemberg und Rheinland-Pfalz. 1981 bis 1990 Studium der Chemie an der Universität Tübingen. 1990 bis 1995 Angestellter bei der Universität Tübingen; parallel Promotion. 1996 bis 1999 Angestellter im Vertrieb einer Firma für Laboranalytik. 1999 bis 2008 Leiter F&E bei der Firma für Laboranalytik. 2009 bis 2021 Leiter F&E und QM bei einer Firma für Bau und Wartung von Desinfektionsanlagen.

*Politische Funktionen:*
Seit Juni 2017 Mitglied des Vorstands des AfD-Kreisverbands Calw-Freudenstadt. Seit Mai 2019 Mitglied des Kreistags des Landkreises Freudenstadt; Vorsitzender der AfD-Fraktion. Oktober 2016 bis Mai 2019 Mitglied verschiedener Landes- und Bundesfachausschüsse der AfD.
Mitglied des Landtags von Baden-Württemberg seit 14. April 2021.

*Sonstige Funktionen und Mitgliedschaften:*
Mitglied der Volksbank eG im Kreis Freudenstadt. Mitglied der Sparda-Bank Baden-Württemberg eG. Mitglied des DVGW Deutscher Verein des Gas- und Wasserfaches e. V. Mitglied des Obst- und Gartenbauvereins Horb a. N.-Dettensee e. V.

*Angaben nach Teil I der Offenlegungsregeln:*
Abteilungsleiter bei der INNOWATECH GmbH (Bau und Wartung von Desinfektionsanlagen) (Arbeitsverhältnis ruht).

HENTSCHEL, Thomas
Rechtsanwalt

Wahlkreisbüro
Rossistraße 2
76437 Rastatt
Telefon 07222 7871255
Telefax 07222 7871256
thomas.hentschel@
gruene.landtag-bw.de
www.mdl-thomas-hentschel.de

*Fraktion GRÜNE*
*Direktmandat im Wahlkreis 32*
*Rastatt*

*Persönliche Angaben:*
Geboren am 13. Oktober 1964 in Bad Hersfeld; römisch-katholisch, verheiratet, vier Kinder.

*Ausbildung, Berufslaufbahn, berufliche Funktionen:*
Grundschule, Realschule und Mittlere Reife Berlin. Sekundarstufe 2 und 1985 Allgemeine Hochschulreife in Bad Hersfeld. 1986 bis 1988 Zivildienst. 1988 bis 1992 Studium der Rechtswissenschaften in Göttingen und Gießen; 1992 Erstes Staatsexamen in Gießen. 1992 bis 1994 Referendariat und Assessorexamen in Gießen. 1995 Zulassung als Rechtsanwalt.

*Politische Funktionen:*
2013 bis 2015 Vorsitzender des Kreisverbands Rastatt/Baden-Baden von Bündnis 90/Die Grünen. Seit 2014 Mitglied des Gemeinderats von Gernsbach.
Mitglied des Landtags von Baden-Württemberg seit 5. August 2016.

*Sonstige Funktionen und Mitgliedschaften:*
Mitglied der Vertreterversammlung des Versorgungswerks der Mitglieder der Landtage von Nordrhein-Westfalen, Brandenburg und Baden-Württemberg. Mitglied des Haus- und Grundstückseigentümervereins Rastatt e. V. Mitglied des Haus- und Grundstückseigentümervereins Gernsbach e. V. Mitglied des Allgemeinen Deutschen Fahrrad-Clubs Rastatt e. V. Mitglied der Josef-Saier-Stiftung e. V. Mitglied des Vereins H2-Region Schwarzwald-Baar-Heuberg e. V., Tuttlingen. Mitglied des Freundeskreises Fregatte Baden-Württemberg e. V.

*Angaben nach Teil I der Offenlegungsregeln:*
Selbständiger Rechtsanwalt, Fachanwalt für Miet- und Wohnungseigentumsrecht (derzeit ruhend).

HERKENS, Felix
Student

Salierstr. 60b
75177 Pforzheim
Telefon 0176 84594290
felix.herkens@gruene.landtag-bw.de
www.felix-herkens.de

*Fraktion GRÜNE*
*Direktmandat im Wahlkreis 42 Pforzheim*

*Persönliche Angaben:*
Geboren am 15. März 1995 in Pforzheim.

*Ausbildung, Berufslaufbahn, berufliche Funktionen:*
2005 bis 2013 Hilda-Gymnasium Pforzheim (Abitur). September 2013 bis September 2014 Bundesfreiwilligendienst beim Familienzentrum Ost in Pforzheim. Oktober 2014 bis Dezember 2015 Duales Studium Soziale Arbeit (B. A.) an der DHBW Stuttgart und im Jobcenter Enzkreis. Seit Oktober 2016 Bachelor-Studium Sozial- und Kommunikationswissenschaften an der Universität Koblenz-Landau.

*Politische Funktionen:*
Seit 2016 Mitglied des Gemeinderats der Stadt Pforzheim für Bündnis 90/Die Grünen.
Mitglied des Landtags von Baden-Württemberg seit 14. April 2021.

*Sonstige Funktionen und Mitgliedschaften:*
Mitglied des Vorstands des DGB-Kreisverbands Pforzheim/Enzkreis. 2. Vorsitzender der AIDS-Hilfe Pforzheim e.V. Mitglied bei ver.di. Schiedsrichter der Blindenfußball-Bundesliga.

*Angaben nach Teil I der Offenlegungsregeln:*
–

HERMANN, Winfried
Mitglied des Landtags

Konrad-Adenauer-Straße 12
70173 Stuttgart
0711 2063-6106
winfried.hermann@
gruene.landtag-bw.de
www.winnehermann.de

*Fraktion GRÜNE*
*Direktmandat im Wahlkreis 2*
*Stuttgart II*

*Persönliche Angaben:*
Geboren am 19. Juli 1952 in Rottenburg am Neckar. Lebt in Stuttgart, verheiratet, eine Tochter.

*Ausbildung, Berufslaufbahn, berufliche Funktionen:*
Studium der Fächer Deutsch, Politik und Sport an der Universität Tübingen. 1979 bis 1984 Referendariat und Anstellung als Gymnasiallehrer in Stuttgart. 1984 bis 1988 Landtagsabgeordneter für den Wahlkreis Stuttgart II mit den Schwerpunkten Schule, Jugend und Sport. 1989 bis 1998 Leiter des Fachbereichs „Gesundheit und Bewegung" bei der Volkshochschule Stuttgart. 1992 bis 1997 Landesvorsitzender von BÜNDNIS 90/DIE GRÜNEN Baden-Württemberg. 2011 bis 2016 Minister für Verkehr und Infrastruktur im Kabinett Kretschmann I. Seit 12. Mai 2016 Minister für Verkehr im Kabinett Kretschmann II.

*Politische Funktionen:*
1998 bis 2011 Mitglied des Bundestags für den Wahlkreis Tübingen mit den Arbeitsschwerpunkten Umwelt, Nachhaltige Entwicklung, Verkehr und Sport. Verkehrspolitischer Sprecher der Bundestagsfraktion. 2009 bis 2011 Vorsitzender des Ausschusses Verkehr, Bau und Stadtentwicklung sowie sportpolitischer Sprecher der grünen Bundestagsfraktion.
Mitglied des Landtags von Baden-Württemberg von 1984 bis 1988 und seit 4. April 2016.

*Sonstige Funktionen und Mitgliedschaften:*
Mitglied des Eisenbahninfrastrukturbeirats bei der Bundesnetzagentur für Elektrizität, Gas, Telekommunikation, Post und Eisenbahnen. Mitglied bei den Naturfreunden.

*Angaben nach Teil I der Offenlegungsregeln:*
Minister für Verkehr. Vorsitzender des Aufsichtsrats der Flughafen Stuttgart GmbH. Vorsitzender des Aufsichtsrats der Baden-Airpark GmbH. Vorsitzender des Aufsichtsrats der NVBW – Nahverkehrsgesellschaft Baden-Württemberg mbH. Vorsitzender des Aufsichtsrats der e-mobil BW GmbH. Mitglied des Beirats der DFS Deutsche Flugsicherung GmbH.

HILDENBRAND, Oliver
Psychologe

Landtag von Baden-Württemberg
Haus der Abgeordneten
Konrad-Adenauer-Straße 12
70173 Stuttgart
oliver.hildenbrand@
gruene.landtag-bw.de
www.oliver-hildenbrand.de

*Fraktion GRÜNE*
*Direktmandat im Wahlkreis 3*
*Stuttgart III*

*Persönliche Angaben:*
Geboren am 10. Februar 1988 in Wertheim.

*Ausbildung, Berufslaufbahn, berufliche Funktionen:*
2007 Abitur am Dietrich-Bonhoeffer-Gymnasium Wertheim. 2007 bis 2008 Freiwilliges Soziales Jahr im Zentrum für Psychiatrie Emmendingen. 2008 bis 2011 Bachelor-Studium der Psychologie an der Universität Bamberg (Abschluss: Bachelor of Science). 2011 bis 2014 Master-Studium der Psychologie an der Universität Bonn (Abschluss: Master of Science). 2013 bis 2021 Landesvorsitzender von BÜNDNIS 90/DIE GRÜNEN Baden-Württemberg.

*Politische Funktionen:*
Mitglied des Landtags von Baden-Württemberg seit 15. April 2021. Stellv. Vorsitzender der Fraktion GRÜNE.

*Sonstige Funktionen und Mitgliedschaften:*
Mitglied des Verwaltungsrats der Württembergischen Staatstheater Stuttgart. Mitglied des Landesbeirats für Armutsbekämpfung und Prävention. Mitglied des Landesbeirats „Für Akzeptanz und gleiche Rechte Baden-Württemberg“. Mitglied des Berufsverbands Deutscher Psychologinnen und Psychologen. Mitglied des Völklinger Kreises e. V. Fördermitglied der Deutschen Aids-Hilfe e. V. Mitglied des Vereins der Freundinnen und Freunde des Schwulen Museums in Berlin e. V. Mitglied der Deutsch-Israelischen Gesellschaft e. V. Mitglied der Bürgerbewegung Finanzwende e. V. Mitglied der Heinrich-Böll-Stiftung Baden-Württemberg. Mitglied im Institut Solidarische Moderne e. V. Mitglied des Lesben- und Schwulenverbands in Deutschland e. V. Mitglied des Fördervereins Pro Asyl e. V. Mitglied von Amnesty International Deutschland e. V.

*Angaben nach Teil I der Offenlegungsregeln:*
Mitglied des Kuratoriums der Staatlichen Toto-Lotto GmbH Baden-Württemberg.

HOCKENBERGER, Ulli
Bürgermeister a. D.

Händelweg 1
68794 Oberhausen-Rheinhausen
Telefon 07254 957967
ulli.hockenberger@cdu.landtag-bw.de

*Fraktion der CDU*
*Direktmandat im Wahlkreis 29*
*Bruchsal*

*Persönliche Angaben:*
Geboren am 2. September 1956; evangelisch, verheiratet.

*Ausbildung, Berufslaufbahn, berufliche Funktionen:*
Grundschule in Elsenz. 1975 Abitur in Eppingen. 1981 Staatsprüfung als Diplomverwaltungswirt (FH). 1981 bis 1987 Regierungspräsidium Karlsruhe. 1988 bis 2016 Stadt Bruchsal. 2002 bis 2016 Bürgermeister der Stadt Bruchsal.

*Politische Funktionen:*
2004 bis 2018 Mitglied des Kreistags des Landkreises Karlsruhe; 2014 bis 2016 Vorsitzender der CDU-Fraktion. Seit 2016 stellv. Landesvorsitzender der Kommunalpolitischen Vereinigung (KPV) der CDU Baden-Württemberg.
Mitglied des Landtags von Baden-Württemberg seit 5. April 2016.

*Sonstige Funktionen und Mitgliedschaften:*
Mitglied in zahlreichen sozialen, karitativen, kulturellen und sportlichen Vereinen.

*Angaben nach Teil I der Offenlegungsregeln:*
–

HÖRNER, Hans-Peter
Oberstudienrat a. D.
(Berufsschullehrer)

Konrad-Adenauer-Str. 3
70173 Stuttgart
Telefon 0711 2063-5239
hans-peter.hoerner@
afd.landtag-bw.de
www.hans-peter-hoerner.de

*Fraktion der AfD*
*Zweitmandat im Wahlkreis 63*
*Balingen*

*Persönliche Angaben:*
Geboren am 7. August 1951 in Singen (jetzt Remchingen, Enzkreis); verheiratet, sechs erwachsene Kinder.

*Ausbildung, Berufslaufbahn, berufliche Funktionen:*
Volksschule in Singen: Abitur am Wirtschaftsgymnasium in Karlsruhe. Wintersemester 1970/71 bis Sommersemester 1976 Studium an der Universität Tübingen; Erstes Staatsexamen Biologie 1974, Volkswirtschaft 1975, Betriebswirtschaft 1976. Anschließend Referendariat für das Lehramt an Beruflichen Schulen an der Kaufmännischen Schule Ulm; Zweites Staatsexamen 1977. 1978 bis 2019 Berufsschullehrer an der Gewerblichen und Kaufmännischen Schule (mit Wirtschaftsgymnasium) in Hechingen / ZAK, dabei auch tätig als Personalrat und Suchtinformationslehrer. Seit August 2019 pensioniert.

*Politische Funktionen:*
Zwei Jahre Kreissprecher der AfD Sigmaringen. Seit 2018 Kreissprecher der AfD Zollernalb. Direktkandidat des Wahlkreises Zollernalb-Sigmaringen bei der Bundestagswahl 2017.
Mitglied des Landtags von Baden-Württemberg seit 15. April 2021.

*Sonstige Funktionen und Mitgliedschaften:*
Mitglied des Zentralverbands Deutscher Rassekaninchenzüchter (ZDRK); dort ehrenamtliche Tätigkeiten auf Orts-, Kreis- und Landesebene, zuletzt 17 Jahre als Vorsitzender des Kreisverbands Balingen und Hohenzollern e. V. Mitglied des Württembergischen Preisrichterverbands (Zuchtrichter). Während der Kindheit meiner Töchter und Söhne Eltern-beiratsmitglied in den Kitas bzw. Grundschulen.

*Angaben nach Teil I der Offenlegungsregeln:*
–

HOFFMANN, Jonas
Wirtschaftsinformatiker

Schwarzwaldstraße 61
79539 Lörrach
Telefon 07621 550311
info@hoffmann-spd.de
www.hoffmann-spd.de

*Fraktion der SPD*
*Zweitmandat im Wahlkreis 58 Lörrach*

*Persönliche Angaben:*
Geboren am 30. Juni 1985 in Lörrach; frei evangelisch, verheiratet, ein Kind.

*Ausbildung, Berufslaufbahn, berufliche Funktionen:*
Bis 2002 Grund- und Realschule in Lörrach. 2002 bis 2005 Ausbildung zum Fachinformatiker. 2011 bis 2014 Studium zum Wirtschaftsinformatiker DHBW Lörrach. MCSE, MCSA, EA und diverse Zertifizierungen. 2005 bis 2008 IT-Administrator. Seit 2008 IT-Projekt- und Abteilungsleiter; Führung von IT-Projekten und IT-Einheiten, Dualer Ausbilder in Deutschland und der Schweiz. Seit 2016 Dozent für Wirtschaftsinformatik; Vorlesungen zu Industrie 4.0, Digitalisierung, Führung und Teamarbeit.

*Politische Funktionen:*
Seit April 2016 Mitglied der SPD Lörrach. Kassierer im SPD-Ortsverein Lörrach. Beisitzer im Vorstand des SPD-Kreisverbands Lörrach. Seit 2019 Mitglied des Kreistags des Landkreises Lörrach. Mitglied des Vorstands des SPD-Landesverbands Baden-Württemberg.
Mitglied des Landtags von Baden-Württemberg seit 14. April 2021.

*Sonstige Funktionen und Mitgliedschaften:*
Seit 2020 Mitglied des Kuratoriums der Schubert-Durand-Stiftung. Mitglied der Dualumni Baden-Württemberg (Verein der ehemaligen Amtsträgerinnen und Amtsträger der Verfassten Studierendenschaft der Dualen Hochschule Baden-Württemberg e. V.). Mitglied bei ver.di.

*Angaben nach Teil I der Offenlegungsregeln:*
Dozent für Wirtschaftsinformatik an der Dualen Hochschule Baden-Württemberg Lörrach. Mitglied des Aufsichtsrats des Diakonischen Werks der Evangelischen Kirchenbezirke im Landkreis Lörrach KöR.

DR. HOFFMEISTER-KRAUT, Nicole
Ministerin für Wirtschaft,
Arbeit und Tourismus

Bahnhofstraße 22
72336 Balingen
Telefon 07433 2101686
nicole.hoffmeister-kraut@
cdu.landtag-bw.de
www.hoffmeister-kraut.de

*Fraktion der CDU*
*Direktmandat im Wahlkreis 63 Balingen*

*Persönliche Angaben:*
Geboren am 9. Oktober 1972 in Balingen; evangelisch, verheiratet, drei Kinder.

*Ausbildung, Berufslaufbahn, berufliche Funktionen:*
1992 Abitur am Gymnasium Balingen. 1992 bis 1998 Studium der Betriebswirtschaftslehre an der Universität Tübingen, Abschluss als Diplom-Kauffrau. 2001 Promotion an der Universität Würzburg (Fachbereich Betriebswirtschaftslehre). 2002 bis 2005 Analystin bei Ernst & Young, London und Frankfurt. Seit 2016 Ministerin für Wirtschaft, Arbeit und Wohnungsbau des Landes Baden-Württemberg, seit 2021 Ministerin für Wirtschaft, Arbeit und Tourismus.

*Politische Funktionen:*
2009 bis 2016 Mitglied des Gemeinderats der Stadt Balingen für die CDU. 2014 bis 2016 Mitglied des Kreistags des Zollernalbkreises. 2014 bis 2016 stellv. Vorsitzende des CDU-Stadtverbands Balingen. Seit 2016 Vorsitzende des CDU-Kreisverbands Zollernalb. Seit 2017 Beisitzerin im Landesvorstand der CDU Baden-Württemberg.
Mitglied des Landtags von Baden-Württemberg seit 6. April 2016.

*Sonstige Funktionen und Mitgliedschaften:*
Kirchengemeinderätin der evangelischen Gesamtkirchengemeinde Balingen. Stellv. Elternbeiratsvorsitzende der Sichelschule Balingen und stellv. Vorsitzende des Gesamtelternbeirats der Balinger Schulen. Beisitzerin im Vorstand des Vereins der Freunde und Förderer der Sichelschule Balingen e. V. Mitglied des Stiftungsrats der Psychiatriestiftung Zollernalb. Mitglied des Elternbeirats des Gymnasiums Balingen. Mitglied des Beirats der Balinger Tafel. Mitglied des Fördervereins des Gymnasiums Balingen e. V.

*Angaben nach Teil I der Offenlegungsregeln:*
Ministerin für Wirtschaft, Arbeit und Tourismus. Vorsitzende des Aufsichtsrats von Baden-Württemberg International – Gesellschaft für internationale wirtschaftliche und wissenschaftliche Zusammenarbeit mbH. Mitglied des Aufsichtsrats der e-mobil BW GmbH. Stellv. Vorsitzende des Aufsichtsrats der Leichtbau BW GmbH. Vorsitzende des Aufsichtsrats der Staatlichen Toto-Lotto-GmbH Baden-Württemberg. Stellv. Vorsitzende des Aufsichtsrats der Landesmesse Stuttgart GmbH. Stellv. Vorsitzende des Verwaltungsrats der Landeskreditbank Baden-Württemberg – Förderbank. Mitglied des Aufsichtsrats der Baden-Württemberg Stiftung gGmbH.

HOHER, Klaus
Landwirt

Waldstr. 1
88682 Salem
Telefon 07554 9679922
Telefon mobil 0176 57942745
Telefax 07554 9679923
wahlkreisbuero@fdp-bodensee.de

*Fraktion der FDP/DVP*
*Zweitmandat im Wahlkreis 67*
*Bodensee*

*Persönliche Angaben:*
Geboren am 15. Mai 1968 in Überlingen; katholisch, verheiratet, zwei Kinder.

*Ausbildung, Berufslaufbahn, berufliche Funktionen:*
Landwirt. Staatlich geprüfter Wirtschafter im Landbau. Seit 1986 selbständiger Unternehmer (Pferdepension, Reitschule und Gastronomie).

*Politische Funktionen:*
Seit 2002 FDP-Mitglied. Seit 2009 FDP-Gemeinderat in Salem. Stellv. Kreisvorsitzender der FDP Bodenseekreis. Bezirksvorsitzender der FDP Bodensee-Oberschwaben. Delegierter für den Bundesparteitag und den Landesparteitag.
Mitglied des Landtags von Baden-Württemberg seit 10. April 2016.

*Sonstige Funktionen und Mitgliedschaften:*
Vorsitzender des Reit- und Fahrclubs Grasbeuren e. V. Mitglied des Fördervereins der Stiftung Alten- und Pflegeheim Wespach e. V. Mitglied des Reit- und Fahrvereins Salem e. V. und des Reit- und Fahrvereins Ailingen e. V.

*Angaben nach Teil I der Offenlegungsregeln:*
Selbständiger Land- und Forstwirt (Schwerpunkt). Selbständiger Gastronom (Reiterstüble in Salem). Inhaber des Reit- und Fahrstalls Hoher (Pferdepflege, Reitunterricht).

HOLMBERG, Cindy
Wirtschaftskorrespondentin

Champignystr. 9
72762 Reutlingen
Telefon 0175 1872459
contactme@acholmberg.de
www.cindy-holmberg.de

*Fraktion GRÜNE*
*Direktmandat im Wahlkreis 61*
*Hechingen-Münsingen*

*Persönliche Angaben:*
Geboren am 21. September 1975 in Reutlingen; Baptistin, verheiratet, drei Kinder.

*Ausbildung, Berufslaufbahn, berufliche Funktionen:*
Neugreuthschule (Grundschule) in Metzingen. Schönbein-Realschule in Metzingen; Abgang mit mittlerer Reife. Freiwilliges Soziales Jahr in der Kinderkardiologie am Steinenberg, Tübingen. Steinbart-Gymnasium in Duisburg; Abbruch auf Grund Krankheit meines Vaters / Umzug. Zweijähriges Berufskolleg zur Datentechnischen Assistentin an der Ferdinand-von-Steinbeis-Schule in Reutlingen; Abgang mit Fachhochschulreife. Internationales Dolmetscher Institut und agi (Anglo-German Institute), Stuttgart; Abschluss als Wirtschaftskorrespondentin in englischer und spanischer Sprache. Lehrbeauftragte für Englisch an der Fachhochschule für Technik in Reutlingen, Fachbereich Automatisierungstechnik. Dozentin für Englisch an der Volkshochschule Reutlingen. Assistentin im Fachbereich Logistik der Hochschule Reutlingen. Lehrbeauftragte für Englisch der Fachhochschule für Technik in Reutlingen, Fachbereich Medien und Kommunikation. Lehrbeauftragte für die LGI Logistics Group International GmbH. PR-Beauftragte und Assistentin der Geschäftsleitung bei PIUS Hauskrankenpflege und Seniorenbetreuung in Reutlingen; Entwicklung des Pflegekonzeptes „Tagestöchter". Assistentin in der Rechtsanwaltskanzlei Susanne Hammann. Referentin der Bundestagsabgeordneten Beate Müller-Gemmeke.

*Politische Funktionen:*
2004 bis 2009 Mitglied des Gemeinderats der Stadt Reutlingen und Mitglied der Aufsichtsräte der Stadtwerke Reutlingen GmbH und der FairEnergie Reutlingen GmbH. Bis 2018 Sprecherin des Stadtverbands Reutlingen von Bündnis 90/DIE GRÜNEN Reutlingen. Sprecherin des Kreisverbands Bündnis 90/DIE GRÜNEN in Reutlingen. Seit 2009 Mitglied der Verbandsversammlung des Regionalverbands Neckar-Alb. 2009 bis 2019 Mitglied des Kreistags Reutlingen. Bis 2014 Mitglied der Verbandsversammlung des Zweckverbands Abfallwirtschaft Neckar Alb. Mitglied des Parteirate von Bündnis 90/DIE GRÜNEN Baden-Württemberg. Mitglied des Vorstands der Grünen und Alternativen Räte in Baden-Württemberg. Mitglied des Landtags von Baden-Württemberg seit 13. April 2021.

*Sonstige Funktionen und Mitgliedschaften:*
Seit 2018 Elternvertreterin am Kepler-Gymnasium. Bis 2012 Elternbeiratsvorsitzende der Jos-Weiß-Schule. Bis 2017 Elternsprecherin an der St.-Wolfgang-Schule. Bis 2015 Bambini-Trainerin bei der TSG Reutlingen 1843 e. V. Seit 2016 Mitglied bei den Dancing Shoes Reutlingen e. V. Bis 2017 Taubenschutzbeauftragte bei der Stadt Reutlingen. Organisation „Treffpunkt der Nationen" zur Fußball-WM 2006. Mitglied bei Ärzte ohne Grenzen e. V. Mitglied des VfB Stuttgart 1893 e. V.

*Angaben nach Teil I der Offenlegungsregeln:*
Mitglied der Verbandsversammlung des Zweckverbands Regional-Stadtbahn Neckar-Alb. Mitglied des Verwaltungsrats des Südwestrundfunks.

HUBER, Isabell
Master of Arts – Public Management

Wahlkreisbüro
Badstraße 14
74072 Heilbronn
Telefon 07131 9824250
Telefax 07131 9824255
info@isabell-huber.de
www.isabell-huber.de

*Fraktion der CDU*
*Zweitmandat im Wahlkreis 20*
*Neckarsulm*

*Persönliche Angaben:*
Geboren am 27. August 1987 in Heilbronn; evangelisch, verheiratet, ein Kind (*2018).

*Ausbildung, Berufslaufbahn, berufliche Funktionen:*
Grundschule Wüstenrot. Justinus-Kerner-Gymnasium in Weinsberg, 2007 Abitur. 2007 bis 2011 Studium an der Hochschule Kehl; Bachelor of Arts – Public Management. 2011 bis 2015 verschiedene Verwaltungstätigkeiten beim Haupt- und Personalamt der Stadtverwaltung Stuttgart. 2013 bis 2016 berufsbegleitendes Masterstudium Public Management an der Hochschule Ludwigsburg. 2015 bis 2018 persönliche Mitarbeiterin des Amtsleiters des Haupt- und Personalamts der Stadtverwaltung Stuttgart. 2018 bis 2019 Elternzeit.

*Politische Funktionen:*
Verschiedene Ämter im CDU Gemeindeverband Wüstenrot. 2013 bis 2014 Vorsitzende des JU Kreisverbands Heilbronn. 2013 bis 2015 Beisitzerin im Vorstand der JU Regionalverband Heilbronn-Franken und im Vorstand der JU Bezirksverband Nordwürttemberg. 2013 bis 2015 Mitglied des Vorstands des CDU-Kreisverbands Heilbronn sowie des CDU-Bezirksverbands Nordwürttemberg. Seit März 2019 Mitglied des Vorstands der JU Baden-Württemberg und der Frauen Union Nordwürttemberg. Seit November 2019 stellv. Vorsitzende des CDU-Kreisverbands Heilbronn.
Mitglied des Landtags von Baden-Württemberg seit 22. Januar 2019.

*Sonstige Funktionen und Mitgliedschaften:*
Mitbegründerin und 2008 bis 2009 stellv. Vorsitzende des Kreisverbands Kehl der Jungen Europäer – JEF Baden-Württemberg e. V. 2010 bis 2013 Landesgeschäftsführerin der Jungen Europäer – JEF Baden-Württemberg e. V. Seit Mai 2019 Vorsitzende des Vereins zur Förderung des Siebenbürgischen Museums Gundelsheim e. V. Mitglied des Jugendfördervereins Wüstenrot e. V.

*Angaben nach Teil I der Offenlegungsregeln:*
Persönliche Mitarbeiterin des Amtsleiters des Haupt- und Personalamts der Landeshauptstadt Stuttgart (Dienstverhältnis ruht wegen des Mandats).

JOUKOV, Michael
Dipl.-Wirtschaftswissenschaftler

Landtagsbüro
Haus des Landtags
Konrad-Adenauer-Straße 3
70173 Stuttgart
Wahlkreisbüro
GRÜNES HAUS
Bockgasse 2
89073 Ulm
Telefon 0731 6027643
www.joukov.de

*Fraktion GRÜNE*
*Direktmandat im Wahlkreis 64*
*Ulm*

*Persönliche Angaben:*
Geboren am 10. November 1981 in Leningrad (heute St. Petersburg, Russland); jüdisch, geschieden.

*Ausbildung, Berufslaufbahn, berufliche Funktionen:*
Bis 1994 Gesamtschule Nr. 67 in St. Petersburg. 1994 bis 2001 Kepler-Gymnasium Ulm, Abschluss Abitur. 2001 bis 2008 Studium an der Universität Ulm; Abschluss als Diplom-Wirtschaftswissenschaftler. Noch im Studium Gründung einer IT-Firma zusammen mit einem Kommilitonen. 2008 bis 2011 Geschäftsführer bei der GRÜNEN Fraktion Ulm. 2011 bis 2014 Büroleiter im Landtag. 2014 bis 2021 Geschäftsführer der GRÜNEN Fraktion Ulm.

*Politische Funktionen:*
Seit 1999 Mitglied bei Bündnis 90/Die Grünen. Seit 2000 Mitarbeit in diversen Funktionen (Vorsitzender, Schatzmeister, Beisitzer, Neumitgliederbeauftragter, Regionalbeauftragter) im Kreisvorstand von Bündnis 90/Die Grünen Ulm. 2004 bis 2021 Mitglied des Gemeinderats der Stadt Ulm und stellv. Fraktionsvorsitzender. 2003 bis 2008 Mitglied im Landesvorstand der GRÜNEN JUGEND.
Mitglied des Landtags von Baden-Württemberg seit 14. April 2021.

*Sonstige Funktionen und Mitgliedschaften:*
Schatzmeister des Tagesmüttervereins Ulm e. V. Schatzmeister des Fördervereins Neue Synagoge Ulm e. V. Mitglied des Bundes für Umwelt und Naturschutz (BUND) e. V. Mitglied des Bundesverbands für freie Kammern e. V. Mitglied der Europa-Union Deutschland e. V. Mitglied des Sportvereins 1939 Thalfingen e. V. Mitglied des Tierschutzvereins Ulm e. V. Mitglied des Verkehrsclubs Deutschland e. V. Mitglied der Gewerkschaft ver.di.

*Angaben nach Teil I der Offenlegungsregeln:*
Geschäftsführender Gesellschafter der MI Marketing- und Internetservice Ulm oHG.

DR. JUNG, Christian
Historiker, Studiendirektor a. D.

Landtag
Konrad-Adenauer-Straße 3
70173 Stuttgart
Telefon 0711 2063-9250
christian.jung@fdp.landtag-bw.de
Wahlkreisadresse
Postfach 1726
76607 Bruchsal
Wahlkreisbüro
Am Eisweiher 1
76356 Weingarten (Baden)
www.christian-jung.de

*Fraktion der FDP/DVP*
*Zweitmandat im Wahlkreis 30*
*Bretten*

*Persönliche Angaben:*
Geboren am 20. Dezember 1977 in Heidelberg; römisch-katholisch, verheiratet, zwei Kinder.

*Ausbildung, Berufslaufbahn, berufliche Funktionen:*
1997 Abitur. 1997 bis 1998 Zivildienst. 1998 bis 2004 Studium Geschichte, Germanistik und Politische Wissenschaften an der Universität Heidelberg. Seit 2001 Tätigkeit als freier Journalist und Autor. 2006 Promotion an der Universität Heidelberg. 2005 bis 2007 Referendariat für den höheren Schuldienst an allgemeinbildenden Gymnasien. 2007 bis 2013 Studienrat. 2014 Oberstudienrat. Seit 2014 Studiendirektor. Seit 2017 beurlaubt (a. D.). Seit 2018 Geschäftsführer der Synektik Media Services GmbH.

*Politische Funktionen:*
1999 bis 2010 Stadtrat in Neckargemünd (zuletzt als Fraktionsvorsitzender der CDU-Gemeinderatsfraktion). 1999 bis 2010 Mitglied des Gemeindeverwaltungsverbandes Neckargemünd. Seit 2014 Mitglied der Verbandsversammlung des Regionalverbands Mittlerer Oberrhein (Region Karlsruhe); seit 2019 stellv. Fraktionsvorsitzender der FDP/FK-Fraktion. 2017 bis 2021 Mitglied des Deutschen Bundestags (Mitglied im Bundestagsausschuss für Verkehr und digitale Infrastruktur, Obmann der FDP-Bundestagsfraktion im Parlamentarischen Untersuchungsausschuss zur Pkw-Maut/2. PUA).
Mitglied des Landtags von Baden-Württemberg seit 14. April 2021. Stellv. Vorsitzender des Ausschusses für Landesentwicklung und Wohnen. AK-Leiter und Sprecher der FDP/DVP-Landtagsfraktion für Verkehr und Petitionen. Seit 2021 Mitglied der Versammlung des deutsch-französisch-schweizerischen Oberrheinrates.

*Sonstige Funktionen und Mitgliedschaften:*
Mitglied des Verwaltungsrats der Württembergischen Staatstheater Stuttgart. Mitglied der Kolpingsfamilie Neckargemünd. Mitglied des Aktionsbündnisses „Zweite Rheinbrücke Wörth-Karlsruhe“. Mitglied des Vereins „HelfenKannJeder“ e. V. Mitglied des Lions Clubs Kraichgau-Hügelland.

*Angaben nach Teil I der Offenlegungsregeln:*
Geschäftsführender Gesellschafter der Synektik Media Services GmbH, Weingarten/Baden (Public Relations). Lehrbeauftragter an der Dualen Hochschule Baden-Württemberg Lörrach. Tätigkeit als Autor. Mitglied des Beirats des Wirtschaftsverbands Brandschutz e. V. (ehrenamtlich).

KARRAIS, Daniel
Maschinenbauingenieur (M. Sc.)

Wahlkreisbüro
Hochbrücktorstraße 14
78628 Rottweil
Telefon 0741 94245020
buero@daniel-karrais-mdl.de
www.daniel-karrais-mdl.de

*Fraktion der FDP/DVP*
*Zweitmandat im Wahlkreis 53*
*Rottweil*

*Persönliche Angaben:*
Geboren am 12. Mai 1990 in Tübingen, aufgewachsen in Epfendorf, wohnhaft in Rottweil; evangelisch, verheiratet.

*Ausbildung, Berufslaufbahn, berufliche Funktionen:*
Grund- und Werkrealschule Epfendorf. Gymnasium am Rosenberg in Oberndorf a. N., 2009 Abitur. 2009 bis 2016 Studium Maschinenbau an der Universität Stuttgart und an der University of Western Australia in Perth. 2016 bis 2017 persönlicher Referent von Dr. Gerhard Aden MdL. 2017 bis 2019 Manager Unternehmensentwicklung im Stab der Geschäftsführung der NetCom BW GmbH.

*Politische Funktionen:*
Seit 2019 Vorsitzender des FDP-Kreisverbands Rottweil. Seit 2019 Mitglied des Gemeinderats der Stadt Rottweil. Seit 2019 Mitglied und stellv. Vorsitzender der FDP-Fraktion in der Verbandsversammlung des Regionalverbands Schwarzwald-Baar-Heuberg.
Mitglied des Landtags von Baden-Württemberg seit 13. November 2018.

*Sonstige Funktionen und Mitgliedschaften:*
Mitglied des Stiftungsrats der Klimaschutzstiftung Baden-Württemberg. Mitglied des Ausschusses des DRK-Kreisverbands Rottweil e. V. Mitglied des Beirats der Volkshochschule Rottweil. Mitgliedschaften: Verein Deutscher Ingenieure e. V., H2-Region Schwarzwald-Baar-Heuberg e. V., Freundeskreis Wärmestube Rottweil e. V., Junge Liberale e. V.

*Angaben nach Teil I der Offenlegungsregeln:*
Mitglied des Aufsichtsrats der ENRW Energieversorgung Rottweil GmbH & Co. KG.

KATZENSTEIN, Hermann
Diplom-Physiker
Wissenschaftlicher Angestellter

Wahlkreisbüro
Hauptstr. 20
69151 Neckargemünd
Telefon 06223 867556
hermann.katzenstein@
gruene.landtag-bw.de
www.hermino-katzenstein.de

*Fraktion GRÜNE*
*Direktmandat im Wahlkreis 41*
*Sinsheim*

*Persönliche Angaben:*
Geboren am 3. Januar 1969 in Münster; verheiratet, vier erwachsene (Stief-)Töchter.

*Ausbildung, Berufslaufbahn, berufliche Funktionen:*
Gymnasium und Abitur in Münster. Zivildienst in Köln (städtisches Kinderheim). Physik-Studium in Münster, Köln und Heidelberg, Abschluss als Diplom-Physiker. Im Anschluss zunächst wissenschaftlicher Mitarbeiter am Max-Planck-Institut für Kernphysik in Heidelberg, dann wissenschaftlicher Mitarbeiter der Universität Heidelberg (Rechenzentrum). 2010 bis zur Landtagswahl 2016 Personalratsvorsitzender der Universität Heidelberg.

*Politische Funktionen:*
Seit 2008 Mitglied von Bündnis 90/Die Grünen. Seit 2009 Stadtrat in Neckargemünd. Mai 2014 bis Dezember 2016 Kreisrat des Rhein-Neckar-Kreises. Seit 2011 Sprecher der Landesarbeitsgemeinschaft Mobilität von Bündnis 90/Die Grünen Baden-Württemberg. Seit 2012 auch Sprecher der Bundesarbeitsgemeinschaft Mobilität und Verkehr von Bündnis 90/Die Grünen.
Mitglied des Landtags von Baden-Württemberg seit 5. April 2016.

*Sonstige Funktionen und Mitgliedschaften:*
Mitglied des Vorstands des ADFC-Kreisverbands Rhein-Neckar/Heidelberg (ehrenamtlich). Mitglied bei: Gewerkschaft ver.di, Verkehrsclub Deutschland (VCD), MetropolSolar Rhein-Neckar e. V., Flüchtlingshilfe Neckarbischofsheim e. V., Waibstadter Initiative für Flüchtlinge e. V., Arbeiterverein Waibstadt, Turnverein Mauer e. V. Fördermitglied von Greenpeace, Campact und Deutschem Rotem Kreuz.

*Angaben nach Teil I der Offenlegungsregeln:*
Wissenschaftlicher Mitarbeiter der Universität Heidelberg (beurlaubt).

KENNER, Andreas
Groß- und Außenhandelskaufmann
Altenpfleger

Wahlkreisbüro
Schuhstraße 4
73230 Kirchheim unter Teck
Telefon Wahlkreis 07021 4829822
Telefon Landtag 0711 2063-7102
andreas.kenner@spd.landtag-bw.de
www.andreas-kenner.de

*Fraktion der SPD*
*Zweitmandat im Wahlkreis 8*
*Kirchheim*

*Persönliche Angaben:*
Geboren am 27. Dezember 1956 in Kirchheim unter Teck; evangelisch, verheiratet, zwei Kinder, vier Enkelkinder.

*Ausbildung, Berufslaufbahn, berufliche Funktionen:*
Grundschule und Hauptschule in Kirchheim unter Teck. Wirtschaftsschule in Kirchheim unter Teck. Ausbildung zum Groß- und Außenhandelskaufmann. Zivildienst. Ausbildung zum Staatlich Examinierten Altenpfleger in Göppingen. Anerkennungspraktikum in Fellbach. Ausbildung zum Stationsleiter, später Pflegedienstleiter. 1990 bis 2016 beim Sozialpsychiatrischen Dienst für alte Menschen des Landkreises Esslingen tätig.

*Politische Funktionen:*
Seit 2004 Mitglied des Gemeinderats der Stadt Kirchheim unter Teck.
Mitglied des Landtags von Baden-Württemberg seit 5. April 2016.

*Sonstige Funktionen und Mitgliedschaften:*
Mitglied des Vorstands des Betreuungsvereins Esslingen e. V. Mitglied des Vereins „Bastion“, kultureller, literarischer, politischer Club e. V., Kirchheim unter Teck. Mitglied der Turngemeinde Kirchheim unter Teck e. V. Mitglied des Verschönerungsvereins Kirchheim unter Teck e. V. Mitglied des Reichsbanners Schwarz-Rot-Gold, Bund aktiver Demokraten e. V. Mitglied des Fördervereins Schwäbischer Dialekt e. V. Mitglied bei ver.di. Schirmherr der Schwäbischen Bläserphilharmonie Neckar-Teck e. V.

*Angaben nach Teil I der Offenlegungsregeln:*
Altenpfleger beim Landkreis Esslingen (freigestellt). Stadtführer in und für Kirchheim unter Teck.

KERN, Catherine
Sprachdozentin und Übersetzerin

Freiherr-vom-Stein-Straße 9
74613 Öhringen
Telefon 07941 649340
catherine.kern@web.de

*Fraktion GRÜNE*
*Direktmandat im Wahlkreis 21*
*Hohenlohe*

*Persönliche Angaben:*
Geboren am 12. November 1961 in Großbritannien; verheiratet, drei Kinder.

*Ausbildung, Berufslaufbahn, berufliche Funktionen:*
Norten Priory comprehensive school, Runcorn, Cheshire. 1979 bis 1984 B. A. (Hon.) Business Studies (Betriebswirtschaft) in Manchester (Manchester Metropolitan University).

*Politische Funktionen:*
Seit 2010 Mitglied des Gemeinderats der Stadt Öhringen. Seit 2019 Mitglied des Kreistags des Landkreises Hohenlohe. Seit 2019 Mitglied der Verbandsversammlung des Regionalverbands Franken-Heilbronn.
Mitglied des Landtags von Baden-Württemberg seit 17. April 2021.

*Sonstige Funktionen und Mitgliedschaften:*
Mitglied des Stiftungsrats „Stiftungsjugend, Natur und Heimat" der Sparkasse Hohenlohe. Mitglied des Stiftungsrats der Kulturstiftung Hohenlohe. Mitglied des Stiftungsrats Kreis Hohenlohe. Mitglied des Kuratoriums des Weygang-Museums, Öhringen.

*Angaben nach Teil I der Offenlegungsregeln:*
Mitglied des Verwaltungsrats der Sparkasse Hohenlohekreis.

DR. KERN, Timm
Gymnasiallehrer

c/o Projektmensch im #projektraum42
Bahnhofplatz 1
72160 Horb am Neckar
info@timm-kern.de
www.timmkern.de

*Fraktion der FDP/DVP*
*Zweitmandat im Wahlkreis 45*
*Freudenstadt*

*Persönliche Angaben:*
Geboren am 7. Februar 1972 in Tübingen; katholisch, verheiratet, zwei Kinder.

*Ausbildung, Berufslaufbahn, berufliche Funktionen:*
Grundschule in Horb-Rexingen. Gymnasium und Abitur in Horb am Neckar. Studium der Geschichtswissenschaften, katholischen Theologie und Politikwissenschaft in Tübingen und Washington (DC). Erstes Staatsexamen. 2002 bis 2007 Promotion in Politikwissenschaft. 2005 bis 2007 Referendariat in Tübingen. Zweites Staatsexamen. 2007 bis 2011 Gymnasiallehrer in Reutlingen.

*Politische Funktionen:*
1994 bis 2002 Mitglied des Gemeinderats von Horb am Neckar, 1995 bis 2002 Vorsitzender der FD/FW-Fraktion. 1999 bis 2002 Mitglied des Kreistags in Freudenstadt.
Mitglied des Landtags von Baden-Württemberg seit 12. April 2011. 1. August 2013 bis 26. Mai 2021 Parlamentarischer Geschäftsführer der FDP/DVP-Landtagsfraktion. Seit 1. August 2021 stellv. Fraktionsvorsitzender der FDP/DVP-Landtagsfraktion.

*Sonstige Funktionen und Mitgliedschaften:*
Mitglied des Kuratoriums der Landeszentrale für politische Bildung Baden-Württemberg. Mitglied des Träger- und Fördervereins Ehemalige Synagoge Rexingen. Mitglied des Kuratoriums der Akademie der Diözese Rottenburg-Stuttgart. Mitglied des Verwaltungsrats der Reinhold-Maier-Stiftung. Mitglied des Kreises der Abgeordneten zur Beratung mit dem Sprecherrat der Landesarbeitsgemeinschaft der Gedenkstätten und Gedenkstätteninitiativen in Baden-Württemberg (LAGG).

*Angaben nach Teil I der Offenlegungsregeln:*
Lehrer am Friedrich-List-Gymnasium in Reutlingen (beurlaubt).

KLAUß, Miguel
Staatlich geprüfter
Technischer Betriebswirt

72202 Nagold
Miguel.Klauss@afd.landtag-bw.de

*Fraktion der AfD*
*Zweitmandat im Wahlkreis 43*
*Calw*

*Persönliche Angaben:*
Geboren am 7. Juli 1986 in Nagold; verheiratet, ein Kind.

*Ausbildung, Berufslaufbahn, berufliche Funktionen:*
Mittlere Reife in Nagold. 2003 bis 2006 Ausbildung zum Mechatroniker. 2011 Weiterbildung zum Technischen Fachwirt IHK. 2012 Weiterbildung zum Technischen Betriebswirt IHK.

*Politische Funktionen:*
Seit 2013 Mitglied der Alternative für Deutschland. Stellv. Sprecher des AfD-Kreisverbands Calw-Freudenstadt.
Mitglied des Landtags von Baden-Württemberg seit 13. April 2021.

*Sonstige Funktionen und Mitgliedschaften:*
Mitglied in diversen Vereinen.

*Angaben nach Teil I der Offenlegungsregeln:*
Angestellter der Daimler AG (Teilzeit).

DR. KLICHE-BEHNKE, Dorothea
Referentin der Geschäftsleitung

Karlstraße 3
72072 Tübingen
Telefon 07071 8555400
Dorothea.Kliche-Behnke@
spd.landtag-bw.de
www.kliche-behnke.de

*Fraktion der SPD*
*Zweitmandat im Wahlkreis 62*
*Tübingen*

*Persönliche Angaben:*
Geboren am 8. Mai 1981 in Herdecke (Ruhr); katholisch, verheiratet, drei Kinder.

*Ausbildung, Berufslaufbahn, berufliche Funktionen:*
Grundschule in Weibersbrunn (Bayern) und Stuttgart. Gymnasium und Abitur in Stuttgart. 2000 bis 2006 Studium der Germanistik, Geschichte und katholischen Theologie in Tübingen. 2015 Promotion. 2015 bis 2021 Paul Lange & Co. OHG (Interne Revision, Referentin der Geschäftsleitung).

*Politische Funktionen:*
Seit 2009 Mitglied des Gemeinderats der Stadt Tübingen; seit 2011 stellv. Vorsitzende der SPD-Fraktion im Tübinger Gemeinderat. Seit 2014 ehrenamtliche Stellvertreterin des Oberbürgermeisters. Seit 2018 stellv. Vorsitzende der SPD Baden-Württemberg.
Mitglied des Landtags von Baden-Württemberg seit 14. April 2021.

*Sonstige Funktionen und Mitgliedschaften:*
Seit 2015 Mitglied des Kirchengemeinderats St. Petrus und des katholischen Gesamtkirchengemeinderats Tübingen. Seit 2019 Vorsitzende der Familienbildungsstätte Tübingen e. V., Mitglied bei ver.di. Mitglied der AWO. Mitglied des Theaters am Torbogen e. V. Mitglied der Tübinger Tafel e. V.

*Angaben nach Teil I der Offenlegungsregeln:*
Referentin der Geschäftsleitung bei der Paul Lange & Co. OHG (Arbeitsverhältnis ruht). Mitglied des Verwaltungsrats der Kreissparkasse Tübingen. Mitglied des Aufsichtsrats der Stadtwerke Tübingen GmbH. Mitglied des Aufsichtsrats der Altenhilfe Tübingen gGmbH.

KLOS, Rüdiger
Landtagsabgeordneter

Abgeordnetenbüro
78549 Spaichingen
Telefon 0151 68495529
Ruediger.Klos@afd.landtag-bw.de
afd@ruediger-klos.de
www.ruediger-klos.de

*Fraktion der AfD*
*Zweitmandat im Wahlkreis 55*
*Tuttlingen-Donaueschingen*

*Persönliche Angaben:*
Geboren 1960 in Heidelberg; katholisch, verheiratet, drei Kinder.

*Ausbildung, Berufslaufbahn, berufliche Funktionen:*
Grundschule, Gymnasium und Abitur in Heidelberg. Studium der Betriebswirtschaftslehre an der Universität Mannheim. Parallel zum Studium Weiterbildung zum Unternehmensberater. Tätigkeitsgebiet mit Schwerpunkt Europa. Geschäftsführer der Deutschland-Niederlassungen von europaweit tätigen Unternehmen. Persönlich voll haftender Gesellschafter.

*Politische Funktionen:*
Im April 2013 Gründungsmitglied der AfD Baden-Württemberg. 2013 bis 2017 Mitglied des Kreisvorstands. Bis 2017 Mitglied des Landesfinanzrats. 2015 bis 2017 stellv. Landessprecher der AfD Baden-Württemberg. Am 13. März 2016 Erringung des Direktmandats im Landtagswahlkreis
35. Am 14. März 2021 Erringung des Zweitmandats im Wahlkreis 55 Tuttlingen-Donaueschingen. In der 16. Wahlperiode Mitglied des Präsidiums, des Wirtschaftsausschusses, des Ausschusses für Ländlichen Raum und Verbraucherschutz und des Ständigen Ausschusses sowie Leiter des AK Ständiger Ausschuss und rechtspolitischer und verbraucherpolitischer Sprecher der AfD-Fraktion; durchgehend Mitglied der AfD-Fraktion. Mitglied des Oberrheinrats; in der 16. Wahlperiode Mitglied der Kommission Wirtschaft – Arbeitsmarkt – Gesundheit des Oberrheinrats.
Mitglied des Landtags von Baden-Württemberg seit 6. April 2016.

*Sonstige Funktionen und Mitgliedschaften:*
Gründungsmitglied der Gustav-von-Struve-Stiftung e. V.

*Angaben nach Teil I der Offenlegungsregeln:*
Freiberuflicher Unternehmensberater (Tätigkeit ruht).

KNOPF, Norbert
Sozialversicherungsangestellter
Diplom Sozialpädagoge (BA)

Am Breitenweg 30A
68789 St. Leon-Rot
0151 23557326
Norbertknopf10@gmail.com
Norbert-Knopf.de

*Fraktion GRÜNE*
*Direktmandat im Wahlkreis 37 Wiesloch*

*Persönliche Angaben:*
Geboren am 28. Juli 1967 in Mannheim; evangelisch, verheiratet, zwei Kinder.

*Ausbildung, Berufslaufbahn, berufliche Funktionen:*
Grundschule. Gymnasium und Abitur in Mannheim. Wehrdienst in Schwalmstadt. 1987 bis 1994 Studium der Chemie in Heidelberg mit Abschluss Diplom. 1995 bis 1998 Duales Studium der Sozialpädagogik mit Abschluss Diplom (BA) in Villingen-Schwenningen über die AOK Baden-Württemberg. Seit 1998 Sozialversicherungsangestellter bei der AOK Baden-Württemberg in den Bereichen Gesundheitsförderung, Rehabilitation und seit 2010 im Bereich Krankenhausabrechnung.

*Politische Funktionen:*
Seit 2011 Mitglied bei Bündnis 90/Die Grünen im Ortsverband St. Leon-Rot. 2014 bis 2021 Mitglied des Gemeinderats von St. Leon-Rot; Fraktionssprecher. Seit 2018 Mitglied des Vorstands des Kreisverbands Kurpfalz-Hardt als Kreiskassierer. Seit 2018 Mitglied des Landesfinanzrats Baden-Württemberg von Bündnis 90/Die Grünen.
Mitglied des Landtags von Baden-Württemberg seit 15. April 2021.

*Sonstige Funktionen und Mitgliedschaften:*
Mitglied beim VfB St. Leon 1967 e. V. Mitglied der Bürgerinitiative NATUeRlich St. Leon STOP! Umgehung e. V. Mitglied der Volkshochschule Südliche Bergstraße e. V. Mitglied bei Cradle to Cradle NGO. Mitglied des Vereins Metropolsolar Rhein-Neckar e. V. Mitglied der Volksbank Heidelberg eG. Mitglied der Genossenschaft Bürgerenergie Heidelberg. Mitglied der Genossenschaft Oikocredit Förderkreis Baden-Württemberg e. V.

*Angaben nach Teil I der Offenlegungsregeln:*
Sozialversicherungsangestellter bei der AOK Baden-Württemberg (Arbeitsverhältnis ruht).

KÖHLER, Erwin
Kulturschaffender

Kiesstraße 39
74348 Lauffen
Telefon 0177 168 96 28
erwin.koehler.landtagswahl@
gmail.com
www.erwin-koehler.de

*Fraktion GRÜNE*
*Direktmandat im Wahlkreis 19*
*Eppingen*

*Persönliche Angaben:*
Geboren am 6. Juni 1995 in Heilbronn; bosnische Mutter, deutscher Vater; in einer Lebenspartnerschaft lebend.

*Ausbildung, Berufslaufbahn, berufliche Funktionen:*
2011 Realschulabschluss in Lauffen. 2015 Abitur am Sozialwissenschaftlichen Gymnasium in Heilbronn. 2015 bis 2017 Freiwilliges Soziales Jahr und Honorarkraft offene Behindertenarbeit. 2017 bis 2021 Studium Kunst- und Kulturmanagement in Karlsruhe. Dozent und Musiklehrer Volkshochschule Heilbronn.

*Politische Funktionen:*
Seit 2014 Mitglied des Lauffener Gemeinderats. Seit 2017 Mitglied des Vorstands des Ortsvereins Neckar-Schozach von Bündnis 90/Die Grünen.
Mitglied des Landtags von Baden-Württemberg seit 13. April 2021.

*Sonstige Funktionen und Mitgliedschaften:*
2020 Mitglied des Programmbeirats von Radio Ton.

*Angaben nach Teil I der Offenlegungsregeln:*
Freier Kulturschaffender (diverse Bands, z. B. Valve Radio Gang).

KREBS, Petra
Krankenschwester

Schickhardtstraße 30
88239 Wangen
Telefon 07522 80536
petra.krebs1@gmx.de
www.petrakrebs.de

*Fraktion GRÜNE*
*Direktmandat im Wahlkreis 68 Wangen*

*Persönliche Angaben:*
Geboren am 12. März 1969 in Wangen im Allgäu; katholisch, verheiratet, zwei Kinder.

*Ausbildung, Berufslaufbahn, berufliche Funktionen:*
Grundschule und Realschule in Wangen, mittlere Reife. Ausbildung zur staatlich geprüften Vermessungstechnikerin. 2000 bis 2003 Ausbildung zur Krankenschwester, staatliches Examen. Seit 2003 Krankenschwester in der neurologischen Klinik der Fachkliniken Wangen. Weiterbildung zur Praxisanleiterin in der Pflege. Freie Dozentin an der Gesundheitsakademie Bodensee-Oberschwaben in Weingarten. Seit 2014 Mitglied des Betriebsrats und des Betriebsausschusses der Waldburg-Zeil Kliniken.

*Politische Funktionen:*
Seit 2009 Mitglied des Gemeinderats der Stadt Wangen im Allgäu für die Grün-Offene Liste (GOL), seit 2014 stellv. Fraktionsvorsitzende. Mitglied des Vorstands der GOL. 2011 bis 2015 Mitglied des Vorstands des Kreisverbands Wangen der GRÜNEN. Mitglied des Landtags von Baden-Württemberg seit 5. April 2016.

*Sonstige Funktionen und Mitgliedschaften:*
Mitglied der Gewerkschaft ver.di, der Kulturgemeinde Wangen im Allgäu e. V., des Altstadt- und Museumsvereins Wangen im Allgäu e. V. und des Partnerschaftsvereins Wangen im Allgäu e. V. Mitglied der Steuerungsgruppe Fairtrade-Town Wangen im Allgäu. Fördermitglied Projekt- und Kampagnenarbeit der Christlichen Initiative Romero e. V.

*Angaben nach Teil I der Offenlegungsregeln:*
Krankenschwester bei den Waldburg-Zeil Kliniken GmbH & Co. KG, Fachkliniken Wangen, Neurologische Klinik (Schwerpunkt). Freie Dozentin an der Gesundheitsakademie Bodensee-Oberschwaben GmbH.

KRETSCHMANN, Winfried
Ministerpräsident

Staatsministerium
Baden-Württemberg
Richard-Wagner-Str. 15
70184 Stuttgart
Telefon 0711 2153-438
Telefon 0711 2153-211
winfried.kretschmann@stm.bwl.de
www.winfried-kretschmann.de

*Fraktion GRÜNE*
*Direktmandat im Wahlkreis 9*
*Nürtingen*

*Persönliche Angaben:*
Geboren am 17. Mai 1948 in Spaichingen; katholisch, verheiratet, drei Kinder.

*Ausbildung, Berufslaufbahn, berufliche Funktionen:*
Volksschule in Zwiefalten-Sonderbuch, Gymnasium in Riedlingen und Sigmaringen, 1968 Abitur. Grundwehrdienst. Studium der Naturwissenschaften an der Universität Hohenheim, 1975 Wissenschaftliches Staatsexamen. Referendarausbildung in Esslingen, 1977 Pädagogisches Staatsexamen. Lehrer in Stuttgart, Esslingen, Mengen und Bad Schussenried. 1986/1987 Grundsatzreferent im Hessischen Ministerium für Umwelt und Energie. Zuletzt Lehrer für Biologie, Chemie und Ethik am Hohenzollern-Gymnasium Sigmaringen.

*Politische Funktionen:*
Als Student AStA-Vorsitzender in Hohenheim, Mitarbeit in maoistischen Gruppen. 1979/1980 Mitbegründer der GRÜNEN Baden-Württemberg. 1982 bis 1984 Mitglied des Esslinger Kreistags. 1983/1984 Sprecher der GRÜNEN im Landtag. Mitglied des Parteirats (Land).
Mitglied des Landtags von Baden-Württemberg von 1980 bis 1984, von 1988 bis 1992 und seit 15. April 1996.

*Sonstige Funktionen und Mitgliedschaften:*
Mitglied des Kuratoriums des Deutschen Museums München. Zahlreiche weitere Mitgliedschaften.

*Angaben nach Teil I der Offenlegungsregeln:*
Ministerpräsident des Landes Baden-Württemberg. Vorsitzender des Aufsichtsrats der Baden-Württemberg Stiftung gGmbH.

KURTZ, Sabine
Politische Staatssekretärin

Haus der Abgeordneten
Konrad-Adenauer-Straße 12
70173 Stuttgart
Telefon 0711 2063-951
Telefax 0711 2063-14951
sabine.kurtz@cdu.landtag-bw.de
www.sabine-kurtz.de

*Fraktion der CDU*
*Zweitmandat im Wahlkreis 6*
*Leonberg*

*Persönliche Angaben:*
Geboren am 8. August 1961 in Bad Hersfeld; evangelisch, verheiratet, drei Kinder.

*Ausbildung, Berufslaufbahn, berufliche Funktionen:*
Abitur in Bad Hersfeld. Studium in Politologie, Germanistik und Romanistik in Freiburg und Straßburg. 1986/1987 Erstes Staatsexamen und Magister Artium. 1987 bis 1989 Volontariat und Beschäftigung in einer Agentur für Presse- und Öffentlichkeitsarbeit. 1989/1990 Referentin eines MdL. 1991/1992 Parlamentarische Beraterin der CDU-Landtagsfraktion. 1993 bis 1997 Wissenschaftliche Mitarbeiterin eines MdB. 1998 bis 2002 Parlamentarische Beraterin der CDU-Landtagsfraktion. 2002 bis 2006 Referentin im Staatsministerium Baden-Württemberg.

*Politische Funktionen:*
Seit 1990 Mitglied der CDU. 2003 bis 2017 Vorsitzende des CDU-Stadtverbands Leonberg. Seit 2012 Landesvorsitzende des Evangelischen Arbeitskreises (EAK) der CDU Baden-Württemberg. Seit 2015 stellv. Bundesvorsitzende des EAK der CDU/CSU.
Mitglied des Landtags von Baden-Württemberg seit 11. April 2006.

*Sonstige Funktionen und Mitgliedschaften:*
Mitglied des Kuratoriums der Kunststiftung Baden-Württemberg gGmbH. Mitglied des Verwaltungsrats der Württembergischen Staatstheater Stuttgart. Mitglied des Kuratoriums der Landeszentrale für politische Bildung Baden-Württemberg. Mitglied des Beirats des Theaterhauses Stuttgart e. V. Stellv. Vorsitzende des Trägervereins der Landesakademie für Jugendbildung in Weil der Stadt.

*Angaben nach Teil I der Offenlegungsregeln:*
Politische Staatssekretärin im Ministerium für Ernährung, Ländlichen Raum und Verbraucherschutz. Referentin im Staatsministerium Baden-Württemberg (Arbeitsverhältnis ruht wegen des Mandats). Mitglied des Aufsichtsrats der MFG Medien- und Filmgesellschaft Baden-Württemberg mbH. Mitglied des Rundfunkrats des Südwestrundfunks.

LEDE ABAL, Daniel
Geschäftsführer

Wahlkreisbüro
Poststr. 2–4
72072 Tübingen
Telefon 07071 8895123
Telefax 07071 8895131
Daniel.LedeAbal@
gruene.landtag-bw.de
www.ledeabal.de

*Fraktion GRÜNE*
*Direktmandat im Wahlkreis 62*
*Tübingen*

*Persönliche Angaben:*
Geboren am 1. Juni 1976 in Stuttgart; römisch-katholisch, ein Kind.

*Ausbildung, Berufslaufbahn, berufliche Funktionen:*
Teichwiesenschule in Korntal-Münchingen. Gymnasium Korntal in Korntal-Münchingen. Zivildienst in der Behindertenhilfe der Caritas Stuttgart. Ab 1996 Lehramtsstudium in den Fächern Deutsch, Politikwissenschaft und Spanisch an der Eberhard-Karls-Universität Tübingen ohne Abschluss. Anschließend zunächst Angestellter, dann angestellter Geschäftsführer einer Weinhandlung.

*Politische Funktionen:*
Während Schule und Studium Vertreter in diversen Gremien, u. a. AStA und Kleiner Senat der Eberhard-Karls-Universität Tübingen. Ehemaliges Mitglied des Grün-Alternativen Jugendbündnisses (GAJB) und der Grünen Jugend sowie der Grünen Hochschulgruppe Tübingen. Seit 1998 Mitglied von Bündnis 90/Die Grünen (Kreisverband Tübingen). 2000 bis 2011 Vorstandsmitglied Finanzen von Bündnis 90/Die Grünen Stadtverband Tübingen. 2004 bis 2009 Mitglied des Kreistags Tübingen. Mitglied des Landtags von Baden-Württemberg seit 13. April 2011. In der 15. Wahlperiode integrationspolitischer Sprecher der Fraktion GRÜNE.

*Sonstige Funktionen und Mitgliedschaften:*
Mitglied des Verwaltungsrats des Landestheaters Württemberg-Hohenzollern. Mitgliedschaft in diversen Vereinen und Organisationen.

*Angaben nach Teil I der Offenlegungsregeln:*
–

DR. LEIDIG, Ute
Psychologin

Wahlkreisbüro
Huttenstr. 21
76131 Karlsruhe
Telefon 0721 46460399
ute.leidig@gruene.landtag-bw.de
www.ute-leidig.de

*Fraktion GRÜNE*
*Direktmandat im Wahlkreis 27*
*Karlsruhe I*

*Persönliche Angaben:*
Geboren am 19. Februar 1963 in Heidelberg; zwei Kinder.

*Ausbildung, Berufslaufbahn, berufliche Funktionen:*
Abitur in Heidelberg.
1982 bis 1989 Studium der Psychologie an der Universität Trier (Dipl.-Psych.). 1989 bis 1994 Wissenschaftliche Mitarbeiterin an der Universität Kaiserslautern. 1995 Promotion an der Universität Tübingen (Dr. rer. soz.). 1997 bis 2000 Wissenschaftliche Angestellte an der Universität Landau. 2001 bis 2007 freiberufliche Tätigkeiten als Beraterin und Lehrbeauftragte. 2007 bis 2008 Trainerin/Coach bei der Lutz & Grub AG, Karlsruhe. 2008 bis 2019 Trainerin/Beraterin an der Universität Heidelberg (Dezernat für Studium und Lehre). 2013 bis 2017 Weiterbildung in systemischer Therapie und Beratung.

*Politische Funktionen:*
Seit 2005 Mitglied des Kreisverbands Karlsruhe der GRÜNEN. 2009 bis 2019 Mitglied des Gemeinderats der Stadt Karlsruhe; ab 2016 Vorsitzende der Grünen Gemeinderatsfraktion.
Mitglied des Landtags von Baden-Württemberg seit 1. Februar 2019.

*Sonstige Funktionen und Mitgliedschaften:*
Mitgliedschaften: Bund für Umwelt und Naturschutz Deutschland (BUND), Verkehrsclub Deutschland (VCD), TOLLHAUS Freier Kulturverein e. V. u. a.

*Angaben nach Teil I der Offenlegungsregeln:*
Politische Staatssekretärin im Ministerium für Soziales, Gesundheit und Integration. Trainerin/Beraterin im Dezernat für Studium und Lehre der Universität Heidelberg (beurlaubt).

LINDENSCHMID, Daniel
Fachinformatiker für Systemintegration

Konrad-Adenauer-Straße 3
70173 Stuttgart
Telefon 0711 2063-5250
daniel.lindenschmid@afd.landtag-bw.de
www.daniel-lindenschmid.de

*Fraktion der AfD*
*Zweitmandat im Wahlkreis 17 Backnang*

*Persönliche Angaben:*
Geboren am 5. Mai 1992 in Nürtingen; ledig.

*Ausbildung, Berufslaufbahn, berufliche Funktionen:*
Fachhochschulreife. Ausbildung zum Fachinformatiker für Systemintegration. 2016 bis 2019 persönlicher Referent eines Landtagsabgeordneten. 2019 bis 2020 persönlicher Referent eines Abgeordneten des Europäischen Parlaments.

*Politische Funktionen:*
Seit 2013 Mitglied der Alternative für Deutschland. Seit 2015 Mitglied des Vorstands des Kreisverbands Rems-Murr der AfD. Seit 2019 Mitglied des Kreistags des Rems-Murr-Kreises. Seit 2019 Mitglied der Regionalversammlung des Verbands Region Stuttgart.
Mitglied des Landtags von Baden-Württemberg seit 15. April 2021. Mitglied des Ausschusses des Inneren, für Digitalisierung und Kommunen. Vorsitzender des Wahlprüfungsausschusses. Innenpolitischer, digitalpolitischer, kommunalpolitischer und jugendpolitischer Sprecher der AfD-Landtagsfraktion.

*Sonstige Funktionen und Mitgliedschaften:*
–

*Angaben nach Teil I der Offenlegungsregeln:*
Mitglied des Aufsichtsrats der Wirtschaftsförderung Region Stuttgart GmbH (WRS). Mitglied des Verwaltungsrats der Abfallwirtschaft Rems-Murr AöR (AWRM).

LINDLOHR, Andrea
Politikwissenschaftlerin

Bahnhofstraße 31
73728 Esslingen a. N.
Telefon 0711 93346019
andrea.lindlohr@
gruene.landtag-bw.de
www.andrea-lindlohr.de

*Fraktion GRÜNE*
*Direktmandat im Wahlkreis 7*
*Esslingen*

*Persönliche Angaben:*
Geboren am 19. Februar 1975 in Königswinter, aufgewachsen in Erpel am Rhein; katholisch, verheiratet, ein Kind.

*Ausbildung, Berufslaufbahn, berufliche Funktionen:*
Gymnasium in Linz am Rhein, Abitur 1994. Studium der Politikwissenschaft und Soziologie in Tübingen und Leicester (UK), Abschluss als Magister Artium. 2002 bis 2011 Parlamentarische Beraterin für Wirtschaft, Arbeit und Energie der Fraktion GRÜNE im Landtag von Baden-Württemberg.

*Politische Funktionen:*
Seit 1998 Mitglied von BÜNDNIS 90/DIE GRÜNEN. Seit 2003 Mitglied des Landesvorstands von BÜNDNIS 90/DIE GRÜNEN Baden-Württemberg. Seit 2008 Mitglied des Vorstands des Kreisverbands Esslingen von BÜNDNIS 90/DIE GRÜNEN.
Mitglied des Landtags von Baden-Württemberg seit 12. April 2011.

*Sonstige Funktionen und Mitgliedschaften:*
Vorsitzende des Fördervereins der Volkshochschule Esslingen a. N. e. V. Mitglied des Kuratoriums der Stiftung Lebenshilfe Esslingen. Mitglied des Kuratoriums der Gesellschaft für intelligente Energie- und Ressourcennutzung e. V. Mitglied der Grünen Akademie der Heinrich-Böll-Stiftung e. V. Mitglied u. a. in der Vereinigung der Freunde der Universität Tübingen e. V., des Verkehrsclubs Deutschland und bei Amnesty International.

*Angaben nach Teil I der Offenlegungsregeln:*
Politische Staatssekretärin im Ministerium für Landesentwicklung und Wohnen. Mitglied des Aufsichtsrats der Landesmesse Stuttgart GmbH. Mitglied des Verwaltungsrats der Landeskreditbank Baden-Württemberg – Förderbank (L-Bank). Mitglied des Beirats Wirtschaft von Baden-Württemberg International – Gesellschaft für internationale wirtschaftliche und wissenschaftliche Zusammenarbeit mbH (bw-i). Stellv. Mitglied des Verwaltungsrats des Südwestrundfunks.

DR. LÖFFLER, Reinhard
Rechtsanwalt

Leo-Fall-Weg 13
70195 Stuttgart
Telefon 0711 6942 16
Telefax 0711 694338
reinhard.loeffler@web.de

*Fraktion der CDU*
*Zweitmandat im Wahlkreis 3*
*Stuttgart III*

*Persönliche Angaben:*
Geboren am 15. Mai 1954 in Offenburg; verheiratet, drei Kinder.

*Ausbildung, Berufslaufbahn, berufliche Funktionen:*
Abitur am Kant-Gymnasium in Weil am Rhein. Zivildienst am Landeskrankenhaus Lörrach. Studium der Rechtswissenschaft und der Volkswirtschaftslehre an den Universitäten Basel, Freiburg und Montréal. Erstes und Zweites juristisches Staatsexamen in Freiburg. Master of Laws der Universität Montréal. Doktor der Rechte in Freiburg. 1983 bis 2014 Rechtsanwalt und Syndikus bei der IBM Deutschland. Seit 2014 selbständiger Rechtsanwalt in Stuttgart.

*Politische Funktionen:*
Mitglied des Landtags von Baden-Württemberg von 2006 bis 2016 und seit 15. April 2021.

*Sonstige Funktionen und Mitgliedschaften:*
Mitglied des Ausschusses des Haus-, Wohnungs- und Grundeigentümerverein Stuttgart und Umgebung e. V. Ortsbusfahrer in Stuttgart-Botnang (ehrenamtlich). Vorsitzender des Musikvereins Stadtorchester Feuerbach 1899 e. V. (ehrenamtlich).

*Angaben nach Teil I der Offenlegungsregeln:*
Selbständiger Rechtsanwalt.

LOREK, Siegfried
Polizeioberrat a. D.

Palmerstr. 3
71364 Winnenden
Telefon Wahlkreis 07195 2095813
Telefon Landtag 0711 2063-8109
siegfried.lorek@cdu.landtag-bw.de
www.siegfried-lorek.de

*Fraktion der CDU*
*Zweitmandat im Wahlkreis 15 Waiblingen*

*Persönliche Angaben:*
Geboren am 3. Juni 1977 in Freiburg im Breisgau; katholisch, verheiratet, zwei Söhne (geboren 2016, 2019).

*Ausbildung, Berufslaufbahn, berufliche Funktionen:*
Nach der Haupt- und Realschule seit 1993 Polizeibeamter. Zunächst im Streifen- und Postendienst, anschließend bei der Kriminalpolizei sowie Dozent an der Akademie der Polizei. 2009 bis 2013 Referent im Innenministerium Baden-Württemberg. 2014 bis 2016 Referatsleiter im Präsidium Technik, Logistik, Service der Polizei und bis Dezember 2015 Vorsitzender der bundesweiten Expertengruppe Notruf. Berufsbegleitend 1999 bis 2002 Studium und Abschluss zum Diplom-Verwaltungswirt Polizei (FH) sowie 2007 bis 2009 Studium und Abschluss zum Master of Arts (M. A.) im Studiengang „Öffentliche Verwaltung – Polizeimanagement" an der Deutschen Hochschule der Polizei in Münster. Seit 12. Mai 2021 politischer Staatssekretär im Ministerium der Justiz und für Migration.

*Politische Funktionen:*
Mitglied der CDU. 2005 bis 2010 Mitglied des Landesvorstands der Jungen Union Baden-Württemberg, zuletzt als stellv. Landesvorsitzender. 2006 bis 2011 Vorsitzender des CDU-Stadtverbands Freiburg-Zähringen. Mitglied des Vorstands des CDU-Kreisverbands Freiburg, zuletzt als Pressereferent. 2005 bis 2015 verschiedene Funktionen im CDU-Arbeitskreis Polizei, u. a. Pressesprecher des Landesvorstands und stellv. Bezirksvorsitzender Nordwürttemberg. Mitglied des Bezirksvorstands der CDU Nordwürttemberg. Vorsitzender des CDU-Kreisverbands Rems-Murr. Mitglied des Bundesfachausschusses Innere Sicherheit der CDU Deutschlands. 2017 bis 2021 Mitglied des Gemeinderats der Stadt Winnenden.
Mitglied des Landtags von Baden-Württemberg seit 4. April 2016.

*Sonstige Funktionen und Mitgliedschaften:*
Aktiv in der Freiwilligen Feuerwehr Winnenden. Mitglied des Vorstands der Freunde und Förderer der Wilhelma Stuttgart-Bad Cannstatt e. V. Mitglied des Vorstands des Vereins zur Förderung der deutschen Para Leichtathletik e. V. Mitglied des Deutschen Alpenvereins e. V., der Sportvereinigung Winnenden 1848 e. V., des Fördervereins Rems-Murr-Klinikum Winnenden e. V., der Deutschen Polizeigewerkschaft, der Initiative Sicherer Landkreis Rems-Murr e. V. sowie des Bezirksimkervereins Waiblingen und Umgebung e. V.

*Angaben nach Teil I der Offenlegungsregeln:*
Politischer Staatssekretär im Ministerium der Justiz und für Migration. Polizeioberrat a. D. (Dienstverhältnis ruht wegen des Mandats).

LUCHA, Manfred
Minister für Soziales, Gesundheit und Integration

Welfenstr. 3
88212 Ravensburg
Telefon 0711 2063-617
Telefax 0711 2063-660
Manfred.Lucha@gruene.landtag-bw.de
www.manne-lucha.de

*Fraktion GRÜNE*
*Direktmandat im Wahlkreis 69 Ravensburg*

*Persönliche Angaben:*
Geboren am 13. März 1961 in Oberbayern; ansässig in Ravensburg, verheiratet, zwei Kinder.

*Ausbildung, Berufslaufbahn, berufliche Funktionen:*
Gelernter Chemiewerker und Krankenpfleger sowie Diplom-Sozialarbeiter. Studium an der Fachhochschule Ravensburg-Weingarten, anschließend MBA. Über 25 Jahre lang beruflich in der psychiatrischen Versorgung der Region Bodensee-Oberschwaben tätig. Minister für Soziales, Gesundheit und Integration.

*Politische Funktionen:*
1979 Gründungsmitglied der Grünen in Bayern. 1994 bis 2016 Mitglied des Gemeinderats von Ravensburg. 1999 bis 2016 Mitglied des Kreistags des Landkreises Ravensburg.
Mitglied des Landtags von Baden-Württemberg seit 11. April 2011.

*Sonstige Funktionen und Mitgliedschaften:*
Mitglied bei Haiti-Kinderhilfe e. V., Ravensburger Jugendhilfeverein e. V., Verein Frau und Gesellschaft e. V. Ravensburg, Ravensburg-Weingartener Kunstverein e. V., Fußballverein 1893 Ravensburg e. V., Deutscher Alpenverein (DAV), Vereinte Dienstleistungsgewerkschaft (ver.di), Verkehrsclub Deutschland (VCD), Bund für Umwelt und Naturschutz Deutschland (BUND).

*Angaben nach Teil I der Offenlegungsregeln:*
Minister für Soziales, Gesundheit und Integration. Mitglied des Aufsichtsrats der Baden-Württemberg Stiftung gGmbH.

MACK, Winfried
Dipl.-Verwaltungswissenschaftler

Kugelbergstraße 18
73479 Ellwangen
Telefon 0711 2063-859
Telefax 0711 2063-14859
winfried.mack@cdu.landtag-bw.de

*Fraktion der CDU*
*Direktmandat im Wahlkreis 26*
*Aalen*

*Persönliche Angaben:*
Geboren am 6. August 1965 in Ellwangen; katholisch, verheiratet, drei Kinder.

*Ausbildung, Berufslaufbahn, berufliche Funktionen:*
Gymnasium und Abitur in Ellwangen. Grundwehrdienst. Studium der Verwaltungswissenschaften in Konstanz. Seit 1992 Diplom-Verwaltungswissenschaftler. Verwaltungsreferendariat in Aalen, Stuttgart, Speyer und Brüssel. 1995 Assessorexamen. 1995 bis 2001 beim Staatsministerium, zuletzt als Referatsleiter für Grundsatzfragen der Landespolitik.

*Politische Funktionen:*
Seit Juli 2011 stellv. Landesvorsitzender der CDU Baden-Württemberg. Seit 1999 Mitglied des CDU-Landesvorstands. Seit 1999 Kreisrat im Ostalbkreis. 2006 bis 2009 Stellv. Mitglied des Ausschusses der Regionen der Europäischen Union, Brüssel.
Mitglied des Landtags von Baden-Württemberg seit 10. April 2001. Seit April 2011 stellv. Vorsitzender der CDU-Landtagsfraktion.

*Sonstige Funktionen und Mitgliedschaften:*
Mitglied der Kuratorien der Landeszentrale für politische Bildung Baden-Württemberg, der Internationalen Musikschulakademie Kulturzentrum Schloss Kapfenburg und der Hochschule Aalen – Technik und Wirtschaft.

*Angaben nach Teil I der Offenlegungsregeln:*
Oberregierungsrat a. D. (Dienstverhältnis ruht wegen des Mandats). Mitglied des Aufsichtsrats der Baden-Württembergischen Bank. Stellv. Mitglied des Verwaltungsrats der Kreissparkasse Ostalb. Mitglied des Aufsichtsrats der Baden-Württemberg Stiftung gGmbH. Vorsitzender des Landesverbands Abendrealschulen Baden-Württemberg e. V.

MARWEIN, Thomas
Landtagsabgeordneter
Bauingenieur und
Vermessungstechniker

An der Wiede 7
77652 Offenburg
Telefon 0711 2063-647
Thomas.Marwein@
gruene.landtag-bw.de
www.thomas-marwein.de

*Fraktion GRÜNE*
*Direktmandat im Wahlkreis 51*
*Offenburg*

*Persönliche Angaben:*
Geboren am 10. Juni 1958 in Rastatt; evangelisch, verheiratet, drei Kinder.

*Ausbildung, Berufslaufbahn, berufliche Funktionen:*
Grundschule in Achern (Ortenaukreis) und Binzen (Kreis Lörrach), Theodor-Heuss-Realschule Lörrach, Lehre als Vermessungstechniker beim Staatlichen Vermessungsamt Lörrach, Berufspraxis als Vermessungstechniker, Fachhochschulreife über zweiten Bildungsweg, Grundwehrdienst, Studium an der FH Karlsruhe Fachbereich Bauingenieurwesen mit der Vertiefungsrichtung Verkehrswesen und Wasserbau. Seit November 1984 in der Wasserwirtschaftsverwaltung des Landes in Offenburg tätig, durch die Verwaltungsreform seit 1. Januar 2005 beim Landratsamt Ortenaukreis als Kreisoberamtsrat beschäftigt.

*Politische Funktionen:*
1984 kurzfristig Kreisrat des Landkreises Karlsruhe. 1989 bis 2004 Kreisrat im Ortenaukreis. März 1997 bis Mai 2011 Gemeinderat in Offenburg. Seit 2006 Vorsitzender des Ortsverbands Offenburg von Bündnis 90/Die Grünen (ehrenamtlich). Juli 2016 bis April 2021 Beauftragter der Landesregierung für den Lärmschutz.
Mitglied des Landtags von Baden-Württemberg seit 11. April 2011. Vorsitzender des Petitionsausschusses.

*Sonstige Funktionen und Mitgliedschaften:*
Mitglied des Kuratoriums der Hochschule Offenburg. Mitglied des Beamtenbundes Baden-Württemberg. Mitglied des Bundes Deutscher Baumeister, Architekten und Ingenieure Baden-Württemberg e. V. Mitglied des Verkehrsclubs Deutschland (VCD) und des Allgemeinen Deutschen Fahrrad-Clubs (ADFC). Bienenpate bei Melifera e. V. Mitglied der Verbraucherzentrale Baden-Württemberg. Mitglied des Bundes der Technischen Beamten Baden-Württemberg (BTB).

*Angaben nach Teil I der Offenlegungsregeln:*
Kreisoberamtsrat beim Ortenaukreis (beurlaubt). Mitglied des Verwaltungsrats der Hafenverwaltung Kehl KöR.

MAYR, Ansgar
Diplom-Betriebswirt (BA)

Rohrackerweg 24
76297 Stutensee
Telefon 07244 9389410
kontakt@ansgar-mayr.de
www.ansgar-mayr.de

*Fraktion der CDU*
*Zweitmandat im Wahlkreis 30 Bretten*

*Persönliche Angaben:*
Geboren am 8. Juni 1972 in Karlsruhe; römisch-katholisch, verheiratet, eine Tochter.

*Ausbildung, Berufslaufbahn, berufliche Funktionen:*
Pestalozzi Grundschule Blankenloch. Thomas-Mann-Gymnasium Stutensee. 1993 Abitur an der Friedrich-List-Schule (Wirtschaftsgymnasium) in Karlsruhe. 1993 bis 1996 Studium an der Berufsakademie Karlsruhe (heute: Duale Hochschule) mit dem Abschluss zum Diplom-Betriebswirt (BA). 1996 bis 1998 kaufmännischer Angestellter bei der Vollack Gruppe GmbH & Co. KG. 1998 bis 2005 Einkäufer, Controller und Ausbilder bei der Schlund+Partner AG. 2005 bis 2018 Controller bei der 1&1 Internet AG. Seit 2018 Controller bei der IONOS SE.

*Politische Funktionen:*
1988 Eintritt in die Junge Union (JU) und CDU, langjähriger JU-Ortsvorsitzender. 1996 bis 1999 Mitglied des Gemeinderats der Stadt Stutensee für die Junge Liste Stutensee. 1998 bis 2008 Vorsitzender der CDU Blankenloch. Seit 1999 Mitglied des Gemeinderats der Stadt Stutensee für die CDU. 2000 bis 2002 Vorsitzender der CDU Stutensee. 2004 bis 2010 Internetbeauftragter der CDU Karlsruhe-Land. 2004 bis 2014 Vorsitzender des Stadtteilausschusses von Blankenloch und Büchig. Seit 2004 Erster ehrenamtlicher Oberbürgermeister-Stellvertreter der Stadt Stutensee. Seit 2007 Vorsitzender der CDU Stutensee. 2009 bis 2019 Vorsitzender der CDU/FDP/JLS-Fraktion im Gemeinderat der Stadt Stutensee. 2010 bis 2021 Pressesprecher der CDU Karlsruhe-Land. Seit 2021 stellv. Bezirksvorsitzender der CDU Nordbaden.
Mitglied des Landtags von Baden-Württemberg seit 14. April 2021.

*Sonstige Funktionen und Mitgliedschaften:*
Mitglied in karitativen, kulturellen und sportlichen Vereinen.

*Angaben nach Teil I der Offenlegungsregeln:*
Angestellter im Controlling bei der IONOS SE (Arbeitsverhältnis ruht). Mitglied des Aufsichtsrats der PBW – Parkraumgesellschaft Baden-Württemberg mbH.

METTENLEITER, Bernd
Diplom-Biologe, Gymnasiallehrer

Am Acherrain 53
77855 Achern
Telefon 0711 2063-6330
Bernd.Mettenleiter@
gruene.landtag-bw.de
www.bernd-mettenleiter.de

*Fraktion GRÜNE*
*Direktmandat im Wahlkreis 52*
*Kehl*

*Persönliche Angaben:*
Geboren am 16. August 1971 in Aalen (Ostalbkreis); katholisch, verheiratet, zwei Kinder.

*Ausbildung, Berufslaufbahn, berufliche Funktionen:*
Grundschule und mittlere Reife in Neresheim. 1991 Abitur in Aalen. 1991 bis 1997 Studium an der Universität Konstanz mit dem Abschluss Diplom-Biologie. 1998 bis 1999 Wissenschaftlicher Mitarbeiter am Lehrstuhl für molekulare Toxikologie der Universität Konstanz. 2000 bis 2003 Mitarbeiter IT-Entwicklung in Langen/Hessen. 2003/2004 Zweitstudium Lehramt Chemie/Biologie an der TU Darmstadt. Seit 2005 Gymnasiallehrer in Achern (Ortenaukreis).

*Politische Funktionen:*
2017 Vorsitzender des Ortsverbands Nördliche Ortenau von Bündnis 90/Die Grünen. Seit 2019 Mitglied des Kreistags des Ortenaukreises und Mitglied der Verbandsversammlung des Regionalverbands Südlicher Oberrhein.
Mitglied des Landtags von Baden-Württemberg seit 13. April 2021. Sprecher für berufliche Schulen.

*Sonstige Funktionen und Mitgliedschaften:*
Mitglied in verschiedenen Vereinen im Ortenaukreis.

*Angaben nach Teil I der Offenlegungsregeln:*
Oberstudienrat (beurlaubt).

MILLER, Matthias
Notarassessor

Talstraße 18
71144 Steinenbronn
Telefon 0172 7416215
info@matthias-miller.net
www.matthias-miller.net

*Fraktion der CDU*
*Zweitmandat im Wahlkreis 5 Böblingen*

*Persönliche Angaben:*
Geboren am 10. März 1991 in Ochsenhausen; katholisch, ledig.

*Ausbildung, Berufslaufbahn, berufliche Funktionen:*
Grundschule Steinenbronn. Gymnasium und Abitur in Stuttgart. 2009 bis 2015 Studium der Rechtswissenschaften in Freiburg, Kalkutta und München; Erstes Staatsexamen. 2016 bis 2018 Referendariat in Stuttgart; Zweites Staatsexamen, Volljurist. Seit 2018 Notarassessor des Landes Baden-Württemberg.

*Politische Funktionen:*
Seit 2019 Vorsitzender der CDU Steinenbronn. Seit 2019 Mitglied des Gemeinderats von Steinenbronn.
Mitglied des Landtags von Baden-Württemberg seit 12. April 2021.

*Sonstige Funktionen und Mitgliedschaften:*
Mitglied des TSV Steinenbronn 1900 e. V. Mitglied des Württembergischen Notarvereins e. V. Mitglied der Deutschen Notarrechtlichen Vereinigung e. V. Mitglied des Deutschen Juristentags e. V. Mitglied der Gesellschaft Junge Zivilrechtswissenschaft e. V. Mitglied des CDU-Arbeitskreises Polizei in Böblingen. Ehrenamtlicher Kirchenmusiker in Steinenbronn (kath. Kirche).

*Angaben nach Teil I der Offenlegungsregeln:*
Notarassessor (Schwerpunkt). Lehrbeauftragter an der Hochschule für öffentliche Verwaltung und Finanzen Ludwigsburg. Korrektor im Ersten juristischen Staatsexamen. Autor in wissenschaftlichen Werken (v. a. auf dem Gebiet des Erbrechts und des Gesellschaftsrechts).

NENTWICH, Ralf
Realschullehrer

Seebachstr. 5
71540 Murrhardt
Telefon 0711 2063-6350
Ralf.Nentwich@gruene.landtag-bw.de
www.ralfnentwich.de

*Fraktion GRÜNE*
*Direktmandat im Wahlkreis 17*
*Backnang*

*Persönliche Angaben:*
Geboren am 30. Januar 1982 in Backnang; katholisch, verheiratet, zwei Kinder.

*Ausbildung, Berufslaufbahn, berufliche Funktionen:*
Grundschule in Murrhardt. Realschulabschluss in Sulzbach an der Murr. Abitur am Wirtschaftsgymnasium Backnang. 2001 bis 2006 Studium an der Pädagogischen Hochschule Ludwigsburg für das Lehramt an Realschulen (Studienfächer: Deutsch / katholische Theologie/Religionspädagogik); Erstes Staatsexamen. 2006 bis 2008 Referendariat in Schwäbisch Hall; Zweites Staatsexamen. 2008 bis 2011 Lehrer an der Realschule Calw. 2011 bis 2021 Lehrer an der Max-Eyth-Realschule Backnang. 2010 bis 2016 Leiter des Kreismedienzentrums Backnang. 2016 bis 2021 Gesamtleitung der Kreismedienzentren Rems-Murr.

*Politische Funktionen:*
Seit 2019 Beisitzer im Vorstand des Ortsverbands Oberes Murrtal von Bündnis 90/Die Grünen. Seit 2019 Mitglied des Gemeinderats der Stadt Murrhardt.
Mitglied des Landtags von Baden-Württemberg seit 17. April 2021.

*Sonstige Funktionen und Mitgliedschaften:*
Mitglied des Medienrats der Landesanstalt für Kommunikation Baden-Württemberg. Mitglied des Beirats für den Schülerwettbewerb des Landtags von Baden-Württemberg zur Förderung der politischen Bildung. Mitglied des Naturschutzbunds Deutschland e. V. (NABU). 1. Vorsitzender der Dorfgemeinschaft Siegelsberg e. V. Mitglied des Vereins Flugmodus e. V. Mitglied des Bezirksbienenzüchtervereins Murrhardt e. V.

*Angaben nach Teil I der Offenlegungsregeln:*
Realschullehrer a. D. (Dienstverhältnis ruht wegen des Mandats). Bienensachverständiger im Rems-Murr-Kreis.

NEUMANN-MARTIN, Christine
Master of Arts der Erwachsenenbildung

Durlacher Straße 6
76275 Ettlingen
Telefon 07243 3750111
Telefax 07243 38853
christine.neumann-martin@cdu.landtag-bw.de
www.neumann-martin.de

*Fraktion der CDU*
*Zweitmandat im Wahlkreis 31 Ettlingen*

*Persönliche Angaben:*
Geboren am 3. Oktober 1986 in Karlsruhe, evangelisch, verheiratet, ein Kind.

*Ausbildung, Berufslaufbahn, berufliche Funktionen:*
Nach der Mittleren Reife Ausbildung als Verwaltungswirtin beim Regierungspräsidium Karlsruhe, anschließend 10 Monate als Verwaltungsangestellte beim Regierungspräsidium Karlsruhe. 2007 bis 2011 Studium der Sozialpädagogik und Sozialen Arbeit an der Evangelischen Hochschule in Ludwigsburg. 2011 Abschluss jeweils mit dem Bachelorabschluss. 15 Monate Stadtteilsozialarbeiterin beim Jugendamt der Stadt Speyer und 6 Monate Bezirkssozialarbeiterin des Sozialen Dienstes bei der Stadt Karlsruhe. Januar 2013 bis 30. April 2016 Hilfeplanerin und Fallmanagerin bei der Abteilung Eingliederungshilfe der Stadt Karlsruhe. Während der Berufstätigkeit bei der Stadt Karlsruhe Fernstudium an der Technischen Universität Kaiserslautern mit dem Abschluss als Master of Arts der Erwachsenenbildung.

*Politische Funktionen:*
Seit 2006 Mitglied der Jungen Union und der CDU. 2009 bis 2018 stellv. Kreisvorsitzende der Jungen Union Karlsruhe Land. 2013 bis 2016 stellv. Bezirksvorsitzende der Jungen Union Nordbaden. Seit 2009 Wiedergründungsmitglied der Frauen Union Ettlingen und seither im Vorstand. Seit 2014 stellv. Vorsitzende des CDU-Stadtverbands Ettlingen.
Mitglied des Landtags von Baden-Württemberg seit 10. April 2016.

*Sonstige Funktionen und Mitgliedschaften:*
Über 13 Jahre ehrenamtliche Rettungsschwimmausbilderin in der DLRG Ortsgruppe Ettlingen e. V.

*Angaben nach Teil I der Offenlegungsregeln:*
Hilfeplanerin und Fallmanagerin bei der Abteilung Eingliederungshilfe der Stadt Karlsruhe (freigestellt). Vizepräsidentin der Deutschen Lebens-Rettungs-Gesellschaft (DLRG), Landesverband Baden e. V.

NIEMANN, Jutta
Dipl.-Physikerin

Haus der Abgeordneten
Konrad-Adenauer-Straße 12
70173 Stuttgart
Telefon 0711 2063-6112
Telefax 0711 2063-660
jutta.niemann@gruene.landtag-bw.de
www.jutta-niemann.de

*Fraktion GRÜNE*
*Direktmandat im Wahlkreis 22*
*Schwäbisch Hall*

*Persönliche Angaben:*
Geboren am 23. August 1970 in Bochum; verheiratet, drei Kinder.

*Ausbildung, Berufslaufbahn, berufliche Funktionen:*
Volksschule in Bamberg und Münster. Gymnasium und Abitur in Münster-Hiltrup. 1989 bis 1997 Studium der Physik in Münster und Freiburg. 1997 Wissenschaftliche Hilfskraft am Institut für Sonnenphysik Freiburg. 1997 bis 2000 Fernstudium der Medizinischen Physik. 2000 bis 2006 Familienphase. 2006 bis 2009 Dozentin an der Volkshochschule Schwäbisch Hall. 2008 bis 2009 Lehrerin in Michelbach. 2009 bis 2016 Familienphase.

*Politische Funktionen:*
Seit 2004 Stadträtin in Schwäbisch Hall. Seit 2007 Mitglied des Vorstands des Kreisverbands Schwäbisch Hall von Bündnis 90/ Die Grünen. Seit 2014 Kreisrätin im Landkreis Schwäbisch Hall. Mitglied des Landtags von Baden-Württemberg seit 7. April 2016.

*Sonstige Funktionen und Mitgliedschaften:*
Mitglied des Stiftungsrats der Klimaschutzstiftung Baden-Württemberg. Mitglied des Bundes für Umwelt und Naturschutz Deutschland (BUND) e. V. Mitglied des Umweltzentrums Kreis Schwäbisch Hall e. V. Mitglied des Allgemeinen Deutschen Fahrrad-Clubs (adfc) e. V. Mitglied des Vereins Hohenloher Freilandmuseum e. V. Mitglied des Fördervereins Frauen- und Kinderschutzhaus e. V., Schwäbisch Hall. Mitglied des Kreis-Land-Frauenverbands Schwäbisch Hall. Mitglied bei Guter Anfang e. V.

*Angaben nach Teil I der Offenlegungsregeln:*
Mitglied des Aufsichtsrats der Kreisverkehr Schwäbisch Hall GmbH. Mitglied des Aufsichtsrats der Stadtwerke Schwäbisch Hall GmbH. Mitglied des Aufsichtsrats der EMW Energieversorgung Mainhardt Wüstenrot GmbH & Co. KG.

NÜSSLE, Niklas
Chemie- und Bioingenieur

Haus der Abgeordneten
Konrad-Adenauer-Str. 12
70173 Stuttgart
Telefon 0711 2063-6360
Telefax 0711 2063-146360
niklas.nuessle@gruene.landtag-bw.de
www.niklasnuessle.de

*Fraktion GRÜNE*
*Direktmandat im Wahlkreis 59 Waldshut*

*Persönliche Angaben:*
Geboren am 12. Juli 1994 in Stühlingen; wohnhaft in Wutöschingen-Ofteringen, evangelisch, ledig.

*Ausbildung, Berufslaufbahn, berufliche Funktionen:*
2013 Abitur am Klettgau-Gymnasium Tiengen, Waldshut-Tiengen. 2013 bis 2016 Studium Chemieingenieurswesen an der Eidgenössischen Technischen Hochschule (ETH) in Zürich; Abschluss Bachelor of Science (BSc). 2016 bis 2019 Studium Chemical and Bioengineering ebenfalls an der ETH in Zürich; Abschluss Master of Science (MSc). Seit Juli 2013 geringfügig angestellt im Lebensmitteleinzelhandel.

*Politische Funktionen:*
Seit November 2016 Mitglied bei Bündnis 90/Die Grünen. Seit Mai 2017 Vorsitzender des Kreisverbands Waldshut von Bündnis 90/Die Grünen. Seit Januar 2019 erster Vorsitzender des Ortsverbands Wutachtal von Bündnis 90/Die Grünen. Seit 2019 Mitglied des Gemeinderats der Gemeinde Wutöschingen; dort Fraktionsvorsitzender. Seit 2019 Mitglied des Kreistags des Landkreises Waldshut.
Mitglied des Landtags von Baden-Württemberg seit 17. April 2021. Mitglied des Ausschusses für Verkehr. Mitglied des Ausschusses für Umwelt, Klima und Energiewirtschaft. Mitglied des Ausschusses für Europa und Internationales. Mitglied des Oberrheinrats und dessen Kommission für Landwirtschaft, Umwelt, Klima und Energie.

*Sonstige Funktionen und Mitgliedschaften:*
2014 bis 2020 Jugend- und Freizeitwart Radsportverein Frischauf Ofteringen e. V. (RSV); dort seit 2020 Vereinssekretär. Mitglied des Naturschutzbunds Deutschland e. V. (NABU). Mitglied des Bunds für Umwelt und Naturschutz Deutschland e. V. (BUND). Mitglied des DRK Kreisverbands Waldshut. Mitglied des Fördervereins Ablachtalbahn e. V. Mitglied der Europa-Union Deutschland e. V. Mitglied der Jungen Europäische Föderalisten Deutschland e. V. Mitglied des Freundes- und Förderkreises Deutsches Museum e. V. Mitglied in Genossenschaften: Dorfladen Dettighofen eG, Allgäuer GenussManufaktur eG, Volksbank Klettgau-Wutöschingen eG.

*Angaben nach Teil I der Offenlegungsregeln:*
Angestellter bei Lemke Lebensmittel e. K. (geringfügige Beschäftigung, max. 4 Std. pro Woche).

OLSCHOWSKI, Petra
Journalistin, Kunsthistorikerin, Kulturmanagerin

Haus der Abgeordneten
Konrad-Adenauer-Straße 12
70173 Stuttgart
Telefon 0711 2063-6370
Petra.Olschowski@gruene.landtag-bw.de
www.petra-olschowski.de

*Fraktion GRÜNE*
*Direktmandat im Wahlkreis 4 Stuttgart IV*

*Persönliche Angaben:*
Geboren 1965 in Stuttgart; lebt in Stuttgart.

*Ausbildung, Berufslaufbahn, berufliche Funktionen:*
Ausbildung als Einzelhandelskauffrau im Kunsthandel. Studium in Kunstgeschichte und Germanistik an der Universität Stuttgart; Abschluss Magister Artium. Redakteurin in den Bereichen Sport, Innenpolitik und Kultur bei der Stuttgarter Zeitung. Geschäftsführerin der Kunststiftung Baden-Württemberg gGmbH. Rektorin der Staatlichen Akademie der Bildenden Künste Stuttgart.

*Politische Funktionen:*
Mitglied des Landtags von Baden-Württemberg seit 15. April 2021.

*Sonstige Funktionen und Mitgliedschaften:*
Mitglied von Bündnis 90/Die Grünen. Vorsitzende des Stiftungsrats des Zentrums für Kunst und Medien (ZKM), Karlsruhe (Vorsitz im Wechsel mit der Stadt Karlsruhe). Vorsitzende des Stiftungsrats der Stiftung Landesbank Baden-Württemberg. Mitglied des Kuratoriums der Kunstsammlung der LBBW. Mitglied des Vorstands des Vereins der Freunde und Förderer der Wilhelma Stuttgart-Bad Cannstatt e. V. Zahlreiche Vereinsmitgliedschaften im Bereich Kultur und Gesellschaft, u. a. Württembergischer Kunstverein in Stuttgart, Künstlerhaus Stuttgart e. V., Freunde des Forums der Kulturen Stuttgart e. V., Verein zur Förderung des Hospiz Stuttgart e. V.

*Angaben nach Teil I der Offenlegungsregeln:*
Politische Staatssekretärin im Ministerium für Wissenschaft, Forschung und Kunst. Vorsitzende des Aufsichtsrats der Dualen Hochschule Baden-Württemberg (Vorsitz im Wechsel). Vorsitzende des Aufsichtsrats der Filmakademie Baden-Württemberg GmbH. Vorsitzende des Aufsichtsrats der Popakademie Baden-Württemberg GmbH. Vorsitzende des Aufsichtsrats der Akademie für Darstellende Kunst Baden-Württemberg GmbH. Vorsitzende des Aufsichtsrats der MFG Medien- und Filmgesellschaft Baden-Württemberg mbH. Vorsitzende des Stiftungsrats der Stiftung TECHNOSEUM Mannheim, Stiftung öR . Stellv. Vorsitzende des Aufsichtsrats der Ludwigsburger Schlossfestspiele Internationale Festspiele Baden-Württemberg gGmbH. Stellv. Vorsitzende des Aufsichtsrats der Staatlichen Toto-Lotto-GmbH Baden-Württemberg.

DR. PFAU-WELLER, Natalie
Politikwissenschaftlerin,
Wissenschaftliche Mitarbeiterin

Bismarckstraße 85
73230 Kirchheim unter Teck
Telefon 07021 7347907
natalie@cdu-teck.de
www.natalie-pfau.de

*Fraktion der CDU*
*Zweitmandat im Wahlkreis 8*
*Kirchheim*

*Persönliche Angaben:*
Geboren am 9. Oktober 1987 in Kirchheim unter Teck; katholisch, verheiratet, eine Tochter, spanische Wurzeln.

*Ausbildung, Berufslaufbahn, berufliche Funktionen:*
2007 Abitur in Kirchheim. 2007 bis 2013 Studium der Politikwissenschaften, der Germanistik und Spanisch an der Eberhard-Karls-Universität Tübingen. Praktika im Deutschen Bundestag, im Europäischen Parlament und bei einer Lokalzeitung. 2013 bis 2016 Promotion im Fach Politikwissenschaft. Seit 2013 Tätigkeit am Fraunhofer-Institut für Arbeitswirtschaft und Organisation / Institut für Arbeitswissenschaft und Technologiemanagement der Universität Stuttgart.

*Politische Funktionen:*
Seit 2007 Mitglied der Jungen Union, der CDU und der Frauen Union. Seit 2014 Mitglied des Gemeinderats der Stadt Kirchheim unter Teck; seit 2020 Vorsitzende der CDU-Gemeinderatsfraktion.
Mitglied des Landtags von Baden-Württemberg seit 14. April 2021.

*Sonstige Funktionen und Mitgliedschaften:*
Mitglied des Integrationsrats der Stadt Kirchheim unter Teck. Mitglied des Kuratoriums der Musikschule Kirchheim unter Teck e. V. Mitglied des Ausschusses des Verschönerungsvereins Kirchheim unter Teck e. V.

*Angaben nach Teil I der Offenlegungsregeln:*
Wissenschaftliche Mitarbeiterin am Institut für Arbeitswissenschaft und Technologiemanagement (IAT) der Universität Stuttgart. Mitglied des Aufsichtsrats der Kreisbaugenossenschaft Kirchheim-Plochingen eG. Mitglied des Aufsichtsrats der Energie Kirchheim unter Teck GmbH & Co. KG.

PIX, Reinhold
Dipl.-Forstwirt

Riedengartenstr. 20
79241 Ihringen
info@reinhold-pix.de
www.reinhold-pix.de

*Fraktion GRÜNE*
*Direktmandat im Wahlkreis 48*
*Breisgau*

*Persönliche Angaben:*
Geboren am 28. Oktober 1955 in Stuttgart; verheiratet, vier Kinder.

*Ausbildung, Berufslaufbahn, berufliche Funktionen:*
Gymnasium und Abitur in Stuttgart. 15 Monate Grundwehrdienst (seit 1982 anerkannter Kriegsdienstverweigerer). Studium der Forstwissenschaften in Freiburg. 1983 Abschluss als Diplom-Forstwirt. 10 Jahre Beirat bei der Ökobank. Mitgründer des Weinguts Pix.

*Politische Funktionen:*
1984 bis 2006 Gemeinderat in Ihringen. 1985 bis 2006 Kreisrat im Kreis Breisgau-Hochschwarzwald. 1989 bis 1999 Mitglied der Verbandsversammlung des Regionalverbands Südlicher Oberrhein. Seit 2006 Mitglied des Oberrheinrats.
Mitglied des Landtags von Baden-Württemberg seit 11. April 2006. Mitglied des Ausschusses für Ländlichen Raum und Verbraucherschutz, des Ständigen Ausschusses und des Petitionsausschusses. Stellv. Mitglied der Ausschüsse für Wissenschaft, Forschung und Kunst, für Umwelt, Klima und Energiewirtschaft, für Soziales und Integration sowie für Verkehr.

*Sonstige Funktionen und Mitgliedschaften:*
Mitglied des Universitätsbeirats der Albert-Ludwigs-Universität Freiburg. Erster Vorsitzender des Vereins zur Förderung umweltgerechter Verkehrsplanung Dreisam – Tuniberg – Kaiserstuhl (VLO) e. V. Mitgliedschaften: Bioland Verband für organisch-biologischen Landbau e. V., Demeter e. V., Kaiserstühler Weingüter e. V., Slowfood Deutschland e. V., Badischer Weinbauverband e. V., Grüne und Alternative in den Räten von Baden-Württemberg (GAR), Waldorfschulverein Freiburg-Rieselfeld e. V., Jugendförderverein Ihringen-Wasenweiler e. V., Winterhalter in Menzenschwand e. V., Club Thurnerspur St. Märgen e. V., Bergwacht Schwarzwald e. V. Ortsgruppe Wutach, Bund für Umwelt und Naturschutz Deutschland (BUND), Naturschutzbund Deutschland (NABU).

*Angaben nach Teil I der Offenlegungsregeln:*
–

DR. PODESWA, Rainer
Physiker

Im Ring 25
74360 Ilsfeld
Telefon 0711 2063-5626
rainer.podeswa@afd.landtag-bw.de
www.rainerpodeswa.de

*Fraktion der AfD*
*Zweitmandat im Wahlkreis 19*
*Eppingen*

*Persönliche Angaben:*
Geboren am 16. Februar 1957 in Gelsenkirchen; verheiratet, zwei Kinder.

*Ausbildung, Berufslaufbahn, berufliche Funktionen:*
Volksschule in Gelsenkirchen. Gymnasium und Abitur in Bochum. 1977 bis 1984 Studium der Physik in Köln, Diplom. 1984 bis 1987 Promotion zum Dr. rer. nat. 1987 bis 1995 SIEMENS AG in Nürnberg, Toulouse, Mexiko City und Wolfsburg, Vertriebsleiter. 1996 bis 1998 BERU Ruprecht GmbH & Co. KG Ludwigsburg, Bereichsleiter Vertrieb und Entwicklung. 1998 bis 2009 Mitglied des Vorstands der BERU Aktiengesellschaft, Ressorts Vertrieb, Entwicklung, Investor Relation und Recht. Seither Unternehmensberater und kaufmännischer Geschäftsführer der Werbeagentur Podeswa GmbH in Erkrath.

*Politische Funktionen:*
Vorsitzender des AfD-Kreisverbands Stadt- und Landkreis Heilbronn.
Mitglied des Landtags von Baden-Württemberg seit 6. April 2016.

*Sonstige Funktionen und Mitgliedschaften:*
–

*Angaben nach Teil I der Offenlegungsregeln:*
Selbständiger Unternehmensberater (Tätigkeit ruht). Kaufmännischer Geschäftsführer der Werbeagentur Podeswa GmbH in Erkrath (Arbeitsverhältnis ruht). Mitglied des Rundfunkrats des Südwestrundfunks.

PORESKI, Thomas
Diplom-Pädagoge, Diplom-Sozialarbeiter, Geschäftsführer

Abgeordnetenbüro
Konrad-Adenauer-Straße 3
70173 Stuttgart
Telefon 0711 2063-6710
Wahlkreisbüro
Gartenstraße 18
72764 Reutlingen
Telefon 07121 372679
thomas.poreski@
gruene.landtag-bw.de
www.thomas-poreski.de

*Fraktion GRÜNE*
*Direktmandat im Wahlkreis 60*
*Reutlingen*

*Persönliche Angaben:*
Geboren am 21. Oktober 1963 in Tübingen; evangelisch, zwei Kinder.

*Ausbildung, Berufslaufbahn, berufliche Funktionen:*
Grundschule Gartenstraße in Sindelfingen. Abitur am Stiftsgymnasium in Sindelfingen. Zivildienst an der Käthe-Kollwitz-Schule für Kinder mit geistiger Behinderung in Böblingen. Diplom-Sozialarbeiter (Ev. Fachhochschule für Sozialwesen, Reutlingen). Diplom-Pädagoge (Universität Tübingen, 2. Hauptfach Politik). Hauptberuflich Geschäftsführer bei einem Träger der Eingliederungshilfe für Menschen mit Behinderung (Mariaberg e. V.); ruht während des Landtagsmandats. Seit 1997 nebenberuflich Entwicklung und Vertrieb von muskelbetriebenen Fahrzeugen als Einzelunternehmer, Thomas Poreski Spezialfahrräder.

*Politische Funktionen:*
Seit 1984 Mitglied der Partei Die Grünen bzw. Bündnis 90/Die Grünen. Seit 2007 Delegierter bei der Bundesarbeitsgemeinschaft Gesundheit und Soziales von Bündnis 90/Die Grünen.
Mitglied des Landtags von Baden-Württemberg seit 12. April 2011.

*Sonstige Funktionen und Mitgliedschaften:*
Vorsitzender des Kuratoriums der Landeszentrale für politische Bildung Baden-Württemberg. Mitglied des Medienrats der Landesanstalt für Kommunikation Baden-Württemberg. Vizepräsident der Special Olympics Baden-Württemberg e. V. Mitglied des Vorstands der Stiftung Zeit für Menschen. Mitgliedschaften: Verkehrsclub Deutschland (VCD), Allgemeiner Deutscher Fahrrad-Club (ADFC), Allgemeiner Deutscher Automobilclub (ADAC), Reutlinger Initiative deutsche und ausländische Familien gGmbH, „Kinder haben Rechte" e. V., Vereinte Dienstleistungsgewerkschaft (ver.di).

*Angaben nach Teil I der Offenlegungsregeln:*
Geschäftsführer von Mariaberg e. V. (Eingliederungshilfe für Menschen mit Behinderung) (ruhendes Arbeitsverhältnis). Entwicklung und Vertrieb von muskelbetriebenen Fahrzeugen, Thomas Poreski Spezialfahrräder (nebenberuflich). Mitglied des Aufsichtsrats der Erneuerbare Energien Neckar-Alb eG (ehrenamtlich).

DR. PREUSCH, Michael
Arzt

Wahlkreisbüro
Badstraße 14
74072 Heilbronn
Telefon 07131 9824260
Telefax 07131 9824266
info@michael-preusch.de
www. michael-preusch.de

*Fraktion der CDU*
*Zweitmandat im Wahlkreis 19*
*Eppingen*

*Persönliche Angaben:*
Geboren am 13. Dezember 1975 in Heilbronn-Neckargartach; evangelisch, ledig.

*Ausbildung, Berufslaufbahn, berufliche Funktionen:*
Grundschule und Realschule in Eppingen. Gymnasium und Abitur an der Max-Weber-Schule in Sinsheim. 1997 bis 2003 Studium der Humanmedizin an der Ruprecht-Karls-Universität Heidelberg sowie in Herisau (Schweiz) und Brisbane (Australien). 2004 Approbation. 2004 bis 2012 Assistenzarzt/wissenschaftlicher Angestellter an der Klinik für Innere Medizin III der Universität Heidelberg. 2008 bis 2010 Forschungsaufenthalt an der University of Washington, Department of Pathology, Seattle, USA. Seit 2012 Facharzt für Innere Medizin (Zusatzbezeichnungen Kardiologie, Intensiv- und Notfallmedizin). 2017 Habilitation im Fach Innere Medizin. Seit 2017 Oberarzt an der Klinik für Innere Medizin III der Universität Heidelberg.

*Politische Funktionen:*
Seit 2012 Vorsitzender des CDU-Stadtverbands Eppingen. Seit 2017 stellv. Vorsitzender des CDU-Kreisverbands Heilbronn. Seit 2019 Mitglied des Kreistags des Landkreises Heilbronn.
Mitglied des Landtags von Baden-Württemberg seit 14. April 2021.

*Sonstige Funktionen und Mitgliedschaften:*
Mitglied der Vertreterversammlung und des Ausschusses Weiterbildung der Bezirksärztekammer Nordbaden. Mitglied der Vertreterversammlung und der Ausschüsse „Notfallmedizin" und „Medizinische Ausbildung, Hochschulen" der Landesärztekammer Baden-Württemberg. Mitglied der Ärztegewerkschaft Marburger Bund. Mitglied des wissenschaftlichen Beirats der Deutschen Gesellschaft für internistische Intensivmedizin und Notfallmedizin e. V. Mitglied der Deutschen Gesellschaft für Kardiologie – Herz- und Kreislaufforschung e. V. Mitglied des Beirats des Freundeskreises der Max-Weber-Schule Sinsheim e. V. Mitglied des Naturschutzbunds Deutschland (NABU) e. V.

*Angaben nach Teil I der Offenlegungsregeln:*
Angestellter Oberarzt am Universitätsklinikum Heidelberg. Freie berufliche Tätigkeit als Arzt. Mitglied des Aufsichtsrats der SLK Kliniken Heilbronn GmbH. Mitglied der Vertreterversammlung und der Ausschüsse „Notfallmedizin" und „Medizinische Ausbildung, Hochschulen" der Landesärztekammer Baden-Württemberg. Delegierter im Landesverband des Marburger Bundes e. V. Mitglied im AK „Universitäten" des Marburger Bundes e. V.

RANGER, Klaus
Bankfachwirt, Immobilienberater

Mühlstraße 16
74172 Neckarsulm-Obereisesheim
Telefon 07131 8987141
kontakt@klaus-ranger.de
www.klaus-ranger.de

*Fraktion der SPD*
*Zweitmandat im Wahlkreis 20*
*Neckarsulm*

*Persönliche Angaben:*
Geboren am 25. Februar 1961; verheiratet, vier erwachsene Kinder.

*Ausbildung, Berufslaufbahn, berufliche Funktionen:*
1978 bis 1981 Lehre als Bankkaufmann bei der Kreissparkasse Heilbronn. 1983 bis 1991 Mitarbeiter, Berater, Filialleiter bei der Kreissparkasse Heilbronn. 1991 bis 2021 Immobilienberater bei der Kreissparkasse Heilbronn.

*Politische Funktionen:*
Seit 1999 Mitglied des Ortschaftsrats von Neckarsulm-Obereisesheim. Seit 1999 Mitglied des Gemeinderats von Neckarsulm.
Mitglied des Landtags von Baden-Württemberg seit 14. April 2021.

*Sonstige Funktionen und Mitgliedschaften:*
Vorsitzender des Sportkreises Heilbronn e. V. Vorsitzender des Vereins Jugendfreizeitstätte Kirche und Sport am Breitenauer See e. V. Mitglied des Beirats der Bürgerinitiative pro Region Heilbronn-Franken e. V.

*Angaben nach Teil I der Offenlegungsregeln:*
Mitarbeiter der Kreissparkasse Heilbronn (in Teilzeit). Mitglied des Vorstands des Württembergischen Landessportbundes e. V.

DR. RAPP, Patrick
Dipl.-Forstwirt

Wahlkreisbüro
Graserweg 1
79189 Bad Krozingen
Telefon 07633 92323-11
Telefax 07633 92323-17
kontakt@patrick-rapp.eu
www.patrick-rapp.eu

*Fraktion der CDU*
*Zweitmandat im Wahlkreis 48*
*Breisgau*

*Persönliche Angaben:*
Geboren am 28. Januar 1969 in Stuttgart; katholisch, verheiratet, vier Kinder, wohnhaft in Oberried.

*Ausbildung, Berufslaufbahn, berufliche Funktionen:*
Gymnasium und Abitur in Riedlingen/Donau. 1990 bis 1993 Rettungssanitäter beim DRK Kreisverband Sigmaringen und Disponent in der Feuerwehr- und Rettungsleitstelle Sigmaringen. 1993 bis 1997 Studium der Forstwissenschaft in Freiburg. 1997 bis 2001 Promotion am Institut für Forstpolitik der Uni Freiburg. 2001 bis 2003 Assistent der Geschäftsleitung bei der Ludwig Bierhalter GmbH (Talheim). 2004 bis 2014 Personalleiter und Leiter technischer Einkauf bei der Dold Holzwerke GmbH (Buchenbach). 2014 bis 2016 leitender Angestellter in Teilzeit bei der a/m/e Gesellschaft für Personaldienstleistungen mbH.

*Politische Funktionen:*
Vorsitzender des CDU Kreisverbands Breisgau-Hochschwarzwald. Vorsitzender des Landesfachausschusses Tourismus und Mitglied des Landesfachausschusses Ländlicher Raum der CDU Baden-Württemberg. Mitglied des Bundesfachausschusses Gleichwertige Lebensverhältnisse in Stadt und Land der CDU Deutschland.
Mitglied des Landtags von Baden-Württemberg seit 11. April 2011.

*Sonstige Funktionen und Mitgliedschaften:*
Mitglied des Beirats der Albert-Ludwigs-Universität Freiburg. Mitglied des Vereins für Heimatgeschichte und Museen in Mengen e. V. Mitglied des Skiclubs Oberried e. V. Mitglied des K. K. Schützenverein St. Wilhelm 1934 e. V. Beisitzer im Förderverein der Freiwilligen Feuerwehr Oberried e. V.

*Angaben nach Teil I der Offenlegungsregeln:*
Politischer Staatssekretär im Ministerium für Wirtschaft, Arbeit und Tourismus. Mitglied des Aufsichtsrats von Forst Baden-Württemberg AöR. Präsident des Bundes deutscher Blasmusikverbände e. V.

RAZAVI, Nicole
Ministerin für Landesentwicklung und Wohnen
Parlamentsrätin a. D.

Wilhelmstraße 7
73084 Salach
Telefon 07162 970603
Telefax 07162 970602
mail@nicole-razavi.de
www.nicole-razavi.de
Landtagsbüro
Konrad-Adenauer-Straße 12
70173 Stuttgart
Telefon 0711 2063-8550
Telefax 0711 2063-148550
Nicole.Razavi@cdu.landtag-bw.de

*Fraktion der CDU*
*Direktmandat im Wahlkreis 11 Geislingen*

*Persönliche Angaben:*
Geboren am 20. Mai 1965 in Hongkong; katholisch.

*Ausbildung, Berufslaufbahn, berufliche Funktionen:*
Gymnasium in Ebersbach/Fils; 1984 Abitur. Studium der Anglistik, Politologie und Sportwissenschaft in Tübingen und Oxford. 1991 Erstes Staatsexamen. 1993 Zweites Staatsexamen. 1993 bis 1995 Assessorin und Studienrätin am Wirtschaftsgymnasium Feuerbach. 1995 bis 2001 Leiterin der Presse- und Marketingabteilung der Nahverkehrsgesellschaft Baden-Württemberg mbH (NVBW). 2001 bis 2004 Persönliche Referentin des Staatssekretärs im Ministerium für Umwelt und Verkehr. 2004 bis 2005 Leiterin des Ministerbüros. 2005 bis April 2006 Leiterin des Büros des Vorsitzenden der CDU-Landtagsfraktion; Parlamentsrätin. Staatlich geprüfte Skilehrerin. Seit 12. Mai 2021 Ministerin für Landesentwicklung und Wohnen des Landes Baden-Württemberg

*Politische Funktionen:*
1997 bis 2019 Vorsitzende des CDU-Kreisverbands Göppingen; seit 2019 Ehrenvorsitzende. Seit 2011 Mitglied des Landesvorstands der CDU Baden-Württemberg. 2014 bis 2021 Mitglied des Kreistags des Landkreises Göppingen. Seit 2021 Mitglied des Präsidiums der CDU Baden-Württemberg.
Mitglied des Landtags von Baden-Württemberg seit 13. April 2006. 2016 bis 2021 Mitglied des Ausschusses für Verkehr und des Ausschusses für Wissenschaft, Forschung und Kunst. 2006 bis 2016 Sprecherin für Verkehr und Infrastruktur der CDU-Fraktion. 2016 bis 2021 Parlamentarische Geschäftsführerin und Stellv. Fraktionsvorsitzende der CDU-Fraktion.

*Sonstige Funktionen und Mitgliedschaften:*
Seit 2021 Vorsitzende des Kuratoriums der Denkmalstiftung Baden-Württemberg. Mitglied des Kuratoriums der Hochschulstiftung Nürtingen-Geislingen. Seit 2007 Präsidentin des Turngaus Staufen e. V.

*Angaben nach Teil I der Offenlegungsregeln:*
Ministerin für Landesentwicklung und Wohnen. Parlamentsrätin a. D. (Dienstverhältnis ruht wegen des Mandats). Stellv. Vorsitzende des Verwaltungsrats der Landeskreditbank Baden-Württemberg – Förderbank. Mitglied des Präsidiums des Schwäbischen Turnerbundes e. V.

DR. REINHART, Wolfgang
Minister für Bundes-, Europa- und internationale Angelegenheiten a. D.

Tannenweg 3
97941 Tauberbischofsheim
Büro Stuttgart
Konrad-Adenauer-Straße 12
70173 Stuttgart
Telefon 0711 2063-829
Büro Tauberbischofsheim
Pestalozziallee 13/15
97941 Tauberbischofsheim
wolfgang.reinhart@cdu.landtag-bw.de
www.wolfgang-reinhart.de

*Fraktion der CDU*
*Direktmandat im Wahlkreis 23 Main-Tauber*

*Persönliche Angaben:*
Geboren am 3. Mai 1956 in Bad Mergentheim; katholisch, verheiratet, zwei Kinder.

*Ausbildung, Berufslaufbahn, berufliche Funktionen:*
Studium der Rechtswissenschaft, Betriebswirtschaft und politischen Wissenschaft. Tätigkeiten als wissenschaftlicher Mitarbeiter an der Universität Mannheim. 1984 Promotion. 1985 bis Juli 2004 selbständiger Rechtsanwalt. Seit Juni 1998 Honorarprofessor der FH Heilbronn. Juli 2004 bis April 2005 politischer Staatssekretär im Finanzministerium Baden-Württemberg. April 2005 bis Juni 2008 Minister und Bevollmächtigter des Landes Baden-Württemberg beim Bund. Juni 2008 bis Februar 2010 Minister für Bundes- und Europaangelegenheiten und im Staatsministerium sowie Bevollmächtigter des Landes Baden-Württemberg beim Bund. Februar 2010 bis Mai 2011 Minister für Bundes-, Europa- und internationale Angelegenheiten sowie Bevollmächtigter des Landes Baden-Württemberg beim Bund. Seit 2011 selbständiger Rechtsanwalt.

*Politische Funktionen:*
2005 bis Mai 2011 Mitglied des Bundesrats sowie Koordinator der unionsregierten Länder und Koordinator der Bundesländer im Vermittlungsausschuss. Juli 2008 bis Mai 2011 Vorsitzender des Europaausschusses und Mitglied der Europakammer des Bundesrats. Juni 2006 bis Mai 2011 Mitglied der deutsch-französischen und der deutsch-russischen Freundschaftsgruppe des Bundesrats. Juli 2009 bis Juni 2010 Vorsitzender der Europaministerkonferenz der Länder. Ab Juli 2008 Vorsitzender der gemischten Kommissionen des Landes Baden-Württemberg mit Ungarn, Kroatien, Bulgarien und Serbien sowie stellv. Vorsitzender der gemischten Kommission mit Rumänien. Seit Juli 2008 Mitglied des Ausschusses der Regionen der Europäischen Union (gewählt bis Februar 2015). Seit Juli 2008 Mitglied der Parlamentarischen Versammlung der NATO. 1979 bis Juli 2004 Mitglied des Kreistags im Main-Tauber-Kreis. 1977 bis 1981 Kreisvorsitzender der Jungen Union. Seit 1987 Kreisvorsitzender der CDU im Main-Tauber-Kreis. Bis Juli 2011 Bezirksvorsitzender der CDU Nordwürttemberg sowie Mitglied des Landesvorstands und des Präsidiums der CDU Baden-Württemberg.
Mitglied des Landtags von Baden-Württemberg seit 24. April 1992. Bis Juni 2001 Vorsitzender des Ständigen Ausschusses. Bis Juli 2004 Sprecher für Recht, Verfassung, Europa und Medien der CDU-Fraktion. 2002 bis Juli 2004 Obmann der CDU-Fraktion im FlowTex Untersuchungsausschuss. Mai 2011 bis April 2016 Mitglied des Vorstands der CDU-Fraktion als Sprecher für Europa und internationale Angelegenheiten. 2016 bis 2021 Vorsitzender der CDU-Fraktion.

*Sonstige Funktionen und Mitgliedschaften:*
Bis Mai 2011 Mitglied des Verwaltungsrats des Südwestrundfunks und des Aufsichtsrats der MFG Medien- und Filmgesellschaft Baden-Württemberg mbH. Bis 2010 Vorsitzender des Aufsichtsrats der Staatlichen Toto Lotto GmbH Baden-Württemberg und der Flughafen Stuttgart GmbH sowie Mitglied des Aufsichtsrats der Baden-Württembergischen Bank und der Landesbank Baden-Württemberg. Präsident der Gesellschaft zur Förderung des Fecht-Clubs Tauberbischofsheim e. V.

*Angaben nach Teil I der Offenlegungsregeln:*
Selbständiger Rechtsanwalt. Mitglied des Aufsichtsrats der Landesbank Baden-Württemberg. Mitglied des Verwaltungsrats der Landeskreditbank Baden-Württemberg – Förderbank. Vorsitzender des Verwaltungsrats der Kurverwaltung Bad Mergentheim GmbH. Mitglied des Aufsichtsrats der Volksbank Main-Tauber eG. Mitglied des Aufsichtsrats der Baden-Württemberg Stiftung gGmbH. Mitglied des Politischen Beirats des BVMW – Bundesverband mittelständische Wirtschaft, Unternehmerverband Deutschlands e. V.

REITH, Nikolai
Versicherungsmakler

Zeppelinstraße 16
78166 Donaueschingen
Telefon 0771 89776670
nikolai.reith@fdp.landtag-bw.de
www.niko-reith.de

*Fraktion der FDP/DVP*
*Zweitmandat im Wahlkreis 55*
*Tuttlingen-Donaueschingen*

*Persönliche Angaben:*
Geboren am 5. Juni 1969 in Lahr, römisch-katholisch, verheiratet, zwei Kinder.

*Ausbildung, Berufslaufbahn, berufliche Funktionen:*
1988 bis 1990 Ausbildung zum Versicherungskaufmann (IHK). Bis 1995 Leitender Angestellter bei einem großen deutschen Versicherer. Seit 1995 selbständiger Versicherungsmakler. 2014 bis 2016 Mitglied des Landtags von Baden-Württemberg. 2018 bis 2021 Leiter des Wahlkreisbüros eines Bundestagsabgeordneten.

*Politische Funktionen:*
Seit 2009 Vorsitzender des FDP-Stadtverbands Donaueschingen. Seit 2014 Mitglied des Gemeinderats und Oberbürgermeister-Stellvertreter der Stadt Donaueschingen. Seit 2019 Mitglied des Kreistags des Schwarzwald-Baar-Kreises; Vorsitzender der FDP-Fraktion.
Mitglied des Landtags von Baden-Württemberg von 2014 bis 2016 und seit 14. April 2021.

*Sonstige Funktionen und Mitgliedschaften:*
Mitglied des Stiftungsrats der Bürgerstiftung Donaueschingen. 2021/2022 Präsident des Lions Club Donaueschingen.

*Angaben nach Teil I der Offenlegungsregeln:*
Selbstständiger Versicherungsmakler. Mitglied des Aufsichtsrats der Konversions- und Entwicklungsgesellschaft mbH Donaueschingen (ehrenamtlich).

RIVOIR, Martin
Diplom-Ingenieur

Bürgerbüro
Söflinger Straße 145
89077 Ulm
Telefon 0731 3989700
Telefax 0731 3989701
martin.rivoir@spd.landtag-bw.de
www.rivoir.eu

*Fraktion der SPD*
*Zweitmandat im Wahlkreis 64*
*Ulm*

*Persönliche Angaben:*
Geboren am 18. Juni 1960 in Ulm; evangelisch, verheiratet, zwei Kinder.

*Ausbildung, Berufslaufbahn, berufliche Funktionen:*
Gymnasium und Abitur in Ulm. Studium der Elektrotechnik an der Technischen Universität Darmstadt; Diplom 1988. 1988 bis 2011 Mitarbeiter der Firma AEG MIS in Ulm.

*Politische Funktionen:*
Seit 1989 Mitglied des Gemeinderats Ulm, 1994 bis 2004 Fraktionsvorsitzender, 2004 bis 2014 stellv. Fraktionsvorsitzender. Mitglied des Landtags von Baden-Württemberg seit 17. April 2001.

*Sonstige Funktionen und Mitgliedschaften:*
Vorsitzender des Mietervereins Ulm/Neu-Ulm e. V. Vorsitzender des Fördervereins „Freunde des Ulmer Zelts e. V.“. Vorsitzender der Sektion SSV Ulm 1846 des Deutschen Alpenvereins (DAV) e. V. Gesellschafter der Europäischen DonauAkademie gemeinnützige GmbH.

*Angaben nach Teil I der Offenlegungsregeln:*
Geschäftsführer der traffico GmbH (regenerative Energien). Mitglied des Aufsichtsrats der Ulmer Wohnungs- und Siedlungs-Gesellschaft mbH. Mitglied des Aufsichtsrats der UWS Service GmbH. Mitglied des Aufsichtsrats der Projektentwicklungsgesellschaft Ulm mbH. Mitglied des Aufsichtsrats der Ulmer Parkbetriebs-Gesellschaft mbH. Präsident des Schwimmverbands Württemberg e. V. Mitglied des Vorstands des Württembergischen Landessportbundes e. V. (WLSB).

RÖDERER, Jan-Peter
Molekularbiologe M.Sc.

Wahlkreisbüro
Kellereistraße 14
69412 Eberbach
Telefon 06271 846-9592
post@jp-roederer.de
www.jp-roederer.de

*Fraktion der SPD*
*Zweitmandat im Wahlkreis 41*
*Sinsheim*

*Persönliche Angaben:*
Geboren am 18. Mai 1986 in Eberbach; verheiratet, eine Tochter, ein Sohn.

*Ausbildung, Berufslaufbahn, berufliche Funktionen:*
2005 bis 2010 Studium der Biologie und molekularbiologischen Neurowissenschaften an der Ruprecht-Karls-Universität Heidelberg; Masterabschluss. 2010 bis 2016 Forschung und wissenschaftliche Tätigkeit an der Universität Heidelberg. 2017 bis 2021 Qualitätsmanager in der pharmazeutischen Industrie. Mitglied des Finanzausschusses des Betriebsrats.

*Politische Funktionen:*
Seit 2015 Mitglied des Gemeinderats der Stadt Eberbach am Neckar. Seit 2018 Vorsitzender der SPD Eberbach. Seit 2019 stellv. Vorsitzender des SPD-Kreisverbands Rhein-Neckar.
Mitglied des Landtags von Baden-Württemberg seit 14. April 2021. Forst- und Agrarpolitischer Sprecher sowie Ansprechpartner für Radverkehr der SPD-Landtagsfraktion.

*Sonstige Funktionen und Mitgliedschaften:*
Mitglied des parlamentarischen Beirats des Rings politischer Jugend. Mitglied der Schutzgemeinschaft Deutscher Wald e.V. Mitglied der Industriegewerkschaft Bergbau, Chemie, Energie. Mitglied in zahlreichen Sport-, Brauchtums- und Kulturvereinen.

*Angaben nach Teil I der Offenlegungsregeln:*
Mitglied des Aufsichtsrats der Stadtwerke Eberbach GmbH. Mitglied des Beirats des Holzenergie-Fachverbands Baden-Württemberg e.V.

DR. RÖSLER, Markus
Landschaftsökologe und Landschaftsökonom

Landtag von Baden-Württemberg
Konrad-Adenauer-Straße 3
70173 Stuttgart
Telefon 0711 2063-649
Markus.Roesler@gruene.landtag-bw.de
www.MarkusRoesler.de

*Fraktion GRÜNE*
*Direktmandat im Wahlkreis 13 Vaihingen*

*Persönliche Angaben:*
Geboren am 22. November 1961 in Stuttgart; wohnhaft ab Geburt in Gerlingen, evangelisch, verheiratet, drei Kinder.

*Ausbildung, Berufslaufbahn, berufliche Funktionen:*
1972 bis 1981 altsprachlicher Zug am Gymnasium Korntal. 1982 bis 1983 Zivildienst als Vogelwart an der Nordsee. 1984 bis 1985 Gründung und Leitung des NABU-Umweltzentrums im Kreis Ludwigsburg. 1985 bis 1992 Studium der Landschaftsplanung TU Berlin inkl. Praxissemester in Griechenland, DAAD- und DDR-Stipendium in Greifswald/DDR und Diplom-Arbeit als Werkvertrag im Rathaus der Gemeinde Bad Boll zum Thema Streuobst. 1992 bis 1997 Dissertation „Arbeitsplätze durch Naturschutz am Beispiel der Biosphärenparke und der Modellregion Mittlere Schwäbische Alb". 1997 bis 2000 Wissenschaftlicher Mitarbeiter am Lehrstuhl für Landschaftsökonomie der Universität Greifswald. 2000 bis 2006 Geschäftsführer des NABU-Landesverbands Saarland. 2006 bis 2011 Parlamentarischer Berater der Fraktion GRÜNE im Landtag von Baden-Württemberg für Natur- und Umweltschutz, Land- und Forstwirtschaft, Verbraucherschutz und Tourismus.

*Politische Funktionen:*
Mitglied des Landtags von Baden-Württemberg seit 14. April 2011.

*Sonstige Funktionen und Mitgliedschaften:*
Member of IUCN-WCPA (International Union for Conservation of Nature – World Commission on Protected Areas). Schriftleiter des NABU-Streuobstrundbriefs. Gründungsmitglied und Stiftungsrat der Johannes-Rebmann-Stiftung. Mitgliedschaften: Freunde der Studienstiftung des Deutschen Volkes, Europa-Union, Freundeskreis Wilhelma, ADFC, BUND, VCD, Schutzgemeinschaft Mittleres Enztal, Förderverein Schwäbischer Dialekt, Förderverein Johannes-Kullen-Schule Korntal, Förderverein Bläserklasse Ensingen-Horrheim, Förderverein TV Vaihingen, TSV Ensingen (Abt. Tischtennis), Heimatpflegeverein Gerlingen.

*Angaben nach Teil I der Offenlegungsregeln:*
Mitglied des Beirats Süd der SV SparkassenVersicherungen. Stellv. Mitglied des Aufsichtsrats der Baden-Württembergischen Bank. Mitglied des Kuratoriums der Staatlichen Toto-Lotto GmbH Baden-Württemberg. Vertreter des NABU-Bundesverbands bei der Europarc-Federation. Sprecher des NABU-Bundesfachausschusses Streuobst.

ROLLAND, Gabriele
Dipl.-Verwaltungswirtin (FH)

Wahlkreisbüro
Merzhauser Straße 4
79100 Freiburg
Telefon 0761 7671636
Telefax 0761 7671637
gabriele.rolland@spd.landtag-bw.de
www.Gabi-Rolland.de

*Fraktion der SPD*
*Zweitmandat im Wahlkreis 47*
*Freiburg II*

*Persönliche Angaben:*
Geboren am 6. Dezember 1963 in Kenzingen; evangelisch, verheiratet.

*Ausbildung, Berufslaufbahn, berufliche Funktionen:*
Schulbesuch und Abitur in Emmendingen. 1983 bis 1987 Vorbereitungsdienst für den gehobenen Dienst des Landes Baden-Württemberg mit Studium an der Fachhochschule für öffentliche Verwaltung in Kehl, Staatsexamen 1987. Seit 1. Dezember 1987 beschäftigt beim Landratsamt Emmendingen (Umweltrecht, Europabeauftragte, Grenzüberschreitende Zusammenarbeit, Pressearbeit); ab 10. Mai 2011 beurlaubt.

*Politische Funktionen:*
Seit 1984 Mitglied der SPD. Verschiedene Funktionen auf Orts- und Kreisebene. 2005 bis 2020 Mitglied des SPD-Landesvorstands, zuletzt vier Jahre als stellv. Landesvorsitzende. Juli 1997 bis Sommer 2011 Mitglied des Gemeinderats der Stadt Freiburg und des Aufsichtsrats der Freiburger Verkehrs AG.
Mitglied des Landtags von Baden-Württemberg seit 12. April 2011.

*Sonstige Funktionen und Mitgliedschaften:*
Mitglied bei: Naturfreunde, DLRG, Frauen- und Kinderschutzhaus, AWO, BUND, Europa-Union, Gewerkschaft ver.di, Jugendberatung Freiburg e. V., Kreisverkehrswacht, Mieterverein, Nachbarschaftswerk Freiburg, Obdach für Frauen, Ortsältestenrat der Kreuz-Luthergemeinde Freiburg, VCD, West-Ost-Gesellschaft und weiteren (Förder-)Vereinen.

*Angaben nach Teil I der Offenlegungsregeln:*
Beauftragte für Grenzüberschreitende Zusammenarbeit und Europaangelegenheiten und stellv. Pressesprecherin beim Landratsamt Emmendingen (beurlaubt). Vorsitzende des Aufsichtsrats der OEKOGENO GLH eG.

DR. RÜLKE, Hans-Ulrich
Fraktionsvorsitzender

Wahlkreisbüro
Zerrennerstraße 26
75172 Pforzheim
Telefon 07231 1555467
Telefax 07231 53291
hans-ulrich.ruelke@fdp.landtag-bw.de
www.hans-ulrich-ruelke.de

*Fraktion der FDP/DVP*
*Zweitmandat im Wahlkreis 42*
*Pforzheim*

*Persönliche Angaben:*
Geboren am 3. Oktober 1961 in Tuttlingen; evangelisch, verheiratet, drei Kinder.

*Ausbildung, Berufslaufbahn, berufliche Funktionen:*
Grundschule, Gymnasium, Abitur in Singen (Htwl.). Wehrdienst in Roth bei Nürnberg und Neuhausen o. E. Studium der Germanistik, Politikwissenschaft und Geschichte in Konstanz. 1987 Erstes Staatsexamen. 1991 Promotion zum Dr. phil. 1993 Assessorexamen. Seit 1993 im gymnasialen Schuldienst. 2001 bis 2006 Fachberater für das Oberschulamt Karlsruhe bzw. die Abteilung Schule und Bildung des Regierungspräsidiums Karlsruhe.

*Politische Funktionen:*
1999 bis 2007 Vorsitzender des Ortsverbands Pforzheim der FDP. Seit 2000 Vorsitzender des Kreisverbands Pforzheim/Enzkreis der FDP. Seit 2013 stellv. Landesvorsitzender der FDP/DVP Baden-Württemberg. Seit 2018 Sprecher der Fraktionsvorsitzendenkonferenz der FDP sowie Mitglied des Präsidiums und des Bundesvorstands der FDP. Seit 1999 Mitglied des Gemeinderats des Stadtkreises Pforzheim; 2001 bis 2011 Vorsitzender der FDP-Fraktion, 2014 bis 2019 Vorsitzender der FDP/FW-Fraktion und seit 2019 Vorsitzender der FDP/FW/UB/LED-Fraktion. Seit 2019 Erster Ehrenamtlicher Gemeinderätlicher Stellvertreter des Oberbürgermeisters der Stadt Pforzheim. Mitglied der Verbandsversammlung des Regionalverbands Nordschwarzwald.
Mitglied des Landtags von Baden-Württemberg seit 13. April 2006. Seit Juni 2009 Vorsitzender der FDP/DVP-Fraktion.

*Sonstige Funktionen und Mitgliedschaften:*
Mitglied des Verwaltungsrats des Badischen Staatstheaters Karlsruhe. Mitglied des Kuratoriumsausschusses der Steinbeis-Stiftung für Wirtschaftsförderung. Mitglied des Kuratoriums der Hochschule Pforzheim. Mitglied des Sozialvereins Miteinander Leben e. V. Fördermitglied des Landesfeuerwehrverbands Baden-Württemberg e. V.

*Angaben nach Teil I der Offenlegungsregeln:*
Studiendirektor am Hilda-Gymnasium in Pforzheim (beurlaubt). Mitglied des Aufsichtsrats der LBBW Immobilien Management GmbH. Mitglied der Verbandsversammlung des Zweckverbands Stadt- und Kreissparkasse Pforzheim Enzkreis Calw. Mitglied des Beirats Süd der SV SparkassenVersicherungen.

RUPP, Ruben
Kaufmann im Einzelhandel
Wissenschaftlicher Referent
B.Sc. Wirtschaftswissenschaften

73569 Eschach
Telefon 0711 2063-5269
ruben.rupp@afd.landtag-bw.de
www.ruben-rupp.de

*Fraktion der AfD*
*Zweitmandat im Wahlkreis 25*
*Schwäbisch Gmünd*

*Persönliche Angaben:*
Geboren am 28. Mai 1990 in Mutlangen; wohnhaft in Eschach, ein Kind.

*Ausbildung, Berufslaufbahn, berufliche Funktionen:*
2010 Abitur am Ernährungswissenschaftlichen Gymnasium in Schwäbisch Gmünd. 2010 bis 2012 Ausbildung zum Einzelhandelskaufmann bei der Müller Ltd. & Co KG, Aalen. 2012 Kaufmann im Einzelhandel. Studium der Wirtschaftswissenschaften. 2016 Werkstudent Rechnungswesen/Finanzen bei der EnBW Ostwürttemberg DonauRies AG. 2018 Abschluss Bachelor of Science Wirtschaftswissenschaften an der Universität Hohenheim. 2018 bis 2019 Kaufmännischer Sachbearbeiter bei der Schwaben Apotheke. Ab 2019 Wissenschaftlicher Referent für Wirtschaft, Energie, Digitalisierung und Landesentwicklung bei der AfD-Fraktion im 18. Bayerischen Landtag.

*Politische Funktionen:*
Stellv. Vorsitzender des AfD-Kreisverbands Ostalb. AfD-Bundesdelegierter. 2017 AfD-Bundestagskandidat im Wahlkreis Aalen-Heidenheim.
Mitglied des Landtags von Baden-Württemberg seit 13. April 2021. Stellv. Vorsitzender der AfD-Fraktion.

*Sonstige Funktionen und Mitgliedschaften:*
Mitglied des Kraftsportclubs Leintal e. V.

*Angaben nach Teil I der Offenlegungsregeln:*
Wissenschaftlicher Referent bei der AfD-Fraktion im Bayerischen Landtag (Arbeitsverhältnis ruht).

SAEBEL, Barbara
Landtagsabgeordnete

Büro Stuttgart
0711 2063-6113
barbara.saebel@gruene.landtag-bw.de
Büro Ettlingen
07243 3589030
barbara.saebel.wk@
gruene.landtag-bw.de

*Fraktion GRÜNE*
*Direktmandat im Wahlkreis 31*
*Ettlingen*

*Persönliche Angaben:*
Geboren am 5. März 1959 in Ost-Berlin; evangelisch, eine Tochter (geb. 1994).

*Ausbildung, Berufslaufbahn, berufliche Funktionen:*
1965 bis 1975 Polytechnische Oberschule Ost-Berlin, 1975 mittlere Reife. 1975 bis 1977 kaufmännische Ausbildung. 1977 bis 1989 kaufmännische Angestellte. 1989 Flucht aus der DDR und Übersiedlung nach Baden-Württemberg. 1990 bis 1992 Vertriebsmanagerin in der Schmuckindustrie. 1992 bis 1994 Studium der Betriebswirtschaft. 1994 bis 1997 Familienphase. Ab 1997 Beraterin in der Wohnungswirtschaft.

*Politische Funktionen:*
1999 bis 2016 Gemeinderätin in Ettlingen; von 2004 bis 2016 Vorsitzende der Fraktion Bündnis 90/Die Grünen. Seit 2019 Mitglied des Kreistags des Landkreises Karlsruhe. Mitglied des Oberrheinrats.
Mitglied des Landtags von Baden-Württemberg seit 7. April 2016. Mitglied des Finanzausschusses und des Ausschusses für Europa und Internationales. Sprecherin der Fraktion GRÜNE für die Kulturliegenschaften des Landes Baden-Württemberg.

*Sonstige Funktionen und Mitgliedschaften:*
Mitglied des Verwaltungsrats des Badischen Staatstheaters Karlsruhe. Mitglied des Denkmalrats beim Wirtschaftsministerium. Mitglied des Kuratoriums der Denkmalstiftung Baden-Württemberg. Vorsitzende der Europa-Union Deutschland, Ortsverband Albgau. Mitglied des Bundes für Umwelt und Naturschutz Deutschland (BUND). Mitglied des Deutschen Roten Kreuzes. Mitglied des örtlichen Tierschutzvereins. 2009 bis 2014 Mitglied des Aufsichtsrats der Stadtwerke Ettlingen GmbH. 2014 bis 2016 Mitglied des Aufsichtsrats der Stadtbau Ettlingen GmbH.

*Angaben nach Teil I der Offenlegungsregeln:*
Mitglied des Aufsichtsrats der Baden-Württemberg Stiftung gGmbH.

SÄNZE, Emil
Geschäftsführender Gesellschafter,
Geschäftsführer

Obere Gärten 3
72172 Sulz am Neckar
Telefon 07454 87371
Telefax 07454 980172
Emil.Saenze@afd.landtag-bw.de

*Fraktion der AfD*
*Zweitmandat im Wahlkreis 53*
*Rottweil*

*Persönliche Angaben:*
Geboren am 27. September 1950 in Beuren, Baden-Württemberg; verheiratet, drei Kinder.

*Ausbildung, Berufslaufbahn, berufliche Funktionen:*
Lehre zum Industriekaufmann. Studium der Betriebswirtschaftslehre in Konstanz. Leiter Vertrieb und Prokurist im Deutsche-Bank-Konzern. Leiter Vertrieb (Südwest) bei der Deutsche Sparkassen Leasing. Leiter Vertrieb und Marketing und Prokurist im Fachbereich Flottenleasing der BMW AG. Geschäftsführer Markt (KWG-Banklizenz) der BMW AG. Geschäftsführender Gesellschafter und Geschäftsführer in zwei Unternehmen.

*Politische Funktionen:*
Sprecher der Alternative für Deutschland Kreisverband Rottweil-Tuttlingen. Mitglied des Bundeskonvents und der Bundesstrategiekommission der AfD.
Mitglied des Landtags von Baden-Württemberg seit 6. April 2016.

*Sonstige Funktionen und Mitgliedschaften:*
–

*Angaben nach Teil I der Offenlegungsregeln:*
–

SAINT-CAST, Nadyne
Politikwissenschaftlerin

Burgackerweg 4
79104 Freiburg im Breisgau
Wahlkreisbüro
Rehlingstr. 16a
79100 Freiburg im Breisgau
Telefon 0761 702102
nadyne.saint-cast@
gruene.landtag-bw.de
www.saint-cast.de

*Fraktion GRÜNE*
*Direktmandat im Wahlkreis 47*
*Freiburg II*

*Persönliche Angaben:*
Geboren am 19. Januar 1979 in Müllheim; evangelisch, verheiratet, drei Söhne.

*Ausbildung, Berufslaufbahn, berufliche Funktionen:*
Freie Waldorfschule Freiburg St. Georgen. Magisterstudium (Politik, Öffentliches Recht, Soziologie) in Heidelberg und San Diego, Kalifornien. Forschungsgruppe Wahlen in Mannheim. Persönliche Referentin von Edith Sitzmann MdL. Seit 2018 Mitarbeiterin in der Unternehmenskommunikation beim Dienstrad-Leasinganbieter JobRad GmbH (Arbeitsvertrag ruht während des Mandats).

*Politische Funktionen:*
2012 bis 2014 Vorsitzende des Kreisverbands Freiburg von Bündnis 90/Die Grünen. 2014 bis 2021 Mitglied des Gemeinderats der Stadt Freiburg.
Mitglied des Landtags von Baden-Württemberg seit 17. April 2021.

*Sonstige Funktionen und Mitgliedschaften:*
Mitglied von Bündnis 90/Die Grünen, Deutscher Alpenverein, Greenpeace, Bund für Umwelt und Naturschutz Deutschland (BUND) e. V., Eine Schule für alle e. V., Deutscher Familienverband e. V., Mieterverein.

*Angaben nach Teil I der Offenlegungsregeln:*
Mitarbeiterin in der Unternehmenskommunikation beim Dienstrad-Leasinganbieter JobRad GmbH (Arbeitsvertrag ruht).

SALOMON, Alexander
Landtagsabgeordneter

Abgeordnetenbüro
Konrad-Adenauer-Straße 12
70173 Stuttgart
Telefon 0711 2063-623
Wahlkreisbüro
Sophienstr. 58
76133 Karlsruhe
Telefon 0721 2030531
alexander.salomon@
gruene.landtag-bw.de
www.alexander-salomon.de

*Fraktion GRÜNE*
*Direktmandat im Wahlkreis 28*
*Karlsruhe II*

*Persönliche Angaben:*
Geboren am 6. August 1986 in Karlsruhe; verheiratet; doppelte Staatsangehörigkeit.

*Ausbildung, Berufslaufbahn, berufliche Funktionen:*
Abitur in Karlsruhe. Studium der Rechtswissenschaften an der Johannes Gutenberg-Universität Mainz.

*Politische Funktionen:*
2009 bis 2011 Mitglied des Vorstands des Kreisverbands Karlsruhe von Bündnis 90/Die Grünen.
Mitglied des Landtags von Baden-Württemberg seit 13. April 2011. Seit Mai 2016 Mitglied des Ausschusses für Finanzen, des Ausschusses für Wissenschaft, Forschung und Kunst und des Petitionsausschusses. Mitglied des Untersuchungsausschusses „Rechtsterrorismus/NSU BW II“ und des Untersuchungsausschusses „Zulagen Ludwigsburg“. Seit Juni 2016 Vorsitzender des Arbeitskreises für Wissenschaft, Forschung und Kunst der Fraktion GRÜNE und Sprecher für Wissenschaft, Hochschulpolitik, Medien und Netzpolitik.

*Sonstige Funktionen und Mitgliedschaften:*
Mitglied des Verwaltungsrats des Badischen Staatstheaters Karlsruhe. Mitglied des Stiftungsrats des Zentrums für Kunst und Medien, Karlsruhe. Mitglied des Kuratoriums der Freunde des Naturkundemuseums Karlsruhe e. V. Mitglied des Kuratoriums der Landesvereinigung Baden in Europa e. V. Mitglied des Kuratoriums der Hochschule Karlsruhe – Technik und Wirtschaft (HsKA). Mitglied des Hochschulrats der Karlshochschule International University, Karlsruhe. Mitglied des Freundeskreises Naturschutzzentrum Karlsruhe-Rappenwört e. V.

*Angaben nach Teil I der Offenlegungsregeln:*
Mitglied des Aufsichtsrats der MFG Medien- und Filmgesellschaft Baden-Württemberg mbH. Mitglied des Rundfunkrats des Südwestrundfunks. Vizepräsident der Deutschen Lebens-Rettungs-Gesellschaft (DLRG), Landesverband Baden e. V.

SCHEBESTA, Volker
Staatssekretär

Heizengasse 12 b
77654 Offenburg
Wahlkreisbüro
Waltersweierweg 5 b
77652 Offenburg
Telefon 0781 93008-23
Telefax 0781 93008-59
post@volker-schebesta.de

*Fraktion der CDU*
*Zweitmandat im Wahlkreis 51*
*Offenburg*

*Persönliche Angaben:*
Geboren am 13. Juni 1971 in Oberkirch; römisch-katholisch, verheiratet, vier Kinder.

*Ausbildung, Berufslaufbahn, berufliche Funktionen:*
1990 Abitur. Wehrdienst. Studium der Rechtswissenschaften in Freiburg. 1996 und 1998 Erste und Zweite juristische Staatsprüfung. 1998 Parlamentarischer Berater der CDU-Landtagsfraktion Baden-Württemberg. 1998 bis 2001 Regierungsassessor im Staatsministerium Baden-Württemberg, persönlicher Referent von Minister Dr. Christoph-E. Palmer. 2009 bis 2016 selbständige Tätigkeit als Rechtsanwalt in Offenburg (Anwaltstätigkeit ruht). Seit Mai 2016 politischer Staatssekretär im Ministerium für Kultus, Jugend und Sport.

*Politische Funktionen:*
Seit 2001 Vorsitzender der CDU Ortenau. Mitglied des Vorstands der CDU Südbaden.
Mitglied des Landtags von Baden-Württemberg seit 17. April 2001. 2011 bis 2016 stellv. Vorsitzender und parlamentarischer Geschäftsführer der CDU-Fraktion. 2006 bis 2011 bildungspolitischer Sprecher der CDU-Fraktion.

*Sonstige Funktionen und Mitgliedschaften:*
Mitglied des Stiftungsrats der Stiftung Kinderland gGmbH. Mitglied des Diözesanrats der Erzdiözese Freiburg. Mitglied des Vorstands des Dorfhelferinnenwerks Sölden e. V. Mitglied des Kuratoriums der Hochschule Offenburg. Mitglied des Universitätsbeirats der Albert-Ludwigs-Universität Freiburg.

*Angaben nach Teil I der Offenlegungsregeln:*
Staatssekretär im Ministerium für Kultus, Jugend und Sport. Selbständiger Rechtsanwalt in Offenburg (Anwaltstätigkeit ruht). Regierungsassessor a. D. (Dienstverhältnis ruht wegen des Mandats). Stellv. Mitglied des Verwaltungsrats des Südwestrundfunks. Mitglied des Aufsichtsrats der Baden-Württemberg Stiftung gGmbH. Stellv. Vorsitzender des Landesverbands Baden-Württemberg im Deutschen Bibliotheksverband e. V. (dbv). Mitglied des Kuratoriums des Landesverbands der Kunstschulen Baden-Württemberg e. V.

SCHEERER, Hans Dieter
Rechtsanwalt

Josef-Beyerle-Straße 11
71263 Weil der Stadt
Telefon 07033 694578-40
Telefax 07033 694578-99
info@scheerer-fdp.de
www.scheerer-fdp.de

*Fraktion der FDP/DVP*
*Zweitmandat im Wahlkreis 6*
*Leonberg*

*Persönliche Angaben:*
Geboren am 20. Januar 1958 in Crailsheim; evangelisch, verheiratet, zwei Kinder.

*Ausbildung, Berufslaufbahn, berufliche Funktionen:*
Aufgewachsen in Herrenberg-Kuppingen. Einjähriger Auslandsaufenthalt in den USA als Austauschschüler. Abitur am Wirtschaftsgymnasium Böblingen. Grundwehrdienst in Dillingen/Donau. Studium der Rechtswissenschaften in Tübingen; Erstes Staatsexamen in Tübingen. Referendariat am Landgericht Stuttgart; Zweites Staatsexamen in Stuttgart. Syndikusanwalt der Unternehmensgruppe Kriegbaum in Böblingen. Anschließend Leiter Recht und Immobilien bei der extra Verbrauchermärkte GmbH und der real,- SB-Warenhaus GmbH (Metro Gruppe). Geschäftsführer der Immobiliengesellschaft der Edeka in Hamburg (CEV). Seit 2010 selbstständiger Rechtsanwalt in Weil der Stadt.

*Politische Funktionen:*
Seit 1979 Mitglied bei den Freien Demokraten. Seit 2014 Vorsitzender des FDP-Kreisverbands Böblingen. Seit 2019 Mitglied des Gemeinderats der Stadt Weil der Stadt und Mitglied der Regionalversammlung des Verbands Region Stuttgart.
Mitglied des Landtags von Baden-Württemberg seit 14. April 2021.

*Sonstige Funktionen und Mitgliedschaften:*
Vorsitzender des Stiftungsrats der Stiftung UNÁMONOS. Mitglied der Narrenzunft „AHA“ Weil der Stadt e. V.

*Angaben nach Teil I der Offenlegungsregeln:*
Selbständiger Rechtsanwalt in Weil der Stadt. Lehrbeauftragter an der Dualen Hochschule Baden-Württemberg Stuttgart. Dozent beim Bildungswerk der Baden-Württembergischen Wirtschaft e. V., Partner der WP Force Solutions GmbH (Gesellschaft für Interimsmanagement). Senior Advisor der AHP Akademie an der Hochschule Pforzheim gGmbH.

SCHINDELE, Katrin
Entwicklungsingenieurin

Wahlkreisbüro
Oberdorfstraße 2
72270 Baiersbronn
Telefon 07442 8369000
mail@katrinschindele.de
katrin.schindele@cdu.landtag-bw.de
www.katrinschindele.de

*Fraktion der CDU*
*Direktmandat im Wahlkreis 45 Freudenstadt*

*Persönliche Angaben:*
Geboren am 16. November 1987 in Freudenstadt; aufgewachsen in Hopfau im Landkreis Rottweil, wohnhaft in Baiersbronn; evangelisch, verheiratet.

*Ausbildung, Berufslaufbahn, berufliche Funktionen:*
2007 Abitur am Albeck Gymnasium Sulz am Neckar. 2002 bis 2010 Studium Maschinenbau an der DHBW in Stuttgart mit Ausbildung bei einem Automobilzulieferer aus Stuttgart. Seit 2010 Entwicklungsingenieurin (Projektmanagement) bei einem Automobilzulieferer in Stuttgart.

*Politische Funktionen:*
Vorsitzende und Mitgliederbeauftragte des CDU-Kreisverbands Freudenstadt. Vorsitzende des CDU-Gemeindeverbands Baiersbronn. Beisitzerin im Vorstand des Kreisverbands Freudenstadt der Frauen-Union. Mitglied der Bundesfachkommission Verkehr/Bau der Mittelstands- und Wirtschaftsunion (MIT).
Mitglied des Landtags von Baden-Württemberg seit 14. April 2021.

*Sonstige Funktionen und Mitgliedschaften:*
Sportverein Hopfau 1932 e. V. Turnverein 1893 Baiersbronn e. V. Musikverein Trachtenkapelle Mitteltal e. V. Trachtenblasorchester Baiersbronn e. V. und Kleintierzuchtverein Mitteltal-Obertal Z 501 e. V.

*Angaben nach Teil I der Offenlegungsregeln:*
Entwicklungsingenieurin mit Projektleitung bei der MAHLE Filtersysteme GmbH. Mitglied des Verwaltungsrats der Kreissparkasse Freudenstadt.

SCHOCH, Alexander
Politologe, Geograph,
Diplompädagoge
Gewerkschaftssekretär

Schützenstraße 9
79183 Waldkirch
Telefon 07641 954545
Telefon mobil 0160 96968245
Telefax 07641 954546
Alexander.Schoch@
gruene.landtag-bw.de
www.alexander-schoch.de

*Fraktion GRÜNE*
*Direktmandat im Wahlkreis 49*
*Emmendingen*

*Persönliche Angaben:*
Geboren am 14. August 1954 in Freiburg; evangelisch, verheiratet, zwei erwachsene Töchter.

*Ausbildung, Berufslaufbahn, berufliche Funktionen:*
Grund- und Hauptschule. Ausbildung zum Vermessungstechniker. Wehrdienst. Zweiter Bildungsweg zum Abitur. Studium der Rechtswissenschaft, Politikwissenschaft, Wirtschaftswissenschaft und Geographie. Studium der Diplompädagogik und Psychologie. Abschluss mit Staatsexamen und Diplom. Dozent beim Bildungswerk der südbadischen Wirtschaft. Dozent an der Dualen Hochschule in Lörrach. Dozent an der Pädagogischen Hochschule Freiburg sowie an der DAA und dem IB. Bundesabteilungsgeschäftsführer und Tarifverhandlungsführer bei der Gewerkschaft ÖTV bzw. bei der Vereinten Dienstleistungsgewerkschaft (ver.di). Bundesfachgruppenleiter und Tarifverhandlungsführer bei ver.di. Bildungsreferent der Gewerkschaft ver. di. Fachbereichsleiter im ver.di-Bezirk Mittelbaden-Nordschwarzwald.

*Politische Funktionen:*
Mitglied des Vorstands des Ortsverbands Waldkirch und des Kreisverbands Emmendingen von Bündnis 90/Die Grünen. Kreisrat im Landkreis Emmendingen. Stadtrat in Waldkirch. Mitglied des Oberrheinrats.
Mitglied des Landtags von Baden-Württemberg seit 14. April 2011.

*Sonstige Funktionen und Mitgliedschaften:*
Mitglied des Vorstands des Kommunalen Kinos Waldkirch e. V. „Klappe 11“. Mitglied der Gewerkschaft ver.di. Mitglied der Naturfreunde Waldkirch, von Greenpeace, des BUND, VCD, ACE, Skiclub Waldkirch, des Sportvereins Waldkirch (SVW), FC Waldkirch, Waldkircher Beschäftigungsinitiative e. V. (WABE), WiWalDi (Wohninitiative Waldkirch), DLRG, Rotes Kreuz, Kinderschutzbund, Narrenzunft Krakeelia, Trinationaler Atom-Schutzverband (TRAS), Deutsches Tagebucharchiv, Öko-Institut, Radio Dreyeckland, Förderverein Förderschule und weiterer Vereine und Fördervereine.

*Angaben nach Teil I der Offenlegungsregeln:*
Fachbereichsleiter (Gewerkschaftssekretär) im ver.di-Bezirk Mittelbaden-Nordschwarzwald (Arbeitsverhältnis ruht). Mitglied des Aufsichtsrats der Stadtbau Waldkirch GmbH. Mitglied des Aufsichtsrats der Stadtwerke Waldkirch GmbH.

DR. SCHÜTTE, Albrecht
Diplom-Physiker

Reilsheimer Straße 43/3
69245 Bammental
Telefon privat 0179 2304036
Telefon Landtag 0711 2063-8111
Telefax Landtag 0711 2063-148111
albrecht.schuette@cdu.landtag-bw.de
www.albrecht-schuette.de

*Fraktion der CDU*
*Zweitmandat im Wahlkreis 41*
*Sinsheim*

*Persönliche Angaben:*
Geboren am 20. Dezember 1970 in Heidelberg; wohnhaft in Bammental.

*Ausbildung, Berufslaufbahn, berufliche Funktionen:*
Hölderlin Gymnasium Heidelberg. 1991 bis 1997 Studium mit Abschluss Diplomphysiker (ETH) in Zürich, Lyon und Vancouver. 1997 bis 2002 Wissenschaftlicher Angestellter und Promotion in theoretischer Physik an der Universität Heidelberg. 2002 bis 2013 Berater, Projektleiter und Principal bei der Boston Consulting Group. Seit 2013 Abteilungsdirektor und Partner bei Allianz Consulting.

*Politische Funktionen:*
2001, 2006 und 2011 Zweitkandidat der CDU im Wahlkreis Sinsheim-Neckargemünd-Eberbach. Seit 2001 Vorsitzender der CDU Bammental. Seit 2009 Schatzmeister des CDU-Kreisverbands Rhein-Neckar. Seit 2011 Vorsitzender des Arbeitskreises Energie und Umwelt des CDU-Kreisverbands Rhein-Neckar. Seit 2004 Mitglied des Gemeinderats von Bammental.
Mitglied des Landtags von Baden-Württemberg seit 5. April 2016.

*Sonstige Funktionen und Mitgliedschaften:*
Seit 1987 Mitglied des Vorstands der Deutschen Lebens-Rettungs-Gesellschaft Gruppe Bammental e. V.; Trainer und Ausbilder mit Lehrberechtigung für Rettungsschwimm- und Erste-Hilfe-Kurse; seit 2012 Erster Vorsitzender der DLRG Bammental. Seit 2003 Gründungsmitglied des Waldschwimmbad-Fördervereins Bammental e. V.

*Angaben nach Teil I der Offenlegungsregeln:*
Abteilungsdirektor und Partner im Geschäftsbereich Allianz Consulting der Allianz Technology SE, München (beurlaubt). Mitglied des Aufsichtsrats der PBW – Parkraumgesellschaft Baden-Württemberg mbH.

SCHULER, August Maria
Selbständiger Gastronom

Marienplatz 19
88212 Ravensburg
Telefon Wahlkreis 0751 56092531
Telefax Wahlkreis 0751 56092550
info@august-schuler.de
august.schuler@cdu.landtag-bw.de
www.august-schuler.de

*Fraktion der CDU*
*Zweitmandat im Wahlkreis 69*
*Ravensburg*

*Persönliche Angaben:*
Geboren am 15. August 1957 in Ravensburg; römisch-katholisch, verheiratet, drei Kinder.

*Ausbildung, Berufslaufbahn, berufliche Funktionen:*
Grundschule Wilhelmstraße in Ravensburg. Albert-Einstein-Gymnasium und Abitur in Ravensburg. 1977 bis 1979 Ausbildung zum Offizier der Bundeswehr (Soldat auf Zeit, Pioniertruppe des Heeres) in Ingolstadt und München, Oberst d. R. bei der 10. Panzerdivision. 1980 bis 1986 Studium der Erdwissenschaften in Würzburg und Innsbruck. Selbständiger Geologe in der Steine- und Erdenindustrie. Seit 1984 selbständiger Gastronom in den Familienbetrieben „Ratsstube" (Ravensburg) und „Die Landwirtschaft" (Berg-Bachmaier).

*Politische Funktionen:*
Seit 1986 Mitglied der CDU. Seit 1988 Mitglied des Vorstands des CDU-Ortsverbands Ravensburg; 1990 bis 1992 stellv. Vorsitzender, 1992 bis 2001 Vorsitzender. Seit 1988 Mitglied des Vorstands des CDU-Stadtverbands Ravensburg; 1992 bis 2000 stellv. Vorsitzender, seit 2000 Vorsitzender. Seit 1993 Mitglied des Vorstands des CDU-Kreisverbands Ravensburg, 1996 bis 2013 stellv. Vorsitzender. Seit 2001 Mitglied des Vorstands des CDU-Bezirksverbands Württemberg-Hohenzollern. Seit 1989 Stadtrat in Ravensburg und Mitglied der CDU-Fraktion; seit 1994 Fraktionsvorsitzender. Seit 1990 Mitglied des Kreistags Ravensburg; bis 2016 Mitglied des Fraktionsvorstands und Sprecher im Ausschuss für Umwelt und Technik.
Mitglied des Landtags von Baden-Württemberg seit 4. April 2016. Stellv. Vorsitzender des Ausschusses für Umwelt, Klima und Energiewirtschaft. Mitglied des Ausschusses für Verkehr.

*Sonstige Funktionen und Mitgliedschaften:*
Vorsitzender der Kyffhäuser Soldatenkameradschaft (SK) Ravensburg 1840 e. V. Vorsitzender des Bezirksverbands Bodensee-Oberschwaben der Kyffhäuser-SK. Ortsbeauftragter des Volksbunds Deutsche Kriegsgräberfürsorge (VDK) Ravensburg. Mitglied des Vorstands des VDK-Bezirksverbands Südbaden-Südwürttemberg. Vorsitzender des Freundeskreises der neuen Kapelle im Krankenhaus St. Elisabeth e. V., Ravensburg. Stellv. Vorsitzender des Fördervereins Burghaldentorkel e. V. Stellv. Vorsitzender der Deutsch-Kroatischen Gesellschaft e. V. / des Deutsch-Kroatischen Freundeskreises Ravensburg. Mitglied des Kuratoriums der Bürgerstiftung „Zukunft Altstadt Ravensburg". 2000 bis 2016 Mitglied des Aufsichtsrats der Technischen Werke Schussental GmbH & Co. KG (TWS). Bis 2016 Mitglied des Aufsichtsrats der OberschwabenHallen Ravensburg GmbH. Bis 2016 Mitglied des Stiftungsrats der Stiftung Heilig-Geist-Spital Ravensburg. Mitglied des Parlamentarischen Rings Volksbund Deutsche Kriegsgräberfürsorge.

*Angaben nach Teil I der Offenlegungsregeln:*
Selbständiger Geologe (Tätigkeit ruht). Selbständiger Gastronom in den Familienbetrieben „Ratsstube" und „Die Landwirtschaft" (Tätigkeit ruht). Mitglied des Aufsichtsrats der Oberschwabenklinik gGmbH (OSK).

SCHWARZ, Andrea
Landtagsabgeordnete

Richard-Wagner-Straße 34
75038 Oberderdingen
Telefon 0711 2063-6114
andrea.schwarz@
gruene.landtag-bw.de
www.andrea-schwarz-gruene.eu

*Fraktion GRÜNE*
*Direktmandat im Wahlkreis 30*
*Bretten*

*Persönliche Angaben:*
Geboren am 21. September 1957 in Pforzheim; geschieden, drei Kinder.

*Ausbildung, Berufslaufbahn, berufliche Funktionen:*
1963 bis 1967 Grundschule in Knittlingen. 1967 bis 1973 Realschule in Knittlingen. 1973 bis 1976 Ausbildung zur medizinischen Fachangestellten. 2011 bis 2016 Wahlkreismitarbeiterin von Alexander Salomon MdL.

*Politische Funktionen:*
Seit 1994 Mitglied der Grünen. 1994 bis 2000 Mitglied des Vorstands des Ortsverbands Oberderdingen. 1998 bis 2010 Mitglied des Vorstands des Kreisverbands Karlsruhe-Land. 1999 bis 2016 Mitglied des Gemeinderats der Gemeinde Oberderdingen. Mitglied des Oberrheinrats.
Mitglied des Landtags von Baden-Württemberg seit 6. April 2016.

*Sonstige Funktionen und Mitgliedschaften:*
–

*Angaben nach Teil I der Offenlegungsregeln:*
–

SCHWARZ, Andreas
Wirtschaftsjurist
Master of Business Administration

Postplatz 7
73230 Kirchheim unter Teck
Telefon 07021 9317040
Konrad-Adenauer-Straße 12
70173 Stuttgart
Telefon 0711 2063-648
andreas.schwarz@
gruene.landtag-bw.de
www.andreas-schwarz.net

*Fraktion GRÜNE*
*Direktmandat im Wahlkreis 8*
*Kirchheim*

*Persönliche Angaben:*
Geboren am 30. August 1979 in Nürtingen; verheiratet, eine Tochter.

*Ausbildung, Berufslaufbahn, berufliche Funktionen:*
Gymnasium und Abitur in Kirchheim unter Teck. Zivildienst (Ersatzdienst) bei der Freiwilligen Feuerwehr. Studium des Wirtschaftsrechts. General-Management-Studium. Wirtschaftsjurist, Master of Business Administration. Tätigkeiten für die Landeszentrale für politische Bildung, die Robert Bosch GmbH, das Innenministerium Baden-Württemberg und den Verband Region Stuttgart. Referent für Wirtschaft und Infrastruktur beim Verband Region Stuttgart (beurlaubt seit 14. April 2011).

*Politische Funktionen:*
Jugendgemeinderat in Kirchheim unter Teck. Sprecher des Dachverbands der Jugendgemeinderäte in Baden-Württemberg. 1999 bis 2016 Stadtrat in Kirchheim unter Teck; 2006 bis 2011 Fraktionsvorsitzender der Grünen. 2004 bis 2016 Mitglied des Kreistags des Landkreises Esslingen; 2009 bis 2011 Fraktionsvorsitzender der Grünen. Mitglied des Spitzenteams der Grünen zur Landtagswahl 2011. Mitglied des Landesvorstands (Parteirats) von Bündnis 90/Die Grünen. Mitglied des Koalitionsausschusses und der Haushaltskommission.
Mitglied des Landtags von Baden-Württemberg seit 12. April 2011. Seit 10. Mai 2016 Vorsitzender der Fraktion GRÜNE. Mitglied des Präsidiums und des Ausschusses nach Art. 62 der Landesverfassung (Notparlament). Stellv. Mitglied aller Ausschüsse.

*Sonstige Funktionen und Mitgliedschaften:*
Gesellschafter der Bürgersolaranlage Jesingen. Mitglied der Teckwerke Bürgerenergie eG. Mitglied des Hochschulbunds Nürtingen-Geislingen e. V., der Europa-Union Deutschland e. V. / Kreisverband Esslingen, des Fördervereins Palliativversorgung für die Kreiskliniken Esslingen e. V., des Vereins „Bastion“, kultureller, literarischer, politischer Club e. V., des Fördervereins Schlossgymnasium Kirchheim unter Teck e. V., des Vereins der Freunde und Förderer der historischen Feuerwehrtechnik der Freiwilligen Feuerwehr Kirchheim unter Teck e. V. und des Verschönerungsvereins Kirchheim unter Teck e. V.

*Angaben nach Teil I der Offenlegungsregeln:*
Referent für Wirtschaft und Infrastruktur beim Verband Region Stuttgart (beurlaubt). Mitglied des Aufsichtsrats der Flughafen Stuttgart GmbH. Stellv. Vorsitzender des Aufsichtsrats der Baden-Württemberg Stiftung gGmbH.

DR. SCHWEICKERT, Erik
Professor für Internationale Weinwirtschaft

Wahlkreisbüro Enzkreis
Zerrennerstraße 26
75172 Pforzheim
Telefon 07231 5890953
Telefax 07231 5890954
erik.schweickert@fdp.landtag-bw.de
info@erik-schweickert.de
www.erik-schweickert.de

*Fraktion der FDP/DVP*
*Zweitmandat im Wahlkreis 44 Enz*

*Persönliche Angaben:*
Geboren am 2. Juni 1972 in Pforzheim; evangelisch, verheiratet, zwei Kinder.

*Ausbildung, Berufslaufbahn, berufliche Funktionen:*
1992 Abitur am Hilda-Gymnasium. Zivildienst beim Deutschen Roten Kreuz im Rettungsdienst des DRK-Kreisverbands Pforzheim/Enzkreis; Ausbildung zum Rettungssanitäter. 1994 bis 1998 Studium des Weinbaus und der Getränketechnologie an der Fachhochschule Wiesbaden, Campus Geisenheim; 1998 Abschluss als Diplom-Ingenieur (FH) Getränketechnologie. 1998 bis 2000 Studium der Oenologie an der Justus-Liebig-Universität Gießen; 2000 Abschluss als Diplom-Oenologe (Weinwissenschaftler). 2000 bis 2004 wissenschaftlicher Mitarbeiter von Prof. Dr. Rainer Kühl am Institut für Betriebslehre der Agrar- und Ernährungswirtschaft der Justus-Liebig-Universität und Promotionsstipendiat der Friedrich-Naumann-Stiftung. 2006 Promotion zum Doktor der Agrarwissenschaften. 2004 bis 2008 leitende Tätigkeit in verschiedenen SAP-Systemhäusern im ökonomischen Consulting und Branchenmanagement für die Wein-, Agrar- und Getränkewirtschaft (z. B. Fiducia IT AG, Karlsruhe). Seit September 2008 Professor für Internationale Weinwirtschaft an die Hochschule Geisenheim University (ehemals Hochschule RheinMain / Fachbereich Geisenheim).

*Politische Funktionen:*
Seit 1999 Gemeinderat in Niefern-Öschelbronn; seit 2004 Vorsitzender der FDP/FW-Gemeinderatsfraktion; 2004 bis 2014 2. Stellv. Bürgermeister von Niefern-Öschelbronn, seit 2014 1. Stellv. Bürgermeister von Niefern-Öschelbronn. Seit 2004 Mitglied des Kreistags des Enzkreises; seit 2017 Vorsitzender der FDP-Kreistagsfraktion. Seit 2001 Vorsitzender des FDP-Ortsverbands Niefern-Öschelbronn. Seit 2003 stellv. Vorsitzender des FDP-Kreisverbands Pforzheim/Enzkreis. Seit 2004 Mitglied des Landesvorstands der FDP Baden-Württemberg. Seit 2010 Vorsitzender des FDP-Bezirks Nordschwarzwald. 2009 bis 2013 Mitglied des 17. Deutschen Bundestages; Mitglied des Bundestagsausschusses für Ernährung, Landwirtschaft und Verbraucherschutz sowie stellv. Mitglied des Bundestagsausschusses für Wirtschaft und Technologie; verbraucherschutzpolitischer Sprecher der FDP-Bundestagsfraktion.
Mitglied des Landtags von Baden-Württemberg seit 10. April 2016. Vorsitzender des Ausschusses für Wirtschaft, Arbeit und Wohnungsbau. Mitglied des Ausschusses für Europa und Internationales. Sprecher der FDP/DVP-Fraktion für Mittelstand, Handwerk, Tourismus und Europa.

*Sonstige Funktionen und Mitgliedschaften:*
Mitglied des Kuratoriums der Stiftung Jugendfonds Enzkreis. Mitglied des Kuratoriums der Deutschen Stiftung Verbraucherschutz, Berlin. Mitglied des Verwaltungsrats des Eigenbetriebs Abwasserbeseitigung der Gemeinde Niefern-Öschelbronn. Mitglied des Verwaltungsrats des Eigenbetriebs Gemeindewerke der Gemeinde Niefern-Öschelbronn. Mitglied der berufsständischen Organisationen Bund Deutscher Oenologen e. V. (BDO), Vereinigung ehemaliger Geisenheimer (VEG) – Geisenheim Alumni Association e. V., Deutsche Landwirtschaftsgesellschaft (DLG) e. V., American Association of Wine Economists (AAWE). Mitglied in mehreren örtlichen Vereinen.

*Angaben nach Teil I der Offenlegungsregeln:*
Professor für Internationale Weinwirtschaft an der Hochschule Geisenheim University (Dienstverhältnis ruht wegen des Mandats). Wahrnehmung von Lehr- und Forschungsaufgaben an der Hochschule Geisenheim University gemäß § 32 a Abgeordnetengesetz (max. 25 % Deputat). Geschäftsführender Gesellschafter der Schweickert Consult UG (haftungsbeschränkt) (2 Stunden pro Monat). Mitglied der Verbandsversammlung des Zweckverbands Stadt- und Kreissparkasse Pforzheim Enzkreis Calw. Stellv. Mitglied des Aufsichtsrats der Enzkreis-Kliniken gGmbH. Präsident des Bundes Deutscher Oenologen e. V.

SCHWEIZER, Sarah
Rechtsanwältin

Bahnhofsplatz 3
73033 Göppingen
Sarah.Schweizer@cdu.landtag-bw.de
www.sarahschweizer.de

*Fraktion der CDU*
*Zweitmandat im Wahlkreis 10*
*Göppingen*

*Persönliche Angaben:*
Geboren am 17. Oktober 1983 in Göppingen; römisch-katholisch.

*Ausbildung, Berufslaufbahn, berufliche Funktionen:*
Grundschule in Deggingen. Gymnasium und Abitur in Geislingen an der Steige und Göppingen. 2003 bis 2009 Studium der Rechtswissenschaft in Konstanz und Berlin. 2008 bis 2010 studentische Mitarbeiterin im Berliner Büro des Bundestagsabgeordneten Klaus Riegert. 2009 Erstes Juristisches Staatsexamen. 2009 bis 2011 Rechtsreferendariat in Berlin mit Stationen im Bundeskanzleramt und in der Vertretung des Landes Baden-Württemberg bei der Europäischen Union in Brüssel. 2011 Zweites Juristisches Staatsexamen. Zulassung als Rechtsanwältin und bis 2015 in einer deutschen Großkanzlei tätig. Seit 2015 selbständige Rechtsanwältin. Seit 2020 Lehrbeauftragte für Energierecht an der Hochschule Mittweida (University of Applied Sciences).

*Politische Funktionen:*
Seit 2016 stellv. Vorsitzende des Stadtverbands Göppingen der CDU. Berufung in den Bundesfachausschuss Finanzen, Wirtschaft und Energie der CDU Deutschlands (Arbeitsgruppe Energie, Klimaschutz und Rohstoffe) und ordentliches Mitglied der Kommission Energie/Umwelt der Mittelstands- und Wirtschaftsunion der CDU. Seit 2018 Mitglied des Landesvorstands der Kommunalpolitischen Vereinigung der CDU. Seit 2019 stellv. Vorsitzende des CDU Kreisverbands Göppingen. Seit 2019 Mitglied des Göppinger Gemeinderats. Seit 2020 stellv. Kreisvorsitzende der Mittelstands- und Wirtschaftsunion MIT Göppingen. Seit 2021 Mitgliederbeauftragte der CDU Baden-Württemberg.
Mitglied des Landtags von Baden-Württemberg seit 15. April 2021. Stellv. Vorsitzende des Finanzausschusses. Mitglied des Ausschusses für Ernährung, Ländlichen Raum und Verbraucherschutz. Mitglied des Ausschusses für Europa und Internationales. Mitglied des Präsidiums. Mitglied des Notparlaments. Co-Vorsitzende des Beirats für Innovation & Digitalisierung der CDU-Landtagsfraktion.

*Sonstige Funktionen und Mitgliedschaften:*
Mitglied des Präsidiums der Forschungsstelle für Energiewirtschaft e. V. Mitglied des Rotary Clubs Göppingen. Gründungsmitglied und Vorstand des Vereins SchwabenKitz e. V. Mitglied des Wirtschaftsbeirats der Union e. V., Mitglied des Wirtschaftsrats der CDU e. V. Mitglied des Beirats des Haus-, Wohnungs- und Grundeigentümervereins Göppingen und Umgebung e. V. Mitglied der Rechtsanwaltskammer Stuttgart. Mitglied des Stiftungsrats der Stiftung Kinderheim Wieseneck.

*Angaben nach Teil I der Offenlegungsregeln:*
Rechtsanwältin und Partnerin von BW Schweizer & Kollegen Partnerschaft mbB (Rechtsanwälte, Wirtschaftsprüfer). Mitglied des Aufsichtsrats der Business-Park Göppingen GmbH. Stellv. Mitglied des Aufsichtsrats von Forst Baden-Württemberg AöR.

SCKERL, Hans-Ulrich
Geschäftsführer

Haselnussweg 12
69469 Weinheim
Telefon 06201 959089
wk@uli-sckerl.de
www.uli-sckerl.de

*Fraktion GRÜNE*
*Direktmandat im Wahlkreis 39 Weinheim*

*Persönliche Angaben:*
Geboren am 28. April 1951 in Weinheim; verheiratet, zwei Kinder.

*Ausbildung, Berufslaufbahn, berufliche Funktionen:*
Grundschule, Gymnasium und Abitur in Weinheim. Jura- und Volkswirtschaftsstudium in Heidelberg und Frankfurt. Seit 1980 selbständige und beratende Tätigkeiten in Firmen und für eine Rechtsanwaltssozietät; Geschäftsführer.

*Politische Funktionen:*
Seit 1980 Mitglied der Grünen. Seit 1984 Kreisrat im Rhein-Neckar-Kreis, 1984 bis 2011 Fraktionsvorsitzender. Seit 1999 Mitglied der Verbandsversammlung des Verbands Region Rhein-Neckar. 1989 bis 1998 Gemeinderat in Hirschberg. Seit 2004 Stadtrat in Weinheim, stellv. Fraktionsvorsitzender. 1980 bis 1990 und seit 1998 Kreisvorstand der Grünen Neckar-Bergstraße. 2001 bis 2009 Mitglied des Landesvorstands Baden-Württemberg von Bündnis 90/ Die Grünen.
Mitglied des Landtags von Baden-Württemberg seit 12. April 2006. Seit 2011 stellv. Fraktionsvorsitzender und parlamentarischer Geschäftsführer.

*Sonstige Funktionen und Mitgliedschaften:*
Mitglied des Beirats des Pilgerhauses Weinheim. 1999 bis 2010 Vorsitzender der Kommunalpolitischen Vereinigung Grüne und Alternative in den Räten von Baden-Württemberg.

*Angaben nach Teil I der Offenlegungsregeln:*
Geschäftsführende Tätigkeit für die Sozietät Dr. Zimmermann & Kollegen (derzeit beurlaubt). Mitglied des Aufsichtsrats der Stadtwerke Weinheim GmbH. Stellv. Mitglied der Aufsichtsräte der Abfallverwertungsgesellschaft des Rhein-Neckar-Kreises mbH, der GRN Gesundheitszentren Rhein-Neckar gGmbH und der Jugendeinrichtung Stift Sunnisheim gGmbH.

Gestorben am 14. Februar 2022.
Nachfolgerin: Fadime Tuncer

SEEMANN, Stefanie
Soziologin

Enzstraße 21
75417 Mühlacker
Telefon 07041 45515
Telefon mobil 0176 99628798
stefanie.seemann@
gruene.landtag-bw.de
www.stefanie-seemann.de

*Fraktion GRÜNE*
*Direktmandat im Wahlkreis 44*
*Enz*

*Persönliche Angaben:*
Geboren am 14. Mai 1959 in Mühlacker; evangelisch, verheiratet, fünf Kinder.

*Ausbildung, Berufslaufbahn, berufliche Funktionen:*
Gymnasium und Abitur in Mühlacker. 1978 bis 1980 Ausbildung zur Landschaftsgärtnerin in Großsachsenheim und Karlsruhe. 1980 bis 1981 Landschaftsgärtnerin in Calw. 1981 bis 2011 Familienphase. 2011 bis 2014 Studium Politik-, Verwaltungswissenschaften, Soziologie mit Fachschwerpunkt Soziologie an der FernUniversität in Hagen, Abschluss Bachelor Soziologie. 2013 Leitung des Wahlkreisbüros eines Bundestagsabgeordneten. 2014 bis 2016 beim Karlsruher Institut für Technologie (KIT) im Forschungsförderungsmanagement. Berufsbegleitend Studium Master Mediation an der FernUniversität in Hagen.

*Politische Funktionen:*
Mehrere Jahre Mitglied des Vorstands des Kreisverbands Pforzheim und Enzkreis und des Ortsverbands Mühlacker von Bündnis 90/Die Grünen. Seit 2009 Mitglied des Gemeinderats Mühlacker für die Liste Mensch und Umwelt (LMU).
Mitglied des Landtags von Baden-Württemberg seit 5. April 2016.

*Sonstige Funktionen und Mitgliedschaften:*
Mitglied der Gewerkschaft ver.di. Mitglied des Bundes für Umwelt und Naturschutz (BUND) e. V. Mitglied des Verkehrsclubs Deutschland (VCD) e. V. Mitglied von Mehr Demokratie e. V. Baden-Württemberg. Fördermitglied bei Greenpeace e. V. Fördermitglied bei PolizeiGrün e. V.

*Angaben nach Teil I der Offenlegungsregeln:*
Mitglied des Aufsichtsrats der Stadtwerke Mühlacker.

SEIMER, Peter
Steuerfahnder

Aidlingen-Dachtel
Telefon 0711 2063-6390
peter.seimer@gruene.landtag-bw.de
www.peter-seimer.de

*Fraktion GRÜNE*
*Direktmandat im Wahlkreis 6*
*Leonberg*

*Persönliche Angaben:*
Geboren am 19. September 1993 in Böblingen; verheiratet.

*Ausbildung, Berufslaufbahn, berufliche Funktionen:*
Gymnasium und Abitur in Holzgerlingen. 2012 bis 2015 Bachelor of Laws an der Hochschule für Verwaltung und Finanzen in Ludwigsburg. 2016 bis 2017 Finanzbeamter. 2018 bis 2021 Steuerfahnder in Stuttgart. 2020 bestandene Steuerberaterprüfung.

*Politische Funktionen:*
2015 bis 2018 Sprecher des Kreisverbands Böblingen von BÜNDNIS 90/DIE GRÜNEN. 2017 bis 2019 Mitglied des Landesvorstands von BÜNDNIS 90/DIE GRÜNEN.
Mitglied des Landtags von Baden-Württemberg seit 17. April 2021.

*Sonstige Funktionen und Mitgliedschaften:*
–

*Angaben nach Teil I der Offenlegungsregeln:*
Steueroberinspektor a. D. (Dienstverhältnis ruht wegen des Mandats).

SPERLING, Swantje
Politikwissenschaftlerin M.A.

Mozartstr. 51/1
71397 Leutenbach
Telefon 0711 2063-6400
Swantje.Sperling@
gruene.landtag-bw.de
www.swantje-sperling.de

*Fraktion GRÜNE*
*Direktmandat im Wahlkreis 15*
*Waiblingen*

*Persönliche Angaben:*
Geboren am 6. Juni 1983 in Ludwigsburg; evangelisch.

*Ausbildung, Berufslaufbahn, berufliche Funktionen:*
Gymnasium und Abitur in Remseck. 2002 Studium der Rechts- und Politikwissenschaft an der Eberhard-Karls-Universität in Tübingen.

*Politische Funktionen:*
2009 bis 2020 Mitglied des Gemeinderats der Stadt Remseck am Neckar. 2011 bis 2020 Mitglied des Kreistags des Landkreises Ludwigsburg.
Mitglied des Landtags von Baden-Württemberg seit 17. April 2021.

*Sonstige Funktionen und Mitgliedschaften:*
Mitglied bei Greenpeace e. V. Mitglied der Deutschen Lebens-Rettungs-Gesellschaft e. V. (DLRG).

*Angaben nach Teil I der Offenlegungsregeln:*
–

STAAB, Christiane
Bürgermeisterin a. D.

Rheinstraße 21
69190 Walldorf
Telefon 06227 8717231
christiane.staab@cdu.landtag-bw.de
www.christiane-staab.de

*Fraktion der CDU*
*Zweitmandat im Wahlkreis 37*
*Wiesloch*

*Persönliche Angaben:*
Evangelisch, verheiratet, vier Kinder.

*Ausbildung, Berufslaufbahn, berufliche Funktionen:*
1987 Abitur. 1992 Erstes juristisches Staatsexamen (Universität Mannheim). 1995 Zweites juristisches Staatsexamen (Landgericht Karlsruhe). 1997 bis 2010 Rechtsanwältin in Karlsruhe. 2006 bis 2011 Vorstand der Baugenossenschaft Familienheim Karlsruhe eG. 2011 bis 2021 Bürgermeisterin der Stadt Walldorf.

*Politische Funktionen:*
Seit 1997 Mitglied CDU. 1999 bis 2011 Mitglied des Gemeinderats der Stadt Karlsruhe. Seit 2014 Mitglied des Kreistags des Rhein-Neckar-Kreises. Seit 2014 Mitglied der Verbandsversammlung des Verbands Region Rhein-Neckar.
Mitglied des Landtags von Baden-Württemberg seit 12. April 2021.

*Sonstige Funktionen und Mitgliedschaften:*
Mitglied des Kuratoriums der Landeszentrale für politische Bildung Baden-Württemberg. Mitglied des Beirats für den Schülerwettbewerb des Landtags von Baden-Württemberg zur Förderung der politischen Bildung. Mitglied des Beirats der Gemeinnützigen Elternstiftung Baden-Württemberg. Mitglied des Fördervereins Hospiz Agape e. V. Mitglied des Malteser Hilfsdienstes e. V.

*Angaben nach Teil I der Offenlegungsregeln:*
Bürgermeisterin der Stadt Walldorf a. D. (Dienstverhältnis ruht wegen des Mandats). Mitglied des Beirats der Altenhilfe der Evang. Stadtmission Heidelberg gGmbH. Mitglied des Beirats der Wiedereingliederungshilfe der Evang. Stadtmission Heidelberg gGmbH. Mitglied des Rundfunkrats des Südwestrundfunks.

STÄCHELE, Willi
Minister a. D. Rechtsanwalt

Rosenstraße 39
77855 Achern
Telefon 07841 6841661

*Fraktion der CDU*
*Zweitmandat im Wahlkreis 52*
*Kehl*

*Persönliche Angaben:*
Geboren am 17. November 1951 in Rheinweiler; katholisch, verheiratet, zwei Kinder.

*Ausbildung, Berufslaufbahn, berufliche Funktionen:*
Volksschule, Gymnasium, Abitur 1970. Studium der Rechts- und Staatswissenschaften in Freiburg. Erste und Zweite juristische Staatsprüfung 1977 und 1979. Staatsanwalt in Freiburg. Beauftragter des Justizministeriums Baden-Württemberg in der Landesvertretung in Bonn. 1981 bis 1998 Bürgermeister der Stadt Oberkirch. Wiederwahl 1989 und 1997. Ab November 1998 Staatssekretär mit Kabinettsrang und Bevollmächtigter des Landes beim Bund und in Europa. Juni 2001 bis April 2005 Minister für Ernährung und Ländlichen Raum. April 2005 bis Juni 2008 Minister des Staatsministeriums und für europäische Angelegenheiten. Juni 2008 bis Mai 2011 Finanzminister.

*Politische Funktionen:*
Mitglied des Landtags von Baden-Württemberg seit 24. April 1992. Mai bis Oktober 2011 Landtagspräsident.

*Sonstige Funktionen und Mitgliedschaften:*
Mitglied des Kuratoriums des „Fördervereins für krebskranke Kinder e. V.", Freiburg.

*Angaben nach Teil I der Offenlegungsregeln:*
Selbständiger Rechtsanwalt. Mitglied des Beirats der Landeskreditbank Baden-Württemberg – Förderbank. Mitglied des Aufsichtsrats der Südwestdeutschen Salzwerke AG. Mitglied des Beirats der RAMPF Holding GmbH & Co. KG, Grafenberg.

STEIN, Udo
Kaufmann im Einzelhandel

Konrad-Adenauer-Str. 3
70173 Stuttgart
Telefon 0711 2063-5631
udo.stein@afd.landtag-bw.de
www.udostein.de

*Fraktion der AfD*
*Zweitmandat im Wahlkreis 22 Schwäbisch Hall*

*Persönliche Angaben:*
Geboren am 22. Februar 1983 in Schwäbisch Hall; verheiratet, drei Kinder.

*Ausbildung, Berufslaufbahn, berufliche Funktionen:*
Hauptschulabschluss. Anschließend Mittlere Reife. Ausbildung zum Kaufmann im Einzelhandel mit Lehrzeitverkürzung. Zehn Jahre in leitender Position in einem mittelständischen Modeunternehmen.

*Politische Funktionen:*
Sprecher des AfD-Kreisverbands Hohenlohe/Schwäbisch Hall. Seit 2019 Mitglied des Kreistags des Landkreises Schwäbisch Hall.
Mitglied des Landtags von Baden-Württemberg seit 6. April 2016.

*Sonstige Funktionen und Mitgliedschaften:*
Vorsitzender des Rehkitzrettungsvereins e. V. Mitglied des Vorstands der Gustav-von-Struve-Stiftung e. V. Mitglied des Landesjagdverbands Baden-Württemberg e. V.

*Angaben nach Teil I der Offenlegungsregeln:*
–

STEINHÜLB-JOOS, Katrin
Lehrerin, Rektorin

Illerstraße 25
70376 Stuttgart
Telefon 0152 09336951
Katrin.Steinhuelb-Joos@spd.landtag-bw.de
www.ksteinhuelbjoos-stuttgart.de

*Fraktion der SPD*
*Zweitmandat im Wahlkreis 4*
*Stuttgart IV*

*Persönliche Angaben:*
Geboren am 20. Februar 1966 in Stuttgart-Bad Cannstatt; verheiratet, drei Kinder.

*Ausbildung, Berufslaufbahn, berufliche Funktionen:*
1985 Abitur am Johannes-Kepler-Gymnasium in Bad Cannstatt. Studium an der PH Ludwigsburg für das Lehramt an Grund- und Hauptschulen. Sechs Monate Auslandsaufenthalt in Mittel- und Südamerika. 1991 bis 1992 Vorbereitungsdienst an der Steinenbergschule Hedelfingen. Ab 1992 Lehrerin an der Elise-von-König-Schule mit Werkrealschule. 1992 bis 1995 Tätigkeiten in der Lehrerbildung als Lehrbeauftragte am staatlichen Seminar für Didaktik und Lehrerbildung Nürtingen. Seit September 2009 Beförderungsstelle an der Altenburgschule mit Werkrealschule Bad Cannstatt. Mitglied im Schulleitungsteam, Koordinatorin Berufliche Orientierung, Einführung bewegungs- und sportpädagogischer Schwerpunkt. Lehrauftrag an der PH Ludwigsburg, Ausbildung der Studenten in Didaktik und Methodik des Faches Sport. 2001 bis 2012 Mentorin für Lehramtsanwärterinnen und Lehramtsanwärter. Seit 2012 Rektorin der Altenburg-Gemeinschaftsschule in Bad Cannstatt. 2013 Aufbau und Genehmigung der Ganztagesschule. 2014 Antrag und Genehmigung zur Gemeinschaftsschule. 2018 Lehrgang zum horizontalen Laufbahnwechsel zur Erweiterung der Lehrbefähigung auf Lehramt Realschule. Bis April 2021 Ausbildung der Lehramtsanwärterinnen und Lehramtsanwärter in Schulpraxis und Schulkunde.

*Politische Funktionen:*
Stellv. Mitglied des Bezirksbeirats Stuttgart-Münster. Beisitzerin im Vorstand des Ortsvereins Mühlhausen/Münster der SPD Stuttgart. Listenplatz 8 bei den Gemeinderatswahlen 2019.
Mitglied des Landtags von Baden-Württemberg seit 14. April 2021.

*Sonstige Funktionen und Mitgliedschaften:*
Seit 28 Jahren Mitglied der Gewerkschaft Erziehung und Wissenschaft. Seit 40 Jahren Mitglied des Turnvereins Cannstatt 1846 e. V. Übungsleiterlizenz Fechten. Mitglied des Vereins für Gemeinschaftsschulen in Baden-Württemberg e. V.

*Angaben nach Teil I der Offenlegungsregeln:*
Rektorin der Altenburg-Gemeinschaftsschule (Dienstverhältnis ruht wegen des Mandats).

STEYER, Joachim
Gas- und Wasserinstallateurmeister

Urbanstraße 32
70182 Stuttgart
Telefon 0160 99369984
joachim.steyer@afd.landtag-bw.de
www.joachim-steyer.de

*Fraktion der AfD*
*Zweitmandat im Wahlkreis 61*
*Hechingen-Münsingen*

*Persönliche Angaben:*
Geboren am 9. April 1966 in Bremen; verheiratet, vier Kinder.

*Ausbildung, Berufslaufbahn, berufliche Funktionen:*
1982 Mittlere Reife an der Gesamtschule Bremen-West. 1982 bis 1986 Ausbildung zum Gas- und Wasserinstallateur und Klempner. 1986 bis 1987 Grundwehrdienst bei der Marine. 1988 bis 1991 Facharbeiter in Hechingen. 1991 erfolgreiche Prüfung zum Gas- und Wasserinstallateurmeister. Seit 1992 selbstständiger Gas- und Wasserinstallateurmeister in Burladingen.

*Politische Funktionen:*
Seit 2015 Mitglied der Alternative für Deutschland. Seit 2018 Sprecher des AfD-Ortsverbands Burladingen. Seit 2019 Beisitzer im Vorstand des AfD-Kreisverbands Zollernalb. Seit 2019 Mitglied des Gemeinderats von Burladingen; Vorsitzender der AfD-Fraktion.
Mitglied des Landtags von Baden-Württemberg seit 15. April 2021.

*Sonstige Funktionen und Mitgliedschaften:*
–

*Angaben nach Teil I der Offenlegungsregeln:*
Selbstständiger Gas- und Wasserinstallateurmeister.

STOCH, Andreas
Rechtsanwalt

Wahlkreisbüro
Bergstr. 8
89518 Heidenheim
Telefon 07321 40080
andreas.stoch@spd.landtag-bw.de
www.andreas-stoch.de

*Fraktion der SPD*
*Zweitmandat im Wahlkreis 24 Heidenheim*

*Persönliche Angaben:*
Geboren am 10. Oktober 1969 in Heidenheim; evangelisch, verheiratet, vier Kinder.

*Ausbildung, Berufslaufbahn, berufliche Funktionen:*
1989 Abitur am Margarete-Steiff-Gymnasium in Giengen. Zivildienst bei der Arbeiterwohlfahrt. 1990 bis 1995 Studium der Rechtswissenschaften in Tübingen und Heidelberg. Erste juristische Staatsprüfung, anschließend Referendariat am Landgericht Ellwangen. 1997 Zweite juristische Staatsprüfung. 1998 bis 2013 selbständig tätig als Rechtsanwalt in Heidenheim (Anwaltstätigkeit ruht seit Januar 2013). Januar 2013 bis Mai 2016 Minister für Kultus, Jugend und Sport des Landes Baden-Württemberg.

*Politische Funktionen:*
Seit November 2018 Vorsitzender der SPD Baden-Württemberg. Mitglied des Vorstands der Sozialdemokratischen Partei Deutschlands. Mitglied des Kreistags des Landkreises Heidenheim.
Mitglied des Landtags von Baden-Württemberg seit 1. April 2009. Mai 2011 bis Januar 2013 Parlamentarischer Geschäftsführer der SPD-Landtagsfraktion. Seit Mai 2016 Vorsitzender der SPD-Landtagsfraktion.

*Sonstige Funktionen und Mitgliedschaften:*
Mitglied des Kuratoriums der Kinderturnstiftung Baden-Württemberg. Mitglied des Kuratoriums und des Beirats Baden-Württemberg der Stiftung Haus der kleinen Forscher. Mitglied des Kuratoriums der Internationalen Bachakademie Stuttgart. Vorsitzender des Vereins G-Recht e. V. Mitglied des Beirats des BBU '01 e. V. (Ulmer Basketball).
Mitgliedschaften: Arbeiterwohlfahrt e. V., Anwaltverein Heidenheim e. V., Verein Freie Waldorfschule Heidenheim e. V., LERNEN FÖRDERN – Verein zur Förderung Lernbehinderter Stadt und Kreis Heidenheim e. V., Interessengemeinschaft Kaltenburg e. V., Förderverein Schloss Brenz e. V., Rotary-Club Heidenheim-Giengen, Bürgerverein „Unsere Voithsiedlung" e. V., Brenzpark e. V. und verschiedene Organisationen und Vereine in Stadt und Kreis Heidenheim.

*Angaben nach Teil I der Offenlegungsregeln:*
Selbständiger Rechtsanwalt (Anwaltstätigkeit ruht). Mitglied des Verwaltungsrats des Südwestrundfunks. Mitglied des Aufsichtsrats der SWR Media Services GmbH. Mitglied des Beirats Süd der SV SparkassenVersicherungen. Mitglied des Verwaltungsrats der Kreissparkasse Heidenheim. Mitglied des Politischen Beirats des Wirtschaftsforums der SPD e. V.

STORZ, Hans-Peter
Religionslehrer

Mägdebergstr. 12
78224 Singen
Telefon 07731 3193333
info@hans-peter-storz.de
www.hans-peter-storz.de

*Fraktion der SPD*
*Zweitmandat im Wahlkreis 57*
*Singen*

*Persönliche Angaben:*
Geboren am 21. Januar 1960 in Tuttlingen; verheiratet, zwei Kinder.

*Ausbildung, Berufslaufbahn, berufliche Funktionen:*
Grundschule Irndorf. Gymnasium und Abitur in Sigmaringen. Zivildienst. 1981 bis 1987 Studium Latein und Theologie in München und Freiburg. 1987 bis 1990 Erzieher im Studienheim St. Konrad in Konstanz. 1990 bis 1993 Pastoralassistent in Kehl und St. Georgen. 1993 bis 2011 Pastoralreferent in Singen. 2011 bis 2016 Landtagsabgeordneter. Seit 2016 Religionslehrer an der Berufsschule.

*Politische Funktionen:*
Seit 2009 Mitglied des Gemeinderats der Stadt Singen. Seit 2014 Mitglied des Kreistags des Landkreises Konstanz.
Mitglied des Landtags von Baden-Württemberg von 2011 bis 2016 und seit 14. April 2021.

*Sonstige Funktionen und Mitgliedschaften:*
Vorsitzender des Stadt-Turnvereins Singen 1883 e.V. Mitglied des Vereins zur Förderung des Kulturzentrums Gems im Kreuz e.V. Vorstand der Initiative „Stolpersteine für Singen“. Mitglied des Vorstands des Fördervereins Stadtpark Singen e.V. Mitglied des Vorstands des Otto-Sauter-Hilfsfonds e.V.

*Angaben nach Teil I der Offenlegungsregeln:*
Angestellter Religionslehrer der Erzdiözese Freiburg (5 Stunden Religionsunterricht an einer beruflichen Schule).

STURM, Andreas
Studienrat

Bgm.-Ewald-Butz-Str. 5
68809 Neulußheim
Telefon 06205 9799534
Telefon mobil 01520 6064170
sturm@andreas-sturm.com
www.andreas-sturm.com

*Fraktion der CDU*
*Zweitmandat im Wahlkreis 40*
*Schwetzingen*

*Persönliche Angaben:*
Geboren am 18. September 1986 in Speyer; evangelisch, verheiratet.

*Ausbildung, Berufslaufbahn, berufliche Funktionen:*
Grundschule in Neulußheim. Realschule in Hockenheim. Gymnasium und Abitur in Speyer. 2007 bis 2013 Studium der Fächer Englisch und Evangelische Theologie an der Johannes-Gutenberg-Universität in Mainz; Erstes Staatsexamen. Studienaufenthalt an der Universität Cambridge (UK) mit der Absolvierung des „Honours Programme" am „Institute of Continuing Education" im Bereich „Shakespeare und Literatur". Studienaufenthalt an der Universität Winchester. 2013 bis 2015 Referendariat am Studienseminar Heppenheim; Zweites Staatsexamen. 2015 bis 2017 angestellter Lehrer an der Karl-Kübel-Schule (Berufsschule) und der Albertus-Magnus-Schule (Gymnasium) in Viernheim. 2017 bis 2021 Studienrat an der Albertus-Magnus-Schule Viernheim. 2019 Abordnung an das Hessische Kultusministerium. 2019 bis 2021 Abordnung an die Hessische Lehrkräfteakademie.

*Politische Funktionen:*
Seit 2001 Mitglied der Jungen Union. Seit 2002 Mitglied der CDU. 2007 bis 2013 Mitglied des Kreisvorstands der Jungen Union Rhein-Neckar. Seit 2009 Mitglied des Gemeinderats der Gemeinde Neulußheim. 2010 bis 2016 Kreisgeschäftsführer der Kommunalpolitischen Vereinigung (KPV) der CDU Rhein-Neckar. 2011 bis 2016 Vorsitzender der Jungen Union Hockenheim-Reilingen-Altlußheim-Neulußheim (HoRAN); seitdem Ehrenvorsitzender. Seit 2012 Vorsitzender der CDU Neulußheim. Seit 2019 Zweiter Bürgermeisterstellvertreter der Gemeinde Neulußheim. Mitglied der Verbandsversammlung des Zweckverbands Lußheim.
Mitglied des Landtags von Baden-Württemberg seit 14. April 2021.

*Sonstige Funktionen und Mitgliedschaften:*
Altstipendiat der Konrad-Adenauer-Stiftung e. V. Fußballschiedsrichter (Kreis Mannheim). Mitglied der Deutschen Shakespeare-Gesellschaft e. V. Mitglied der „Friends of Madingley Hall", Universität Cambridge. Ehrenamtlicher Vorsitzender des „International Advisory Board" und Mitglied des „Board of Directors" des Marco Island Shakespeare Festival, Inc. und des Naples Shakespeare Festival, Inc., Florida. Deutsche Sinatra Society e. V. Mitglied in zahlreichen sozialen, kulturellen und sportlichen Vereinen.

*Angaben nach Teil I der Offenlegungsregeln:*
Studienrat (beurlaubt). Autor.

TEUFEL, Stefan
Betriebswirt GA, Industriekaufmann
Landtagsabgeordneter

Hansjakobstraße 20
78658 Zimmern ob Rottweil
Telefon 0711 2063-977
Telefax 0711 2063-14977
stefan.teufel@cdu.landtag-bw.de
www.stefanteufel.de

*Fraktion der CDU*
*Direktmandat im Wahlkreis 53 Rottweil*

*Persönliche Angaben:*
Geboren am 20. Mai 1972 in Rottweil a. N.; römisch-katholisch, verheiratet, drei Kinder.

*Ausbildung, Berufslaufbahn, berufliche Funktionen:*
Fachhochschulreife. Ausbildung zum Industriekaufmann. Studium zum Betriebswirt (GA). 1996 bis 2000 Tätigkeit bei der AOK Baden-Württemberg. 2000 bis 2013 Abteilungsleiter Controlling/Unternehmensentwicklung bei der Betriebskrankenkasse Gesundheit. 2014 bis November 2018 Leiter Stabsbereich bei der DAK-Gesundheit. April 2019 bis Dezember 2020 Mitarbeiter bei der CareLutions GmbH in Stuttgart.

*Politische Funktionen:*
1990 Eintritt in die Junge Union. 1990 bis 1997 Vorsitzender der Jungen Union Ortsverband Zimmern. 1994 bis 2001 Kreisvorsitzender der Jungen Union Rottweil. 2001 bis 2005 Vorsitzender des CDU-Ortsverbands Zimmern o. R. Seit 2005 Vorsitzender des CDU-Kreisverbands Rottweil. 1999 bis 2019 Mitglied des Kreistags des Landkreises Rottweil.
Mitglied des Landtags von Baden-Württemberg seit 12. April 2006. Stellv. Vorsitzender der CDU-Landtagsfraktion. Vorsitzender des Arbeitskreises Soziales und Integration der CDU-Landtagsfraktion. Mai 2011 bis März 2015 stellv. Vorsitzender des Ausschusses für Arbeit und Sozialordnung, Familie, Frauen und Senioren. November 2009 bis Dezember 2010 Obmann der CDU-Landtagsfraktion in der Enquetekommission „Fit fürs Leben in der Wissensgesellschaft – berufliche Schulen, Aus- und Weiterbildung".

*Sonstige Funktionen und Mitgliedschaften:*
–

*Angaben nach Teil I der Offenlegungsregeln:*
–

TOK, Tayfun
Betriebswirt

Bei der Bergkelter 16
71711 Murr
Telefon 0711 2063-6410
Tayfun.Tok@gruene.landtag-bw.de
www.tayfun-tok.de

*Fraktion GRÜNE*
*Direktmandat im Wahlkreis 14*
*Bietigheim-Bissingen*

*Persönliche Angaben:*
Geboren am 16. Mai 1986 in Ludwigsburg; muslimisch, verheiratet, ein Kind.

*Ausbildung, Berufslaufbahn, berufliche Funktionen:*
Haupt- und Werkrealschule in Steinheim an der Murr. 2006 Abitur am Wirtschaftsgymnasium in Ludwigsburg. 2006 bis 2011 Studium der Politischen Ökonomie und Geschichte; Erstes Staatsexamen. Anschließend 2013 Weiterbildung zum Geprüften Betriebswirt (IHK). Bis zur Wahl in den Landtag bei einer gesetzlichen Krankenkasse im Bereich der betrieblichen Gesundheitsförderung angestellt.

*Politische Funktionen:*
Mitglied bei Bündnis 90/Die Grünen. 2006 bis 2007 Sprecher der Grünen Jugend Ludwigsburg. 2008 bis 2010 Vizepräsident des Studierendenparlaments der Justus-Liebig-Universität Gießen. Seit 2014 Mitglied des Gemeinderats der Gemeinde Murr. Mitglied des Landtags von Baden-Württemberg seit 13. April 2021.

*Sonstige Funktionen und Mitgliedschaften:*
–

*Angaben nach Teil I der Offenlegungsregeln:*
–

TRAUSCHEL, Alena
Studentin der Volkswirtschaftslehre

Konrad-Adenauer-Str. 3
70173 Stuttgart
Telefon 0151 26367296
alena.trauschel@fdp.landtag-bw.de
www.alena-trauschel.de

*Fraktion der FDP/DVP*
*Zweitmandat im Wahlkreis 31*
*Ettlingen*

*Persönliche Angaben:*
Geboren am 14. Februar 1999 in Bobingen; ledig, keine Kinder.

*Ausbildung, Berufslaufbahn, berufliche Funktionen:*
Grundschule Ettlingen-Oberweier. Albertus-Magnus-Gymnasium Ettlingen; 2017 Abschluss Abitur. 2018 bis 2019 Studium International IT Business an der Hochschule für Technik und Wirtschaft, Karlsruhe. Seit 2019 Studium der Volkswirtschaftslehre und Politikwissenschaft an der Ruprecht-Karls-Universität Heidelberg.

*Politische Funktionen:*
Seit 2018 Kreisvorsitzende der Jungen Liberalen Karlsruhe-Land e. V. 2019 bis 2020 Beisitzerin für Programmatik im Landesvorstand der Jungen Liberalen Baden-Württemberg. 2019 bis Mai 2021 Beisitzerin im Bundesvorstand der Jungen Liberalen (JuLis). Seit 2020 stellv. Ortsvorsitzende der FDP Ettlingen. Seit 2020 Beisitzerin im Landesvorstand der Liberalen Frauen (LiF). Mitglied des Landtags von Baden-Württemberg seit 14. April 2021.

*Sonstige Funktionen und Mitgliedschaften:*
Europa-Union, Junge Europäische Föderalisten (JEF), IG Metall, Junge Transatlantiker, Junge Liberale (JuLis), Liberale Hochschulgruppen (LHG), Liberale Frauen (LiF), Gesellschaft der Freunde des Badischen Staatstheaters e. V.

*Angaben nach Teil I der Offenlegungsregeln:*
–

TUNCER, Fadime
Politologin

Wahlkreisbüro
Hauptstraße 23
69469 Weinheim
Telefon 0173 8468402
Fadime.Tuncer@gruene.landtag-bw.de
www.fadimetuncer.de

*Fraktion GRÜNE*
*Nachfolgerin im Direktmandat*
*im Wahlkreis 39*
*Weinheim*

*Persönliche Angaben:*
Geboren am 8. August 1969 in Sivas; verheiratet, zwei Kinder.

*Ausbildung, Berufslaufbahn, berufliche Funktionen:*
Grundschule, Gymnasium und Abitur in Mannheim. Studium Politische Wissenschaft (Hauptfach), Soziologie (Nebenfach) und Rechtswissenschaft (Nebenfach) mit Schwerpunkt Öffentliches Recht an der Universität Heidelberg mit dem Abschluss Magistra Artium (M.A.). 2005 bis 2006 Leitung des Bürgermeisterwahlkampfs von Hansjörg Höfer in Schriesheim. 2006 Beratung des Bürgermeisteramtes Schriesheim: „Grundsätzliche Einführung und Umfang von Public Private Partnership, Ganztagesschule und Interkommunale Zusammenarbeit". 2006 Autorenbeitrag „Grundwissen Europäische Union – die wichtigsten Institutionen im Überblick" für die Reihe RAAbits Politik für Berufliche Schulen bei der Raabe Verlags-GmbH. Bis 2010 Kommunikation und Projektleitung der umwelt.plus.karte. 2010 bis 2022 Wahlkreisreferentin im Büro des Landtagsabgeordneten Uli Sckerl.

*Politische Funktionen:*
Seit 2009 Mitglied der Grünen. Seit 2009 Kreis- und Gemeinderätin. 2010 bis 2013 Beisitzerin im Vorstand des Kreisverbands Neckar-Bergstraße der Grünen. Seit 2013 Geschäftsführende Vorsitzende des Kreisverbands Neckar-Bergstraße der Grünen. Seit 2014 stellv. Vorsitzende der Grünen Fraktion im Kreistag des Rhein-Neckar-Kreises. Seit 2018 Vorsitzende des Ortsverbands Schriesheim der Grünen. Seit 2019 Vertretung der Stadt Schriesheim im Nachbarschaftsverband Heidelberg-Mannheim (Verbandsversammlung). Seit 2019 Erste Bürgermeisterstellvertreterin der Stadt Schriesheim.
Mitglied des Landtags von Baden-Württemberg seit 21. Februar 2022.

*Sonstige Funktionen und Mitgliedschaften:*
2010 bis 2022 ehrenamtliche Richterin am Sozialgericht Mannheim. Mitglied der Steuerungsgruppe Fairtrade-Stadt Schriesheim. Mitglied bei Amnesty International Gruppe Ladenburg-Schriesheim. Mitglied bei MetropolSolar Rhein-Neckar e. V.

*Angaben nach Teil I der Offenlegungsregeln:*
Mitglied des Aufsichtsrats der WVE Wasserversorgungs- und -entsorgungsgesellschaft Schriesheim mbH. Mitglied des Aufsichtsrats der AVR Umwelt-Service GmbH. Mitglied des Aufsichtsrats der AVR BioTerra GmbH & Co. KG.

Eingetreten am 21. Februar 2022
für den verstorbenen Abg. Hans-Ulrich Sckerl.

VOGT, Tobias
Unternehmer, Kfz-Technikermeister
und Betriebswirt M.A.

Kaiserstr. 27
74366 Kirchheim am Neckar
Telefon 07142 46969-0
Telefax 07142 46969-280
mail@tobias-vogt.de
www.tobias-vogt.de

*Fraktion der CDU*
*Zweitmandat im Wahlkreis 14*
*Bietigheim-Bissingen*

*Persönliche Angaben:*
Geboren am 11. Juni 1985 in Heilbronn; evangelisch, verheiratet, zwei Kinder.

*Ausbildung, Berufslaufbahn, berufliche Funktionen:*
1991 bis 2000 Grund- und Hauptschule mit Werkrealschule; Hauptschulabschluss. 2000 bis 2003 Ausbildung zum Kfz-Mechaniker (Carl-Schaefer-Schule Ludwigsburg); Abschluss als Kfz-Mechaniker-Geselle mit Gesellenbrief. 2006 bis 2008 Ausbildung zum Kfz-Techniker-Meister (Abendschule Wilhelm-Maybach-Schule Heilbronn); Abschluss als Kfz-Techniker-Meister mit Meisterbrief. 2010 bis 2016 berufsbegleitendes betriebswirtschaftliches Bachelor of Arts Studium (Hochschule für Wirtschaft und Umwelt Nürtingen-Geislingen); Abschluss als Betriebswirt Bachelor of Arts B.A. 2016 bis 2018 berufsbegleitendes Master of Arts Studium Automobilwirtschaft – Automotive Management (Hochschule für Wirtschaft und Umwelt Nürtingen-Geislingen); Abschluss als Master of Arts M.A. Seit 2000 Gesellschafter der Autozentrum Vogt GmbH & Co. KG, Bönnigheim. Seit 2013 Gesellschafter der FAVO Holding OHG, Bönnigheim. Seit 2014 Gesellschafter der SEVO Automobile GmbH & Co. OHG, Kirchheim/Neckar. Seit 2016 Gesellschafter der FAVO Holding GmbH, Bönnigheim. Seit 2016 Gesellschafter der Autosolutions GmbH & Co. KG, Kirchheim/Neckar. Seit 2017 Gesellschafter der SEVO Automobile Vaihingen GmbH & Co. KG, Vaihingen/Enz. Seit 2018 Gesellschafter der FAVO GmbH & Co. KG, Bönnigheim.

*Politische Funktionen:*
Seit 2008 Mitglied der CDU. Seit 2020 Mitglied der MIT (Mittelstands- und Wirtschaftsunion). Seit 2021 stellv. Vorsitzender der MIT Kreisverband Ludwigsburg. Seit 2021 Mitglied des Wirtschaftsrats der CDU e. V. Seit 2019 Mitglied des Gemeinderats der Gemeinde Kirchheim am Neckar.
Mitglied des Landtags von Baden-Württemberg seit 12. April 2021.

*Sonstige Funktionen und Mitgliedschaften:*
Mitglied des Skiclubs Kirchheim/Neckar e. V. Mitglied des Fördervereins Kirchheimer Pflege-WG e. V. Mitglied der Schutzgemeinschaft Kirchheimer Steillagen e. V.

*Angaben nach Teil I der Offenlegungsregeln:*
–

WAHL, Florian
Landtagsabgeordneter

Sindelfinger Straße 8
71032 Böblingen
info@florian-wahl.de
www.florian-wahl.de

*Fraktion der SPD*
*Zweitmandat im Wahlkreis 5*
*Böblingen*

*Persönliche Angaben:*
Geboren am 7. Juni 1984 in Stuttgart; evangelisch.

*Ausbildung, Berufslaufbahn, berufliche Funktionen:*
2004 Abitur in Böblingen. Studium der Politikwissenschaften und Anglistik an der Universität Tübingen und an der National University Maynooth in Irland; Staatsexamen. 2008 bis 2010 parlamentarischer Mitarbeiter der Abgeordneten Stephan Braun und Birgit Kipfer. Seit 1. Januar 2010 parlamentarischer Mitarbeiter des Abgeordneten Tobias Brenner. 2011 bis 2016 Mitglied des Landtags von Baden-Württemberg. Seit Januar 2017 Leiter der Stabsstelle Kommunikation und Politik der Kassenzahnärztlichen Vereinigung Baden-Württemberg (Arbeitsvertrag ruht seit April 2021).

*Politische Funktionen:*
Seit 2002 Mitglied der SPD. Seit 2004 Mitglied des Gemeinderats der Stadt Böblingen; seit 2014 Vorsitzender der SPD- Fraktion. 2009 bis 2014 Mitglied des Kreistags des Landkreises Böblingen. Viele Jahre Mitglied des Vorstands des SPD-Kreisverbands Böblingen. Bis 2011 Präside des Landesausschusses der Jusos Baden-Württemberg. 2011 bis 2018 Vorsitzender des SPD-Stadtverbands Böblingen. Seit 2018 Mitglied des Landesvorstands der SPD Baden-Württemberg.
Mitglied des Landtags von Baden-Württemberg von 2011 bis 2016 und seit 13. April 2021.

*Sonstige Funktionen und Mitgliedschaften:*
Mehrere Jahre verschiedene Funktionen im Evangelischen Jugendwerk Bezirk Böblingen sowie des Stadtjugendrings Böblingen e. V. 2013 Wahl in die Landessynode der Evangelischen Landeskirche in Württemberg. Seit 2016 Mitglied des Kirchengemeinderats der Stadtkirche Böblingen. 2016 bis 2019 Vorsitzender der Familienbildungsstätte „Haus der Familie Sindelfingen-Böblingen e. V.“. 2018 Mitgründer des Hospizvereins Region Böblingen/Sindelfingen e. V.; stellv. Vorsitzender. 2011/2012 Teilnehmer am Young-Leaders-Programm des deutschamerikanischen Netzwerks Atlantik-Brücke e. V. Mitglied bei ver.di, der Sportvereinigung Böblingen e. V. und weiteren Vereinen.

*Angaben nach Teil I der Offenlegungsregeln:*
Leiter der Stabsstelle Kommunikation und Politik der Kassenzahnärztlichen Vereinigung Baden-Württemberg (Arbeitsvertrag ruht). Mitglied des Aufsichtsrats der Böblinger Baugesellschaft mbH.

WALD, Tobias
Bankkaufmann,
Diplom-Betriebswirt (FH)

Wahlkreisbüro
Ooser Bahnhofstr. 23
76532 Baden-Baden
Telefon 07221 9710086
Telefax 07221 9710031
post@tobiaswald.de
www.tobiaswald.de

*Fraktion der CDU*
*Zweitmandat im Wahlkreis 33*
*Baden-Baden*

*Persönliche Angaben:*
Geboren am 26. August 1973 in Bühl/Baden; römisch-katholisch, verheiratet.

*Ausbildung, Berufslaufbahn, berufliche Funktionen:*
Grund- und Hauptschule in Ottersweier. Wirtschaftsgymnasium mit fachgebundener Hochschulreife in Bühl. Grundwehrdienst beim 4./ABC Abwehrbataillon 750 in Bruchsal. Ausbildung zum Bankkaufmann und Finanzassistenten. Berufsbegleitendes Studium zum Diplom-Betriebswirt (FH). Handlungsbevollmächtigter bei der Volksbank Baden-Baden/Rastatt eG (bis April 2014). Mitarbeiter der DZ BANK AG Deutsche Zentral-Genossenschaftsbank.

*Politische Funktionen:*
Seit 1991 Mitglied der Jungen Union und der CDU. 1991 bis 1999 Vorsitzender der Jungen Union Ottersweier. 1993 bis 1996 Vorsitzender der Jungen Union Kreisverband Rastatt. 1998 bis 2003 Mitglied des Landesvorstands der Jungen Union Baden-Württemberg. Seit 1997 Mitglied des Vorstands des CDU-Kreisverbands Rastatt. Seit 2001 Mitglied des Vorstands des CDU-Bezirksverbands Nordbaden. Mitglied des Sektionsvorstands des Wirtschaftsrats der CDU e. V., Sektion Baden-Baden/Rastatt. Seit 1999 Gemeinderat der Gemeinde Ottersweier, seit 2009 stellv. Vorsitzender der CDU-Fraktion.
Mitglied des Landtags von Baden-Württemberg seit 11. April 2011. Mitglied des Finanz- und des Wirtschaftsausschusses.

*Sonstige Funktionen und Mitgliedschaften:*
Präsident des Blasmusikverbands Mittelbaden. Mitglied des Beirats der Stiftung „Singen mit Kindern". Stellv. Mitglied des Verwaltungsrats des Badischen Staatstheaters Karlsruhe. Stellv. Mitglied des Kuratoriums der Steinbeis-Stiftung für Wirtschaftsförderung (StW).

*Angaben nach Teil I der Offenlegungsregeln:*
Mitarbeiter der DZ BANK AG Deutsche Zentral-Genossenschaftsbank. Mitglied des Aufsichtsrats der Baugenossenschaft Familienheim Baden-Baden eG. Mitglied des Aufsichtsrats der Entwicklungsgesellschaft Cité mbH, Baden-Baden. Mitglied des Aufsichtsrats der FGS Fleischerei- & Gastronomie-Service Baden eG. Mitglied des Rundfunkrats des Südwestrundfunks. Mitglied des Präsidiums des Siedlungswerks Baden e. V.

WALDBÜßER, Armin
Selbstständiger Kaufmann

Gartenstraße 8
74182 Obersulm-Willsbach
Telefon 07134 3246
Telefax 07134 14053
Armin.Waldbuesser@
gruene.landtag-bw.de

*Fraktion GRÜNE*
*Direktmandant im Wahlkreis 20*
*Neckarsulm*

*Persönliche Angaben:*
Geboren am 21. Oktober 1960 in Heilbronn-Sontheim; Vater eines Sohnes.

*Ausbildung, Berufslaufbahn, berufliche Funktionen:*
Grund- und Hauptschule Obersulm-Willsbach. Gewerblich-Technische Berufsfachschule Öhringen. Berufskolleg I und II in Heilbronn-Böckingen. Evangelische Fachschule für Sozialpädagogik Schwäbisch-Hall; Ausbildung zum staatlich anerkannten Erzieher. 1985 bis 1992 Jugendhaus Forum, Schwäbisch Hall. Ab Dezember 1991 selbstständiger Kaufmann in Obersulm-Willsbach im Bioladen Runkelrübe Naturkost.

*Politische Funktionen:*
Seit 1983 Mitglied bei den GRÜNEN. Seit 1984 Mitglied des Gemeinderats der Gemeinde Obersulm. Seit 1986 Ortschaftsrat in Obersulm-Willsbach. Seit 1989 Mitglied des Kreistags des Landkreises Heilbronn. Seit 2004 Mitglied der Verbandsversammlung des Regionalverbands Heilbronn-Franken. Seit 2009 ehrenamtlicher Ortsvorsteher von Obersulm-Willsbach.
Mitglied des Landtags von Baden-Württemberg seit 14. April 2021.

*Sonstige Funktionen und Mitgliedschaften:*
Seit 2009 1. Vorsitzender des Turn- und Sportvereins Willsbach e.V. Mitglied des BUND (Bund für Umwelt und Naturschutz Deutschland) und des NABU (Naturschutzbund Deutschland) und in verschiedenen örtlichen Vereinen.

*Angaben nach Teil I der Offenlegungsregeln:*
Selbstständiger Kaufmann (Inhaber des Bioladens Runkelrübe Naturkost in Obersulm-Willsbach). Mitglied der Vertreterversammlung der Volksbank Sulmtal eG.

WALKER, Thekla
Naturpädagogin

Hermann-Kurz-Straße 19
70192 Stuttgart
Telefon 0711 2063-6116
Telefax 0711 2063-146116
Wahlkreisbüro
Marktplatz 29
71032 Böblingen
Telefon 07031 221827
Thekla.Walker@gruene.landtag-bw.de
www.thekla-walker.de

*Fraktion GRÜNE*
*Direktmandat im Wahlkreis 5 Böblingen*

*Persönliche Angaben:*
Geboren am 28. März 1969 in Dülmen (Münsterland); verheiratet, zwei Kinder.

*Ausbildung, Berufslaufbahn, berufliche Funktionen:*
Ausbildung: 1988 Abitur an der Urspringschule in Schelklingen. 1989 bis 1997 Studium der Geschichte und Amerikanistik an der Eberhard-Karls-Universität Tübingen (ohne Abschluss). 2002 bis 2003 berufsbegleitende Weiterbildung zur Naturpädagogin an der Naturschule Freiburg. 2003 bis 2006 berufsbegleitende Weiterbildung an der Freien Hochschule Stuttgart, Seminar für Waldorfpädagogik. Berufslaufbahn: 1993 bis 1999 Mitarbeiterin im Haus der Geschichte Baden-Württemberg. 2002 bis 2003 Beauftragte der Stadt Göppingen für das Städtebauprojekt NEUE MITTE. 2005 bis 2008 Referentin für Presse- und Öffentlichkeitsarbeit beim Bund der Freien Waldorfschulen in Deutschland. Seit 2009 freie Dozentin für Naturpädagogik an der Dualen Hochschule Baden-Württemberg, Stuttgart (DHBW) sowie an der Württembergischen Verwaltungs- und Wirtschaftsakademie (VWA). 2011 bis 2016 Landesvorsitzende von BÜNDNIS 90/DIE GRÜNEN Baden-Württemberg.

*Politische Funktionen:*
2009 bis 2014 Stadträtin in Stuttgart. 2011 bis 2016 Landesvorsitzende von BÜNDNIS 90/DIE GRÜNEN Baden-Württemberg.
Mitglied des Landtags von Baden-Württemberg seit 10. April 2016.

*Sonstige Funktionen und Mitgliedschaften:*
Mitglied des Verwaltungsrats der Württembergischen Staatstheater Stuttgart. Vorsitzende des Förderkreises Stuttgarter Apfelsaft – Ökologischer Streuobstbau in Stuttgart e. V. (ehrenamtlich).

*Angaben nach Teil I der Offenlegungsregeln:*
Ministerin für Umwelt, Klima und Energiewirtschaft. Mitglied des Aufsichtsrats der Baden-Württembergischen Bank. Mitglied des Kuratoriums des Zweckverbands Flugfeld Böblingen/Sindelfingen. Mitglied des Verwaltungsrats der Verbraucherzentrale Baden-Württemberg e. V. (ehrenamtlich).

WEBER, Jonas
Landtagsabgeordneter

Wahlkreisbüro
Kapellenstr. 17
76437 Rastatt
Telefon 07222 787499
Telefax 07222 787506
Jonas.Weber@spd.landtag-bw.de
www.jonas-nicolas-weber.de

*Fraktion der SPD*
*Zweitmandat im Wahlkreis 32*
*Rastatt*

*Persönliche Angaben:*
Geboren am 26. Juli 1982 in Schwäbisch Gmünd, aufgewachsen in Rastatt.

*Ausbildung, Berufslaufbahn, berufliche Funktionen:*
Hans-Thoma-Grundschule, Rastatt. Ludwig-Wilhelm-Gymnasium, Rastatt; Abitur. Studium in Heidelberg (Politische Wissenschaft, Mittlere und Neuere Geschichte und Öffentliches Recht). 2005 bis 2007 während des Studiums Werkstudent bei der Daimler AG. Büroleiter beim SPD-Landtagsabgeordneten Ernst Kopp, Mitarbeit im Wahlkreisbüro der Bundestagsabgeordneten Gabriele Katzmarek. 2016 bis 2018 wissenschaftlicher Mitarbeiter der SPD-Gemeinderatsfraktion Karlsruhe.

*Politische Funktionen:*
Seit 1999 Mitglied der SPD; zunächst engagiert bei den Jusos sowie im Ortsverein Rastatt der SPD. Seit 2007 Vorsitzender des SPD-Kreisverbands Rastatt/Baden-Baden. Seit 2009 Mitglied des Kreistags des Landkreises Rastatt; seit der Wiederwahl 2014 Vorsitzender der SPD-Kreistagsfraktion. Seit 2018 Mitglied des Gemeinderats der Stadt Rastatt.
Mitglied des Landtags von Baden-Württemberg seit 1. September 2018.

*Sonstige Funktionen und Mitgliedschaften:*
Mitgliedschaft in Vereinen (z. B. Förderverein tête-à-tête Rastatt e. V., Förderverein Unimog-Museum e. V., Initiative Stolpersteine Rastatt e. V.). Mitglied der IG Metall.

*Angaben nach Teil I der Offenlegungsregeln:*
Mitglied des Aufsichtsrats der Stadtwerke Rastatt GmbH. Mitglied des Aufsichtsrats der Verkehrsgesellschaft Rastatt mbH (VERA ).

WEHINGER, Dorothea
Erzieherin
Fortbildnerin, Coach

Franz-Xaver-Oexle-Str. 15
78256 Steißlingen
Telefon 07738 1738
Dorothea.Wehinger@
gruene.landtag-bw.de
www.dorothea-wehinger.de

*Fraktion GRÜNE*
*Direktmandat im Wahlkreis 57*
*Singen*

*Persönliche Angaben:*
Geboren am 21. Januar 1953 in Sigmaringen; katholisch, verheiratet, drei Söhne.

*Ausbildung, Berufslaufbahn, berufliche Funktionen:*
Mittlere Reife an der Höheren Handelsschule Sigmaringen. Lehre als Apothekenhelferin in Sigmaringen. Angestellte im Landeskrankenhaus Sigmaringen. 1975 Abschluss als Erzieherin an der Fachschule für Sozialpädagogik in Freiburg. 1975 bis 1977 Kindergartenleiterin in Inzigkofen. 1977 bis 1979 Erzieherin in einem Jugendzentrum in Lübeck. 1979 bis 1983 Jugendreferentin des katholischen Jugendbüros in Singen. 1983 bis 1991 Familienpause. 1993 bis 2002 Kindergartenleiterin in Singen-Friedingen. 2003 bis 2016 freiberufliche Fortbildnerin und Coach für Kindertageseinrichtungen und Eltern.

*Politische Funktionen:*
2004 bis 2009 und seit 2014 Mitglied des Kreistags des Landkreises Konstanz für Bündnis 90/Die Grünen. 2014 bis 2019 Grüne Gemeinderätin in Steißlingen.
Mitglied des Landtags von Baden-Württemberg seit 5. April 2016.

*Sonstige Funktionen und Mitgliedschaften:*
2015 bis 2016 ehrenamtliche Richterin beim Verwaltungsgericht Freiburg. Mitglied bei BUND, Turn- und Sportverein Steißlingen e. V., Madrigalchor Alu Singen.

*Angaben nach Teil I der Offenlegungsregeln:*
–

WEINMANN, Nico
Rechtsanwalt

Wahlkreisbüro
Heidelberger Straße 90 B
74080 Heilbronn
Telefon 07131 7453580
Telefax 07131 7453583
nico.weinmann@fdp.landtag-bw.de
www.nico-weinmann.de

*Fraktion der FDP/DVP*
*Zweitmandat im Wahlkreis 18*
*Heilbronn*

*Persönliche Angaben:*
Geboren am 15. Dezember 1972 in Heilbronn; katholisch, verheiratet, eine Tochter.

*Ausbildung, Berufslaufbahn, berufliche Funktionen:*
Besuch der Silcher-Grundschule und des Robert-Mayer-Gymnasiums in Heilbronn mit Erwerb der Allgemeinen Hochschulreife (1992). 1989/1990 einjähriger USA-Aufenthalt mit Erwerb des High-School-Diploms. 1992 bis 1994 Ausbildung zum Bankkaufmann mit anschließender einjähriger Tätigkeit für die Baden-Württembergische Bank AG in Leipzig. 1995 bis 2000 Studium der Rechtswissenschaften in Konstanz, Erstes Staatsexamen. 2000 bis 2002 Referendariat am Landgericht Heilbronn sowie an der Deutschen Hochschule für Verwaltungswissenschaften in Speyer, Zweites Staatsexamen. Seit 2002 selbstständiger Rechtsanwalt in Heilbronn.

*Politische Funktionen:*
Seit 1999 Mitglied des Gemeinderats der Stadt Heilbronn, zunächst für die Freien Wähler, seit 2006 für die FDP; seit 2006 Vorsitzender der FDP-Fraktion. Mitglied der Verbandsversammlung des Regionalverbands Heilbronn-Franken.
Mitglied des Landtags von Baden-Württemberg seit 5. April 2016.

*Sonstige Funktionen und Mitgliedschaften:*
Seit 2013 Erster Vorsitzender des Verkehrsvereins Heilbronn e.V. Mitglied unter anderem des Kiwanis-Clubs Heilbronn e.V. und der Sektion Heilbronn des Deutschen Alpenvereins e.V.

*Angaben nach Teil I der Offenlegungsregeln:*
Selbstständiger Rechtsanwalt. Mitglied des Aufsichtsrats der Heilbronn Marketing GmbH. Mitglied des Aufsichtsrats der Bundesgartenschau 2019 Heilbronn GmbH. Mitglied des Aufsichtsrats der Beteiligungsgesellschaft Stadt Heilbronn mbH. Mitglied des Aufsichtsrats der Stadtsiedlung Heilbronn GmbH. Mitglied der Gewährträgerversammlung der Kreissparkasse Heilbronn. Mitglied des Aufsichtsrats der Baden-Württemberg Stiftung gGmbH. Mitglied der Arbeitsgemeinschaften Strafrecht und Verkehrsrecht des Deutschen Anwaltvereins e.V.

DR. WEIRAUCH, Boris
Rechtsanwalt, Fachanwalt für Bank- und Kapitalmarktrecht

Haus des Landtags
Konrad-Adenauer-Straße 3
70173 Stuttgart
Telefon 0711 2063-7103
Telefax 0711 2063-14103
boris.weirauch@spd.landtag-bw.de

*Fraktion der SPD*
*Zweitmandat im Wahlkreis 36 Mannheim II*

*Persönliche Angaben:*
Geboren am 3. Februar 1977 in Ludwigshafen am Rhein; evangelisch, verheiratet, vier Kinder.

*Ausbildung, Berufslaufbahn, berufliche Funktionen:*
Grundschulzeit in Mannheim (Neckarstadt). 1996 Abitur am Lessing-Gymnasium in Mannheim. 1996/1997 Zivildienst beim Arbeiter-Samariter-Bund im Mobilen Sozialen Hilfsdienst. 1997 bis 2004 Studium der Rechtswissenschaften in Mannheim, Lausanne und Frankfurt am Main. 2004 bis 2006 Referendariat am Landgericht Darmstadt. 2007 bis 2010 Tätigkeit als Rechtsanwalt bei CMS Hasche Sigle in Frankfurt am Main. 2010 Promotion an der Johann-Wolfgang-Goethe-Universität Frankfurt am Main. 2013 Verleihung des Titels „Fachanwalt für Bank- und Kapitalmarktrecht" durch die Rechtsanwaltskammer Karlsruhe. 2011 bis März 2019 Tätigkeit als Rechtsanwalt und Prokurist bei PricewaterhouseCoopers in Mannheim. Seit April 2019 Tätigkeit als Rechtsanwalt bei Baker Tilly in Stuttgart.

*Politische Funktionen:*
Seit 1999 Mitglied der SPD. 2001 bis 2009 Mitglied des Bezirksbeirats Schwetzingerstadt/ Oststadt. 2004 bis 2010 Vorsitzender des SPD-Ortsvereins Mannheim-Ost. Seit 2009 Kreisvorsitzender der Sozialdemokratischen Gemeinschaft für Kommunalpolitik in Mannheim. 2009 bis 2019 Stadtrat in Mannheim und Sprecher der SPD-Fraktion für Sicherheit, Ordnung und Verkehr. 2014 bis 2019 Mitglied der Verbandsversammlung des Verbands Region Rhein-Neckar.
Mitglied des Landtags von Baden-Württemberg seit 7. April 2016.

*Sonstige Funktionen und Mitgliedschaften:*
1. Vorsitzender der Mannheimer Turn- und Sportgesellschaft 1899 (MTG) e. V. Mitglied des Beirats der Joseph-Ben-Issachar-Süßkind-Oppenheimer-Auszeichnung. Mitglied des Beirats des Badischen Rennvereins Mannheim-Seckenheim e. V. Senator bei der Karnevalgesellschaft LALLEHAAG e. V. Mitglied des Beirats des Vereins „Freunde und Förderer des Herschelbades in Mannheim e. V.". Weitere Mitgliedschaften (Auswahl): Arbeiterwohlfahrt, SV Waldhof Mannheim 07 e. V., Reichsbanner Schwarz-Rot-Gold, Bund aktiver Demokraten e. V., TSV Badenia Feudenheim 1889 e. V., Freundeskreis Rosengarten Mannheim e. V., Mannheimer Anwaltsverein e. V., Amnesty International, Stadtfeuerwehrverband Mannheim e. V., Förderkreis Stadtbibliothek Mannheim e. V., Rotary Club Mannheim-Amphitrite, Förderer von Epiphanias Feudenheim e. V.

*Angaben nach Teil I der Offenlegungsregeln:*
Angestellter Rechtsanwalt bei der Baker Tilly Rechtsanwaltsgesellschaft mbH (Arbeitszeit reduziert). Mitglied des Beirats Wirtschaft von Baden-Württemberg International – Gesellschaft für internationale wirtschaftliche und wissenschaftliche Zusammenarbeit mbH (bw-i).

WOLF, Guido
Landrat a. D.
Landtagspräsident a. D.
Minister der Justiz und für Europa a. D.

Wahlkreisbüro
Am Hauptbahnhof 1
78532 Tuttlingen
guido.wolf@cdu.landtag-bw.de
www.guidowolf.info

*Fraktion der CDU*
*Direktmandat im Wahlkreis 55*
*Tuttlingen-Donaueschingen*

*Persönliche Angaben:*
Geboren am 28. September 1961 in Weingarten (Kreis Ravensburg); katholisch, verheiratet.

*Ausbildung, Berufslaufbahn, berufliche Funktionen:*
Grundschule in Weingarten. Gymnasium und Abitur am Spohngymnasium in Ravensburg. Studium der Rechtswissenschaft an der Universität Konstanz. 1988 bis 1991 Verwaltungsjurist am Landratsamt Tuttlingen. 1991 bis 1992 Persönlicher Referent des Verkehrsministers von Baden-Württemberg. 1992 bis 1994 Richter am Verwaltungsgericht Sigmaringen. 1995 bis 1996 Referatsleiter am Staatsministerium Baden-Württemberg. 1996 bis 2002 Erster Bürgermeister von Nürtingen. Januar 2003 bis November 2011 Landrat des Landkreises Tuttlingen. 2016 bis 2021 Minister der Justiz und für Europa.

*Politische Funktionen:*
Seit 1985 Mitglied der CDU. 2012 bis 2016 Mitglied des Landesvorstands der CDU Baden-Württemberg. Bis Mai 2016 Mitglied der CDU-Fraktion in der Verbandsversammlung des Regionalverbands Schwarzwald-Baar-Heuberg.
Mitglied des Landtags von Baden-Württemberg seit 11. April 2006. Juni bis 25. Oktober 2011 Vorsitzender des Ausschusses für Finanzen und Wirtschaft. 26. Oktober 2011 bis 26. Januar 2015 Präsident des Landtags. 27. Januar 2015 bis 10. Mai 2016 Vorsitzender der CDU-Landtagsfraktion.

*Sonstige Funktionen und Mitgliedschaften:*
Vorsitzender des Interessenverbands Gäu-Neckar-Bodenseebahn. Vorsitzender des Hochschulcampus Tuttlingen Fördervereins e. V. Mitglied des Stiftungsrats der Stiftung Theater Lindenhof. Mitglied des Stiftungsrats der Stiftung Entwicklungs-Zusammenarbeit Baden-Württemberg. Ehrensenator der Hochschule Furtwangen.

*Angaben nach Teil I der Offenlegungsregeln:*
Selbstständiger Rechtsanwalt. Mitglied des Beirats der Landeskreditbank Baden-Württemberg – Förderbank. Mitglied des Aufsichtsrats der Baden-Württemberg Stiftung gGmbH. Vorsitzender des Aufsichtsrats der Tourismus Marketing GmbH Baden-Württemberg. Präsident des Tourismus-Verbands Baden-Württemberg e. V.

WOLLE, Carola
Dipl.-Kauffrau

Landtag von Baden-Württemberg
Konrad-Adenauer-Straße 3
70173 Stuttgart
Telefon 0711 2063-5633
carola.wolle@afd.landtag-bw.de
afd-fraktion-bw.de

*Fraktion der AfD*
*Zweitmandat im Wahlkreis 20 Neckarsulm*

*Persönliche Angaben:*
Geboren am 18. November 1963 in Heilbronn-Sontheim; geschieden, ein Sohn.

*Ausbildung, Berufslaufbahn, berufliche Funktionen:*
Grundschule in Beilstein. Realschule Großbottwar. Wirtschaftsgymnasium und Abitur in Heilbronn. 1991 Abschluss als Diplom-Kauffrau an der Universität Mannheim. 1991 bis 2007 bei der Daimler AG im Bereich Organisation und Personal tätig. Seit 2008 Geschäftsführerin der MSR-Technik Naegele GmbH + Co. KG.

*Politische Funktionen:*
Seit Juni 2014 Mitglied des AfD-Kreisverbands Heilbronn. Seit Juli 2015 Mitglied des Landesvorstands der AfD Baden-Württemberg. Seit Mai 2015 Sprecherin des AfD-Mittelstandsforums Baden-Württemberg.
Mitglied des Landtags von Baden-Württemberg seit 6. April 2016.

*Sonstige Funktionen und Mitgliedschaften:*
Mitglied des Verwaltungsrats der Württembergischen Staatstheater Stuttgart.

*Angaben nach Teil I der Offenlegungsregeln:*
Geschäftsführerin der MSR-Technik Naegele GmbH + Co. KG (Mess-, Steuer- und Regelungstechnik).

ZIMMER, Elke
Diplom-Handelslehrerin

Neckarauer Waldweg 132
68199 Mannheim
Telefon Landtag 0711 2063-624
Telefon Wahlkreis 0621 1280-7302
elke.zimmer@gruene.landtag-bw.de
www.elkezimmer.de

*Fraktion GRÜNE*
*Direktmandat im Wahlkreis 36*
*Mannheim II*

*Persönliche Angaben:*
Geboren am 24. Mai 1966 in Sindelfingen; katholisch, verheiratet, drei Kinder.

*Ausbildung, Berufslaufbahn, berufliche Funktionen:*
1985 Abitur in Sindelfingen. 1985 bis 1987 Ausbildung zur Bankkauffrau bei der Kreissparkasse Böblingen. 1987 bis 1989 Studium der Wirtschaftswissenschaften an der Universität Hohenheim. 1989 bis 1992 Studium der Wirtschaftspädagogik an der Universität Mannheim und in Kingston (GB). 1993 bis 1995 Vorbereitungsdienst für das Lehramt an beruflichen Schulen in Bruchsal. 1995 bis 1998 Tätigkeit als Studienassessorin/Studienrätin an der Walter-Eucken-Schule Karlsruhe. 1998 bis 2003 Erziehungsurlaub. 2003 bis 2016 Unterrichtstätigkeit beim Internationalen Bund Mannheim. 2012 bis 2018 Dozentin an der Mode- und Grafikdesignschule Manuel Fritz, Mannheim.

*Politische Funktionen:*
2005 bis 2014 Mitglied des Bezirksbeirats Neckarau. Seit 2014 Mitglied des Gemeindesrats der Stadt Mannheim.
Mitglied des Landtags von Baden-Württemberg seit 12. Dezember 2016.

*Sonstige Funktionen und Mitgliedschaften:*
Mitglied des Verwaltungsausschusses der Agentur für Arbeit Mannheim. Mitglied des Beirats der Prostitutionsberatungsstelle Amalie des Diakonischen Werks Mannheim. Mitglied des Kuratoriums des Vereins für Gemeindediakonie und Rehabilitation e. V., Mannheim. Mitglied des Beirats der Justizvollzugsanstalt Mannheim. Mitglied des Beirats von PLUS Psychologische Lesben- und Schwulenberatung Rhein-Neckar e. V. (Träger des Kompetenzzentrums zu sexuell übertragbaren Infektionen, Mannheim (KOSI.MA)). Mitgliedschaften: Ökostadt Rhein-Neckar e. V., Verkehrsforum Neckarau, Förderkreis Wilhelm-Wundt-Bücherei Mannheim-Neckarau e. V., Allgemeiner Deutscher Fahrrad-Club (ADFC), Verkehrsclub Deutschland (VCD).

*Angaben nach Teil I der Offenlegungsregeln:*
Politische Staatssekretärin im Ministerium für Verkehr. Mitglied des Aufsichtsrats der Staatlichen Rhein-Neckar-Hafengesellschaft Mannheim mbH. Mitglied des Aufsichtsrats der GBG – Mannheimer Wohnungsbaugesellschaft mbH. Mitglied des Beirats der Biotopia Arbeitsförderungsbetriebe Mannheim gGmbH. Mitglied des Kuratoriums des Diakonissenkrankenhauses Mannheim GmbH. Mitglied des Verwaltungsrats der Abendschulen Mannheim GmbH. Mitglied des Verwaltungsrats der Mannheimer Abendakademie und Volkshochschule GmbH.

# FRAKTIONEN

## **Bündnis 90/Die Grünen – GRÜNE** (58 Mitglieder)

| | |
|---|---|
| *Vorsitzender:* | Andreas Schwarz |
| *Stellv. Vorsitzende:* | Nese Erikli<br>Oliver Hildenbrand<br>Cindy Holmberg<br>Petra Krebs<br>Thomas Poreski |
| *Parl. Geschäftsführer:* | Daniel Lede Abal |

Achterberg, Gudula
Aras, Muhterem
Dr. Aschhoff, Susanne
Bauer, Theresia
Dr. Baumann, Andre
Behrens, Hans-Peter
Bogner-Unden, Andrea
Boser, Sandra
Braun, Martina
Cataltepe, Ayla
Erikli, Nese
Evers, Daniela
Frey, Josef
Gericke, Silke
Grath, Martin
Häffner, Petra
Häusler, Martina
Hahn, Martin
Hentschel, Thomas
Herkens, Felix
Hermann, Winfried
Hildenbrand, Oliver
Holmberg, Cindy
Joukov, Michael
Katzenstein, Hermann
Kern, Catherine
Knopf, Norbert
Köhler, Erwin
Krebs, Petra
Kretschmann, Winfried
Lede Abal, Daniel
Dr. Leidig, Ute
Lindlohr, Andrea
Lucha, Manfred
Marwein, Thomas
Mettenleiter, Bernd
Nentwich, Ralf
Niemann, Jutta
Nüssle, Niklas
Olschowski, Petra
Pix, Reinhold
Poreski, Thomas
Dr. Rösler, Markus
Saebel, Barbara
Saint-Cast, Nadyne
Salomon, Alexander
Schoch, Alexander
Schwarz, Andrea
Schwarz, Andreas
Seemann, Stefanie
Seimer, Peter
Sperling, Swantje
Tok, Tayfun
Tuncer, Fadime
Waldbüßer, Armin
Walker, Thekla
Wehinger, Dorothea
Zimmer, Elke

**Christlich-Demokratische Union – CDU** (42 Mitglieder)

| | |
|---|---|
| *Vorsitzender:* | Manuel Hagel |
| *Stellv. Vorsitzende:* | Andreas Deuschle<br>Thomas Dörflinger<br>Christine Neumann-Martin<br>Stefan Teufel |
| *Parl. Geschäftsführer:* | Andreas Deuschle |

Dr. Becker, Alexander
Blenke, Thomas
Bückner, Tim
Burger, Klaus
Deuschle, Andreas
Dörflinger, Thomas
Epple, Konrad
Freiherr von Eyb, Arnulf
Gehring, Christian
Gentges, Marion
Hagel, Manuel
Hailfinger, Manuel
Hartmann-Müller, Sabine
Haser, Raimund
Hauk, Peter
Hockenberger, Ulli
Dr. Hoffmeister-Kraut, Nicole
Huber, Isabell
Kurtz, Sabine
Dr. Löffler, Reinhard
Lorek, Siegfried
Mack, Winfried
Mayr, Ansgar
Miller, Matthias
Neumann-Martin, Christine
Dr. Pfau-Weller, Natalie
Dr. Preusch, Michael
Dr. Rapp, Patrick
Razavi, Nicole
Dr. Reinhart, Wolfgang
Schebesta, Volker
Schindele, Katrin
Dr. Schütte, Albrecht
Schuler, August
Schweizer, Sarah
Staab, Christiane
Stächele, Willi
Sturm, Andreas
Teufel, Stefan
Vogt, Tobias
Wald, Tobias
Wolf, Guido

**Sozialdemokratische Partei Deutschlands – SPD**
(19 Mitglieder)

| | |
|---|---|
| *Vorsitzender:* | Andreas Stoch |
| *Stellv. Vorsitzende:* | Nicolas Fink<br>Dr. Stefan Fulst-Blei<br>Dr. Dorothea Kliche-Behnke<br>Gabriele Rolland |
| *Parl. Geschäftsführer:* | Sascha Binder |

Binder, Sascha
Born, Daniel
Cuny, Sebastian
Fink, Nicolas
Dr. Fulst-Blei, Stefan
Gruber, Gernot
Hoffmann, Jonas
Kenner, Andreas
Dr. Kliche-Behnke, Dorothea
Ranger, Klaus
Rivoir, Martin
Röderer, Jan-Peter
Rolland, Gabriele
Steinhülb-Joos, Katrin
Stoch, Andreas
Storz, Hans-Peter
Wahl, Florian
Weber, Jonas
Dr. Weirauch, Boris

**Freie Demokratische Partei/Demokratische Volkspartei – FDP/DVP** (18 Mitglieder)

| | |
|---|---|
| *Vorsitzender:* | Dr. Hans-Ulrich Rülke |
| *Stellv. Vorsitzende:* | Julia Goll<br>Jochen Haußmann<br>Dr. Timm Kern<br>Nico Weinmann |
| *Parl. Geschäftsführer:* | Jochen Haußmann |

Birnstock, Dennis
Bonath, Frank
Brauer, Stephen
Fischer, Rudi
Goll, Julia
Haag, Friedrich
Haußmann, Jochen
Heitlinger, Georg
Hoher, Klaus
Dr. Jung, Christian
Karrais, Daniel
Dr. Kern, Timm
Reith, Nikolai
Dr. Rülke, Hans-Ulrich
Scheerer, Hans Dieter
Dr. Schweickert, Erik
Trauschel, Alena
Weinmann, Nico

**Alternative für Deutschland – AfD** (17 Mitglieder)

| | |
|---|---|
| *Vorsitzender:* | Bernd Gögel |
| *Stellv. Vorsitzende:* | Dr. Rainer Balzer<br>Rüdiger Klos<br>Dr. Rainer Podeswa<br>Udo Stein<br>Carola Wolle |
| *Parl. Geschäftsführer:* | Emil Sänze |

Dr. Balzer, Rainer
Bamberger, Alfred
Baron, Anton
Eisenhut, Bernhard
Gögel, Bernd
Goßner, Hans-Jürgen
Dr. Hellstern, Uwe
Hörner, Hans-Peter
Klauß, Miguel
Klos, Rüdiger
Lindenschmid, Daniel
Dr. Podeswa, Rainer
Rupp, Ruben
Sänze, Emil
Stein, Udo
Steyer, Joachim
Wolle, Carola

# VERTEILUNG DER SITZE IM PRÄSIDIUM UND IN DEN FACHAUSSCHÜSSEN

| Ausschuss | Vorsitz | Stellv. Vorsitz | Zahl der Mitglieder | GRÜNE | CDU | SPD | FDP/DVP | AfD |
|---|---|---|---|---|---|---|---|---|
| Präsidium | GRÜNE | CDU, SPD | 22 | 8 | 6 | 3 | 3 | 2 |
| Ständiger Ausschuss | CDU | AfD | 22 | 8 | 6 | 3 | 3 | 2 |
| Ausschuss des Inneren, für Digitalisierung und Kommunen | CDU | GRÜNE | 22 | 8 | 6 | 3 | 3 | 2 |
| Ausschuss für Finanzen | SPD | CDU | 22 | 8 | 6 | 3 | 3 | 2 |
| Ausschuss für Kultus, Jugend und Sport | GRÜNE | SPD | 22 | 8 | 6 | 3 | 3 | 2 |
| Ausschuss für Wissenschaft, Forschung und Kunst | GRÜNE | AfD | 22 | 8 | 6 | 3 | 3 | 2 |
| Ausschuss für Umwelt, Klima und Energiewirtschaft | FDP/DVP | GRÜNE | 22 | 8 | 6 | 3 | 3 | 2 |
| Ausschuss für Wirtschaft, Arbeit und Tourismus | FDP/DVP | CDU | 22 | 8 | 6 | 3 | 3 | 2 |
| Ausschuss für Soziales, Gesundheit und Integration | SPD | GRÜNE | 22 | 8 | 6 | 3 | 3 | 2 |
| Ausschuss für Verkehr | AfD | CDU | 22 | 8 | 6 | 3 | 3 | 2 |
| Ausschuss für Ernährung, Ländlichen Raum und Verbraucherschutz | GRÜNE | FDP/DVP | 22 | 8 | 6 | 3 | 3 | 2 |
| Ausschuss für Landesentwicklung und Wohnen | CDU | FDP/DVP | 22 | 8 | 6 | 3 | 3 | 2 |
| Ausschuss für Europa und Internationales | CDU | GRÜNE | 22 | 8 | 6 | 3 | 3 | 2 |
| Petitionsausschuss | GRÜNE | SPD | 22 | 8 | 6 | 3 | 3 | 2 |
| Ausschuss nach Artikel 62 der Verfassung (Notparlament) | | | 22 | 8 | 6 | 3 | 3 | 2 |
| Wahlprüfungsausschuss | AfD | GRÜNE | 7 | 2 | 2 | 1 | 1 | 1 |
| Parlamentarisches Kontrollgremium | | | 10 | 4 | 3 | 1 | 1 | 1 |

# PRÄSIDIUM, SCHRIFTFÜHRER

**Präsidium** (22 Mitglieder)

| | | |
|---|---|---|
| *Präsidentin:* | Aras, Muhterem | GRÜNE |
| *Vizepräsidenten:* | Dr. Reinhart, Wolfgang | CDU |
| | Born, Daniel | SPD |

| *Fraktion* | *Mitglieder* | *Stellvertreter* |
|---|---|---|
| GRÜNE | Aras, Muhterem | Evers, Daniela |
| | Erikli, Nese | Häffner, Petra |
| | Hildenbrand, Oliver | Häusler, Martina |
| | Holmberg, Cindy | Hentschel, Thomas |
| | Krebs, Petra | Joukov, Michael |
| | Lede Abal, Daniel | Marwein, Thomas |
| | Poreski, Thomas | Dr. Rösler, Markus |
| | Schwarz, Andreas | Saebel, Barbara |
| CDU | Blenke, Thomas | Dörflinger, Thomas |
| | Deuschle, Andreas | Hailfinger, Manuel |
| | Hagel, Manuel | Mayr, Ansgar |
| | Dr. Reinhart, Wolfgang | Neumann-Martin, Christine |
| | Schweizer, Sarah | Dr. Pfau-Weller, Natalie |
| | Staab, Christiane | Schuler, August |
| SPD | Binder, Sascha | Dr. Fulst-Blei, Stefan |
| | Born, Daniel | Dr. Kliche-Behnke, Dorothea |
| | Stoch, Andreas | Rolland, Gabriele |
| FDP/DVP | Haußmann, Jochen | Goll, Julia |
| | Dr. Kern, Timm | Weinmann, Nico |
| | Dr. Rülke, Hans-Ulrich | |
| AfD | Gögel, Bernd | Klos, Rüdiger |
| | Sänze, Emil | Dr. Podeswa, Rainer |

**Schriftführer in der 17. Wahlperiode**

| | | | |
|---|---|---|---|
| GRÜNE | Bogner-Unden, Andrea<br>Cataltepe, Ayla<br>Evers, Daniela<br>Häusler, Martina<br>Knopf, Norbert<br>Mettenleiter, Bernd<br>Nentwich, Ralf<br>Saint-Cast, Nadyne<br>Waldbüßer, Armin | SPD | Cuny, Sebastian<br>Hoffmann, Jonas<br>Ranger, Klaus<br>Röderer, Jan-Peter |
| | | FDP/DVP | Bonath, Frank<br>Haag, Friedrich<br>Reith, Nikolai<br>Trauschel, Alena |
| CDU | Bückner, Tim<br>Miller, Matthias<br>Dr. Pfau-Weller, Natalie<br>Schindele, Katrin<br>Schweizer, Sarah<br>Sturm, Andreas | AfD | Goßner, Hans-Jürgen<br>Hörner, Hans-Peter<br>Rupp, Ruben<br>Steyer, Joachim |

# AUSSCHÜSSE[1)]

**Ständiger Ausschuss** (22 Mitglieder)

| | | |
|---|---|---|
| *Vorsitzender:* | Wolf, Guido | CDU |
| *Stellv. Vorsitzender:* | Rupp, Ruben | AfD |

| *Fraktion* | *Mitglieder* | *Stellvertreter* |
|---|---|---|
| GRÜNE | Cataltepe, Ayla<br>Evers, Daniela<br>Häusler, Martina<br>Hentschel, Thomas<br>Kern, Catherine<br>Lede Abel, Daniel<br>Schwarz, Andrea<br>Tuncer, Fadime | Achterberg, Gudula; Behrens, Hans-Peter; Erikli, Nese; Gericke, Silke; Grath, Martin; Herkens, Felix; Hildenbrand, Oliver; Holmberg, Cindy; Katzenstein, Hermann; Krebs, Petra; Mettenleiter, Bernd; Niemann, Jutta; Nüssle, Niklas; Poreski, Thomas; Dr. Rösler, Markus; Saebel, Barbara; Salomon, Alexander; Schoch, Alexander; Schwarz, Andreas; Seimer, Peter; Sperling, Swantje; Waldbüßer, Armin |
| CDU | Blenke, Thomas<br>Deuschle, Andreas<br>Freiherr von Eyb, Arnulf<br>Dr. Löffler, Reinhard<br>Stächele, Willi<br>Wolf, Guido | Dörflinger, Thomas; Epple, Konrad; Gehring, Christian; Hagel, Manuel; Haser, Raimund; Hockenberger, Ulli; Miller, Matthias; Dr. Preusch, Michael; Dr. Reinhart, Wolfgang; Schindele, Katrin; Schuler, August; Dr. Schütte, Albrecht; Schweizer, Sarah; Staab, Christiane; Sturm, Andreas; Teufel, Stefan; Vogt, Tobias; Wald, Tobias |
| SPD | Binder, Sascha<br>Weber, Jonas<br>Dr. Weirauch, Boris | Born, Daniel; Fink, Nicolas; Dr. Fulst-Blei, Stefan; Dr. Kliche-Behnke, Dorothea; Rivior, Martin; Röderer, Jan-Peter; Stoch, Andreas; Storz, Hans-Peter; Wahl, Florian |

1) Die Stellvertreter sind jeweils im Alphabet aufgeführt und keine persönlichen Stellvertreter der Mitglieder.

| *Fraktion* | *Mitglieder* | *Stellvertreter* |
|---|---|---|
| FDP/DVP | Goll, Julia<br>Scheerer, Hans Dieter<br>Weinmann, Nico | Brauer, Stephen; Fischer, Rudi; Haag, Friedrich; Haußmann, Jochen; Dr. Kern, Timm; Reith, Nikolai; Dr. Rülke, Hans-Ulrich; Dr. Schweickert, Erik; Trauschel, Alena |
| AfD | Baron, Anton<br>Rupp, Ruben | Dr. Balzer, Rainer; Bamberger, Alfred; Gögel, Bernd; Lindenschmid, Daniel; Dr. Podeswa, Rainer; Wolle, Carola |

**Ausschuss des Inneren, für Digitalisierung und Kommunen**
(22 Mitglieder)

| | | |
|---|---|---|
| *Vorsitzender:* | Hockenberger, Ulli | CDU |
| *Stellv. Vorsitzende:* | Schwarz, Andrea | GRÜNE |

| *Fraktion* | *Mitglieder* | *Stellvertreter* |
|---|---|---|
| GRÜNE | Cataltepe, Ayla<br>Häffner, Petra<br>Hildenbrand, Oliver<br>Ledel Abal, Daniel<br>Schwarz, Andrea<br>Seimer, Peter<br>Sperling, Swantje<br>Tuncer, Fadime | Achterberg, Gudula; Dr. Aschhoff, Susanne; Braun, Martina; Erikli, Nese; Evers, Daniela; Frey, Josef; Grath, Martin; Hahn, Martin; Häusler, Martina; Herkens, Felix; Holmberg, Cindy; Joukov, Michael; Köhler, Erwin; Krebs, Petra; Nentwich, Ralf; Pix, Reinhold; Poreski, Thomas; Salomon, Alexander; Schoch, Alexander; Schwarz, Andreas; Seemann, Stefanie; Tok, Tayfun |
| CDU | Blenke, Thomas<br>Gehring, Christian<br>Hockenberger, Ulli<br>Huber, Isabell<br>Mayr, Ansgar<br>Miller, Matthias | Bückner, Tim; Deuschle, Andreas; Epple, Konrad; Freiherr von Eyb, Arnulf; Hagel, Manuel; Hartmann-Müller, Sabine; Dr. Löffler, Reinhard; Mack, Winfried; Neumann-Martin, Christine; Dr. Pfau-Weller, Natalie; Dr. Reinhart, Wolfgang; Schindele, Katrin; Schuler, August; Schweizer, Sarah; Staab, Christiane; Stächele, Willi; Wald, Tobias; Wolf, Guido |
| SPD | Binder, Sascha<br>Hoffmann, Jonas<br>Ranger, Klaus | Born, Daniel; Cuny, Sebastian; Fink, Nicolas; Gruber, Gernot; Kenner, Andreas; Röderer, Jan-Peter; Steinhülb-Joos, Katrin; Stoch, Andreas; Dr. Weirauch, Boris |
| FDP/DVP | Goll, Julia<br>Karrais, Daniel<br>Weinmann, Nico | Birnstock, Dennis; Bonath, Frank; Haag, Friedrich; Haußmann, Jochen; Dr. Jung, Christian; Dr. Kern, Timm; Dr. Rülke, Hans-Ulrich; Scheerer, Hans Dieter; Trauschel, Alena |

| *Fraktion* | *Mitglieder* | *Stellvertreter* |
|---|---|---|
| AfD | Goßner, Hans-Jürgen<br>Lindenschmid, Daniel | Baron, Anton; Gögel, Bernd; Dr. Hellstern, Uwe; Hörner, Hans-Peter; Klos, Rüdiger; Steyer, Joachim |

**Ausschuss für Finanzen** (22 Mitglieder)

| | | |
|---|---|---|
| *Vorsitzender:* | Rivoir, Martin | SPD |
| *Stellv. Vorsitzende:* | Schweizer, Sarah | CDU |

| *Fraktion* | *Mitglieder* | *Stellvertreter* |
|---|---|---|
| GRÜNE | Erikli, Nese<br>Evers, Daniela<br>Knopf, Norbert<br>Pix, Reinhold<br>Dr. Rösler, Markus<br>Saebel, Barbara<br>Salomon, Alexander<br>Seimer, Peter | Achterberg, Gudula; Dr. Aschhoff, Susanne; Bogner-Unden, Andrea; Braun, Martina; Gericke, Silke; Grath, Martin; Häffner, Petra; Hentschel, Thomas; Hildenbrand, Oliver; Holmberg, Cindy; Joukov, Michael; Katzenstein, Hermann; Krebs, Petra; Lede Abal, Daniel; Marwein, Thomas; Mettenleiter, Bernd; Nentwich, Ralf; Poreski, Thomas; Saint-Cast, Nadyne; Schwarz, Andreas; Tuncer, Fadime; Wehinger, Dorothea |
| CDU | Hockenberger, Ulli<br>Mack, Winfried<br>Dr. Reinhart, Wolfgang<br>Dr. Schütte, Albrecht<br>Schweizer, Sarah<br>Wald, Tobias | Dr. Becker, Alexander; Blenke, Thomas; Bückner, Tim; Burger, Klaus; Deuschle, Andreas; Dörflinger, Thomas; Epple, Konrad; Freiherr von Eyb, Arnulf; Hagel, Manuel; Hartmann-Müller, Sabine; Haser, Raimund; Huber, Isabell; Mayr, Ansgar; Miller, Matthias; Neumann-Martin, Christine; Stächele, Willi; Teufel, Stefan; Vogt, Tobias |
| SPD | Fink, Nicolas<br>Gruber, Gernot<br>Rivoir, Martin | Binder, Sascha; Dr. Fulst-Blei, Stefan; Hoffmann, Jonas; Dr. Kliche-Behnke, Dorothea; Rolland, Gabriele; Stoch, Andreas; Storz, Hans-Peter; Weber, Jonas; Dr. Weirauch, Boris |
| FDP/DVP | Bonath, Frank<br>Brauer, Stephen<br>Fischer, Rudi | Goll, Julia; Haußmann, Jochen; Heitlinger, Georg; Hoher, Klaus; Karrais, Daniel; Reith, Nikolai; Dr. Rülke, Hans-Ulrich; Dr. Schweickert, Erik; Weinmann, Nico |

| *Fraktion* | *Mitglieder* | *Stellvertreter* |
| --- | --- | --- |
| AfD | Dr. Hellstern, Uwe<br>Dr. Podeswa, Rainer | Bamberger, Alfred; Eisenhut, Bernhard; Gögel, Bernd; Goßner, Hans-Jürgen; Sänze, Emil; Steyer, Joachim |

**Ausschuss für Kultus, Jugend und Sport** (22 Mitglieder)

| | | |
|---|---|---|
| *Vorsitzende:* | Häffner, Petra | GRÜNE |
| *Stellv. Vorsitzende:* | Steinhülb-Joos, Katrin | SPD |

| *Fraktion* | *Mitglieder* | *Stellvertreter* |
|---|---|---|
| GRÜNE | Dr. Aschhoff, Susanne<br>Bogner-Unden, Andrea<br>Häffner, Petra<br>Mettenleiter, Bernd<br>Nentwich, Ralf<br>Poreski, Thomas<br>Saint-Cast, Nadyne<br>Wehinger, Dorothea | Braun, Martina; Erikli, Nese; Evers, Daniela; Frey, Josef; Gericke, Silke; Hentschel, Thomas; Hildenbrand, Oliver; Holmberg, Cindy; Joukov, Michael; Katzenstein, Hermann; Knopf, Norbert; Krebs, Petra; Lede Abal, Daniel; Marwein, Thomas; Nüssle, Niklas; Pix, Reinhold; Dr. Rösler, Markus; Saebel, Barbara; Salomon, Alexander; Schwarz, Andreas; Seemann, Stefanie; Seimer, Peter; Tuncer, Fadime; Waldbüßer, Armin |
| CDU | Dr. Becker, Alexander<br>Gehring, Christian<br>Hailfinger, Manuel<br>Miller, Matthias<br>Staab, Christiane<br>Sturm, Andreas | Blenke, Thomas; Bückner, Tim; Burger, Klaus; Deuschle, Andreas; Epple, Konrad; Hagel, Manuel; Hartmann-Müller, Sabine; Haser, Raimund; Hockenberger, Ulli; Huber, Isabell; Dr. Pfau-Weller, Natalie; Dr. Reinhart, Wolfgang; Schindele, Katrin; Schuler, August; Dr. Schütte, Albrecht; Vogt, Tobias; Wald, Tobias; Wolf, Guido |
| SPD | Born, Daniel<br>Dr. Fulst-Blei, Stefan<br>Steinhülb-Joos, Katrin | Binder, Sascha; Gruber, Gernot; Kenner, Andreas; Dr. Kliche-Behnke, Dorothea; Ranger, Klaus; Stoch, Andreas; Wahl, Florian; Weber, Jonas; Dr. Weirauch, Boris |
| FDP/DVP | Birnstock, Dennis<br>Dr. Kern, Timm<br>Trauschel, Alena | Goll, Julia; Haußmann, Jochen; Heitlinger, Georg; Hoher, Klaus; Karrais, Daniel; Reith, Nikolai; Dr. Rülke, Hans-Ulrich; Dr. Schweickert, Erik; Weinmann, Nico |

| *Fraktion* | *Mitglieder* | *Stellvertreter* |
|---|---|---|
| AfD | Dr. Balzer, Rainer<br>Hörner, Hans-Peter | Gögel, Bernd; Goßner, Hans-Jürgen; Lindenschmid, Daniel; Rupp, Ruben; Stein, Udo; Wolle, Carola |

**Ausschuss für Wissenschaft, Forschung und Kunst**
(22 Mitglieder)

| | | |
|---|---|---|
| *Vorsitzende:* | Erikli, Nese | GRÜNE |
| *Stellv. Vorsitzender:* | Dr. Balzer, Rainer | AfD |

| *Fraktion* | *Mitglieder* | *Stellvertreter* |
|---|---|---|
| GRÜNE | Dr. Aschhoff, Susanne<br>Erikli, Nese<br>Joukov, Michael<br>Knopf, Norbert<br>Köhler, Erwin<br>Saint-Cast, Nadyne<br>Salomon, Alexander<br>Seemann, Stefanie | Braun, Martina; Cataltepe, Ayla; Evers, Daniela; Gericke, Silke; Häffner, Petra; Hahn, Martin; Häusler, Martina; Herkens, Felix; Hildenbrand, Oliver; Holmberg, Cindy; Katzenstein, Hermann; Krebs, Petra; Lede Abal, Daniel; Nentwich, Ralf; Pix, Reinhold; Poreski, Thomas; Dr. Rösler, Markus; Schoch, Alexander; Schwarz, Andrea; Schwarz, Andreas; Seimer, Peter; Sperling, Swantje; Tok, Tayfun; Tuncer, Fadime |
| CDU | Dr. Becker, Alexander<br>Deuschle, Andreas<br>Dr. Preusch, Michael<br>Dr. Schütte, Albrecht<br>Sturm, Andreas<br>Wolf, Guido | Bückner, Tim; Dörflinger, Thomas; Gehring, Christian; Hagel, Manuel; Hailfinger, Manuel; Hartmann-Müller, Sabine; Haser, Raimund; Huber, Isabell; Dr. Löffler, Reinhard; Miller, Matthias; Neumann-Martin, Christine; Dr. Pfau-Weller, Natalie; Dr. Reinhart, Wolfgang; Schuler, August; Schweizer, Sarah; Staab, Christiane; Stächele, Willi; Wald, Tobias |
| SPD | Dr. Kliche-Behnke, Dorothea<br>Rivoir, Martin<br>Rolland, Gabriele | Binder, Sascha; Born, Daniel; Cuny, Sebastian; Fink, Nicolas; Dr. Fulst-Blei, Stefan; Gruber, Gernot; Kenner, Andreas; Steinhülb-Joos, Katrin; Stoch, Andreas |
| FDP/DVP | Birnstock, Dennis<br>Brauer, Stephen<br>Dr. Kern, Timm | Bonath, Frank; Fischer, Rudi; Goll, Julia; Haag, Friedrich; Haußmann, Jochen; Dr. Jung, Christian; Dr. Rülke, Hans-Ulrich; Trauschel, Alena; Weinmann, Nico |

| *Fraktion* | *Mitglieder* | *Stellvertreter* |
|---|---|---|
| AfD | Dr. Balzer, Rainer<br>Bamberger, Alfred | Gögel, Bernd; Dr. Hellstern, Uwe; Hörner, Hans-Peter; Klauß, Miguel; Klos, Rüdiger; Sänze, Emil |

**Ausschuss für Umwelt, Klima und Energiewirtschaft**
(22 Mitglieder)

| | | |
|---|---|---|
| *Vorsitzender:* | Karrais, Daniel | FDP/DVP |
| *Stellv. Vorsitzender:* | Schoch, Alexander | GRÜNE |

| *Fraktion* | *Mitglieder* | *Stellvertreter* |
|---|---|---|
| GRÜNE | Behrens, Hans-Peter<br>Krebs, Petra<br>Mettenleiter, Bernd<br>Niemann, Jutta<br>Nüssle, Niklas<br>Dr. Rösler, Markus<br>Schoch, Alexander<br>Sperling, Swantje | Achterberg, Gudula; Cataltepe, Ayla; Erikli, Nese; Grath, Martin; Häusler, Martina; Hentschel, Thomas; Herkens, Felix; Hildenbrand, Oliver; Holmberg, Cindy; Katzenstein, Hermann; Kern, Catherine; Lede Abal, Daniel; Nentwich, Ralf; Poreski, Thomas; Saebel, Barbara; Salomon, Alexander; Schwarz, Andrea; Schwarz, Andreas; Seimer, Peter; Waldbüßer, Armin |
| CDU | Hailfinger, Manuel<br>Haser, Raimund<br>Dr. Pfau-Weller, Natalie<br>Schuler, August<br>Dr. Schütte, Albrecht<br>Vogt, Tobias | Dr. Becker, Alexander; Blenke, Thomas; Burger, Klaus; Deuschle, Andreas; Dörflinger, Thomas; Epple, Konrad; Freiherr von Eyb, Arnulf; Hagel, Manuel; Hockenberger, Ulli; Huber, Isabell; Dr. Löffler, Reinhard; Mayr, Ansgar; Neumann-Martin, Christine; Dr. Preusch, Michael; Dr. Reinhart, Wolfgang; Schweizer, Sarah; Stächele, Willi; Sturm, Andreas |
| SPD | Gruber, Gernot<br>Rolland, Gabriele<br>Steinhülb-Joos, Katrin | Born, Daniel; Dr. Fulst-Blei, Stefan; Hoffmann, Jonas; Dr. Kliche-Behnke, Dorothea; Rivoir, Martin; Röderer, Jan-Peter; Stoch, Andreas; Storz, Hans-Peter; Wahl, Florian |
| FDP/DVP | Bonath, Frank<br>Hoher, Klaus<br>Karrais, Daniel | Brauer, Stephen; Fischer, Rudi; Haag, Friedrich; Haußmann, Jochen; Dr. Kern, Timm; Reith, Nikolai; Dr. Rülke, Hans-Ulrich; Dr. Schweickert, Erik; Trauschel, Alena |

| *Fraktion* | *Mitglieder* | *Stellvertreter* |
|---|---|---|
| AfD | Dr. Hellstern, Uwe<br>Steyer, Joachim | Dr. Balzer, Rainer; Bamberger, Alfred; Eisenhut, Bernhard; Gögel, Bernd; Sänze, Emil; Wolle, Carola |

**Ausschuss für Wirtschaft, Arbeit und Tourismus**
(22 Mitglieder)

| | | |
|---|---|---|
| *Vorsitzender:* | Dr. Schweickert, Erik | FDP/DVP |
| *Stellv. Vorsitzende:* | Schindele, Katrin | CDU |

| *Fraktion* | *Mitglieder* | *Stellvertreter* |
|---|---|---|
| GRÜNE | Evers, Daniela<br>Frey, Josef<br>Grath, Martin<br>Häusler, Martina<br>Herkens, Felix<br>Niemann, Jutta<br>Schoch, Alexander<br>Tok, Tayfun | Achterberg, Gudula; Dr. Aschhoff, Susanne; Braun, Martina; Cataltepe, Ayla; Erikli, Nese; Häffner, Petra; Hahn, Martin; Hildenbrand, Oliver; Holmberg, Cindy; Joukov, Michael; Knopf, Norbert; Köhler, Erwin; Krebs, Petra; Nentwich, Ralf; Pix, Reinhold; Poreski, Thomas; Saint-Cast, Nadyne; Salomon, Alexander; Schwarz, Andrea; Schwarz, Andreas; Seemann, Stefanie; Seimer, Peter; Sperling, Swantje; Tuncer, Fadime |
| CDU | Dörflinger, Thomas<br>Hailfinger, Manuel<br>Mack, Winfried<br>Dr. Reinhart, Wolfgang<br>Schindele, Katrin<br>Vogt, Tobias | Dr. Becker, Alexander; Blenke, Thomas; Bückner, Tim; Burger, Klaus; Epple, Konrad; Hagel, Manuel; Hartmann-Müller, Sabine; Dr. Löffler, Reinhard; Mayr, Ansgar; Neumann-Martin, Christine; Dr. Pfau-Weller, Natalie; Dr. Preusch, Michael; Schweizer, Sarah; Staab, Christiane; Stächele, Willi; Teufel, Stefan; Wald, Tobias; Wolf, Guido |
| SPD | Dr. Fulst-Blei, Stefan<br>Wahl, Florian<br>Dr. Weirauch, Boris | Born, Daniel; Cuny, Sebastian; Fink, Nicolas; Gruber, Gernot; Kenner, Andreas; Rivoir, Martin; Steinhülb-Joos, Katrin; Stoch, Andreas; Storz, Hans-Peter |
| FDP/DVP | Reith, Nikolai<br>Scheerer, Hans Dieter<br>Dr. Schweickert, Erik | Bonath, Frank; Haag, Friedrich; Haußmann, Jochen; Heitlinger, Georg; Hoher, Klaus; Dr. Jung, Christian; Karrais, Daniel; Dr. Rülke, Hans-Ulrich; Trauschel, Alena |

| *Fraktion* | *Mitglieder* | *Stellvertreter* |
|---|---|---|
| AfD | Rupp, Ruben<br>Wolle, Carola | Baron, Anton; Gögel, Bernd; Klauß, Miguel; Klos, Rüdiger; Sänze, Emil; Steyer, Joachim |

**Ausschuss für Soziales, Gesundheit und Integration**
(22 Mitglieder)

| | | |
|---|---|---|
| *Vorsitzender:* | Wahl, Florian | SPD |
| *Stellv. Vorsitzende:* | Wehinger, Dorothea | GRÜNE |

| *Fraktion* | *Mitglieder* | *Stellvertreter* |
|---|---|---|
| GRÜNE | Hildenbrand, Oliver<br>Knopf, Norbert<br>Köhler, Erwin<br>Krebs, Petra<br>Poreski, Thomas<br>Seemann, Stefanie<br>Tuncer, Fadime<br>Wehinger, Dorothea | Achterberg, Gudula; Dr. Aschhoff, Susanne; Bogner-Unden, Andrea; Erikli, Nese; Frey, Josef; Gericke, Silke; Grath, Martin; Häffner, Petra; Hahn, Martin; Häusler, Martina; Holmberg, Cindy; Joukov, Michael; Kern, Catherine; Lede Abal, Daniel; Marwein, Thomas; Niemann, Jutta; Saebel, Barbara; Schwarz, Andreas; Tok, Tayfun |
| CDU | Bückner, Tim<br>Huber, Isabell<br>Mayr, Ansgar<br>Dr. Preusch, Michael<br>Sturm, Andreas<br>Teufel, Stefan | Dr. Becker, Alexander; Blenke, Thomas; Burger, Klaus; Dörflinger, Thomas; Epple, Konrad; Gehring, Christian; Hagel, Manuel; Hailfinger, Manuel; Hartmann-Müller, Sabine; Dr. Löffler, Reinhard; Mack, Winfried; Miller, Matthias; Neumann-Martin, Christine; Dr. Reinhart, Wolfgang; Schuler, August; Dr. Schütte, Albrecht; Schweizer, Sarah; Staab, Christiane |
| SPD | Kenner, Andreas<br>Dr. Kliche-Behnke, Dorothea<br>Wahl, Florian | Binder, Sascha; Dr. Fulst-Blei Stefan; Gruber, Gernot; Röderer, Jan Peter; Rolland, Gabriele; Stoch, Andreas; Storz, Hans- Peter; Weber, Jonas; Dr. Weirauch, Boris |
| FDP/DVP | Fischer, Rudi<br>Haußmann, Jochen<br>Reith, Nikolai | Birnstock, Dennis; Bonath, Frank; Brauer, Stephen; Hoher, Klaus; Karrais, Daniel; Dr. Kern, Timm; Scheerer, Hans Dieter; Trauschel, Alena; Weinmann, Nico |

| *Fraktion* | *Mitglieder* | *Stellvertreter* |
|---|---|---|
| AfD | Eisenhut, Bernhard<br>Wolle, Carola | Gögel, Bernd; Hörner, Hans-Peter; Klos, Rüdiger; Lindenschmid, Daniel; Rupp, Ruben; Stein, Udo |

## **Ausschuss für Verkehr** (22 Mitglieder)

| | | |
|---|---|---|
| *Vorsitzender:* | Klos, Rüdiger | AfD |
| *Stellv. Vorsitzender:* | Schuler, August | CDU |

| *Fraktion* | *Mitglieder* | *Stellvertreter* |
|---|---|---|
| GRÜNE | Achterberg, Gudula<br>Braun, Martina<br>Gericke, Silke<br>Hentschel, Thomas<br>Joukov, Michael<br>Katzenstein, Hermann<br>Marwein, Thomas<br>Nüssle, Niklas | Dr. Aschhoff, Susanne; Behrens, Hans-Peter; Bogner-Unden, Andrea; Erikli, Nese; Evers, Daniela; Frey, Josef; Häffner, Petra; Hildenbrand, Oliver; Holmberg, Cindy; Knopf, Norbert; Krebs, Petra; Lede Abal, Daniel; Mettenleiter, Bernd; Nentwich, Ralf; Niemann, Jutta; Pix, Reinhold; Poreski, Thomas; Dr. Rösler, Markus; Saebel, Barbara; Saint-Cast, Nadyne; Schwarz, Andreas; Seimer, Peter; Waldbüßer, Armin; Wehinger, Dorothea |
| CDU | Bückner, Tim<br>Dörflinger, Thomas<br>Hartmann-Müller, Sabine<br>Mayr, Ansgar<br>Dr. Pfau-Weller, Natalie<br>Schuler, August | Burger, Klaus; Deuschle Andreas; Freiherr von Eyb, Arnulf; Gehring, Christian; Hagel, Manuel; Huber, Isabell; Mack, Winfried; Miller, Matthias; Dr. Preusch, Michael; Dr. Reinhart, Wolfgang; Schindele, Katrin; Dr. Schütte, Albrecht; Staab, Christiane; Stächele, Willi; Sturm, Andreas; Vogt, Tobias; Wald, Tobias; Wolf, Guido |
| SPD | Hoffmann, Jonas<br>Röderer, Jan-Peter<br>Storz, Hans-Peter | Binder, Sascha; Cuny, Sebastian; Kenner, Andreas; Dr. Kliche-Behnke, Dorothea; Ranger, Klaus; Rolland, Gabriele; Stoch, Andreas; Wahl, Florian; Dr. Weirauch, Boris |
| FDP/DVP | Haag, Friedrich<br>Dr. Jung, Christian<br>Scheerer, Hans Dieter | Goll, Julia; Haußmann, Jochen; Heitlinger, Georg; Hoher, Klaus; Karrais, Daniel; Reith, Nikolai; Dr. Rülke, Hans-Ulrich; Dr. Schweickert, Erik; Weinmann, Nico |

| *Fraktion* | *Mitglieder* | *Stellvertreter* |
|---|---|---|
| AfD | Klauß, Miguel<br>Klos, Rüdiger | Baron, Anton; Eisenhut, Bernhard; Gögel, Bernd; Goßner, Hans-Jürgen; Rupp, Ruben; Wolle, Carola |

**Ausschuss für Ernährung, Ländlichen Raum und Verbraucherschutz** (22 Mitglieder)

| | | |
|---|---|---|
| *Vorsitzender:* | Hahn, Martin | GRÜNE |
| *Stellv. Vorsitzender:* | Hoher, Klaus | FDP/DVP |

| *Fraktion* | *Mitglieder* | *Stellvertreter* |
|---|---|---|
| GRÜNE | Behrens, Hans-Peter<br>Bogner-Unden, Andrea<br>Braun, Martina<br>Hahn, Martin<br>Holmberg, Cindy<br>Nentwich, Ralf<br>Pix, Reinhold<br>Waldbüßer, Armin | Dr. Aschhoff, Susanne; Cataltepe, Ayla; Erikli, Nese; Evers, Daniela; Grath, Martin; Häffner, Petra; Häusler, Martina; Herkens, Felix; Hildenbrand, Oliver; Joukov, Michael; Knopf, Norbert; Köhler, Erwin; Krebs, Petra; Lede Abal, Daniel; Nüssle, Niklas; Poreski, Thomas; Dr. Rösler, Markus; Saint-Cast, Nadyne; Schoch, Alexander; Schwarz, Andrea; Schwarz, Andreas; Seemann, Stefanie; Seimer, Peter; Sperling, Swantje |
| CDU | Burger, Klaus<br>Epple, Konrad<br>Freiherr von Eyb, Arnulf<br>Haser, Raimund<br>Schweizer, Sarah<br>Teufel, Stefan | Dr. Becker, Alexander; Bückner, Tim; Dörflinger, Thomas; Gehring, Christian; Hagel, Manuel; Haiflinger, Manuel; Hartmann-Müller, Sabine; Dr. Löffler, Reinhard; Mayr, Ansgar; Neumann-Martin, Christine; Dr. Pfau-Weller, Natalie; Dr. Reinhart, Wolfgang; Schindele, Katrin; Schuler, August; Dr. Schütte, Albrecht; Staab, Christiane; Stächele, Willi; Wald, Tobias |
| SPD | Röderer, Jan-Peter<br>Storz, Hans-Peter<br>Weber, Jonas | Born, Daniel; Cuny, Sebastian; Fink, Nicolas; Gruber, Gernot; Kenner, Andreas; Ranger, Klaus; Rolland, Gabriele; Steinhülb-Joos, Katrin; Stoch, Andreas |
| FDP/DVP | Fischer, Rudi<br>Heitlinger, Georg<br>Hoher, Klaus | Birnstock, Dennis; Bonath, Frank; Brauer, Stephen; Haag, Friedrich; Haußmann, Jochen; Dr. Jung, Christian; Karrais, Daniel; Dr. Rülke, Hans-Ulrich; Trauschel, Alena |

| *Fraktion* | *Mitglieder* | *Stellvertreter* |
|---|---|---|
| AfD | Eisenhut, Bernhard<br>Stein, Udo | Baron, Anton; Gögel, Bernd; Dr. Hellstern, Uwe; Hörner, Hans-Peter; Klauß, Miguel; Sänze, Emil |

**Ausschuss für Landesentwicklung und Wohnen**
(22 Mitglieder)

| | | |
|---|---|---|
| *Vorsitzende:* | Staab, Christiane | CDU |
| *Stellv. Vorsitzender:* | Dr. Jung, Christian | FDP/DVP |

| *Fraktion* | *Mitglieder* | *Stellvertreter* |
|---|---|---|
| GRÜNE | Achterberg, Gudula<br>Gericke, Silke<br>Grath, Martin<br>Hahn, Martin<br>Häusler, Martina<br>Holmberg, Cindy<br>Saebel, Barbara<br>Tok, Tayfun | Behrens, Hans-Peter; Bogner-Unden, Andrea; Erikli, Nese; Hildenbrand, Oliver; Joukov, Michael; Kern, Catherine; Köhler, Erwin; Krebs, Petra; Lese Abal, Daniel; Marwein, Thomas; Mettenleiter, Bernd; Niemann, Jutta; Nüssle, Niklas; Poreski, Thomas; Saint-Cast, Nadyne; Schoch, Alexander; Schwarz, Andreas; Seemann, Stefanie; Sperling, Swantje; Tuncer, Fadime; Wehinger, Dorothea |
| CDU | Burger, Klaus<br>Neumann-Martin, Christine<br>Dr. Pfau-Weller, Natalie<br>Schindele, Katrin<br>Staab, Christiane<br>Wald, Tobias | Dr. Becker, Alexander; Bückner, Tim; Deuschle, Andreas; Freiherr von Eyb, Arnulf; Hagel, Manuel; Hailfinger, Manuel; Hartmann-Müller, Sabine; Haser, Raimund; Hockenberger, Ulli; Dr. Löffler, Reinhard; Mack, Winfried; Mayr, Ansgar; Dr. Reinhart, Wolfgang; Dr. Schütte, Albrecht; Sturm, Andreas; Teufel, Stefan; Vogt, Tobias; Wolf, Guido |
| SPD | Born, Daniel<br>Hoffmann, Jonas<br>Ranger, Klaus | Binder, Sascha; Dr. Fulst-Blei, Stefan; Rivoir, Martin; Röderer, Jan-Peter; Rolland, Gabriele; Stoch, Andreas; Storz, Hans-Peter; Weber, Jonas; Dr. Weirauch, Boris |
| FDP/DVP | Haag, Friedrich<br>Dr. Jung, Christian<br>Dr. Schweickert, Erik | Birnstock, Dennis; Bonath, Frank; Brauer, Stephen; Hoher, Klaus; Karrais, Daniel; Dr. Kern, Timm; Dr. Rülke, Hans-Ulrich; Scheerer, Hans Dieter; Weinmann, Nico |

| *Fraktion* | *Mitglieder* | *Stellvertreter* |
|---|---|---|
| AfD | Goßner, Hans-Jürgen<br>Klauß, Miguel | Dr. Balzer, Rainer; Gögel, Bernd; Dr. Podeswa, Rainer; Rupp, Ruben; Stein, Udo; Steyer, Joachim |

**Ausschuss für Europa und Internationales** (22 Mitglieder)

| | | |
|---|---|---|
| *Vorsitzender:* | Stächele, Willi | CDU |
| *Stellv. Vorsitzende:* | Bogen-Unden, Andrea | GRÜNE |

| *Fraktion* | *Mitglieder* | *Stellvertreter* |
|---|---|---|
| GRÜNE | Bogner-Unden, Andrea<br>Frey, Josef<br>Herkens, Felix<br>Joukov, Michael<br>Kern, Catherine<br>Marwein, Thomas<br>Mettenleiter, Bernd<br>Nüssle, Niklas | Achterberg, Gudula; Behrens, Hans-Peter; Erikli, Nese; Gericke, Silke; Grath, Martin; Hahn, Martin; Häusler, Martina; Hildenbrand, Oliver; Holmberg, Cindy; Katzenstein, Hermann; Köhler, Erwin; Krebs, Petra; Lede Abal, Daniel; Poreski, Thomas; Saebel, Barbara; Schwarz, Andreas; Seemann, Stefanie; Tok, Tayfun; Tuncer, Fadime; Wehinger, Dorothea |
| CDU | Hartmann-Müller, Sabine<br>Dr. Löffler, Reinhard<br>Schuler, August<br>Schweizer, Sarah<br>Stächele, Willi<br>Vogt, Tobias | Dr. Becker, Alexander; Blenke, Thomas; Gehring, Christian; Hagel, Manuel; Hailfinger, Manuel; Haser, Raimund; Hockenberger, Ulli; Huber, Isabell; Mack, Winfried; Miller, Matthias; Dr. Pfau-Weller, Natalie; Dr. Preusch, Michael; Dr. Reinhart, Wolfgang; Schindele, Katrin; Dr. Schütte, Albrecht; Teufel, Stefan; Wald, Tobias; Wolf, Guido |
| SPD | Cuny, Sebastian<br>Fink, Nicolas<br>Steinhülb-Joos, Katrin | Binder, Sascha; Dr. Fulst-Blei, Stefan; Rivoir, Martin; Röderer, Jan-Peter; Rolland, Gabriele; Stoch, Andreas; Storz, Hans-Peter; Weber, Jonas; Dr. Weirauch, Boris |
| FDP/DVP | Goll, Julia<br>Heitlinger, Georg<br>Trauschel, Alena | Birnstock, Dennis; Bonath, Frank; Brauer, Stephen; Hoher, Klaus; Karrais, Daniel; Dr. Kern, Timm; Dr. Rülke, Hans-Ulrich; Scheerer, Hans Dieter; Weinmann, Nico |
| AfD | Bamberger, Alfred<br>Sänze, Emil | Dr. Balzer, Rainer; Gögel, Bernd; Dr. Hellstern, Uwe; Lindenschmid, Daniel; Dr. Podeswa, Rainer; Stein, Udo |

**Petitionsausschuss** (22 Mitglieder)

| | | |
|---|---|---|
| *Vorsitzender:* | Marwein, Thomas | GRÜNE |
| *Stellv. Vorsitzender:* | Kenner, Andreas | SPD |

| *Fraktion* | *Mitglieder* | *Stellvertreter* |
|---|---|---|
| GRÜNE | Achterberg, Gudula<br>Herkens, Felix<br>Katzenstein, Hermann<br>Marwein, Thomas<br>Saebel, Barbara<br>Salomon, Alexander<br>Seimer, Peter<br>Waldbüßer, Armin | Behrens, Hans-Peter; Catal-tepe, Ayla; Erikli, Nese; Gericke, Silke; Grath, Martin; Häusler, Martina; Hentschel, Thomas; Hildenbrand, Oliver; Holmberg, Cindy; Joukov, Michael; Kern, Catherine; Krebs, Petra; Lede Abal, Daniel; Mettenleiter, Bernd; Nüssle, Niklas; Poreski, Thomas; Rödler, Markus; Schoch, Alexander; Schwarz, Andrea; Schwarz, Andreas; Tuncer, Fadime |
| CDU | Bückner, Tim<br>Epple, Konrad<br>Gehring, Christian<br>Miller, Matthias<br>Neumann-Martin, Christine<br>Schindele, Katrin | Burger, Klaus; Freiherr von Eyb, Arnulf; Hagel, Manuel; Hailfinger, Manuel; Hockenberger, Ulli; Dr. Löffler, Reinhard; Mack, Winfried; Mayr, Ansgar; Dr. Pfau-Weller, Natalie; Dr. Preusch, Michael; Dr. Reinhart, Wolfgang; Schuler, August; Schweizer, Sarah; Staab, Christiane; Stächele, Willi; Sturm, Andreas; Teufel, Stefan; Vogt, Tobias |
| SPD | Cuny, Sebastian<br>Kenner, Andreas<br>Ranger, Klaus | Born, Daniel; Dr. Fulst-Blei, Stefan; Hoffmann, Jonas; Dr. Kliche-Behnke, Dorothea; Röderer, Jan-Peter; Stoch, Andreas; Storz, Hans-Peter; Wahl, Florian; Dr. Weirauch, Boris |
| FDP/DVP | Birnstock, Dennis<br>Heitlinger, Georg<br>Dr. Jung, Christian | Brauer, Stephen; Fischer, Rudi; Haag, Friedrich; Haußmann, Jochen; Dr. Kern, Timm; Reith, Nikolai; Dr. Rülke, Hans-Ulrich; Dr. Schweickert, Erik; Trauschel, Alena |

| *Fraktion* | *Mitglieder* | *Stellvertreter* |
|---|---|---|
| AfD | Hörner, Hans-Peter<br>Stein, Udo | Bamberger, Alfred; Eisenhut, Bernhard; Gögel, Bernd; Goßner, Hans-Jürgen; Klauß, Miguel; Dr. Podeswa, Rainer |

**Ausschuss nach Artikel 62 der Verfassung (Notparlament)**
(22 Mitglieder)

| | | |
|---|---|---|
| *Vorsitzende:* | Aras, Muhterem | GRÜNE |
| *Stellv. Vorsitzender:* | Dr. Reinhart, Wolfgang | CDU |

| *Fraktion* | *Mitglieder* | *Stellvertreter* |
|---|---|---|
| GRÜNE | Aras, Muhterem<br>Erikli, Nese<br>Hildenbrand, Oliver<br>Holmberg, Cindy<br>Krebs, Petra<br>Lede Abal, Daniel<br>Poreski, Thomas<br>Schwarz, Andreas | Achterberg, Gudula; Dr. Aschhoff, Susanne; Behrens, Hans-Peter; Bogner-Unden, Andrea; Braun, Martina; Cataltepe, Ayla; Evers, Daniela; Frey, Josef; Gericke, Silke; Grath, Martin; Häffner, Petra; Hahn, Martin; Häusler, Martina; Hentschel, Thomas; Herkens, Felix; Joukov, Michael; Katzenstein, Hermann; Kern, Catherine; Knopf, Norbert; Köhler, Erwin; Marwein, Thomas; Mettenleiter, Bernd; Nentwich, Ralf; Niemann, Jutta; Nüssle, Niklas; Pix, Reinhold; Dr. Rösler, Markus; Saebel, Barbara; Saint-Cast, Nadyne; Salomon, Alexander; Schoch, Alexander; Schwarz, Andrea; Seemann, Stefanie; Seimer, Peter; Sperling, Swantje; Tok, Tayfun; Tuncer, Fadime; Waldbüßer, Armin; Wehinger, Dorothea |
| CDU | Blenke, Thomas<br>Deuschle, Andreas<br>Hagel, Manuel<br>Dr. Reinhart, Wolfgang<br>Schweizer, Sarah<br>Staab, Christiane | Dr. Becker, Alexander; Burger, Klaus; Dörflinger, Thomas; Freiherr von Eyb, Arnulf; Gehring, Christian; Hailfinger, Manuel; Hartmann-Müller, Sabine; Haser, Raimund; Hockenberger, Ulli; Mack, Winfried; Mayr, Ansgar; Miller, Matthias; Neumann-Martin, Christine; Dr. Pfau-Weller, Natalie; Schindele, Katrin; Schuler, August; Dr. Schütte, Albrecht; Stächele, Willi; Teufel, Stefan; Vogt, Tobias; Wald, Tobias; Wolf, Guido |

| *Fraktion* | *Mitglieder* | *Stellvertreter* |
|---|---|---|
| SPD | Binder, Sascha<br>Stoch, Andreas<br>Dr. Weirauch, Boris | Born, Daniel; Cuny, Sebastian; Fink, Nicolas; Dr. Fulst-Blei, Stefan; Gruber, Gernot; Hoffmann, Jonas; Kenner, Andreas; Dr. Kliche-Behnke, Dorothea; Ranger, Klaus; Rivoir, Martin; Röderer, Jan-Peter; Rolland, Gabriele; Steinhülb-Joos, Katrin; Storz, Hans-Peter; Wahl, Florian; Weber, Jonas |
| FDP/DVP | Haußmann, Jochen<br>Dr. Kern, Timm<br>Dr. Rülke, Hans-Ulrich | Birnstock, Dennis; Bonath, Frank; Brauer, Stephen; Fischer, Rudi; Goll, Julia; Haag, Friedrich; Heitlinger, Georg; Hoher, Klaus; Dr. Jung, Christian; Karrais, Daniel; Reith, Nikolai; Scheerer, Hans Dieter; Dr. Schweickert, Erik; Trauschel, Alena; Weinmann, Nico |
| AfD | Gögel, Bernd<br>Stein, Udo | Dr. Balzer, Rainer; Bamberger, Alfred; Baron, Anton; Eisenhut, Bernhard; Goßner, Hans-Jürgen; Dr. Hellstern, Uwe; Hörner, Hans-Peter; Klauß, Miguel; Klos, Rüdiger; Lindenschmid, Daniel; Dr. Podeswa, Rainer; Rupp, Ruben; Sänze, Emil; Steyer, Joachim; Wolle, Carola |

## **Wahlprüfungsausschuss** (7 Mitglieder)

| | | |
|---|---|---|
| *Vorsitzender:* | Lindenschmid, Daniel | AfD |
| *Stellv. Vorsitzender:* | Joukov, Michael | GRÜNE |

| *Fraktion* | *Mitglieder* | *Stellvertreter* |
|---|---|---|
| GRÜNE | Evers, Daniela<br>Joukov, Michael | Hentschel, Thomas; Seemann, Stefanie |
| CDU | Blenke, Thomas<br>Schindele, Katrin | Haser, Raimund; Schweizer, Sarah |
| SPD | Binder, Sascha | Born, Daniel |
| FDP/DVP | Haußmann, Jochen | Dr. Kern, Timm |
| AfD | Lindenschmid, Daniel | Dr. Balzer, Rainer |

## **Untersuchungsausschuss „IdP & Beförderungspraxis“** (14 Mitglieder)

| | | |
|---|---|---|
| *Vorsitzende:* | Evers, Daniela | GRÜNE |
| *Stellv. Vorsitzender:* | Dr. Weirauch, Boris | SPD |

| *Fraktion* | *Mitglieder* | *Stellvertreter* |
|---|---|---|
| GRÜNE | Evers, Daniela<br>Häffner, Petra<br>Hentschel, Thomas<br>Hildenbrand, Oliver<br>Sperling, Swantje | Cataltepe, Ayla; Joukov, Michael; Lede Abal, Daniel; Schwarz, Andrea; Seimer, Peter |
| CDU | Gehring, Christian<br>Dr. Löffler, Reinhard<br>Staab, Christiane<br>Stächele, Willi | Blenke, Thomas; Deuschle, Andreas; Eyb, Arnulf Freiherr von; Neumann-Martin, Christine |
| SPD | Binder, Sascha<br>Dr. Weirauch, Boris | Hoffmann, Jonas; Rolland, Gabriele |
| FDP/DVP | Goll, Julia<br>Weinmann, Nico | Dr. Jung, Christian; Karrais, Daniel |
| AfD | Goßner, Hans-Jürgen | Lindenschmid, Daniel |

**Parlamentarisches Kontrollgremium** (10 Mitglieder)

*Stellv. Vorsitzender:* Blenke, Thomas CDU

| *Fraktion* | *Mitglieder* | *Stellvertreter* |
|---|---|---|
| GRÜNE | Evers, Daniela<br>Häffner, Petra<br>Hildenbrand, Oliver<br>Lede Abal, Daniel | Cataltepe, Ayla; Hentschel, Thomas; Schwarz, Andrea; Sperling, Swantje |
| CDU | Blenke, Thomas<br>Freiherr von Eyb, Arnulf<br>Gehring, Christian | Hockenberger, Ulli; Huber, Isabell; Stächele, Willi |
| SPD | Dr. Weirauch, Boris | Binder, Sascha |
| FDP/DVP | Weinmann, Nico | Goll, Julia |
| AfD | Gögel, Bernd | Goßner, Hans-Jürgen |

**Enquetekommission „Krisenfeste Gesellschaft“**
(14 Mitglieder)

| | | |
|---|---|---|
| *Vorsitzender:* | Salomon, Alexander | GRÜNE |
| *Stellv. Vorsitzende:* | Dr. Pfau-Weller, Natalie | CDU |

| *Fraktion* | *Mitglieder* | *Stellvertreter* |
|---|---|---|
| GRÜNE | Dr. Aschhoff, Susanne<br>Hildenbrand, Oliver<br>Köhler, Erwin<br>Krebs, Petra<br>Salomon, Alexander | Cataltepe, Ayla; Nentwich, Ralf; Poreski, Thomas; Saint-Cast, Nadyne; Schoch, Alexander |
| CDU | Miller, Matthias<br>Dr. Pfau-Weller, Natalie<br>Dr. Preusch, Michael<br>Staab, Christiane | Haser, Raimund; Schindele, Katrin; Dr. Schütte, Albrecht; Wald, Tobias |
| SPD | Dr. Kliche-Behnke, Dorothea<br>Wahl, Florian | Dr. Fulst-Blei, Stefan; Dr. Weirauch, Boris |
| FDP/DVP | Karrais, Daniel<br>Reith, Nikolai | Haußmann, Jochen; Weinmann, Nico |
| AfD | Wolle, Carola | Sänze, Emil |

**Landesausschuss für Informationen** (6 Mitglieder)

| *Fraktion* | *Mitglieder* | *Stellvertreter* |
|---|---|---|
| GRÜNE | Knopf, Norbert<br>Seimer, Peter | Erikli, Nese<br>Dr. Rösler, Markus |
| CDU | Deuschle, Andreas | Wald, Tobias |
| SPD | Hoffmann, Jonas | Weber, Jonas |
| FDP/DVP | Karrais, Daniel | Trauschel, Alena |
| AfD | N. N. | N. N. |

## Mitglieder des Oberrheinrates aus Baden-Württemberg

Landtagsabgeordnete

| *Fraktion* | *Mitglieder* |
|---|---|
| GRÜNE | Behrens, Hans-Peter |
| | Frey, Josef |
| | Nüssle, Niklas |
| | Pix, Reinhold |
| | Saint-Cast, Nadyne |
| | Wehinger, Dorothea |
| CDU | Dr. Becker, Alexander |
| | Hartmann-Müller, Sabine |
| | Dr. Schütte, Albrecht |
| | Stächele, Willi |
| SPD | Hoffmann, Jonas |
| | Rolland, Gabriele |
| FDP/DVP | Dr. Jung, Christian |
| | Trauschel, Alena |
| AfD | Klos, Rüdiger |
| | Sänze, Emil |

Kommunale Vertreter/-innen

Marion Dammann, Landrätin (Landkreis Lörrach)
Dr. Christian Dusch, Landrat (Landkreis Rastatt)
Martin Horn, Oberbürgermeister (Stadt Freiburg)
Hanno Hurth, Landrat (Landkreis Emmendingen)
Dr. Martin Kistler, Landrat (Landkreis Waldshut)
Dr. Frank Mentrup, Oberbürgermeister (Stadt Karlsruhe)
Margret Mergen, Oberbürgermeisterin (Stadt Baden-Baden)
Frank Scherer, Landrat (Ortenaukreis)
Dr. Christoph Schnaudigel, Landrat (Landkreis Karlsruhe)
Dorothea Störr-Ritter, Landrätin (Landkreis Breisgau-Hochschwarzwald)

# BEFUFLICHE GLIEDERUNG DER ABGEORDNETEN*

Stand April 2022

| | | GRÜNE | CDU | SPD | FDP/ DVP | AfD | LAND- TAG |
|---|---|---|---|---|---|---|---|
| 1. | Arbeitnehmertätigkeiten im privaten und gesellschaftlichen Bereich | | | | | | |
| 1.1 | Privatwirtschaft | 7 | 9 | 4 | 2 | 6 | 28 |
| 1.2 | Privatwirtschaft: medizinische Tätigkeit | 1 | – | – | – | – | 1 |
| 1.3 | Kirchen, kirchliche Einrichtungen, sozialer Bereich | 4 | – | 1 | – | – | 5 |
| 1.4 | Gewerkschaften | 1 | – | – | – | – | 1 |
| 1.5 | Verbände, Vereine, Parteien, Stiftungen | 6 | 3 | – | – | – | 9 |
| | | 19 | 12 | 5 | 2 | 6 | 44 |
| | | (12,34 %) | (7,79 %) | (3,25 %) | (1,30 %) | (3,90 %) | (28,57 %) |
| 2. | Öffentlicher Dienst | | | | | | |
| 2.1 | Richter, Staatsanwälte, Amtsanwälte | – | – | – | 1 | – | 1 |
| 2.2 | Beamte und Angestellte des Landes | | | | | | |
| 2.2.1 | Landesbehörden, Polizei | 1 | 7 | 1 | – | – | 9 |
| 2.2.2 | Lehrkräfte an Hochschulen, Seminaren | – | – | – | – | – | – |
| 2.2.3 | Lehrkräfte an Höheren Schulen, Berufsschulen | 1 | – | 1 | 3 | 1 | 6 |
| 2.2.4 | Lehrkräfte an Grund-, Haupt-, Real- und Sonderschulen | 1 | – | 1 | – | – | 2 |
| 2.3 | Kommunale Gebietskörperschaften | | | | | | |
| 2.3.1 | Oberbürgermeister, Bürgermeister, Beigeordnete, Landräte | – | 1 | 1 | – | – | 2 |
| 2.3.2 | Kommunale Beschäftigte | 2 | 2 | 1 | – | – | 5 |
| 2.4 | Beschäftigte bei juristischen Personen des öffentlichen Rechts | 7 | 4 | 2 | – | – | 13 |
| 2.5 | Bund, Länder, Ausland | 1 | 1 | 1 | 1 | – | 4 |
| | | 13 | 15 | 8 | 5 | 1 | 42 |
| | | (8,44 %) | (9,74 %) | (5,19 %) | (3,25 %) | (0,65 %) | (27,27 %) |

* Abgeordnete können mehreren Berufsgruppen zugeordnet sein. Prozentangaben beziehen sich auf die Gesamtzahl von 154 Abgeordneten und liegen daher in der Summe über 100 %.

| | | GRÜNE | CDU | SPD | FDP/ DVP | AfD | LAND- TAG |
|---|---|---|---|---|---|---|---|
| 3. | Regierungsmitglieder, politische Staatssekretäre | | | | | | |
| 3.1 | Regierungsmitglieder | 6 | 5 | – | – | – | 11 |
| 3.2 | Politische Staatssekretäre | 5 | 3 | – | – | – | 8 |
| | | 11 | 8 | – | – | – | 19 |
| | | (7,14 %) | (5,19 %) | | | | (12,34 %) |
| 4. | Ehemalige Regierungsmitglieder und ehemalige politische Staatssekretäre | | | | | | |
| 4.1 | Ehemalige Regierungsmitglieder | – | 3 | 1 | – | – | 4 |
| 4.2 | Ehemalige politische Staatssekretäre | – | – | – | – | – | – |
| | | – | 3 | 1 | – | – | 4 |
| | | | (1,95 %) | (0,65 %) | | | (2,60 %) |
| 5. | Selbständige Tätigkeiten | | | | | | |
| 5.1 | Rechtsanwälte | 2 | 9 | 2 | 2 | – | 15 |
| 5.2 | Ärzte, Apotheker, sonstige Heilberufe | 1 | 1 | – | – | – | 2 |
| 5.3 | Architekten und Ingenieure | – | – | – | – | – | – |
| 5.4 | Unternehmer, selbständige Gewerbetreibende | 3 | 4 | 1 | 5 | 6 | 19 |
| 5.5 | Landwirtschaft, Weinbau | 2 | – | – | 3 | – | 5 |
| 5.6 | Andere selbständige Tätigkeiten (Berater usw.) | 6 | 1 | 2 | 2 | 1 | 12 |
| | | 14 | 15 | 5 | 12 | 7 | 53 |
| | | (9,09 %) | (9,74 %) | (3,25 %) | (7,79 %) | (4,55 %) | (34,42 %) |
| 6. | Hausfrauen, Hausmänner | 1 | – | – | – | – | 1 |
| | | (0,65 %) | | | | | (0,65 %) |
| 7. | Pensionäre, Rentner | 1 | 2 | – | 1 | 1 | 5 |
| | | (0,65 %) | (1,30 %) | | (0,65 %) | (0,65 %) | (3,25 %) |
| 8. | Andere | 11 | – | 1 | 1 | 2 | 15 |
| | | (7,14 %) | | (0,65 %) | (0,65 %) | (1,30 %) | (9,74 %) |

## ALTERSSTRUKTUR DER ABGEORDNETEN

Stand: 1. Juni 2022

| Altersgruppe (Jahre) | Fraktion GRÜNE Abg. | %* | Fraktion der CDU Abg. | %* | Fraktion der SPD Abg. | %* | Fraktion der FDP/DVP Abg. | %* | Fraktion der AfD Abg. | %* | Landtag gesamt Abg. | %* |
|---|---|---|---|---|---|---|---|---|---|---|---|---|
| 20–25 | | | | | | | 1 | 5,6 | | | 1 | 0,6 |
| 26–30 | 4 | 6,9 | | | | | | | 1 | 5,9 | 5 | 3,2 |
| 31–35 | 2 | 3,4 | 7 | 16,7 | | | 3 | 16,7 | 3 | 17,6 | 15 | 9,7 |
| 36–40 | 5 | 8,6 | 4 | 9,5 | 5 | 26,3 | | | 1 | 5,9 | 15 | 9,7 |
| 41–45 | 3 | 5,2 | 3 | 7,1 | 4 | 21,1 | 1 | 5,6 | | | 11 | 7,1 |
| 46–50 | 8 | 13,8 | 9 | 21,4 | 1 | 5,3 | 4 | 22,2 | | | 22 | 14,3 |
| 51–55 | 6 | 10,3 | 4 | 9,5 | 2 | 10,5 | 5 | 27,8 | 1 | 5,9 | 18 | 11,7 |
| 56–60 | 14 | 24,1 | 6 | 14,3 | 3 | 15,8 | 2 | 11,1 | 2 | 11,8 | 27 | 17,5 |
| 61–65 | 9 | 15,5 | 5 | 11,9 | 4 | 21,1 | 1 | 5,6 | 6 | 35,3 | 25 | 16,2 |
| 66–70 | 5 | 8,6 | 4 | 9,5 | | | 1 | 5,6 | 2 | 11,8 | 12 | 7,8 |
| 71–75 | 2 | 3,4 | | | | | | | 1 | 5,9 | 3 | 1,9 |
| 76–80 | | | | | | | | | | | | |
| insgesamt | 58 | | 42 | | 19 | | 18 | | 17 | | 154 | |
| Durchschnittsalter | 53,1 | | 50,6 | | 49,7 | | 49,0 | | 54,6 | | 51,7 | |

Jüngste Abgeordnete: Alena Trauschel 14.02.1999
Ältester Abgeordneter: Winfried Kretschmann 17.05.1948

* Rundungsbedingt kann die Summe der Prozentzahlen von 100 % abweichen.

## GESCHLECHT DER ABGEORDNETEN

Stand: 1. Juni 2022

| | Fraktion GRÜNE | | Fraktion der CDU | | Fraktion der SPD | | Fraktion der FDP/DVP | | Fraktion der AfD | | Landtag gesamt | |
|---|---|---|---|---|---|---|---|---|---|---|---|---|
| | Abg. | % | Abg. | % | Abg. | % | Abg. | % | Abg. | % | Abg. | % |
| männlich | 30 | 51,7 | 31 | 73,8 | 16 | 84,2 | 16 | 88,9 | 16 | 94,1 | 108 | 70,8 |
| weiblich | 28 | 48,3 | 11 | 26,2 | 3 | 15,8 | 2 | 11,1 | 1 | 5,9 | 46 | 29,2 |
| insgesamt | 58 | | 42 | | 19 | | 18 | | 17 | | 154 | |

# ENDGÜLTIGES WAHLERGEBNIS

| Wahltag | 14. März 2021 | 13. März 2016 |
|---|---:|---:|
| Wahlberechtigte | 7.671.039 | 7.683.464 |
| abgegebene Stimmen | 4.894.500 | 5.411.945 |
| gültig | 4.859.651 | 5.361.250 |
| ungültig | 34.849 | 50.695 |
| Wahlbeteiligung | 63,8 % | 70,4 % |

| Stimmanteil | 2021 absolut | 2016 absolut | 2021 in Prozent* | 2016 in Prozent* |
|---|---:|---:|---:|---:|
| GRÜNE | 1.586.192 | 1.623.107 | 32,6 | 30,3 |
| CDU | 1.168.975 | 1.447.462 | 24,1 | 27,0 |
| SPD | 535.489 | 679.727 | 11,0 | 12,7 |
| FDP | 508.429 | 445.498 | 10,5 | 8,3 |
| AfD | 473.485 | 809.564 | 9,7 | 15,1 |
| Sonstige | 587.081 | 355.892 | 13,1 | 6,6 |

| Sitzverteilung | 2021 | 2016 |
|---|---:|---:|
| GRÜNE | 58 | 47 |
| CDU | 42 | 42 |
| SPD | 19 | 19 |
| FDP | 18 | 12 |
| AfD | 17 | 23 |
| Abgeordnete gesamt | 154 | 143 |

Erster Zusammentritt des neugewählten Parlaments: 11. Mai 2021
Legislaturperiode vom 1. Mai 2021 bis 30. April 2026

* Es wurde ohne Rücksicht auf die Endsumme auf- oder abgerundet.

| Wahlkreis | Partei | Stimm-anteil in % | Man-dat[1)] | Name der gewählten Abgeordneten |
|---|---|---|---|---|
| Wahlkreis 1 | GRÜNE | 44,8 | D | Aras, Muhterem |
| Stuttgart I | CDU | 17,9 | | |
| | SPD | 9,4 | | |
| | FDP | 10,1 | | |
| | AfD | 3,3 | | |
| Wahlkreis 2 | GRÜNE | 39,8 | D | Hermann, Winfried |
| Stuttgart II | CDU | 21,7 | | |
| | SPD | 10,0 | | |
| | FDP | 12,9 | Z | Haag, Friedrich |
| | AfD | 4,9 | | |
| Wahlkreis 3 | GRÜNE | 33,9 | D | Hildenbrand, Oliver |
| Stuttgart III | CDU | 24,3 | Z | Dr. Löffler, Reinhard |
| | SPD | 12,2 | | |
| | FDP | 10,6 | | |
| | AfD | 8,0 | | |
| Wahlkreis 4 | GRÜNE | 35,6 | D | Olschowski, Petra |
| Stuttgart IV | CDU | 21,5 | | |
| | SPD | 13,2 | Z | Steinhülb-Joos, Katrin |
| | FDP | 9,7 | | |
| | AfD | 5,8 | | |
| Wahlkreis 5 | GRÜNE | 31,4 | D | Walker, Thekla |
| Böblingen | CDU | 25,3 | Z | Miller, Matthias |
| | SPD | 13,1 | Z | Wahl, Florian |
| | FDP | 11,4 | | |
| | AfD | 9,4 | | |
| Wahlkreis 6 | GRÜNE | 32,7 | D | Seimer, Peter |
| Leonberg | CDU | 26,0 | Z | Kurtz, Sabine |
| | SPD | 10,6 | | |
| | FDP | 11,7 | Z | Scheerer, Hans Dieter |
| | AfD | 8,2 | | |
| Wahlkreis 7 | GRÜNE | 35,7 | D | Lindlohr, Andrea |
| Esslingen | CDU | 23,8 | Z | Deuschle, Andreas |
| | SPD | 14,2 | Z | Fink, Nicolas |
| | FDP | 9,4 | | |
| | AfD | 7,2 | | |
| Wahlkreis 8 | GRÜNE | 31,1 | D | Schwarz, Andreas |
| Kirchheim | CDU | 24,4 | Z | Dr. Pfau-Weller, Natalie |
| | SPD | 12,6 | Z | Kenner, Andreas |
| | FDP | 10,3 | | |
| | AfD | 9,5 | | |
| Wahlkreis 9 | GRÜNE | 38,8 | D | Kretschmann, Winfried |
| Nürtingen | CDU | 21,6 | | |
| | SPD | 9,2 | | |
| | FDP | 11,6 | Z | Birnstock, Dennis |
| | AfD | 9,1 | | |

1) D = Direktmandat, Z = Zweitmandat

| Wahlkreis | Partei | Stimm-anteil in % | Man-dat[1)] | Name der gewählten Abgeordneten |
|---|---|---|---|---|
| Wahlkreis 10 | GRÜNE | 28,8 | D | Cataltepe, Ayla |
| Göppingen | CDU | 26,5 | Z | Schweizer, Sarah |
| | SPD | 12,3 | | |
| | FDP | 8,9 | | |
| | AfD | 12,3 | Z | Goßner, Hans-Jürgen |
| Wahlkreis 11 | GRÜNE | 27,5 | | |
| Geislingen | CDU | 27,9 | D | Razavi, Nicole |
| | SPD | 14,4 | Z | Binder, Sascha |
| | FDP | 10,3 | | |
| | AfD | 11,5 | | |
| Wahlkreis 12 | GRÜNE | 34,6 | D | Gericke, Silke |
| Ludwigsburg | CDU | 22,2 | | |
| | SPD | 12,1 | | |
| | FDP | 11,2 | | |
| | AfD | 8,7 | | |
| Wahlkreis 13 | GRÜNE | 34,9 | D | Dr. Rösler, Markus |
| Vaihingen | CDU | 24,8 | Z | Epple, Konrad |
| | SPD | 9,2 | | |
| | FDP | 11,1 | | |
| | AfD | 8,6 | | |
| Wahlkreis 14 | GRÜNE | 34,2 | D | Tok, Tayfun |
| Bietigheim-Bissingen | CDU | 24,5 | Z | Vogt, Tobias |
| | SPD | 10,6 | | |
| | FDP | 10,9 | | |
| | AfD | 9,2 | | |
| Wahlkreis 15 | GRÜNE | 30,0 | D | Sperling, Swantje |
| Waiblingen | CDU | 24,1 | Z | Lorek, Siegfried |
| | SPD | 10,8 | | |
| | FDP | 13,3 | Z | Goll, Julia |
| | AfD | 8,1 | | |
| Wahlkreis 16 | GRÜNE | 29,7 | D | Häffner, Petra |
| Schorndorf | CDU | 24,2 | Z | Gehring, Christian |
| | SPD | 10,4 | | |
| | FDP | 16,3 | Z | Haußmann, Jochen |
| | AfD | 9,9 | | |
| Wahlkreis 17 | GRÜNE | 24,0 | D | Nentwich, Ralf |
| Backnang | CDU | 23,2 | | |
| | SPD | 19,0 | Z | Gruber, Gernot |
| | FDP | 10,5 | | |
| | AfD | 12,1 | Z | Lindenschmid, Daniel |
| Wahlkreis 18 | GRÜNE | 30,0 | D | Bay, Susanne |
| Heilbronn | CDU | 23,0 | | |
| | SPD | 11,6 | | |
| | FDP | 12,3 | Z | Weinmann, Nico |
| | AfD | 12,0 | | |

1) D = Direktmandat, Z = Zweitmandat

| Wahlkreis | Partei | Stimm-anteil in % | Man-dat[1] | Name der gewählten Abgeordneten |
|---|---|---|---|---|
| Wahlkreis 19 Eppingen | GRÜNE | 26,3 | D | Köhler, Erwin |
| | CDU | 24,5 | Z | Dr. Preusch, Michael |
| | SPD | 11,1 | | |
| | FDP | 13,4 | Z | Heitlinger, Georg |
| | AfD | 13,7 | Z | Dr. Podeswa, Rainer |
| Wahlkreis 20 Neckarsulm | GRÜNE | 27,4 | D | Waldbüßer, Armin |
| | CDU | 25,0 | Z | Huber, Isabell |
| | SPD | 12,7 | Z | Ranger, Klaus |
| | FDP | 9,9 | | |
| | AfD | 13,9 | Z | Wolle, Carola |
| Wahlkreis 21 Hohenlohe | GRÜNE | 28,7 | D | Kern, Catherine |
| | CDU | 24,4 | Z | Freiherr von Eyb, Arnulf |
| | SPD | 11,9 | | |
| | FDP | 10,9 | | |
| | AfD | 14,1 | Z | Baron, Anton |
| Wahlkreis 22 Schwäbisch Hall | GRÜNE | 28,7 | D | Niemann, Jutta |
| | CDU | 23,2 | | |
| | SPD | 11,3 | | |
| | FDP | 13,1 | Z | Brauer, Stephen |
| | AfD | 12,5 | Z | Stein, Udo |
| Wahlkreis 23 Main-Tauber | GRÜNE | 27,1 | | |
| | CDU | 29,5 | D | Dr. Reinhart, Wolfgang |
| | SPD | 10,4 | | |
| | FDP | 8,4 | | |
| | AfD | 10,6 | | |
| Wahlkreis 24 Heidenheim | GRÜNE | 25,8 | D | Grath, Martin |
| | CDU | 22,4 | | |
| | SPD | 20,2 | Z | Stoch, Andreas |
| | FDP | 7,6 | | |
| | AfD | 11,4 | | |
| Wahlkreis 25 Schwäbisch Gmünd | GRÜNE | 30,1 | D | Häusler, Martina |
| | CDU | 25,8 | Z | Bückner, Tim |
| | SPD | 10,8 | | |
| | FDP | 10,8 | | |
| | AfD | 12,0 | Z | Rupp, Ruben |
| Wahlkreis 26 Aalen | GRÜNE | 25,0 | | |
| | CDU | 29,8 | D | Mack, Winfried |
| | SPD | 10,0 | | |
| | FDP | 9,1 | | |
| | AfD | 9,5 | | |
| Wahlkreis 27 Karlsruhe I | GRÜNE | 39,1 | D | Dr. Leidig, Ute |
| | CDU | 17,5 | | |
| | SPD | 11,8 | | |
| | FDP | 8,2 | | |
| | AfD | 6,7 | | |

1) D = Direktmandat, Z = Zweitmandat

| Wahlkreis | Partei | Stimm-anteil in % | Man-dat[1)] | Name der gewählten Abgeordneten |
|---|---|---|---|---|
| Wahlkreis 28 Karlsruhe II | GRÜNE | 38,6 | D | Salomon, Alexander |
| | CDU | 18,4 | | |
| | SPD | 12,0 | | |
| | FDP | 7,3 | | |
| | AfD | 7,5 | | |
| Wahlkreis 29 Bruchsal | GRÜNE | 26,3 | | |
| | CDU | 27,1 | D | Hockenberger, Ulli |
| | SPD | 11,8 | | |
| | FDP | 9,7 | | |
| | AfD | 13,2 | Z | Dr. Balzer, Rainer |
| Wahlkreis 30 Bretten | GRÜNE | 32,0 | D | Schwarz, Andrea |
| | CDU | 23,0 | Z | Mayr, Ansgar |
| | SPD | 10,8 | | |
| | FDP | 11,4 | | |
| | AfD | 11,2 | Z | Dr. Jung, Christian |
| Wahlkreis 31 Ettlingen | GRÜNE | 33,5 | D | Saebel, Barbara |
| | CDU | 24,2 | Z | Neumann-Martin, Christine |
| | SPD | 11,8 | | |
| | FDP | 10,2 | Z | Trauschel, Alena |
| | AfD | 9,5 | | |
| Wahlkreis 32 Rastatt | GRÜNE | 30,3 | D | Hentschel, Thomas |
| | CDU | 23,8 | Z | Dr. Becker, Alexander |
| | SPD | 13,6 | Z | Weber, Jonas |
| | FDP | 8,0 | | |
| | AfD | 12,6 | | |
| Wahlkreis 33 Baden-Baden | GRÜNE | 32,6 | D | Behrens, Hans-Peter |
| | CDU | 27,8 | Z | Wald, Tobias |
| | SPD | 11,1 | | |
| | FDP | 8,8 | | |
| | AfD | 8,9 | | |
| Wahlkreis 34 Heidelberg | GRÜNE | 41,7 | D | Bauer, Theresia |
| | CDU | 15,3 | | |
| | SPD | 12,7 | | |
| | FDP | 7,0 | | |
| | AfD | 5,2 | | |
| Wahlkreis 35 Mannheim I | GRÜNE | 27,8 | D | Dr. Aschhoff, Susanne |
| | CDU | 15,2 | | |
| | SPD | 21,7 | Z | Dr. Fulst-Blei, Stefan |
| | FDP | 6,7 | | |
| | AfD | 12,7 | | |
| Wahlkreis 36 Mannheim II | GRÜNE | 35,9 | D | Zimmer, Elke |
| | CDU | 16,7 | | |
| | SPD | 15,9 | Z | Dr. Weirauch, Boris |
| | FDP | 9,3 | | |
| | AfD | 7,9 | | |

1) D = Direktmandat, Z = Zweitmandat

| Wahlkreis | Partei | Stimm-anteil in % | Mandat[1)] | Name der gewählten Abgeordneten |
|---|---|---|---|---|
| Wahlkreis 37 Wiesloch | GRÜNE | 29,7 | D | Knopf, Norbert |
| | CDU | 26,6 | Z | Staab, Christiane |
| | SPD | 12,1 | | |
| | FDP | 9,4 | | |
| | AfD | 11,2 | | |
| Wahlkreis 38 Neckar-Odenwald | GRÜNE | 23,7 | D | Hauk, Peter |
| | CDU | 31,6 | | |
| | SPD | 12,2 | | |
| | FDP | 7,9 | | |
| | AfD | 12,3 | | |
| Wahlkreis 39 Weinheim | GRÜNE | 35,6 | D | Sckerl, Hans-Ulrich |
| | CDU | 22,6 | | |
| | SPD | 13,4 | Z | Cuny, Sebastian |
| | FDP | 8,6 | | |
| | AfD | 7,9 | | |
| Wahlkreis 40 Schwetzingen | GRÜNE | 31,3 | D | Dr. Baumann, Andre |
| | CDU | 23,6 | Z | Sturm, Andreas |
| | SPD | 14,8 | Z | Born, Daniel |
| | FDP | 8,2 | | |
| | AfD | 10,4 | | |
| Wahlkreis 41 Sinsheim | GRÜNE | 29,3 | D | Katzenstein, Hermann |
| | CDU | 25,9 | Z | Dr. Schütte, Albrecht |
| | SPD | 13,8 | Z | Röderer, Jan-Peter |
| | FDP | 9,1 | | |
| | AfD | 11,0 | | |
| Wahlkreis 42 Pforzheim | GRÜNE | 26,2 | D | Herkens, Felix |
| | CDU | 20,1 | | |
| | SPD | 10,1 | | |
| | FDP | 16,1 | Z | Dr. Rülke, Hans-Ulrich |
| | AfD | 15,8 | Z | Dr. Grimmer, Bernd |
| Wahlkreis 43 Calw | GRÜNE | 27,1 | | |
| | CDU | 28,8 | D | Blenke, Thomas |
| | SPD | 7,8 | | |
| | FDP | 10,0 | | |
| | AfD | 13,5 | Z | Klauß, Miguel |
| Wahlkreis 44 Enz | GRÜNE | 30,9 | D | Seemann, Stefanie |
| | CDU | 19,5 | | |
| | SPD | 9,5 | | |
| | FDP | 17,0 | Z | Dr. Schweickert, Erik |
| | AfD | 12,9 | Z | Gögel, Bernd |
| Wahlkreis 45 Freudenstadt | GRÜNE | 24,7 | D | Schindele, Katrin |
| | CDU | 27,3 | | |
| | SPD | 8,4 | | |
| | FDP | 14,8 | Z | Dr. Kern, Timm |
| | AfD | 13,2 | Z | Dr. Hellstern, Uwe |

1) D = Direktmandat, Z = Zweitmandat

| Wahlkreis | Partei | Stimm-anteil in % | Man-dat[1)] | Name der gewählten Abgeordneten |
|---|---|---|---|---|
| Wahlkreis 46 Freiburg I | GRÜNE | 40,2 | D | Evers, Daniela |
| | CDU | 19,4 | | |
| | SPD | 11,2 | | |
| | FDP | 7,5 | | |
| | AfD | 5,1 | | |
| Wahlkreis 47 Freiburg II | GRÜNE | 40,3 | D | Saint-Cast, Nadyne |
| | CDU | 13,3 | | |
| | SPD | 12,7 | Z | Rolland, Gabriele |
| | FDP | 5,9 | | |
| | AfD | 5,8 | | |
| Wahlkreis 48 Breisgau | GRÜNE | 37,7 | D | Pix, Reinhold |
| | CDU | 23,9 | Z | Dr. Rapp, Patrick |
| | SPD | 10,3 | | |
| | FDP | 9,0 | | |
| | AfD | 7,0 | | |
| Wahlkreis 49 Emmendingen | GRÜNE | 36,2 | D | Schoch, Alexander |
| | CDU | 21,8 | | |
| | SPD | 11,5 | | |
| | FDP | 10,1 | | |
| | AfD | 7,2 | | |
| Wahlkreis 50 Lahr | GRÜNE | 33,1 | D | Boser, Sandra |
| | CDU | 24,5 | Z | Gentges, Marion |
| | SPD | 10,4 | | |
| | FDP | 10,2 | | |
| | AfD | 10,0 | | |
| Wahlkreis 51 Offenburg | GRÜNE | 36,8 | D | Marwein, Thomas |
| | CDU | 25,4 | Z | Schebesta, Volker |
| | SPD | 8,6 | | |
| | FDP | 8,9 | | |
| | AfD | 8,3 | | |
| Wahlkreis 52 Kehl | GRÜNE | 31,4 | D | Mettenleiter, Bernd |
| | CDU | 27,1 | Z | Stächele, Willi |
| | SPD | 8,7 | | |
| | FDP | 9,4 | | |
| | AfD | 9,7 | | |
| Wahlkreis 53 Rottweil | GRÜNE | 26,0 | | |
| | CDU | 26,7 | D | Teufel, Stefan |
| | SPD | 7,3 | | |
| | FDP | 16,2 | Z | Karrais, Daniel |
| | AfD | 12,8 | Z | Sänze, Emil |
| Wahlkreis 54 Villingen-Schwenningen | GRÜNE | 34,6 | D | Braun, Martina |
| | CDU | 22,5 | | |
| | SPD | 9,1 | | |
| | FDP | 12,2 | Z | Bonath, Frank |
| | AfD | 11,3 | | |

1) D = Direktmandat, Z = Zweitmandat

| Wahlkreis | Partei | Stimm-anteil in % | Man-dat[1)] | Name der gewählten Abgeordneten |
|---|---|---|---|---|
| Wahlkreis 55 | GRÜNE | 28,1 | | |
| Tuttlingen- | CDU | 29,3 | D | Wolf, Guido |
| Donaueschingen | SPD | 6,9 | | |
| | FDP | 13,4 | Z | Reith, Niko |
| | AfD | 12,9 | Z | Klos, Rüdiger |
| Wahlkreis 56 | GRÜNE | 42,1 | D | Erikli, Nese |
| Konstanz | CDU | 18,2 | | |
| | SPD | 8,4 | | |
| | FDP | 12,1 | | |
| | AfD | 5,8 | | |
| Wahlkreis 57 | GRÜNE | 32,1 | D | Wehinger, Dorothea |
| Singen | CDU | 21,5 | | |
| | SPD | 12,3 | Z | Storz, Hans-Peter |
| | FDP | 11,7 | | |
| | AfD | 11,3 | Z | Eisenhut, Bernhard |
| Wahlkreis 58 | GRÜNE | 35,8 | D | Frey, Josef |
| Lörrach | CDU | 21,4 | | |
| | SPD | 12,6 | Z | Hoffmann, Jonas |
| | FDP | 10,3 | | |
| | AfD | 7,9 | | |
| Wahlkreis 59 | GRÜNE | 37,1 | D | Nüssle, Niklas |
| Waldshut | CDU | 22,9 | Z | Hartmann-Müller, Sabine |
| | SPD | 9,6 | | |
| | FDP | 10,2 | | |
| | AfD | 9,9 | | |
| Wahlkreis 60 | GRÜNE | 36,2 | D | Poreski, Thomas |
| Reutlingen | CDU | 22,0 | | |
| | SPD | 10,2 | | |
| | FDP | 11,3 | | |
| | AfD | 9,5 | | |
| Wahlkreis 61 | GRÜNE | 31,6 | D | Holmberg, Cindy |
| Hechingen-Münsingen | CDU | 25,0 | Z | Hailfinger, Manuel |
| | SPD | 8,9 | | |
| | FDP | 12,6 | Z | Fischer, Rudi |
| | AfD | 12,2 | Z | Steyer, Joachim |
| Wahlkreis 62 | GRÜNE | 39,0 | D | Lede Abal, Daniel |
| Tübingen | CDU | 20,5 | | |
| | SPD | 11,6 | Z | Dr. Kliche-Behnke, Dorothea |
| | FDP | 7,6 | | |
| | AfD | 6,5 | | |
| Wahlkreis 63 | GRÜNE | 26,5 | D | Dr. Hoffmeister-Kraut, Nicole |
| Balingen | CDU | 32,6 | | |
| | SPD | 7,8 | | |
| | FDP | 10,0 | | |
| | AfD | 12,2 | Z | Hörner, Hans-Peter |

1) D = Direktmandat, Z = Zweitmandat

| Wahlkreis | Partei | Stimm-anteil in % | Man-dat[1)] | Name der gewählten Abgeordneten |
|---|---|---|---|---|
| Wahlkreis 64 Ulm | GRÜNE | 36,5 | D | Joukov, Michael |
| | CDU | 22,9 | | |
| | SPD | 13,2 | Z | Rivoir, Martin |
| | FDP | 7,8 | | |
| | AfD | 7,4 | | |
| Wahlkreis 65 Ehingen | GRÜNE | 29,5 | D | Hagel, Manuel |
| | CDU | 35,9 | | |
| | SPD | 7,0 | | |
| | FDP | 8,2 | | |
| | AfD | 10,1 | | |
| Wahlkreis 66 Biberach | GRÜNE | 28,9 | D | Dörflinger, Thomas |
| | CDU | 34,1 | | |
| | SPD | 5,8 | | |
| | FDP | 8,1 | | |
| | AfD | 10,0 | | |
| Wahlkreis 67 Bodensee | GRÜNE | 36,8 | D | Hahn, Martin |
| | CDU | 21,9 | | |
| | SPD | 8,5 | | |
| | FDP | 13,3 | Z | Hoher, Klaus |
| | AfD | 8,6 | | |
| Wahlkreis 68 Wangen | GRÜNE | 31,3 | D | Krebs, Petra |
| | CDU | 30,6 | Z | Haser, Raimund |
| | SPD | 6,5 | | |
| | FDP | 8,9 | | |
| | AfD | 9,5 | | |
| Wahlkreis 69 Ravensburg | GRÜNE | 33,1 | D | Lucha, Manfred |
| | CDU | 23,7 | Z | Schuler, August |
| | SPD | 8,2 | | |
| | FDP | 11,5 | | |
| | AfD | 8,7 | | |
| Wahlkreis 70 Sigmaringen | GRÜNE | 32,6 | D | Bogner-Unden, Andrea |
| | CDU | 27,8 | Z | Burger, Klaus |
| | SPD | 6,2 | | |
| | FDP | 12,1 | | |
| | AfD | 11,2 | | |

1) D = Direktmandat, Z = Zweitmandat

## Die Zusammensetzung des Landesparlaments in den bisherigen Wahlperioden

| Verfassungsgebende Versammlung und | 1. Landtag Wahl vom 9.3.1952 | 2. Landtag Wahl vom 4.3.1956 | 3. Landtag Wahl vom 15.5.1960 | 4. Landtag Wahl vom 26.4.1964 |
|---|---|---|---|---|
| CDU | 50 | 56 | 52 | 59 |
| SPD | 38 | 36 | 44 | 47 |
| FDP/DVP | 23 | 21 | 18 | 14 |
| GB/BHE (GDP) | 6 | 7 | 7 | – |
| KPD | 4 | – | – | – |
| insgesamt | 121 | 120 | 121 | 120 |

| | 5. Landtag Wahl vom 24.4.1968 | 6. Landtag Wahl vom 23.4.1972 | 7. Landtag Wahl vom 4.4.1976 | 8. Landtag Wahl vom 16.3.1980 |
|---|---|---|---|---|
| CDU | 60 | 65 | 71 | 68 |
| SPD | 37 | 45 | 41 | 40 |
| FDP/DVP | 18 | 10 | 9 | 10 |
| GRÜNE | – | – | – | 6 |
| NPD | 12 | – | – | – |
| insgesamt | 127 | 120 | 121 | 124 |

| | 9. Landtag Wahl vom 25.3.1984 | 10. Landtag Wahl vom 20.3.1988 | 11. Landtag Wahl vom 5.4.1992 | 12. Landtag Wahl vom 24.3.1996 |
|---|---|---|---|---|
| CDU | 68 | 66 | 64 | 69 |
| SPD | 41 | 42 | 46 | 39 |
| GRÜNE | 9 | 10 | 13 | 19 |
| FDP/DVP | 8 | 7 | 8 | 14 |
| REP | – | – | 15 | 14 |
| insgesamt | 126 | 125 | 146 | 155 |

| | 13. Landtag Wahl vom 25.3.2001 | 14. Landtag Wahl vom 26.3.2006 | 15. Landtag Wahl vom 27.3.2011 | 16. Landtag Wahl vom 13.3.2016 |
|---|---|---|---|---|
| CDU | 63 | 69 | 60 | 42 |
| SPD | 45 | 38 | 35 | 19 |
| GRÜNE | 10 | 17 | 36 | 47 |
| FDP/DVP | 10 | 15 | 7 | 12 |
| AfD | – | – | – | 23 |
| insgesamt | 128 | 139 | 138 | 143 |

| | 17. Landtag Wahl vom 14.3.2021 |
|---|---|
| CDU | 42 |
| SPD | 19 |
| GRÜNE | 58 |
| FDP/DVP | 18 |
| AfD | 17 |
| insgesamt | 154 |

# VERFASSUNG DES LANDES BADEN-WÜRTTEMBERG

vom 11. November 1953 (GBl. S. 173),
zuletzt geändert durch Gesetz vom 26. April 2022
(GBl. S. 237)

– Auszug –

**Zweiter Hauptteil: Vom Staat und seinen Ordnungen**

...

## II. Der Landtag

Artikel 27

(1) Der Landtag ist die gewählte Vertretung des Volkes.

(2) Der Landtag übt die gesetzgebende Gewalt aus und überwacht die Ausübung der vollziehenden Gewalt nach Maßgabe dieser Verfassung.

(3) Die Abgeordneten sind Vertreter des ganzen Volkes. Sie sind nicht an Aufträge und Weisungen gebunden und nur ihrem Gewissen unterworfen.

Artikel 28

(1) Die Abgeordneten werden nach einem Verfahren gewählt, das die Persönlichkeitswahl mit den Grundsätzen der Verhältniswahl verbindet.

(2) Wählbar ist jeder Wahlberechtigte, der am Tag der Wahl das 18. Lebensjahr vollendet hat. Die Wählbarkeit kann von einer bestimmten Dauer der Staatsangehörigkeit und des Aufenthalts im Lande abhängig gemacht werden.

(3) Das Nähere bestimmt ein Gesetz. Es kann die Zuteilung von Sitzen davon abhängig machen, dass ein Mindestanteil der im Lande abgegebenen gültigen Stimmen erreicht wird. Der geforderte Anteil darf fünf vom Hundert nicht überschreiten.

Artikel 29

(1) Wer sich um einen Sitz im Landtag bewirbt, hat Anspruch auf den zur Vorbereitung seiner Wahl erforderlichen Urlaub.

(2) Niemand darf gehindert werden, das Amt eines Abgeordneten zu übernehmen und auszuüben. Eine Kündigung oder Ent-

lassung aus einem Dienst- oder Arbeitsverhältnis aus diesem Grunde ist unzulässig.

Artikel 30

(1) Die Wahlperiode des Landtags dauert fünf Jahre. Sie beginnt mit dem Ablauf der Wahlperiode des alten Landtags, nach einer Auflösung des Landtags mit dem Tage der Neuwahl.

(2) Die Neuwahl muss vor Ablauf der Wahlperiode, im Falle der Auflösung des Landtags binnen sechzig Tagen stattfinden.

(3) Der Landtag tritt spätestens am sechzehnten Tage nach Beginn der Wahlperiode zusammen.

(4) Der Landtag bestimmt den Schluss und den Wiederbeginn seiner Sitzungen. Der Präsident kann den Landtag früher einberufen. Er ist dazu verpflichtet, wenn ein Viertel der Mitglieder des Landtags oder die Regierung es verlangt.

Artikel 31

(1) Die Wahlprüfung ist Sache des Landtags. Er entscheidet auch, ob ein Abgeordneter seinen Sitz im Landtag verloren hat.

(2) Die Entscheidungen können beim Verfassungsgerichtshof angefochten werden.

(3) Das Nähere bestimmt ein Gesetz.

Artikel 32

(1) Der Landtag wählt seinen Präsidenten und dessen Stellvertreter, die zusammen mit weiteren Mitgliedern das Präsidium bilden, sowie die Schriftführer. Der Landtag gibt sich eine Geschäftsordnung, die nur mit einer Mehrheit von zwei Dritteln der anwesenden Abgeordneten geändert werden kann.

(2) Der Präsident übt das Hausrecht und die Polizeigewalt im Sitzungsgebäude aus. Ohne seine Zustimmung darf im Sitzungsgebäude keine Durchsuchung oder Beschlagnahme stattfinden.

(3) Der Präsident verwaltet die wirtschaftlichen Angelegenheiten des Landtags nach Maßgabe des Haushaltsgesetzes. Er vertritt das Land im Rahmen der Verwaltung des Landtags. Ihm steht die Einstellung und Entlassung der Angestellten und Arbeiter sowie im Einvernehmen mit dem Präsidium die Ernennung und Entlassung der Beamten des Landtags zu. Der Präsi-

dent ist oberste Dienstbehörde für die Beamten, Angestellten und Arbeiter des Landtags.

(4) Bis zum Zusammentritt eines neu gewählten Landtags führt der bisherige Präsident die Geschäfte fort.

Artikel 33

(1) Der Landtag verhandelt öffentlich. Die Öffentlichkeit wird ausgeschlossen, wenn der Landtag es auf Antrag von zehn Abgeordneten oder eines Mitglieds der Regierung mit einer Mehrheit von zwei Dritteln der anwesenden Abgeordneten beschließt. Über den Antrag wird in nichtöffentlicher Sitzung entschieden.

(2) Der Landtag beschließt mit der Mehrheit der abgegebenen Stimmen, sofern die Verfassung nichts anderes bestimmt. Für die vom Landtag vorzunehmenden Wahlen kann die Geschäftsordnung Ausnahmen zulassen. Der Landtag gilt als beschlussfähig, solange nicht auf Antrag eines seiner Mitglieder vom Präsidenten festgestellt wird, dass weniger als die Hälfte der Abgeordneten anwesend sind.

(3) Für wahrheitsgetreue Berichte über die öffentlichen Sitzungen des Landtags und seiner Ausschüsse darf niemand zur Verantwortung gezogen werden.

Artikel 34

(1) Der Landtag und seine Ausschüsse können die Anwesenheit eines jeden Mitglieds der Regierung verlangen.

(2) Die Mitglieder der Regierung und ihre Beauftragten haben zu den Sitzungen des Landtags und seiner Ausschüsse Zutritt und müssen jederzeit gehört werden. Sie unterstehen der Ordnungsgewalt des Präsidenten und der Vorsitzenden der Ausschüsse. Der Zutritt der Mitglieder der Regierung und ihrer Beauftragten zu den Sitzungen der Untersuchungsausschüsse und ihr Rederecht in diesen Sitzungen wird durch Gesetz geregelt.

Artikel 34a

(1) Die Landesregierung unterrichtet den Landtag zum frühestmöglichen Zeitpunkt über alle Vorhaben der Europäischen Union, die von erheblicher politischer Bedeutung für das Land sind und entweder die Gesetzgebungszuständigkeiten der Länder betreffen oder wesentliche Interessen des Landes unmittelbar berühren. Sie gibt dem Landtag Gelegenheit zur Stellungnahme.

(2) Sollen ausschließliche Gesetzgebungszuständigkeiten der Länder ganz oder teilweise auf die Europäische Union übertragen werden, ist die Landesregierung an Stellungnahmen des Landtags gebunden. Werden durch ein Vorhaben der Europäischen Union im Schwerpunkt ausschließliche Gesetzgebungszuständigkeiten der Länder unmittelbar betroffen, ist die Landesregierung an Stellungnahmen des Landtags gebunden, es sei denn, erhebliche Gründe des Landesinteresses stünden entgegen. Satz 2 gilt auch für Beschlüsse des Landtags, mit denen die Landesregierung ersucht wird, im Bundesrat darauf hinzuwirken, dass entweder der Bundesrat im Falle der Subsidiaritätsklage oder die Bundesregierung zum Schutz der Gesetzgebungszuständigkeiten der Länder eine Klage vor dem Gerichtshof der Europäischen Union erhebt. Im Übrigen berücksichtigt die Landesregierung Stellungnahmen des Landtags zu Vorhaben der Europäischen Union, die Gesetzgebungszuständigkeiten der Länder wesentlich berühren.

(3) Die Einzelheiten der Unterrichtung und Beteiligung des Landtags werden durch Gesetz geregelt.

Artikel 35

(1) Der Landtag hat das Recht und auf Antrag von einem Viertel seiner Mitglieder die Pflicht, Untersuchungsausschüsse einzusetzen. Der Gegenstand der Untersuchung ist im Beschluss genau festzulegen.

(2) Die Ausschüsse erheben in öffentlicher Verhandlung die Beweise, welche sie oder die Antragsteller für erforderlich erachten. Beweise sind zu erheben, wenn sie von einem Viertel der Mitglieder des Ausschusses beantragt werden. Die Öffentlichkeit kann ausgeschlossen werden.

(3) Gerichte und Verwaltungsbehörden sind zur Rechts- und Amtshilfe verpflichtet.

(4) Das Nähere über die Einsetzung, die Befugnisse und das Verfahren der Untersuchungsausschüsse wird durch Gesetz geregelt. Das Briefgeheimnis sowie das Post- und Fernmeldegeheimnis bleiben unberührt.

(5) Die Gerichte sind frei in der Würdigung und Beurteilung des Sachverhalts, welcher der Untersuchung zugrunde liegt.

Artikel 35a

(1) Der Landtag bestellt einen Petitionsausschuss, dem die Behandlung der nach Artikel 2 Abs. 1 dieser Verfassung und Arti-

kel 17 des Grundgesetzes an den Landtag gerichteten Bitten und Beschwerden obliegt. Nach Maßgabe der Geschäftsordnung des Landtags können Bitten und Beschwerden auch einem anderen Ausschuss überwiesen werden.

(2) Die Befugnisse des Petitionsausschusses zur Überprüfung von Bitten und Beschwerden werden durch Gesetz geregelt.

Artikel 36

(1) Der Landtag bestellt einen Ständigen Ausschuss, der die Rechte des Landtags gegenüber der Regierung vom Ablauf der Wahlperiode oder von der Auflösung des Landtags an bis zum Zusammentritt eines neu gewählten Landtags wahrt. Der Ausschuss hat in dieser Zeit auch die Rechte eines Untersuchungsausschusses.

(2) Weitergehende Befugnisse, insbesondere das Recht der Gesetzgebung, der Wahl des Ministerpräsidenten sowie der Anklage von Abgeordneten und von Mitgliedern der Regierung, stehen dem Ausschuss nicht zu.

Artikel 37

Ein Abgeordneter darf zu keiner Zeit wegen seiner Abstimmung oder wegen einer Äußerung, die er im Landtag, in einem Ausschuss, in einer Fraktion oder sonst in Ausübung seines Mandats getan hat, gerichtlich oder dienstlich verfolgt oder anderweitig außerhalb des Landtags zur Verantwortung gezogen werden.

Artikel 38

(1) Ein Abgeordneter kann nur mit Einwilligung des Landtags wegen einer mit Strafe bedrohten Handlung oder aus sonstigen Gründen zur Untersuchung gezogen, festgenommen, festgehalten oder verhaftet werden, es sei denn, dass er bei Verübung einer strafbaren Handlung oder spätestens im Laufe des folgenden Tages festgenommen wird.

(2) Jedes Strafverfahren gegen einen Abgeordneten und jede Haft oder sonstige Beschränkung seiner persönlichen Freiheit ist auf Verlangen des Landtags für die Dauer der Wahlperiode aufzuheben.

Artikel 39

Die Abgeordneten können über Personen, die ihnen in ihrer Eigenschaft als Abgeordnete oder denen sie als Abgeordnete Tatsachen anvertraut haben, sowie über diese Tatsachen selbst das Zeugnis verweigern. Personen, deren Mitarbeit ein Abgeordneter in Ausübung seines Mandats in Anspruch nimmt, können das Zeugnis über die Wahrnehmungen verweigern, die sie anlässlich dieser Mitarbeit gemacht haben. Soweit Abgeordnete und ihre Mitarbeiter dieses Recht haben, ist die Beschlagnahme von Schriftstücken unzulässig.

Artikel 40

Die Abgeordneten haben Anspruch auf eine angemessene Entschädigung, die ihre Unabhängigkeit sichert. Sie haben innerhalb des Landes das Recht der freien Benutzung aller staatlichen Verkehrsmittel. Näheres bestimmt ein Gesetz.

Artikel 41

(1) Wer zum Abgeordneten gewählt ist, erwirbt die rechtliche Stellung eines Abgeordneten mit der Annahme der Wahl. Der Gewählte kann die Wahl ablehnen.

(2) Ein Abgeordneter kann jederzeit auf sein Mandat verzichten. Der Verzicht ist von ihm selbst dem Präsidenten des Landtags schriftlich zu erklären. Die Erklärung ist unwiderruflich.

(3) Verliert ein Abgeordneter die Wählbarkeit, so erlischt sein Mandat.

Artikel 42

(1) Erhebt sich der dringende Verdacht, dass ein Abgeordneter seine Stellung als solcher in gewinnsüchtiger Absicht missbraucht habe, so kann der Landtag beim Verfassungsgerichtshof ein Verfahren mit dem Ziel beantragen, ihm sein Mandat abzuerkennen.

(2) Der Antrag auf Erhebung der Anklage muss von mindestens einem Drittel der Mitglieder des Landtags gestellt werden. Der Beschluss auf Erhebung der Anklage erfordert bei Anwesenheit von mindestens zwei Dritteln der Mitglieder des Landtags eine Zweidrittelmehrheit, die jedoch mehr als die Hälfte der Mitglieder des Landtags betragen muss.

Artikel 43

(1) Der Landtag kann sich auf Antrag eines Viertels seiner Mitglieder vor Ablauf seiner Wahlperiode durch eigenen Beschluss, der der Zustimmung von zwei Dritteln seiner Mitglieder bedarf,

selbst auflösen. Zwischen Antrag und Abstimmung müssen mindestens drei Tage liegen.

(2) Der Landtag ist ferner aufgelöst, wenn die Auflösung von zehn vom Hundert der Wahlberechtigten verlangt wird und bei einer binnen sechs Wochen vorzunehmenden Volksabstimmung die Mehrheit der Stimmberechtigten diesem Verlangen beitritt.

Artikel 44

Die Vorschriften der Artikel 29 Abs. 2, 37, 38, 39 und 40 gelten für die Mitglieder des Präsidiums und des Ständigen Ausschusses sowie deren erste Stellvertreter auch für die Zeit nach Ablauf der Wahlperiode oder nach Auflösung des Landtags bis zum Zusammentritt eines neu gewählten Landtags.

## III. Die Regierung

Artikel 45

(1) Die Regierung übt die vollziehende Gewalt aus.

(2) Die Regierung besteht aus dem Ministerpräsidenten und den Ministern. Als weitere Mitglieder der Regierung können Staatssekretäre und ehrenamtliche Staatsräte ernannt werden. Die Zahl der Staatssekretäre darf ein Drittel der Zahl der Minister nicht übersteigen. Staatssekretären und Staatsräten kann durch Beschluss des Landtags Stimmrecht verliehen werden.

(3) Die Regierung beschließt unbeschadet des Gesetzgebungsrechts des Landtags über die Geschäftsbereiche ihrer Mitglieder. Der Beschluss bedarf der Zustimmung des Landtags.

(4) Der Ministerpräsident kann einen Geschäftsbereich selbst übernehmen.

Artikel 46

(1) Der Ministerpräsident wird vom Landtag mit der Mehrheit seiner Mitglieder ohne Aussprache in geheimer Abstimmung gewählt. Wählbar ist, wer zum Abgeordneten gewählt werden kann und das 35. Lebensjahr vollendet hat.

(2) Der Ministerpräsident beruft und entlässt die Minister, Staatssekretäre und Staatsräte. Er bestellt seinen Stellvertreter.

(3) Die Regierung bedarf zur Amtsübernahme der Bestätigung durch den Landtag. Der Beschluss muss mit mehr als der Hälfte der abgegebenen Stimmen gefasst werden.

(4) Die Berufung eines Mitglieds der Regierung durch den Ministerpräsidenten nach der Bestätigung bedarf der Zustimmung des Landtags.

Artikel 47

Wird die Regierung nicht innerhalb von drei Monaten nach dem Zusammentritt des neu gewählten Landtags oder nach der sonstigen Erledigung des Amtes des Ministerpräsidenten gebildet und bestätigt, so ist der Landtag aufgelöst.

Artikel 48

Die Mitglieder der Regierung leisten beim Amtsantritt den Amtseid vor dem Landtag. Er lautet:

„Ich schwöre, dass ich meine Kraft dem Wohle des Volkes widmen, seinen Nutzen mehren, Schaden von ihm wenden, Verfassung und Recht wahren und verteidigen, meine Pflichten gewissenhaft erfüllen und Gerechtigkeit gegen jedermann üben werde. So wahr mir Gott helfe."

Der Eid kann auch ohne religiöse Beteuerung geleistet werden.

Artikel 49

(1) Der Ministerpräsident bestimmt die Richtlinien der Politik und trägt dafür die Verantwortung. Er führt den Vorsitz in der Regierung und leitet ihre Geschäfte nach einer von der Regierung zu beschließenden Geschäftsordnung. Die Geschäftsordnung ist zu veröffentlichen. Innerhalb der Richtlinien der Politik leitet jeder Minister seinen Geschäftsbereich selbständig unter eigener Verantwortung.

(2) Die Regierung beschließt insbesondere über Gesetzesvorlagen, über die Stimmabgabe des Landes im Bundesrat, über Angelegenheiten, in denen ein Gesetz dies vorschreibt, über Meinungsverschiedenheiten, die den Geschäftskreis mehrerer Ministerien berühren, und über Fragen von grundsätzlicher oder weittragender Bedeutung.

(3) Die Regierung beschließt mit Mehrheit der anwesenden stimmberechtigten Mitglieder. Jedes Mitglied hat nur eine Stimme, auch wenn es mehrere Geschäftsbereiche leitet.#

Artikel 50

Der Ministerpräsident vertritt das Land nach außen. Der Abschluss von Staatsverträgen bedarf der Zustimmung der Regierung und des Landtags.

Artikel 51

Der Ministerpräsident ernennt die Richter und Beamten des Landes. Dieses Recht kann durch Gesetz auf andere Behörden übertragen werden.

Artikel 52

(1) Der Ministerpräsident übt das Gnadenrecht aus. Er kann dieses Recht, soweit es sich nicht um schwere Fälle handelt, mit Zustimmung der Regierung auf andere Behörden übertragen.

(2) Ein allgemeiner Straferlass und eine allgemeine Niederschlagung anhängiger Strafverfahren können nur durch Gesetz ausgesprochen werden.

Artikel 53

(1) Das Amtsverhältnis der Mitglieder der Regierung, insbesondere die Besoldung und Versorgung der Minister und Staatssekretäre, regelt ein Gesetz.

(2) Die hauptamtlichen Mitglieder der Regierung dürfen kein anderes besoldetes Amt, kein Gewerbe und keinen Beruf ausüben. Kein Mitglied der Regierung darf der Leitung oder dem Aufsichtsorgan eines auf wirtschaftliche Betätigung gerichteten Unternehmens angehören. Ausnahmen kann der Landtag zulassen.

Artikel 54

(1) Der Landtag kann dem Ministerpräsidenten das Vertrauen nur dadurch entziehen, dass er mit der Mehrheit seiner Mitglieder einen Nachfolger wählt und die von diesem gebildete Regierung gemäß Artikel 46 Abs. 3 bestätigt.

(2) Zwischen dem Antrag auf Abberufung und der Wahl müssen mindestens drei Tage liegen.

Artikel 55

(1) Die Regierung und jedes ihrer Mitglieder können jederzeit ihren Rücktritt erklären.

(2) Das Amt des Ministerpräsidenten und der übrigen Mitglieder der Regierung endet mit dem Zusammentritt eines neuen Landtags, das Amt eines Ministers, eines Staatssekretärs und eines Staatsrats auch mit jeder anderen Erledigung des Amtes des Ministerpräsidenten.

(3) Im Falle des Rücktritts oder einer sonstigen Beendigung des Amtes haben die Mitglieder der Regierung bis zur Amtsübernahme der Nachfolger ihr Amt weiterzuführen.

Artikel 56

Auf Beschluss von zwei Dritteln der Mitglieder des Landtags muss der Ministerpräsident ein Mitglied der Regierung entlassen.

Artikel 57

(1) Die Mitglieder der Regierung können wegen vorsätzlicher oder grobfahrlässiger Verletzung der Verfassung oder eines anderen Gesetzes auf Beschluss des Landtags vor dem Verfassungsgerichtshof angeklagt werden.

(2) Der Antrag auf Erhebung der Anklage muss von mindestens einem Drittel der Mitglieder des Landtags unterzeichnet werden. Der Beschluss erfordert bei Anwesenheit von mindestens zwei Dritteln der Mitglieder des Landtags eine Zweidrittelmehrheit, die jedoch mehr als die Hälfte der Mitglieder des Landtags betragen muss. Der Verfassungsgerichtshof kann einstweilen anordnen, dass das angeklagte Mitglied der Regierung sein Amt nicht ausüben darf. Die Anklage wird durch den vor oder nach ihrer Erhebung erfolgten Rücktritt des Mitglieds der Regierung oder durch dessen Abberufung oder Entlassung nicht berührt.

(3) Befindet der Verfassungsgerichtshof im Sinne der Anklage, so kann er dem Mitglied der Regierung sein Amt aberkennen; Versorgungsansprüche können ganz oder teilweise entzogen werden.

(4) Wird gegen ein Mitglied der Regierung in der Öffentlichkeit ein Vorwurf im Sinne des Absatzes 1 erhoben, so kann es mit Zustimmung der Regierung die Entscheidung des Verfassungsgerichtshofs beantragen.

## IV. Die Gesetzgebung

Artikel 58

Niemand kann zu einer Handlung, Unterlassung oder Duldung gezwungen werden, wenn nicht ein Gesetz oder eine auf Gesetz beruhende Bestimmung es verlangt oder zulässt.

Artikel 59

(1) Gesetzesvorlagen werden von der Regierung, von Abgeordneten oder vom Volk durch Volksantrag oder Volksbegehren eingebracht.

(2) Das Volk kann die Befassung des Landtags mit Gegenständen der politischen Willensbildung im Zuständigkeitsbereich des Landtags, auch mit einem ausgearbeiteten und mit Gründen versehenen Gesetzentwurf, beantragen. Der Landtag hat sich mit dem Volksantrag zu befassen, wenn dieser von mindestens 0,5 vom Hundert der Wahlberechtigten gestellt wird. Die Auflösung des Landtags bestimmt sich nach Artikel 43.

(3) Dem Volksbegehren muss ein ausgearbeiteter und mit Gründen versehener Gesetzentwurf zugrunde liegen. Gegenstand des Volksbegehrens kann auch ein als Volksantrag nach Absatz 2 Satz 2 eingebrachter Gesetzentwurf sein, dem der Landtag nicht unverändert zugestimmt hat. Über Abgabengesetze, Besoldungsgesetze und das Staatshaushaltsgesetz findet kein Volksbegehren statt. Das Volksbegehren ist zustande gekommen, wenn es von mindestens zehn vom Hundert der Wahlberechtigten gestellt wird. Das Volksbegehren ist von der Regierung mit ihrer Stellungnahme unverzüglich dem Landtag zu unterbreiten.

(4) Die Gesetze werden vom Landtag oder durch Volksabstimmung beschlossen.

(5) Das Nähere bestimmt ein Gesetz.

Artikel 60

(1) Eine durch Volksbegehren eingebrachte Gesetzesvorlage ist zur Volksabstimmung zu bringen, wenn der Landtag der Gesetzesvorlage nicht unverändert zustimmt. In diesem Fall kann der Landtag dem Volk einen eigenen Gesetzentwurf zur Entscheidung mitvorlegen.

(2) Die Regierung kann ein vom Landtag beschlossenes Gesetz vor seiner Verkündung zur Volksabstimmung bringen, wenn ein Drittel der Mitglieder des Landtags es beantragt. Die ange-

ordnete Volksabstimmung unterbleibt, wenn der Landtag mit Zweidrittelmehrheit das Gesetz erneut beschließt.

(3) Wenn ein Drittel der Mitglieder des Landtags es beantragt, kann die Regierung eine von ihr eingebrachte, aber vom Landtag abgelehnte Gesetzesvorlage zur Volksabstimmung bringen.

(4) Der Antrag nach Absatz 2 und Absatz 3 ist innerhalb von zwei Wochen nach der Schlussabstimmung zu stellen. Die Regierung hat sich innerhalb von zehn Tagen nach Eingang des Antrags zu entscheiden, ob sie die Volksabstimmung anordnen will.

(5) Bei der Volksabstimmung entscheidet die Mehrheit der abgegebenen gültigen Stimmen. Das Gesetz ist beschlossen, wenn mindestens zwanzig vom Hundert der Stimmberechtigten zustimmen.

(6) Über Abgabengesetze, Besoldungsgesetze und das Staatshaushaltsgesetz findet keine Volksabstimmung statt.

Artikel 61

(1) Die Ermächtigung zum Erlass von Rechtsverordnungen kann nur durch Gesetz erteilt werden. Dabei müssen Inhalt, Zweck und Ausmaß der erteilten Ermächtigung bestimmt werden. Die Rechtsgrundlage ist in der Verordnung anzugeben.

(2) Die zur Ausführung der Gesetze erforderlichen Rechtsverordnungen und Verwaltungsvorschriften erlässt, soweit die Gesetze nichts anderes bestimmen, die Regierung.

Artikel 62

(1) Ist bei drohender Gefahr für den Bestand oder die freiheitliche demokratische Grundordnung des Landes oder für die lebensnotwendige Versorgung der Bevölkerung sowie bei einem Notstand infolge einer Naturkatastrophe oder eines besonders schweren Unglückfalls der Landtag verhindert, sich alsbald zu versammeln, so nimmt ein Ausschuss des Landtags als Notparlament die Rechte des Landtags wahr. Die Verfassung darf durch ein von diesem Ausschuss beschlossenes Gesetz nicht geändert werden. Die Befugnis, dem Ministerpräsidenten das Vertrauen zu entziehen, steht dem Ausschuss nicht zu.

(2) Solange eine Gefahr für den Bestand oder die freiheitliche demokratische Grundordnung des Landes droht, finden durch das Volk vorzunehmende Wahlen und Abstimmungen nicht statt. Die Feststellung, dass Wahlen und Abstimmungen nicht

stattfinden, trifft der Landtag mit einer Mehrheit von zwei Dritteln seiner Mitglieder. Ist der Landtag verhindert, sich alsbald zu versammeln, so trifft der in Absatz 1 Satz 1 genannte Ausschuss die Feststellung mit einer Mehrheit von zwei Dritteln seiner Mitglieder. Die verschobenen Wahlen und Abstimmungen sind innerhalb von sechs Monaten, nachdem der Landtag festgestellt hat, dass die Gefahr beendet ist, durchzuführen. Die Amtsdauer der in Betracht kommenden Personen und Körperschaften verlängert sich bis zum Ablauf des Tages der Neuwahl.

(3) Die Feststellung, dass der Landtag verhindert ist, sich alsbald zu versammeln, trifft der Präsident des Landtags.

Artikel 63

(1) Die verfassungsmäßig zustande gekommenen Gesetze werden durch den Ministerpräsidenten ausgefertigt und binnen Monatsfrist im Gesetzblatt des Landes verkündet. Sie werden vom Ministerpräsidenten und mindestens der Hälfte der Minister unterzeichnet. Wenn der Landtag die Dringlichkeit beschließt, müssen sie sofort ausgefertigt und verkündet werden.

(2) Rechtsverordnungen werden von der Stelle, die sie erlässt, ausgefertigt und, soweit das Gesetz nichts anderes bestimmt, im Gesetzblatt verkündet.

(3) Gesetze nach Artikel 62 werden, falls eine rechtzeitige Verkündung im Gesetzblatt nicht möglich ist, auf andere Weise öffentlich bekannt gemacht. Die Verkündung im Gesetzblatt ist nachzuholen, sobald die Umstände es zulassen.

(4) Gesetze und Rechtsverordnungen sollen den Tag bestimmen, an dem sie in Kraft treten. Fehlt eine solche Bestimmung, so treten sie mit dem vierzehnten Tage nach Ablauf des Tages in Kraft, an dem das Gesetzblatt ausgegeben worden ist.

(5) Nach Maßgabe eines Gesetzes können die Ausfertigung von Gesetzen und Rechtsverordnungen und deren Verkündung in elektronischer Form vorgenommen werden.

Artikel 64

(1) Die Verfassung kann durch Gesetz geändert werden. Ein Änderungsantrag darf den Grundsätzen des republikanischen, demokratischen und sozialen Rechtsstaats nicht widersprechen. Die Entscheidung, ob ein Änderungsantrag zulässig ist, trifft auf Antrag der Regierung oder eines Viertels der Mitglieder des Landtags der Verfassungsgerichtshof.

(2) Die Verfassung kann vom Landtag geändert werden, wenn bei Anwesenheit von mindestens zwei Dritteln seiner Mitglieder eine Zweidrittelmehrheit, die jedoch mehr als die Hälfte seiner Mitglieder betragen muss, es beschließt.

(3) Die Verfassung kann durch Volksabstimmung geändert werden, wenn mehr als die Hälfte der Mitglieder des Landtags dies beantragt hat. Sie kann ferner durch eine Volksabstimmung nach Artikel 60 Abs. 1 geändert werden. Das verfassungsändernde Gesetz ist beschlossen, wenn die Mehrheit der Stimmberechtigten zustimmt.

(4) Ohne vorherige Änderung der Verfassung können Gesetze, welche Bestimmungen der Verfassung durchbrechen, nicht beschlossen werden.

# GESCHÄFTSORDNUNG DES LANDTAGS VON BADEN-WÜRTTEMBERG

vom 16. Oktober 2019 (GBl. S. 429), zuletzt geändert durch Beschluss vom 16. Dezember 2020 (GBl. 2021 S. 46, ber. S. 76)

## I. Einberufung und Konstituierung

### § 1
### Einberufung

Der neugewählte Landtag wird aufgrund des Artikels 30 Absatz 3 der Verfassung einberufen.

### § 2
### Erste Sitzung

(1) Die von der Landeswahlleiterin oder dem Landeswahlleiter als gewählt festgestellten und durch eine Wahlurkunde ausgewiesenen Abgeordneten treten auf Einladung der oder des Abgeordneten, die oder der dem Landtag am längsten angehört (Alterspräsidentin oder Alterspräsident), spätestens am 16. Tage nach Beginn der Wahlperiode zur ersten Sitzung zusammen.

(2) Die Alterspräsidentin oder der Alterspräsident wird von der Präsidentin oder dem Präsidenten des vorhergegangenen Landtags festgestellt. Bei gleicher Dauer der Zugehörigkeit zum Landtag entscheidet das höhere Lebensalter.

(3) Mit dem Beginn der Sitzung gilt die Amtszeit der Präsidentin oder des Präsidenten des vorhergegangenen Landtags als beendet.

### § 3
### Leitung der ersten Sitzung

(1) Die erste Sitzung wird von der Alterspräsidentin oder dem Alterspräsidenten eröffnet und geleitet. Sie oder er führt die Geschäfte bis zur Übernahme des Amts durch die neu gewählte Präsidentin oder den neu gewählten Präsidenten.

(2) Die Geschäfte werden, solange der Landtag nichts anderes beschließt, nach den Bestimmungen der Geschäftsordnung des vorangegangenen Landtags geführt.

(3) Die Alterspräsidentin oder der Alterspräsident beruft zwei Abgeordnete zu vorläufigen Schriftführerinnen und Schriftführern.

(4) Der Landtag ist beschlussfähig, wenn mehr als die Hälfte seiner Mitglieder anwesend ist. Die Beschlussfähigkeit wird durch Namensaufruf festgestellt.

§ 4
Wahl des Präsidiums und der Schriftführerinnen und Schriftführer

(1) Ist die Beschlussfähigkeit festgestellt, so wählt der Landtag aus seiner Mitte das Präsidium. Das Präsidium besteht aus 21 Abgeordneten, die sich auf alle Fraktionen nach ihrem Zahlenverhältnis verteilen. Die Präsidentin oder der Präsident und die stellvertretenden Präsidentinnen und Präsidenten gehören dem Präsidium von Amts wegen an.

(2) Die Präsidentin oder der Präsident wird in geheimer Wahl gewählt. Vorschläge für die Wahl werden aus der Mitte des Hauses gemacht; ihre Zahl ist nicht beschränkt.

(3) Die Alterspräsidentin oder der Alterspräsident beruft fünf Abgeordnete, die von den Abgeordneten die Stimmzettel entgegennehmen und das Wahlergebnis feststellen.

(4) Als Präsidentin oder Präsident ist gewählt, wer mehr als die Hälfte der abgegebenen gültigen Stimmen erhalten hat. Nicht beschriebene Stimmzettel werden bei Feststellung der Beschlussfähigkeit, dagegen nicht bei Feststellung des Wahlergebnisses mitgezählt. Neinstimmen werden stets mitgezählt. Hat niemand mehr als die Hälfte der abgegebenen gültigen Stimmen erhalten, so kommen die beiden Abgeordneten mit den höchsten Stimmenzahlen in die engere Wahl.

(5) Erklärt sich die oder der Gewählte auf die Anfrage der Alterspräsidentin oder des Alterspräsidenten zur Annahme des Präsidentenamtes bereit, so geht die Führung der Geschäfte sofort auf sie oder ihn über, lehnt sie oder er ab, so wird die Wahl wiederholt.

(6) Die stellvertretenden Präsidentinnen und Präsidenten werden in getrennten Wahlgängen nach demselben Verfahren wie die Präsidentin oder der Präsident gewählt.

(7) Die weiteren Mitglieder des Präsidiums werden nach den Vorschlägen der Fraktionen gewählt. Der Landtag wählt ferner

für die Mitglieder des Präsidiums nach den Vorschlägen der Fraktionen entsprechend deren Zahlenverhältnis eine gleiche Zahl von Stellvertreterinnen und Stellvertretern. Mitglieder des Präsidiums verlieren ihre Mitgliedschaft, wenn sie aus der Fraktion, die sie vorgeschlagen hat, ausscheiden.

(8) Der Landtag wählt nach den Vorschlägen der Fraktionen entsprechend deren Zahlenverhältnis 21 Schriftführerinnen und Schriftführer.

§ 5
Amtszeit des Präsidiums

Die Amtszeit des Präsidiums dauert bis zum Zusammentritt eines neu gewählten Landtags. Scheidet ein Mitglied vorzeitig aus, so wird nach den Bestimmungen des § 4 eine Nachfolgerin oder ein Nachfolger gewählt.

## II. Mitgliedschaft

§ 6
Wahlprüfung

(1) Die Entscheidungen des Landtags in Wahlprüfungssachen ergehen auf Vorschlag eines Wahlprüfungsausschusses.

(2) Wird die Entscheidung des Landtags angefochten, so übergibt die Präsidentin oder der Präsident die Akten dem Verfassungsgerichtshof.

§ 7
Ersetzung ausscheidender Mitglieder

(1) Stellt der Verfassungsgerichtshof fest, dass die Wahl einer oder eines Abgeordneten ungültig ist oder dass eine Abgeordnete oder ein Abgeordneter ihren oder seinen Sitz im Landtag verloren hat oder erlischt das Mandat einer oder eines Abgeordneten, so veranlasst die Präsidentin oder der Präsident die Feststellung der zur Nachfolge berufenen Person.

(2) Ein Verzicht auf die Mitgliedschaft kann nur von einer oder einem Abgeordneten selbst schriftlich gegenüber der Präsidentin oder dem Präsidenten erklärt werden. Über den Eingang der Verzichtserklärung hat die Präsidentin oder der Präsident ein Protokoll aufzunehmen.

§ 8
Abgeordnetenausweis

Die Abgeordneten erhalten einen von der Präsidentin oder dem Präsidenten ausgestellten Ausweis, der für die Dauer der Mitgliedschaft gilt.

§ 8a
Offenlegung beruflicher Verhältnisse

Die als Anlage 1 beigefügten Regeln über die Offenlegung der beruflichen Verhältnisse der Abgeordneten sind Bestandteil dieser Geschäftsordnung.

## III. Führung der Geschäfte

§ 9
Aufgaben der Präsidentin oder des Präsidenten

(1) Die Präsidentin oder der Präsident vertritt den Landtag und führt seine Geschäfte. Sie oder er führt ihr oder sein Amt unparteiisch und gerecht.

(2) Die Präsidentin oder der Präsident beruft die Sitzungen des Landtags ein und leitet sie. Sie oder er wahrt die Würde und die Rechte des Landtags und fördert in Zusammenarbeit mit den Fraktionen seine Organisation und Arbeit. Sie oder er hält die Ordnung aufrecht. In den Räumen des Landtags übt sie oder er das Hausrecht und die Polizeigewalt aus.

(3) Die Präsidentin oder der Präsident hat in allen Ausschüssen beratende Stimme.

(4) Die Präsidentin oder der Präsident ernennt die Beamtinnen und Beamten, Angestellten und Hilfskräfte des Landtags nach den Gesetzen und den allgemeinen Verwaltungsvorschriften. Die Landtagsverwaltung untersteht ihrer oder seiner Leitung. Von ihr oder ihm oder ihrer oder seiner oder ihrem oder seinem Beauftragten werden alle erforderlichen Verträge abgeschlossen. Im Rahmen des Haushaltsplans weist die Präsidentin oder der Präsident die Einnahmen und Ausgaben an.

§ 10
Verkehr mit der Regierung

(1) Der dienstliche Verkehr des Landtags mit der Regierung, dem Verfassungsgerichtshof, dem Rechnungshof, der oder dem

Landesbeauftragten für den Datenschutz und der oder dem Landesbeauftragten für die Informationsfreiheit obliegt der Präsidentin oder dem Präsidenten.

(2) Das Ergebnis der Wahl des Präsidiums, Änderungen in der Zusammensetzung des Landtags, Beschlüsse zu Regierungsvorlagen und sonstige Beschlüsse, die eine Stellungnahme der Regierung erfordern, werden ihr von der Präsidentin oder dem Präsidenten mitgeteilt.

## § 11
## Vertretung der Präsidentin oder des Präsidenten

(1) Ist die Präsidentin oder der Präsident verhindert, so vertritt ihn die stellvertretende Präsidentin oder der stellvertretende Präsident. Sind mehrere Stellvertreterinnen und Stellvertreter gewählt, so vertreten diese die Präsidentin oder den Präsidenten in der Reihenfolge ihrer Wahl nach § 4 der Geschäftsordnung. Die Stellvertreterin oder der Stellvertreter übernimmt die Aufgaben der Präsidentin oder des Präsidenten in vollem Umfang.

(2) Bei vorübergehender Vertretung der Präsidentin oder des Präsidenten während einer Sitzung beschränkt sich die Aufgabe der Stellvertreterin oder des Stellvertreters auf die Leitung der Verhandlungen. Diese Aufgabe geht, falls die Präsidentin oder der Präsident und seine Stellvertreterinnen und Stellvertreter verhindert sind, auf das anwesende Mitglied über, das dem Landtag am längsten angehört. § 2 Absatz 2 Satz 2 gilt entsprechend.

## § 12
## Schriftführerinnen und Schriftführer

(1) In den Sitzungen des Landtags bilden die amtierende Präsidentin oder der amtierende Präsident und zwei Schriftführerinnen und Schriftführer den Sitzungsvorstand. Die Schriftführerinnen und Schriftführer unterstützen die Präsidentin oder den Präsidenten bei der Leitung der Verhandlungen. Sie führen insbesondere die Liste der Rednerinnen und Redner und nehmen den Namensaufruf vor.

(2) Sind die Schriftführerinnen und Schriftführer zu einer Sitzung nicht in ausreichender Zahl erschienen, so wird ihr Dienst, soweit erforderlich, von Abgeordneten versehen, die die Präsidentin oder der Präsident zu Stellvertreterinnen und Stellvertretern beruft.

§ 13
Aufgaben des Präsidiums

(1) Das Präsidium unterstützt die Präsidentin oder den Präsidenten bei der Führung der parlamentarischen Geschäfte und bei der Verwaltung. Der Arbeitsplan des Landtags wird vom Präsidium festgestellt. In parlamentarischen Angelegenheiten entscheidet das Präsidium grundsätzlich in der Form der Verständigung.

(2) Das Präsidium stellt die Voranschläge für den Haushaltsplan des Landtags fest.

§ 14
Sitzungen des Präsidiums

(1) Die Präsidentin oder der Präsident beruft die Sitzungen des Präsidiums ein. Sie oder er setzt die Tagesordnung fest und leitet die Verhandlungen.

(2) Das Präsidium muss einberufen werden, wenn mindestens drei seiner Mitglieder oder zwei Fraktionen es verlangen, die Antragstellerinnen und Antragsteller wenigstens einen Beratungsgegenstand anmelden und glaubhaft und nachvollziehbar vortragen, dass der Gegenstand in der vergangenen Sitzung nicht beraten werden konnte und ein Aufschub der Beratung bis zur nächsten ordentlichen Sitzung nicht zumutbar ist. Das Präsidium kann beraten, wenn die Hälfte seiner Mitglieder anwesend ist.

(3) Die Direktorin oder der Direktor beim Landtag nimmt an den Sitzungen des Präsidiums teil. Sie oder er fertigt eine Niederschrift, die die Präsidentin oder der Präsident unterzeichnet.

§ 15
[aufgehoben]

§ 16
[aufgehoben]

## IV. Fraktionen

§ 17
Bildung der Fraktionen

(1) Fraktionen sind Vereinigungen von mindestens sechs Abgeordneten, die derselben Partei angehören oder aufgrund von Wahlvorschlägen derselben Partei in den Landtag gewählt wur-

den. Eine Abgeordnete oder ein Abgeordneter kann nur einer Fraktion angehören.

(2) Abgeordnete, die keiner Fraktion angehören, können sich einer Fraktion als ständige Gäste anschließen. Diese Gäste zählen bei der Feststellung der Zahl der Mitglieder einer Fraktion mit.

(3) Die Bezeichnung einer Fraktion, der Name ihrer oder ihres Vorsitzenden sowie die Namen ihrer Mitglieder und ständigen Gäste werden der Präsidentin oder dem Präsidenten schriftlich mitgeteilt.

(4) Die Reihenfolge der Fraktionen richtet sich nach der Zahl ihrer Mitglieder und ständigen Gäste. Bei gleicher Stärke entscheidet über die Reihenfolge die höhere Gesamtstimmenzahl der entsprechenden Partei bei der Landtagswahl.

(5) Stehen Rechte nach dieser Geschäftsordnung zwei Fraktionen gemeinsam zu, können diese nur geltend gemacht werden, wenn deren Mitglieder verschiedenen Parteien angehören.

§ 17a
Feststellung des Stärkeverhältnisses der Fraktionen

(1) Bei der Besetzung des Präsidiums, der Ausschüsse sowie bei der Wahl der Ausschussvorsitzenden und ihrer Stellvertreterinnen und Stellvertreter ist für die Feststellung des Stärkeverhältnisses der Fraktionen das Höchstzahlverfahren nach Sainte-Laguë/Schepers zugrunde zu legen.

(2) Soweit nicht ausdrücklich etwas anderes bestimmt oder unter den Fraktionen vereinbart ist, werden bei der Besetzung sonstiger Gremien des Landtags sowie außerparlamentarischer Gremien die Fraktionen nach ihrer Mitgliederzahl beteiligt. Dabei ist das Höchstzahlverfahren nach Sainte-Laguë/Schepers zugrunde zu legen. Das Ergebnis einer entsprechenden Wahl ist unter Beachtung dieses Verteilungsschlüssels festzustellen.

## V. Ausschüsse

§ 18
Bestellung

(1) Zur Vorbereitung seiner Verhandlungen bestellt der Landtag Ausschüsse für die Dauer der Wahlperiode.

(2) Der Landtag bestellt den Ständigen Ausschuss nach Artikel 36 der Verfassung und den Ausschuss nach Artikel 62 der Verfassung.

(3) Für bestimmte Aufgaben können Sonderausschüsse bestellt werden.

(4) Die Ausschüsse können zur Vorbereitung ihrer Beschlüsse Unterausschüsse einsetzen.

§ 19
Zahl der Ausschussmitglieder

(1) Die Zahl der Mitglieder eines jeden Ausschusses wird vom Landtag festgelegt.

(2) Die Ausschussmitglieder und eine bis zu dreifache Zahl von Stellvertreterinnen und Stellvertretern werden nach den Vorschlägen der Fraktionen gewählt. Der Landtag kann bei einzelnen Ausschüssen eine andere Zahl von Stellvertreterinnen und Stellvertretern festlegen.

(3) Bei der Besetzung der Ausschüsse sowie bei der Wahl der Ausschussvorsitzenden und ihrer Stellvertreterinnen und Stellvertreter werden die Fraktionen nach ihrer Mitgliederzahl beteiligt.

(4) Die Abgeordneten können an Sitzungen von Ausschüssen, denen sie nicht angehören, als Zuhörerinnen und Zuhörer teilnehmen. Dies gilt nicht für die nichtöffentlichen Sitzungen der Untersuchungsausschüsse und für Beratungen von Ausschüssen, die aus Gründen der Sicherheit des Staates vom Ausschuss für geheimhaltungsbedürftig erklärt werden.

§ 19a
Ständiger Ausschuss nach Artikel 36 der Verfassung

(1) Der Ständige Ausschuss nach Artikel 36 der Verfassung wird von der oder dem Vorsitzenden einberufen. Die oder der Vorsitzende ist hierzu verpflichtet, wenn ein Viertel der Mitglieder des Ausschusses oder zwei Fraktionen oder die Regierung es verlangen.

(2) Die Beratungen des Ausschusses sind öffentlich. Die Öffentlichkeit wird ausgeschlossen, wenn der Ausschuss es auf Antrag einer oder eines Abgeordneten oder eines Mitglieds der Regierung mit einer Mehrheit von zwei Dritteln der anwesenden Abgeordneten beschließt. Über den Antrag wird in nichtöffentlicher Sitzung entschieden. Über geheimhaltungsbedürftige Beratungsgegenstände kann nur in nichtöffentlicher Sitzung beraten werden. Über den Ausschluss der Öffentlichkeit entscheidet der Ausschuss in diesem Falle mit einfacher Mehrheit.

(3) Im Übrigen richtet sich das Verfahren des Ausschusses nach den für den Landtag geltenden Bestimmungen. Können bestimmte Rechte nach diesen Bestimmungen nur von einer Mehrzahl von Abgeordneten ausgeübt werden, so können sie im Ausschuss von zwei Abgeordneten ausgeübt werden; ist die Ausübung von Rechten einem bestimmten Anteil der Mitglieder des Landtags vorbehalten, so können diese Rechte von dem entsprechenden Anteil der Mitglieder des Ausschusses ausgeübt werden.

§ 19b
Ausschuss nach Artikel 62 der Verfassung (Notparlament)

(1) Der Ausschuss nach Artikel 62 der Verfassung besteht aus 21 Mitgliedern und der gleichen Zahl von Stellvertreterinnen und Stellvertretern.

(2) Die Mitglieder des Ausschusses und die Stellvertreterinnen und Stellvertreter haben sicherzustellen, dass sie im Falle eines Notstands jederzeit erreichbar sind.

(3) Die oder der Vorsitzende teilt zu Beginn der Sitzung mit, ob die Feststellung nach Artikel 62 Absatz 3 der Verfassung getroffen ist.

(4) Die Beratungen des Ausschusses sind nichtöffentlich. § 19 Absatz 4 und § 29 finden bei nichtöffentlichen Sitzungen keine Anwendung. Der Ausschuss kann Personen, die ihm nicht angehören, die Teilnahme an nichtöffentlichen Sitzungen gestatten. Der Ausschuss verhandelt öffentlich, wenn dies mit einer Mehrheit von zwei Dritteln der anwesenden Abgeordneten beschlossen wird.

(5) § 19a Absatz 1 und 3 findet auf den Ausschuss nach Artikel 62 der Verfassung Anwendung. Gesetzentwürfe und alle sonstigen Vorlagen werden in einer Beratung erledigt. § 42 Absatz 2 ist nicht anzuwenden.

(6) Der Ausschuss lässt sich in der Regel einmal jährlich von der Regierung über ihre Planungen für den Notstandsfall unterrichten.

§ 20
Geschäftsordnung

Für die Ausschüsse gilt, soweit nichts anderes bestimmt ist, die Geschäftsordnung des Landtags sinngemäß.

§ 21
Konstituierung der Ausschüsse

(1) Das Mitglied des Ausschusses, das dem Landtag am längsten angehört, beruft dessen erste Sitzung ohne Verzug ein, veranlasst und leitet die Wahl der oder des Vorsitzenden und führt die Geschäfte bis zur Übernahme durch die Vorsitzende oder den Vorsitzenden. Bei gleicher Dauer der Zugehörigkeit zum Landtag entscheidet das höhere Lebensalter.

(2) Die oder der Vorsitzende veranlasst sofort die Wahl seiner Stellvertreterin oder seines Stellvertreters. Die oder der Vorsitzende und ihre oder seine Stellvertreterin oder ihr oder sein Stellvertreter sollen nicht der gleichen Fraktion angehören.

(3) Ausschussvorsitzende verlieren ihr Amt, wenn sie aus der Fraktion ausscheiden, die sie vorgeschlagen hat.

§ 22
Einberufung, Leitung und Bekanntgabe von Ausschusssitzungen

(1) Die Mitglieder werden zu den Ausschusssitzungen in der Regel schriftlich eingeladen. Sie sind einzuladen, wenn ein Viertel der Mitglieder des Ausschusses oder zwei Fraktionen dies verlangen.

(2) Die oder der Vorsitzende leitet die Ausschusssitzung. Ist außer der oder dem Vorsitzenden auch deren oder dessen Stellvertreterin oder Stellvertreter verhindert, so leitet das anwesende Mitglied, das dem Landtag am längsten angehört, die Verhandlungen. § 21 Absatz 1 Satz 2 gilt entsprechend.

(3) Ort, Zeit und Tagesordnung der Ausschusssitzungen werden der Präsidentin oder dem Präsidenten, der Ministerpräsidentin oder dem Ministerpräsidenten, den beteiligten Ministerinnen und Ministern, der Präsidentin oder dem Präsidenten des Rechnungshofs, der oder dem Landesbeauftragten für den Datenschutz und der oder dem Landesbeauftragten für die Informationsfreiheit schriftlich mitgeteilt.

§ 23
Feststellung der Anwesenheit

(1) Die an der Sitzung teilnehmenden Ausschussmitglieder zeichnen sich in die Anwesenheitsliste ein.

(2) Die Vertreterinnen und Vertreter der Regierung melden sich bei der oder dem Vorsitzenden unter Nennung des Namens ih-

rer Dienststelle und Beifügung ihrer Amtsbezeichnung an und zeichnen sich in eine besondere Anwesenheitsliste ein.

§ 24
Beschlussfassung

(1) Der Ausschuss ist beschlussfähig, wenn mehr als die Hälfte seiner Mitglieder anwesend ist.

(2) Bei der Abstimmung entscheidet die einfache Mehrheit. Bei Stimmengleichheit gilt der Antrag als abgelehnt.

§ 25
Niederschriften

(1) Über die Ausschusssitzungen – ausgenommen diejenigen des Petitionsausschusses – werden in der Regel von den Landtagsstenografinnen und Landtagsstenografen Niederschriften gefertigt. Sie werden von der oder dem Vorsitzenden unterzeichnet.

(2) Die Niederschrift muss mindestens enthalten: die Tagesordnung, die Namen der anwesenden Ausschussmitglieder, der Regierungsvertreterinnen und Regierungsvertreter und der zugezogenen Sachverständigen, die gestellten Anträge, die gefassten Beschlüsse und bei der Beratung von Gesetzentwürfen den wesentlichen Inhalt der gemachten Ausführungen.

(3) Bei der Beratung von Gesetzentwürfen sowie in Ausnahmefällen bei der Beratung von Gegenständen von besonderer Bedeutung und Tragweite kann der Ausschuss die Anfertigung eines Wortprotokolls beschließen.

(4) Die Präsidentin oder der Präsident erlässt mit Zustimmung des Ständigen Ausschusses des Landtags Richtlinien über die Behandlung der Niederschriften.

§ 26
Grenzen der Tätigkeit

(1) Die Ausschüsse beschließen über Gegenstände, die ihnen durch gesetzliche Vorschrift, vom Landtag oder von der Präsidentin oder dem Präsidenten aufgrund der Geschäftsordnung oder eines Beschlusses des Landtags zur Behandlung überwiesen werden. Kann ein Auftrag von einem Ausschuss nicht erledigt werden, so gibt er ihn an den Landtag zurück.

(2) Die Ausschüsse sind zu baldiger Erledigung der ihnen überwiesenen Aufgaben verpflichtet. Auf Antrag einer Fraktion

kann der Landtag einen Ausschuss verpflichten, über den Stand der Beratungen einen Zwischenbericht zu erstatten oder einem Ausschuss eine Frist für die Erledigung des Gegenstandes setzen. Die Beratung eines solchen Antrags oder des Zwischenberichts gilt nicht als Beratung im Sinne des § 42 Absatz 1.

(3) Die Ausschüsse können auch andere Fragen aus ihrem Geschäftsbereich beraten und dem Landtag zur Entscheidung vorlegen. Ein Ersuchen nach Satz 1 ist bis spätestens am dritten Tag vor der Sitzung an die Vorsitzende oder den Vorsitzenden des Ausschusses zu richten. Das Ersuchen bedarf der Unterstützung durch mindestens ein Viertel der Mitglieder des Ausschusses oder durch zwei Fraktionen. Bei der Aufstellung oder der Erweiterung der Tagesordnung ist darauf zu achten, dass die Beratung der überwiesenen Gegenstände im Sinne der Absätze 1 und 2 gewährleistet bleibt.

(4) Als vorbereitende Beschlussorgane des Landtags haben die Ausschüsse im Rahmen der ihnen überwiesenen Geschäfte das Recht und die Pflicht, dem Landtag bestimmte Beschlüsse zu empfehlen. Der Landtag kann mit einer Mehrheit von zwei Dritteln der abgegebenen Stimmen einen Ausschuss zur abschließenden Erledigung eines bestimmten Gegenstandes ermächtigen, soweit nach der Verfassung nicht eine Entscheidung des Landtags erforderlich ist. In Angelegenheiten der Europäischen Union ist der zuständige Ausschuss in Eilfällen ermächtigt, für den Landtag abschließend Stellung zu nehmen.

§ 26a
Behandlung geheim zu haltender Prüfungsbemerkungen

Die Präsidentin oder der Präsident übergibt Bemerkungen nach § 97 Absatz 4 der Landeshaushaltsordnung der oder dem Vorsitzenden des für die Rechnungsprüfung zuständigen Unterausschusses oder des im Haushaltsplan bestimmten Ausschusses. Grundlage für die Entlastung der Regierung sind insoweit die Erklärungen des Ausschusses und des Rechnungshofs.

§ 27
Berichterstattung

(1) Für jeden Beratungsgegenstand bestellt der Ausschuss eine Berichterstatterin oder einen Berichterstatter oder mehrere Berichterstatterinnen und Berichterstatter. Bei selbstständigen Anträgen soll die Berichterstatterin oder der Berichterstatter nicht derselben Fraktion wie die Antragstellerinnen und Antragsteller angehören.

(2) Der Bericht an den Landtag ist schriftlich zu erstatten. Der Ausschuss kann mündliche Berichterstattung beschließen.

(3) Der Bericht soll in möglichst knapper Fassung den Verlauf der Beratung im Ausschuss sowie die Anträge und die Beschlüsse sachlich und übersichtlich wiedergeben. Haben sich bei Ausschussverhandlungen bedeutsame gegensätzliche Auffassungen ergeben, so kann der Ausschuss die Erstattung eines Minderheitsberichts beschließen. Änderungsanträge, über die in den Ausschussberatungen entschieden worden ist, werden dem Ausschussbericht angeschlossen.

(4) Namen von Ausschussmitgliedern werden bei der Berichterstattung nur genannt, wenn es sich um Antragstellerinnen und Antragsteller handelt.

§ 28
Geschäftliche Behandlung

(1) Die Beschlussempfehlungen werden von der Berichterstatterin oder vom Berichterstatter und von der oder dem Vorsitzenden unterzeichnet.

(2) Beschlussempfehlungen und schriftliche Berichte des Ausschusses werden der Präsidentin oder dem Präsidenten zugeleitet.

§ 29
Teilnahme mit beratender Stimme

Vom Zeitpunkt der Beratung eines Antrags ist die Antragstellerin oder der Antragsteller, bei Anträgen mit mehreren Unterschriften die Erstunterzeichnerin oder der Erstunterzeichner, wenn sie oder er nicht Mitglied des Ausschusses ist, schriftlich zu benachrichtigen. Während der Behandlung ihres oder seines Antrags hat sie oder er oder eine Abgeordnete oder ein Abgeordneter, die oder den sie oder er mit ihrer oder seiner Vertretung beauftragt, beratende Stimme.

§ 30
Zuziehung von Sachverständigen

(1) Der Ausschuss kann Sachverständige mit beratender Stimme zuziehen.

(2) Erwachsen aus der Zuziehung von Sachverständigen Kosten, die nicht nur Reisekosten innerhalb der Bundesrepublik

umfassen, so ist vor der Bestellung die Zustimmung der Präsidentin oder des Präsidenten einzuholen. Bei Meinungsverschiedenheiten entscheidet das Präsidium.

§ 31
Teilnahme von Mitgliedern der Regierung

Der Ausschuss kann die Anwesenheit eines jeden Mitglieds der Regierung verlangen.

§ 31a
Teilnahme von Mitgliedern des Rechnungshofs, der oder des Landesbeauftragten für den Datenschutz und der oder des Landesbeauftragten für die Informationsfreiheit

(1) Die Mitglieder des Rechnungshofs, die oder der Landesbeauftragte für den Datenschutz und die oder der Landesbeauftragte für die Informationsfreiheit haben im Rahmen ihrer gesetzlichen Aufgaben Zutritt zu den Sitzungen der Ausschüsse und können gehört werden.

(2) Die Ausschüsse können die Anwesenheit der Präsidentin oder des Präsidenten des Rechnungshofs oder des zuständigen Mitglieds verlangen, wenn im Ausschuss Fragen behandelt werden, zu denen der Landtag nach § 88 Absatz 3 der Landeshaushaltsordnung eine gutachtliche Äußerung oder nach § 99 Satz 2 der Landeshaushaltsordnung einen Bericht verlangt hat. Entsprechend kann die Anwesenheit der oder des Landesbeauftragten für den Datenschutz verlangt werden, wenn im Ausschuss ihr oder sein regelmäßiger Bericht behandelt wird. Gleiches gilt für die Landesbeauftragte oder den Landesbeauftragten für die Informationsfreiheit im Hinblick auf deren oder dessen regelmäßigen Bericht sowie Gutachten und Berichte nach § 12 Absatz 8 Satz 1 des Landesinformationsfreiheitsgesetzes.

§ 31b
Teilnahme der Zusammenschlüsse der Gemeinden und Gemeindeverbände

(1) Die Zusammenschlüsse der Gemeinden und Gemeindeverbände haben, soweit ihre Anhörung nach der Verfassung oder aufgrund einer gesetzlichen Bestimmung geboten ist, Zutritt zu den Sitzungen der Ausschüsse und können gehört werden.

(2) Die Regelung des § 50a Absatz 3 und 6 bleibt unberührt.

§ 32
Nichtöffentlichkeit der Ausschussberatungen

(1) Die Beratungen der Ausschüsse sind in der Regel nichtöffentlich. Öffentlich ist zu tagen

1. bei der Besprechung Großer Anfragen gemäß § 63a,
2. bei der Behandlung von Fraktionsanträgen ohne vorherige Besprechung im Plenum nach § 54 Absatz 5, wenn das Präsidium dies beschließt,
3. wenn dies der Ausschuss mit Mehrheit beschließt oder auf Antrag von zwei Fraktionen.

(2) Die Ausschüsse können beschließen, öffentliche Anhörungen von Sachverständigen, Interessenvertreterinnen und Interessenvertretern und anderen Auskunftspersonen zur Information über einen Beratungsgegenstand durchzuführen. Mit einer Mehrheit von zwei Dritteln der anwesenden Abgeordneten kann bestimmt werden, dass die Anhörung nichtöffentlich stattfindet. Der Ausschuss kann in eine allgemeine Aussprache mit den Auskunftspersonen eintreten, soweit dies zur Klärung des Sachverhalts erforderlich ist.

(3) Über die Ausschussverhandlungen sind Mitteilungen in der Presse zulässig. Namen der Rednerinnen und Redner dürfen hierbei nicht genannt werden.

(4) Die Ausschüsse können für einen Beratungsgegenstand oder für Teile desselben im Interesse des öffentlichen Wohls einen Geheimhaltungsgrad beschließen.

(5) Die Präsidentin oder der Präsident wird ermächtigt, mit Zustimmung des Ständigen Ausschusses des Landtags die Vorschriften, die für den Schutz der Geheimhaltung und für den Datenschutz erforderlich sind, zu erlassen.

## VI. Untersuchungsausschüsse und Enquetekommissionen; Parlamentarisches Kontrollgremium

§ 33
Einsetzungsantrag für Untersuchungsausschüsse

Anträge auf Einsetzung eines Untersuchungsausschusses bedürfen der Unterzeichnung durch fünf Abgeordnete oder durch eine Fraktion. Im Übrigen gelten die Vorschriften des Untersuchungsausschussgesetzes.

§ 34
Einsetzung, Zusammensetzung und Verfahren der Enquetekommissionen

(1) Zur Vorbereitung von Entscheidungen über umfangreiche und bedeutsame Sachverhalte kann der Landtag eine Enquetekommission einrichten. Er ist dazu verpflichtet, wenn dies von einem Viertel der Mitglieder des Landtags oder von zwei Fraktionen beantragt wird. Der Einsetzungsbeschluss muss den Auftrag der Kommission genau bestimmen.

(2) Der Enquetekommission können auch sachverständige Personen angehören, die nicht Mitglieder des Landtags sind.

(3) Der Landtag legt die Stärke der Kommission und den Anteil der Personen fest, die nicht dem Landtag angehören; die Zahl der Abgeordneten muss überwiegen. Die Abgeordneten und eine gleiche Zahl von Stellvertreterinnen und Stellvertretern werden vom Landtag nach den Vorschlägen der Fraktionen gewählt, wobei die Fraktionen nach ihrem Stärkeverhältnis beteiligt werden. Die übrigen Mitglieder werden im Einvernehmen mit den Fraktionen vom Landtag gewählt; wird kein Einvernehmen erzielt, werden die Mitglieder von den Fraktionen im Verhältnis ihrer Stärke zur Wahl vorgeschlagen.

(4) Die Kommission wählt eine Vorsitzende oder einen Vorsitzenden, die oder der Abgeordnete oder Abgeordneter sein muss. Im Übrigen finden die Vorschriften über die Ausschüsse sinngemäß Anwendung.

(5) Die Enquetekommission erstattet dem Landtag einen abschließenden schriftlichen Bericht. Der Landtag kann jederzeit einen Zwischenbericht verlangen.

§ 35
Parlamentarisches Kontrollgremium

Der Landtag wählt ein Parlamentarisches Kontrollgremium (PKG) nach den Vorschriften des Landesverfassungsschutzgesetzes. Die Bestimmungen über die Ausschüsse gelten entsprechend, soweit im Gesetz und in der Geschäftsordnung des PKG nichts anderes geregelt ist.

## VII. Landtag und Regierung

§ 36
Auskunft und Akteneinsicht

Die Präsidentin oder der Präsident ersucht die Regierung um die Auskünfte und die Akten, die der Landtag oder ein Ausschuss zur Erledigung seiner Aufgaben für erforderlich hält.

§ 37
Unterrichtung über die Erledigung der Landtagsbeschlüsse

(1) Die Regierung berichtet dem Landtag innerhalb von sechs Monaten schriftlich über die Ausführung seiner Beschlüsse. Der Landtag kann eine andere Frist bestimmen.

(2) Binnen vier Wochen nach Verteilung der Mitteilung der Regierung an die Mitglieder des Landtags kann jede und jeder Abgeordnete der Präsidentin oder dem Präsidenten schriftlich zur Kenntnis bringen, dass bestimmte Beschlüsse des Landtags nicht als erledigt angesehen werden können oder dass die Auskünfte der Regierung unvollständig sind. Solche Beanstandungen werden der Regierung übermittelt.

(3) Die Antworten der Regierung werden dem Landtag bekannt gegeben; sie werden auf die Tagesordnung gesetzt, wenn eine Fraktion oder zehn Abgeordnete binnen vier Wochen, nachdem die Antworten bekannt gegeben worden sind, es schriftlich verlangen.

(4) Berichte der Regierung nach § 114 Absatz 4 Satz 1 der Landeshaushaltsordnung werden von der Präsidentin oder vom Präsidenten dem zuständigen Ausschuss überwiesen. Der Ausschuss kann dem Landtag eine Beschlussempfehlung vorlegen, wenn er der Auffassung ist, dass Maßnahmen nicht zu dem beabsichtigten Erfolg geführt haben. Diese Befugnis steht dem Ausschuss auch dann zu, wenn die Regierung nicht zu dem vom Landtag bestimmten Termin berichtet hat.

§ 37a
Erfolgskontrolle bei Landtagsbeschlüssen

(1) Jeder Bericht nach § 37 Absatz 1 wird mit dem zugrunde liegenden Landtagsbeschluss verteilt.

(2) Jede Fraktion kann verlangen, dass ein solcher Bericht durch die Präsidentin oder den Präsidenten dem zuständigen Ausschuss überwiesen wird. Der Ausschuss kann dem Landtag er-

neut eine Beschlussempfehlung zu der Angelegenheit vorlegen, wenn er den früheren Landtagsbeschluss nicht für erledigt hält.

(3) In gleicher Weise kann die erneute Befassung des Ausschusses verlangt und vom Ausschuss eine neue Empfehlung dem Plenum vorgelegt werden, wenn die Regierung zu einem Landtagsbeschluss nicht fristgerecht berichtet hat.

§ 38
Herbeirufung von Mitgliedern der Regierung

(1) Der Landtag kann die Anwesenheit eines jeden Mitglieds der Regierung verlangen.

(2) Der Antrag, ein Mitglied der Regierung herbeizurufen, bedarf der Unterstützung durch fünf Abgeordnete.

## VIII. Unterrichtung der Abgeordneten

§ 39
Arbeitsunterlagen

(1) Erstmals eintretende Abgeordnete erhalten je eine Ausgabe des Grundgesetzes, der Landesverfassung, der Geschäftsordnung und der Bestimmungen über die Entschädigung der Mitglieder des Landtags.

(2) Alle Drucksachen des Landtags werden an die Abgeordneten verteilt.

§ 40
Akteneinsicht und Aktenbenützung

(1) Jede und jeder Abgeordnete ist berechtigt, alle Akten einzusehen, die sich beim Landtag oder einem Ausschuss befinden. Die Arbeiten des Landtags, seiner Ausschüsse, der Ausschussvorsitzenden und der Berichterstatterinnen und Berichterstatter dürfen durch die Akteneinsicht nicht behindert werden.

(2) Zur Benützung außerhalb des Landtagsgebäudes werden Akten nur an die Vorsitzenden und Berichterstatterinnen und Berichterstatter der Ausschüsse abgegeben. In besonderen Fällen kann die Präsidentin oder der Präsident Ausnahmen zulassen.

(3) Für geheimhaltungsbedürftige Akten gelten die aufgrund von § 32 Absatz 5 erlassenen Vorschriften.

(4) Dritten ist die Einsicht in Akten des Landtags nur mit Genehmigung der Präsidentin oder des Präsidenten gestattet.

§ 41
Informationsdienst

Der Informationsdienst des Landtags (Parlamentsarchiv, Parlamentsdokumentation, Parlamentsbibliothek und Datenverarbeitung) steht jeder und jedem Abgeordneten zur Verfügung. Die von der Präsidentin oder dem Präsidenten für die Benützung erlassenen Bestimmungen sind einzuhalten.

## IX. Vorlagen

§ 42
Beratungsverfahren

(1) Gesetzentwürfe zur Änderung der Landesverfassung und Haushaltsvorlagen werden in drei Beratungen erledigt; sonstige Gesetzentwürfe werden in zwei Beratungen erledigt, sofern nicht der Landtag in Erster Beratung beschließt, drei Beratungen durchzuführen. Alle anderen Vorlagen und Anträge sowie Staatsverträge, soweit sie nicht der Zustimmung in der Form des Gesetzes bedürfen, werden in der Regel in einer Beratung erledigt.

(2) Die Beratung beginnt, wenn der Landtag nichts anderes beschließt, frühestens am dritten Tag nach Verteilung der Drucksachen an die Fraktionsgeschäftsstellen.

§ 43
Erste Beratung

(1) Bei der Ersten Beratung von Gesetzentwürfen, Haushaltsvorlagen und Staatsverträgen werden nur die Grundsätze der Vorlage besprochen.

(2) Änderungsanträge zu Gesetzentwürfen sind nicht vor Schluss der Ersten Beratung, zu Staatsverträgen überhaupt nicht zulässig.

(3) Am Schluss der Ersten Beratung beschließt der Landtag, ob die Angelegenheit einem Ausschuss überwiesen werden soll. In besonderen Fällen kann die Überweisung an mehrere Ausschüsse erfolgen, wobei ein Ausschuss als federführend zu bestimmen ist.

(4) In der Ersten Beratung findet keine andere Abstimmung statt.

§ 44
Verweisung an einen Ausschuss

(1) Regierungsvorlagen, die keiner Beschlussfassung bedürfen (Denkschriften, Nachweisungen u. ä.), kann die Präsidentin oder der Präsident mit Zustimmung des Landtags an einen Ausschuss verweisen, ohne sie auf die Tagesordnung zu setzen. Gleiches gilt für Berichte und Gutachten des Rechnungshofs, der oder des Landesbeauftragten für den Datenschutz und der oder des Landesbeauftragten für die Informationsfreiheit mit der Maßgabe, dass sie an den zuständigen Ausschuss überwiesen werden; der zuständige Ausschuss kann mit Zustimmung der Präsidentin oder des Präsidenten die Stellungnahme anderer Ausschüsse zu einzelnen Teilen eines Berichts oder Gutachtens einholen. Anträge von Abgeordneten (§ 54 Absatz 1) zu Angelegenheiten, die in einem Bericht oder Gutachten des Rechnungshofs, der oder des Landesbeauftragten für den Datenschutz oder der oder des Landesbeauftragten für die Informationsfreiheit behandelt werden, werden während der Beratungen der Vorlage unmittelbar an den damit befassten Ausschuss überwiesen. § 29 findet entsprechend Anwendung.

(2) Anträge zu Haushaltsvorlagen von einzelnen Abgeordneten, die nicht dem Finanzausschuss angehören, werden unmittelbar an diesen Ausschuss überwiesen. § 29 findet entsprechend Anwendung.

(3) Ersuchen in Immunitätsangelegenheiten sind von der Präsidentin oder dem Präsidenten unmittelbar an den zuständigen Ausschuss zu überweisen.

§ 45
Zweite Beratung

(1) Die Zweite Beratung beginnt frühestens am zweiten Tag nach Schluss der Ersten Beratung oder, wenn eine Ausschussberatung stattgefunden hat, frühestens am zweiten Tag nach der Verteilung der Beschlussempfehlung.

(2) Es findet zuerst eine allgemeine Aussprache statt. Fand eine Ausschussberatung statt, so erhält vor der Einzelberatung auf deren oder dessen Verlangen zunächst die Berichterstatterin oder der Berichterstatter das Wort; auf Verlangen ist ihr oder ihm auch während der Beratung vor anderen Abgeordneten das Wort zu erteilen.

(3) Liegen Beschlussempfehlungen der Ausschüsse vor, so bilden diese die Grundlage für die Zweite Beratung. Änderungs-

anträge können, solange die Beratung nicht geschlossen ist, von jeder und jedem Abgeordneten schriftlich gestellt werden. Sie werden, solange sie nicht vervielfältigt sind, von der Präsidentin oder dem Präsidenten verlesen.

(4) Die Zweite Beratung wird über jede Einzelbestimmung und über die Abschnittsüberschriften der Reihenfolge nach eröffnet und geschlossen. Nach Schluss der Beratung wird abgestimmt. Die Reihenfolge kann vom Landtag geändert, mehrere Einzelbestimmungen können verbunden oder Teile von Einzelbestimmungen getrennt zur Beratung und Abstimmung gestellt werden.

(5) Bei Ablehnung aller Teile einer Vorlage in der Zweiten Beratung findet keine weitere Beratung oder Abstimmung statt.

§ 46
Zusammenstellung der Beschlüsse

(1) Bei der Zweiten Beratung beschlossene Änderungen lässt die Präsidentin oder der Präsident zusammenstellen und vervielfältigen.

(2) Die Beschlüsse der Zweiten Beratung bilden die Grundlage für die Dritte Beratung.

§ 47
Dritte Beratung

(1) Die Dritte Beratung wird frühestens zwei Tage nach Verteilung der in der Zweiten Beratung gefassten Beschlüsse oder, wenn die Vorlage aus der Zweiten Beratung unverändert hervorgegangen ist, frühestens am Tage nach der Zweiten Beratung vorgenommen. Sie beginnt mit einer Allgemeinen Aussprache über die Grundsätze der Vorlage.

(2) Änderungsanträge zur Dritten Beratung müssen von mindestens fünf Abgeordneten unterzeichnet, der Präsidentin oder dem Präsidenten schriftlich eingereicht und vor der Abstimmung vervielfältigt und verteilt werden; Änderungsanträge zur Dritten Beratung des Haushaltsgesetzes oder eines Nachtragshaushaltsgesetzes müssen von einer Fraktion unterzeichnet sein. Über Änderungsanträge wird bei den einzelnen Bestimmungen abgestimmt.

§ 47a
Vereinfachtes Verfahren für Nachtragshaushaltsgesetze

(1) Die Präsidentin oder der Präsident kann im Einvernehmen mit den Fraktionen den Entwurf eines Nachtragshaushaltsgesetzes unmittelbar an den Finanzausschuss überweisen. Dieser führt unverzüglich die Beratung der Vorlage durch.

(2) Liegt die Beschlussempfehlung des Ausschusses vor, so wird die Vorlage auf die Tagesordnung der nächsten Sitzung des Landtags genommen. Auf die weitere Behandlung der Vorlage finden die Vorschriften der §§ 45 bis 47 und 48 bis 50 entsprechend Anwendung.

(3) Vor der Einwilligung in über- und außerplanmäßige Ausgaben und Verpflichtungsermächtigungen, die nicht nach § 37 Absatz 1 der Landeshaushaltsordnung vom Erfordernis einer parlamentarischen Nachtragsbewilligung ausgenommen sind, fragt die Finanzministerin oder der Finanzminister bei der Präsidentin oder dem Präsidenten an, ob der Landtag rechtzeitig über eine Bewilligung in der Form eines Nachtragshaushalts entscheiden kann.

§ 48
Verweisung an einen Ausschuss

Eine Vorlage oder Teile einer solchen können bei der Dritten Beratung, auch soweit sie bereits erledigt sind, auf Antrag von mindestens zehn Abgeordneten durch Beschluss des Landtags an einen Ausschuss verwiesen oder zurückverwiesen werden, solange nicht über die letzte Einzelbestimmung abgestimmt ist.

§ 49
Schlussabstimmung

(1) Am Schluss der letzten Beratung wird über die Vorlage im Ganzen abgestimmt. Blieb die Vorlage unverändert, so kann die Schlussabstimmung sofort vorgenommen werden, wurden Änderungen beschlossen, so setzt die Präsidentin oder der Präsident auf Antrag von fünf Abgeordneten die Schlussabstimmung bis zur Verteilung der gefassten Beschlüsse aus.

(2) Die Schlussabstimmung über ein Gesetz, mit dem eine Vorschrift im Sinne von § 1 Absatz 1 des Gesetzes über eine Verhältnismäßigkeitsprüfung vor Erlass neuer Berufsreglementierungen Baden-Württemberg (BerRVerhPrG) eingeführt oder wesentlich geändert wird, ist erst zulässig, wenn eine Verhältnismäßigkeits-

prüfung im Sinne der §§ 3 und 4 BerRVerhPrG und eine Öffentlichkeitsbeteiligung im Sinne von § 5 BerRVerhPrG stattgefunden hat. Erforderlichenfalls wird hierzu eine Stellungnahme der Regierung eingeholt, die den Anforderungen der §§ 3 und 4 BerRVerhPrG genügt.

§ 49a
Entschließungen zu Gesetzentwürfen

(1) Entschließungsanträge zu Gesetzentwürfen müssen von mindestens fünf Abgeordneten oder einer Fraktion unterzeichnet sein.

(2) Über Entschließungsanträge wird in der Regel nach der Schlussabstimmung abgestimmt. Über Entschließungen zu Teilen des Haushaltsplans wird in der Regel während der Zweiten Beratung abgestimmt.

§ 49b
Gesetzesbeschluss

(1) Die Präsidentin oder der Präsident leitet den Gesetzesbeschluss dem Ausfertigungs- und Verkündungsorgan zur Ausfertigung zu.

(2) Schreibfehler oder andere offenbare Unrichtigkeiten kann die Präsidentin oder der Präsident zuvor berichtigen.

(3) Die Präsidentin oder der Präsident kann das Ausfertigungs- und Verkündungsorgan ermächtigen, Fundstellenangaben von Rechtsvorschriften, die erst nach dem Gesetzesbeschluss feststehen, einzufügen oder zu aktualisieren.

§ 50
Änderung der Fristen

Die Frist zwischen der Ersten und der Zweiten Beratung kann bei Feststellung der Tagesordnung durch Beschluss des Landtags verkürzt werden. Gleiches gilt für die Frist zwischen Zweiter und Dritter Beratung eines Nachtragshaushaltsgesetzes. Andere Fristen können, wenn fünf Abgeordnete widersprechen, nicht verkürzt oder aufgehoben werden. Drei Beratungen können nur dann in einer Sitzung vorgenommen werden, wenn keine Abgeordnete und kein Abgeordneter widerspricht. Der Widerspruch gegen die Dritte Beratung kann noch bei ihrem Aufruf angebracht werden.

§ 50a
Anhörung zu Gesetzentwürfen

(1) Ist bei einem Gesetzentwurf der Regierung eine Anhörung nach der Verfassung oder aufgrund einer gesetzlichen Bestimmung geboten, so findet die Erste Beratung erst statt, wenn der Landtag über das Ergebnis der Anhörung unterrichtet worden ist.

(2) Ist bei einem Gesetzentwurf von Abgeordneten eine Anhörung nach der Verfassung oder aufgrund einer gesetzlichen Bestimmung geboten oder von den Antragstellerinnen und Antragstellern gewünscht, so entscheidet die Präsidentin oder der Präsident im Einvernehmen mit den Antragstellerinnen und Antragstellern, in welcher Form die Anhörung vorzunehmen ist, und unterrichtet den Landtag über das Anhörungsergebnis; in Ausnahmefällen kann die Präsidentin oder der Präsident im Einvernehmen mit dem Präsidium die Entscheidung über die Durchführung der Anhörung zurückstellen. Die Ausschussberatung beginnt in der Regel erst, wenn das Ergebnis der Anhörung dem Landtag vorliegt.

(3) Ein Ausschuss kann zusätzlich zu einer Anhörung nach Absatz 1 oder Absatz 2 eine mündliche oder schriftliche Anhörung durchführen.

(4) Wird ein Gesetzentwurf, zu dem bereits eine Anhörung nach Absatz 1 oder Absatz 2 stattgefunden hat, im Laufe der Gesetzesberatungen wesentlich verändert, so ist eine erneute Anhörung vorzunehmen, sofern die vorgesehene Regelung nicht bereits Gegenstand einer früheren Anhörung war. Die Anhörung ist auf Ersuchen des Landtags oder eines Ausschusses von der Regierung oder von einem Ausschuss mündlich oder schriftlich durchzuführen.

(5) Führt ein Ausschuss eine mündliche Anhörung durch, so findet § 32 Absatz 2 Anwendung.

(6) In jedem Fall ist den Zusammenschlüssen der Gemeinden und Gemeindeverbände auf Verlangen Gelegenheit zur mündlichen Stellungnahme vor dem Ausschuss zu geben, wenn ein Gesetzentwurf beraten wird, bei dem nach der Verfassung eine Anhörung geboten ist; dies gilt unabhängig davon, ob bereits eine schriftliche Stellungnahme erfolgt ist. Diese Anhörung findet in der Regel nichtöffentlich statt. § 32 Absatz 1 bleibt unberührt.

(7) Die Vertreterinnen und Vertreter der Zusammenschlüsse der Gemeinden und Gemeindeverbände haben bei Gesetzesbera-

tungen in wesentlichen Fragen der Finanzverteilung zwischen Land und Kommunen Zutritt zu den nichtöffentlichen Ausschusssitzungen und werden gehört.

§ 50b
Verfahren nach Artikel 82 Absatz 2 der Verfassung

Hat die Regierung gemäß Artikel 82 Absatz 2 Satz 1 der Verfassung die Aussetzung der Beschlussfassung verlangt, so kann die Beschlussfassung frühestens nach Verteilung der Stellungnahme der Regierung oder, falls diese nicht oder nicht fristgerecht eingeht, sechs Wochen nach Zugang des Aussetzungsverlangens bei der Präsidentin oder dem Präsidenten erfolgen; im erstgenannten Falle gilt § 42 Absatz 2 entsprechend.

§ 50c
Gesetzgebungsverfahren des Landtags im Notstand

Bezeichnet die Regierung einen Gesetzentwurf wegen eines Notstands im Sinne des Artikels 62 Absatz 1 Satz 1 der Verfassung als dringlich, so beruft die Präsidentin oder der Präsident den Landtag unverzüglich ein. Der dringliche Gesetzentwurf wird in einer Beratung erledigt. Die Beratung kann zum Zweck der Beratung in einem Ausschuss unterbrochen werden.

§ 50d
Volksbegehren

(1) Die durch Volksbegehren eingebrachte Vorlage wird durch unveränderte Annahme oder durch Ablehnung erledigt. Beschließt der Landtag eine Änderung der Vorlage, so ist das Volksbegehren abgelehnt. Die geänderte Vorlage ist der eigene Gesetzentwurf des Landtags im Sinne des Artikels 60 Absatz 1 Satz 2 der Verfassung.

(2) Die durch Volksbegehren eingebrachte Vorlage wird entsprechend den Vorschriften dieses Abschnitts behandelt.

(3) Die durch Volksbegehren eingebrachte Vorlage wird in der Regel innerhalb von drei Monaten nach der Unterbreitung erledigt.

§ 50e
Volksantrag

(1) Das Datum des Beginns der Sammlung von Unterschriften für einen Volksantrag ist dem Landtag anzuzeigen. Nach Ende

der Sammlung ist die Zulassung des Volksantrags beim Landtag zu beantragen.

(2) Volksanträge müssen mit den Worten „Der Landtag wolle beschließen“ beginnen und so gefasst werden, dass sie zum Beschluss erhoben werden können. Die Präsidentin oder der Präsident kann weitere Formvorschriften erlassen.

(3) Ein Volksantrag, der nicht vorschriftsmäßig gestellt ist, insbesondere nicht form- und fristgerecht und mit der erforderlichen Anzahl von gültigen Unterschriften eingebracht wird, kann von der Präsidentin oder vom Präsidenten zurückgewiesen werden.

(4) Die Präsidentin oder der Präsident leitet den Volksantrag der Regierung zu, die innerhalb von vier Wochen dazu Stellung nimmt, ob der Gegenstand des Volksantrags im Zuständigkeitsbereich des Landes liegt und dem Grundgesetz und der Landesverfassung nicht widerspricht sowie ob im Fall des § 42 Absatz 2 Satz 2 des Volksabstimmungsgesetzes die Gesetzesbegründung die erforderliche Verhältnismäßigkeitsprüfung enthält. Sind Angelegenheiten, für die die Regierung unmittelbar oder mittelbar verantwortlich ist, Gegenstand des Volksantrags, nimmt die Regierung auch im Übrigen Stellung.

(5) Volksanträge werden vom Landtag in der Regel in einer Beratung erledigt, auch wenn sie einen Gesetzentwurf zum Gegenstand haben.

(6) Die Präsidentin oder der Präsident überweist den Volksantrag dem zuständigen Ausschuss, der dem Landtag eine Beschlussempfehlung über die Zulassung des Volksantrags vorlegt. Hält der Ausschuss den Volksantrag für zulässig, kann er dem Landtag stattdessen eine Beschlussempfehlung über den Gegenstand des Volksantrags vorlegen.

(7) Der Landtag entscheidet über die Zulassung des Volksantrags innerhalb von drei Monaten nach seinem Eingang.

(8) Der Landtag befasst sich innerhalb weiterer drei Monate mit dem Volksantrag und entscheidet darüber. Im Einvernehmen mit den Vertrauensleuten der Antragstellerinnen und Antragsteller kann dies innerhalb von sechs Monaten erfolgen.

(9) Die gesetzlich vorgesehene Anhörung findet vor Abschluss der Ausschussberatungen statt.

(10) Im Übrigen gelten die Vorschriften über Anträge von Abgeordneten und über Gesetzentwürfe sinngemäß.

§ 51
Unerledigte Gegenstände

Am Ende der Wahlperiode oder im Fall der Auflösung des Landtags gelten alle Vorlagen, Anträge und Anfragen als erledigt. Dies gilt nicht für Regierungsvorlagen, die keiner Beschlussfassung bedürfen, für Berichte und Gutachten des Rechnungshofs, für Regierungsvorlagen im Entlastungsverfahren und zu Berichten und Gutachten des Rechnungshofs sowie für Berichte und Gutachten der oder des Landesbeauftragten für den Datenschutz oder der oder des Landesbeauftragten für die Informationsfreiheit. Petitionen müssen vom neu gewählten Landtag weiterbehandelt werden. Die Beratung einer durch Volksbegehren eingebrachten Vorlage, die dem Landtag von der Regierung unterbreitet und nicht erledigt worden ist, wird vom neu gewählten Landtag neu aufgenommen. Gleiches gilt für einen nicht erledigten Volksantrag.

## X. Anträge von Abgeordneten

§ 52
Form der Anträge

(1) Anträge von Abgeordneten werden bei der Präsidentin oder dem Präsidenten schriftlich eingebracht. Sie beginnen mit den Worten: „Der Landtag wolle beschließen" und werden so gefasst, wie sie zum Beschluss erhoben werden sollen.

(2) Anträge können, soweit in dieser Geschäftsordnung nichts anderes bestimmt ist, von jeder und jedem Abgeordneten gestellt werden.

(3) Gegen den Willen der Antragstellerin oder des Antragstellers können Anträge, die nicht lediglich ein Berichtsersuchen enthalten und den Fraktionen spätestens eine Woche vor der Sitzung mitgeteilt worden sind, nicht für erledigt erklärt oder der Regierung als Material überwiesen werden. Der Widerspruch kann von der Erstunterzeichnerin oder dem Erstunterzeichner oder von einer oder einem von ihr oder ihm beauftragten Abgeordneten vor Beginn der Abstimmung eingelegt werden.

(4) Die Ausschüsse können zu unselbstständigen Anträgen (Änderungsanträge zu überwiesenen Beratungsgegenständen) nur beschließen, einen solchen Antrag anzunehmen oder abzulehnen. Eine Erledigterklärung oder Materialüberweisung an die Regierung ist nicht zulässig; Absatz 3 findet keine Anwendung.

§ 53
Gesetzentwürfe

(1) Ein Antrag, der einen Gesetzentwurf enthält, bedarf der Unterzeichnung durch acht Abgeordnete oder durch eine Fraktion.

(2) Gesetzentwürfe sind mit einer Begründung zu versehen.

§ 54
Selbstständige Anträge, die keinen Gesetzentwurf enthalten

(1) Selbstständige Anträge, die keinen Gesetzentwurf enthalten, bedürfen der Unterzeichnung durch fünf Abgeordnete oder durch eine Fraktion. Sie sind in der Regel schriftlich zu begründen.

(2) Hält die Präsidentin oder der Präsident einen Antrag für unzulässig, legt sie oder er ihn zunächst dem Präsidium mit ihren oder seinen begründeten Bedenken vor. Über die Zulässigkeit entscheidet das Präsidium. Die Antragstellerinnen und Antragsteller können gegen die Entscheidung des Präsidiums einen Beschluss des Landtags über die Zulässigkeit verlangen.

(3) Anträge, die Angelegenheiten betreffen, für die die Regierung unmittelbar oder mittelbar verantwortlich ist, und einen Beschluss fordern, der sich an die Regierung richtet, leitet die Präsidentin oder der Präsident der Regierung zu, die innerhalb von drei Wochen zu dem Antrag Stellung nimmt. Die Stellungnahme der Regierung wird von der Präsidentin oder dem Präsidenten der Erstunterzeichnerin oder dem Erstunterzeichner übermittelt und als Drucksache verteilt. Anträge, die von einer Fraktion gestellt sind, werden im Plenum weiterbehandelt, andere Anträge im zuständigen Ausschuss, es sei denn, die Antragstellerin oder der Antragsteller erklärt gegenüber der Präsidentin oder dem Präsidenten, dass eine Weiterbehandlung nicht gewünscht wird. Dies gilt auf Verlangen auch für Anträge, zu denen die Regierung innerhalb von drei Wochen keine Stellungnahme abgegeben hat.

(4) Für selbstständige Entschließungsanträge, die einen Beschluss fordern, der sich nicht an die Regierung richtet, gilt Absatz 3 Satz 3 entsprechend.

(5) Die Beschlussempfehlungen der Ausschüsse werden mindestens einmal monatlich in eine Sammeldrucksache aufgenommen und auf die Tagesordnung einer Sitzung des Landtags gesetzt. Grundlage der Beschlussfassung des Landtags ist die Beschlussempfehlung des Ausschusses. Beschlussempfehlungen können

an den Ausschuss zurückverwiesen oder an einen anderen Ausschuss verwiesen werden.

§ 55
Misstrauensanträge

Ein Antrag, der Ministerpräsidentin oder dem Ministerpräsidenten das Vertrauen zu entziehen, bedarf der Unterstützung durch ein Viertel der Mitglieder des Landtags oder durch zwei Fraktionen. Er kann nur in der Weise gestellt werden, dass dem Landtag eine namentlich benannte Kandidatin oder ein namentlich benannter Kandidat als Nachfolgerin oder Nachfolger zur Wahl vorgeschlagen wird. Anträge, die diesen Voraussetzungen nicht entsprechen, werden nicht auf die Tagesordnung einer Sitzung des Landtags gesetzt.

§ 56
Antrag auf Entlassung eines Mitglieds der Regierung

Ein Antrag auf Entlassung eines Mitglieds der Regierung bedarf der Unterstützung durch ein Viertel der Mitglieder des Landtags oder durch zwei Fraktionen.

§ 57
Dringliche Anträge

(1) Dringliche Anträge werden auf die Tagesordnung der nächsten Sitzung gesetzt.

(2) Dringlich sind Anträge,

1. die Immunität einer oder eines Abgeordneten aufzuheben,
2. der Ministerpräsidentin oder dem Ministerpräsidenten das Vertrauen zu entziehen,
3. ein Mitglied der Regierung zu entlassen,
4. einen Untersuchungsausschuss einzusetzen.

(3) Andere Anträge können vom Präsidium durch einmütigen Beschluss oder vom Landtag für dringlich erklärt werden. Dies gilt nicht für Anträge zu Angelegenheiten, die in Form eines Antrags oder einer Großen Anfrage bereits Gegenstand der Beratungen im Landtag sind, sofern nicht inzwischen neue wesentliche Tatsachen, welche die Dringlichkeit begründen, eingetreten sind. Voraussetzung für die Dringlicherklärung eines Antrags ist, dass im üblichen Verfahren (§ 54) eine rechtzeitige Entscheidung des Landtags über einen solchen Antrag nicht erreichbar ist. Stellt das Präsidium die Dringlichkeit fest, sind die

Anträge in der nächsten Sitzung zu behandeln. Werden die Anträge durch den Landtag für dringlich erklärt, sind sie in der gleichen Sitzung zu behandeln. § 42 Absatz 2 findet keine Anwendung.

(4) Anträge, deren Dringlicherklärung beantragt wird, leitet die Präsidentin oder der Präsident der Regierung unverzüglich zur Stellungnahme gemäß § 54 Absatz 3 zu. Wird die Dringlichkeit vom Präsidium oder vom Landtag vor Ablauf der Drei-Wochen-Frist festgestellt, sieht die Regierung von einer schriftlichen Stellungnahme zu dem Antrag ab.

## XI. Anfragen und Aktuelle Debatte

§ 58
Fragestunde

(1) Jede und jeder Abgeordnete ist berechtigt, kurze Mündliche Anfragen an die Regierung zu richten, die von der Regierung möglichst kurz beantwortet werden sollen. Hierzu soll je nach Bedarf, mindestens jedoch einmal im Monat, eine Stunde eines vom Präsidium vorzuschlagenden Sitzungstages zur Verfügung stehen. Die Fragestunde findet im Anschluss an die Mittagspause des betreffenden Sitzungstages statt, bei mehreren Sitzungstagen einer Sitzungswoche am zweiten Sitzungstag.

(2) Die Einzelheiten des Verfahrens der Fragestunde sind in den als Anlage 2 beigefügten Richtlinien geregelt.

§ 58a
Regierungsbefragung

(1) Bei mehreren Sitzungstagen in einer Plenarsitzungswoche findet am ersten Tag im Anschluss an die Mittagspause eine Befragung der Landesregierung statt. Die Abgeordneten können Fragen von aktuellem Interesse an die Landesregierung im Rahmen ihrer Verantwortlichkeit richten.

(2) Die Befragung dauert in der Regel 60 Minuten.

(3) Die Einzelheiten des Verfahrens der Regierungsbefragung sind in den als Anlage 3 beigefügten Richtlinien geregelt.

§ 59
Aktuelle Debatte

(1) Eine Fraktion kann über ein bestimmt bezeichnetes Thema von allgemeinem Interesse, für dessen Erörterung ein aktueller

Anlass besteht oder das von grundsätzlicher politischer Bedeutung für das Land ist, für die nächste Plenarsitzungswoche eine Aussprache beantragen (Aktuelle Debatte). Der Antrag ist schriftlich bei der Präsidentin oder dem Präsidenten einzureichen, die oder der ihn unverzüglich den Fraktionen und der Regierung zur Kenntnis bringt. Ist ein Thema in Form eines Antrags oder einer Großen Anfrage bereits Gegenstand der Beratungen im Landtag und sind seitdem keine neuen wesentlichen Tatsachen eingetreten, ist der Antrag nicht zulässig. Ein Antrag auf Aktuelle Debatte, der für die nächste Plenarsitzungswoche nicht zum Zuge gekommen ist, gilt als erledigt.

(2) Die Präsidentin oder der Präsident setzt den Besprechungsgegenstand nach Maßgabe von § 78 Absatz 1 auf eine Tagesordnung in der nächsten Plenarsitzungswoche, wenn sie oder er den Antrag für zulässig hält. Hält die Präsidentin oder der Präsident den Antrag nicht für zulässig, entscheidet das Präsidium unverzüglich über die Zulässigkeit des Antrags. Die Antragstellerinnen und Antragsteller können gegen die Entscheidung des Präsidiums einen Beschluss des Landtags über die Zulässigkeit verlangen. Erklärt das Präsidium den Antrag für zulässig, ist er gemäß Satz 1 zu behandeln. Erklärt der Landtag den Antrag für zulässig, ist er in der gleichen Plenarsitzungswoche zu behandeln, sofern er nach § 78 Absatz 1 zum Zuge kommt.

(3) Der Antrag nach Absatz 1 ist bis spätestens Montag, 12 Uhr, vor der folgenden Plenarsitzung zu stellen.

### § 60
### Dauer und Redezeit

(1) Die Aktuelle Debatte dauert 50 Minuten, wobei die Redezeit der Mitglieder der Regierung und ihrer Beauftragten nicht mitgerechnet wird. Der Landtag kann eine Dauer von bis zu 100 Minuten beschließen; Satz 1 Halbsatz 2 gilt entsprechend. Die Gesamtdauer der Aussprache soll im Regelfall 75 Minuten nicht überschreiten; bei verlängerter Debattenzeit (Satz 2) soll die entsprechende Gesamtdauer der Aussprache von bis zu zwei Stunden nicht überschritten werden.

(2) Die Aussprache wird durch Erklärungen der Fraktionen eingeleitet, für welche jede Fraktion für ihre jeweilige Sprecherin oder ihren jeweiligen Sprecher in der Regel eine Redezeit von bis zu fünf Minuten und bei einer Dauer der Aktuellen Debatte von mehr als 50 Minuten eine Redezeit von bis zu 15 Minuten erhalten kann. Im Übrigen beträgt die Redezeit fünf Minuten.

(3) Die Mitglieder der Regierung und ihre Beauftragten sollen sich an die gemäß Absatz 2 für die Fraktionen festgelegten Redezeiten halten. Die Präsidentin oder der Präsident soll die Redezeiten der Fraktionen verlängern, wenn die Regierungsvertreterinnen und Regierungsvertreter 50 Prozent der Gesamtredezeit der Fraktionen überschreiten.

(4) Die Aussprache ist in freier Rede zu führen.

(5) Anträge zur Sache können nicht gestellt werden.

§ 61
Kleine Anfragen

(1) Jede und jeder Abgeordnete kann an die Regierung schriftliche Anfragen richten.

(2) Die Anfragen müssen knapp und scharf umrissen die Tatsachen anführen, über die Auskunft gewünscht wird; sie dürfen höchstens zehn Fragen umfassen und nur eine kurze Begründung enthalten. Anfragen, die diesen Vorschriften nicht entsprechen, gibt die Präsidentin oder der Präsident zurück.

(3) Die Präsidentin oder der Präsident leitet die Anfrage sofort der Regierung zur schriftlichen Beantwortung zu. Die Antwort ergeht an die Präsidentin oder den Präsidenten, die oder der sie der Fragestellerin oder dem Fragesteller übermittelt.

(4) Anfrage und Antwort werden vervielfältigt und den Abgeordneten zur Kenntnis gebracht.

(5) Wird eine Antwort nicht binnen drei Wochen – gerechnet vom Absendedatum des Landtags – erteilt, so setzt die Präsidentin oder der Präsident die Anfrage zur mündlichen Beantwortung auf die Tagesordnung der nächsten Sitzung und erteilt der Fragestellerin oder dem Fragesteller zur Verlesung das Wort. Wird die Anfrage mündlich beantwortet und erscheint der Fragestellerin oder dem Fragesteller die Antwort nicht ausreichend, so kann sie oder er ergänzende Fragen stellen. Eine Besprechung der Antwort findet nicht statt.

(6) Erfolgt eine mündliche Beantwortung der Anfrage nach ihrer Verlesung nicht, so tritt der Landtag auf Antrag von fünf Abgeordneten in eine Besprechung der Anfrage ein.

(7) Bei einer Anfrage von offenbar lokaler Bedeutung soll die Präsidentin oder der Präsident der oder dem Abgeordneten empfehlen, eine briefliche Anfrage an das zuständige Ministerium zu richten.

§ 61a
Abgeordnetenbriefe an Ministerien

(1) Schreiben von Abgeordneten an Ministerien sind wie Kleine Anfragen innerhalb von drei Wochen zu beantworten. Ist dies nicht möglich, so wird innerhalb dieser Frist eine Zwischenantwort erteilt.

(2) Hat die Unterzeichnerin oder der Unterzeichner des Schreibens innerhalb von drei Wochen nach Eingang beim Ministerium keine Antwort erhalten und auch einer Fristverlängerung nicht zugestimmt, so kann sie oder er beim Landtag die Aufnahme dieses Schreibens auf die Tagesordnung der nächsten Plenarsitzung beantragen, und zwar bis spätestens 12 Uhr am Montag der Plenarsitzungswoche. Die Unterzeichnerin oder der Unterzeichner hat bei Aufruf im Plenum Gelegenheit, die Ministerin oder den Minister nach den Gründen der Nichtbeantwortung zu befragen, wenn das Schreiben zu diesem Zeitpunkt noch nicht beantwortet ist.

§ 62
Einbringung von Großen Anfragen

(1) In Angelegenheiten von erheblicher politischer Bedeutung können Große Anfragen an die Regierung gerichtet werden.

(2) Große Anfragen sind der Präsidentin oder dem Präsidenten schriftlich einzureichen. Sie müssen kurz und bestimmt gefasst und von einer Fraktion oder von mindestens fünfzehn Abgeordneten unterzeichnet sein. Sie sollen schriftlich begründet werden.

(3) Hält die Präsidentin oder der Präsident eine Große Anfrage nicht für zulässig, legt sie oder er sie dem Präsidium mit ihren oder seinen begründeten Bedenken vor. Über die Zulässigkeit entscheidet das Präsidium. Die Fragestellerinnen und Fragesteller können gegen die Entscheidung des Präsidiums einen Beschluss des Landtags über die Zulässigkeit verlangen.

§ 63
Behandlung von Großen Anfragen

(1) Die Präsidentin oder der Präsident teilt der Regierung die Große Anfrage zur schriftlichen Beantwortung mit.

(2) Nach Eingang der schriftlichen Antwort wird die Große Anfrage zur Besprechung auf die Tagesordnung gesetzt, wenn dies von einer Fraktion oder von mindestens fünfzehn Abgeordne-

ten innerhalb von zwei Monaten – gerechnet vom Ausgabedatum der Drucksache – verlangt wird.

(3) Beantwortet die Regierung die Große Anfrage nicht binnen sechs Wochen nach der Zustellung, so wird die Große Anfrage zur Besprechung auf die Tagesordnung der nächsten Sitzung gesetzt.

(4) Bei der Besprechung steht einer oder einem der Unterzeichnerinnen und Unterzeichner der Großen Anfrage das Schlusswort zu.

§ 63a
Besprechung Großer Anfragen in Ausschüssen

(1) Unter den Voraussetzungen des § 63 Absatz 2 und 3 wird die Große Anfrage auf Verlangen der Fragestellerinnen und Fragesteller anstatt im Plenum im zuständigen Ausschuss besprochen.

(2) Der Ausschuss führt die Besprechung der Großen Anfrage in öffentlicher Sitzung durch. Die Sitzung findet in der Regel im Plenarsaal statt. Presse, Rundfunk sowie sonstige Zuhörerinnen und Zuhörer haben wie bei Plenarsitzungen Zutritt. Bei Störungen von Zuhörerinnen und Zuhörern kann die oder der Vorsitzende die gegebenen Ordnungsmaßnahmen ergreifen.

(3) Die Besprechung einer Großen Anfrage geht in der Tagesordnung anderen Beratungsgegenständen vor, die vom Ausschuss in nichtöffentlicher Sitzung zu behandeln sind. Über die Besprechung wird ein Wortprotokoll angefertigt. Auf die Überprüfung der Niederschrift findet § 102 Anwendung mit der Maßgabe, dass die Zuständigkeiten der Präsidentin oder des Präsidenten von der oder dem Vorsitzenden wahrgenommen werden.

(4) § 29 findet entsprechend Anwendung mit der Maßgabe, dass die Erstunterzeichnerin oder der Erstunterzeichner der Großen Anfrage, wenn sie oder er nicht Mitglied des Ausschusses ist, oder eine mit ihrer oder seiner Vertretung beauftragte Abgeordnete oder ein mit ihrer oder seiner Vertretung beauftragter Abgeordneter mit beratender Stimme an der Besprechung teilnehmen und das Schlusswort beanspruchen kann. Ist die Große Anfrage von einer Fraktion unterzeichnet, so bestimmt diese, welches Mitglied die Rechte nach Satz 1 für die Fraktion wahrnimmt.

(5) Anträge nach § 64 müssen spätestens während der Sitzung, in welcher die Große Anfrage im Ausschuss besprochen wird, eingebracht werden. Die Präsidentin oder der Präsident über-

weist die Anträge an den zuständigen Ausschuss. Handelt es sich um Anträge von Fraktionen, ist die Beratung öffentlich durchzuführen; im Übrigen kann der Ausschuss die Beratung der Anträge auf eine spätere Sitzung verschieben, die nichtöffentlich durchzuführen ist. Der Ausschuss legt dem Landtag eine Beschlussempfehlung vor. Dem Landtag ist ein Bericht vorzulegen, sofern die Anträge in nichtöffentlicher Sitzung beraten worden sind. Absatz 4 gilt entsprechend für die Teilnahme der Erstunterzeichnerin oder des Erstunterzeichners eines Antrags oder einer oder eines von ihr oder ihm beauftragten Abgeordneten.

(6) Das Präsidium regelt im Übrigen die Einzelheiten des Verfahrens.

### § 64
### Anträge zu Großen Anfragen

Bei der Besprechung können Anträge zur Großen Anfrage gestellt werden. Sie bedürfen der Unterstützung durch eine Fraktion oder durch mindestens fünfzehn Abgeordnete.

## XII. Petitionen

### § 65
### Petitionsausschuss nach Artikel 35a der Verfassung

Der Landtag bestellt zur Behandlung der an ihn gerichteten Bitten und Beschwerden (Petitionen) nach Artikel 2 Absatz 1 der Landesverfassung und Artikel 17 des Grundgesetzes einen Petitionsausschuss

### § 66
### Petitionen von zwangsweise untergebrachten Personen

Petitionen von Personen, die sich in Straf- oder Untersuchungshaft befinden oder sonst zwangsweise untergebracht sind, sind nach Maßgabe einer von der Landesregierung zu erlassenden Anordnung ungeöffnet dem Landtag zuzuleiten. Dies gilt auch für den mit der Petition zusammenhängenden Schriftverkehr der Petentin oder des Petenten mit dem Petitionsausschuss.

### § 67
### Verfahren im Landtag und im Petitionsausschuss

(1) Die Präsidentin oder der Präsident leitet die Petitionen dem Petitionsausschuss zu, soweit sie nicht nach § 70 behandelt wer-

den. Zuschriften, die nicht Bitten und Beschwerden im Sinne von Artikel 2 Absatz 1 der Landesverfassung und Artikel 17 des Grundgesetzes sind, können vom Landtag durch Kenntnisnahme erledigt werden.

(2) Der Ausschuss weist eine Petition in der Regel zurück, wenn sie

1. nach Inhalt und Form eine strafbare Handlung der Einsenderin oder des Einsenders darstellt oder zum Ziele hat,
2. Gegenstände behandelt, für die das Land unzuständig ist; Petitionen, die in den Zuständigkeitsbereich des Deutschen Bundestages oder eines anderen Landesparlaments fallen, werden an die zuständige Stelle abgegeben,
3. einen rechtswidrigen Eingriff in die Gerichtsbarkeit fordert, insbesondere in ein schwebendes Gerichtsverfahren eingreift; ein solcher Eingriff liegt jedoch nicht vor, wenn die Petentin oder der Petent lediglich verlangt, dass eine Behörde sich in einem Gerichtsverfahren in bestimmter Weise verhält, oder wenn die Petition bei gerichtlich bestätigten Ermessensentscheidungen von einer Behörde eine Überprüfung oder Änderung der Entscheidung verlangt,
4. den Inhalt einer früheren Petition, über die der Landtag bereits Beschluss gefasst hat, ohne wesentliches neues Vorbringen wiederholt.

Die Petentin oder der Petent erhält von der oder dem Vorsitzenden des Ausschusses eine Mitteilung über die Zurückweisung.

(3) Der Petitionsausschuss kann die Stellungnahme anderer Ausschüsse des Landtags einholen.

(4) Unbeschadet der Befugnisse nach dem Gesetz über den Petitionsausschuss des Landtags können der Petitionsausschuss oder eine vom Ausschuss gebildete Kommission jederzeit die zur Aufklärung des Sachverhalts erforderlichen Maßnahmen ergreifen, insbesondere eine Ortsbesichtigung vornehmen. Im Einvernehmen mit der oder dem Ausschussvorsitzenden kann auch die Berichterstatterin oder der Berichterstatter eine Ortsbesichtigung vornehmen. Bei Ortsbesichtigungen ist die Regierung vorher zu benachrichtigen.

(5) Die Regierung gibt die Stellungnahme zu Petitionen, um die sie der Petitionsausschuss ersucht, innerhalb von zwei Monaten ab. Die oder der Vorsitzende des Ausschusses kann im Einzelfall eine andere Frist bestimmen.

(6) Bevor der Petitionsausschuss dem Landtag empfiehlt, eine Petition der Regierung zur Berücksichtigung oder Veranlassung näher bezeichneter bestimmter Maßnahmen zu überweisen (§ 68 Absatz 2 Nummer 2), gibt er der Regierung Gelegenheit, sich hierzu im Ausschuss zu äußern. Will die Regierung einem dahin gehenden Beschluss des Landtags nicht entsprechen, so hat sie durch die zuständige Ministerin oder den zuständigen Minister, bei deren oder dessen Verhinderung durch die politische Staatssekretärin oder den politischen Staatssekretär oder, wo der Ministerin oder dem Minister eine solche oder ein solcher nicht beigegeben ist, durch die Ministerialdirektorin oder den Ministerialdirektor, vor dem Ausschuss die Gründe für ihre Haltung darzulegen. Widerspricht die Regierung nicht auf diese Weise im Ausschuss, verpflichtet sie sich, die Ausführung des Beschlusses des Landtags nachträglich nicht mehr abzulehnen.

(7) Der Petitionsausschuss kann ergänzende Verfahrensregelungen erlassen.

§ 68
Entscheidung und Benachrichtigung

(1) Der Petitionsausschuss legt dem Landtag in angemessener Frist zu der Petition eine bestimmte Beschlussempfehlung mit einem Bericht vor. Die Beschlussempfehlungen werden zusammen mit den Berichten in eine Sammeldrucksache aufgenommen und auf die Tagesordnung einer Sitzung des Landtags gesetzt. Beschlussempfehlungen für Entscheidungen nach Absatz 2 Nummer 2 sind mit den Berichten an den Anfang einer Sammeldrucksache zu setzen.

(2) Der Landtag entscheidet in der Regel wie folgt:

1. Die Petition wird, nachdem ihr durch entsprechende Maßnahmen abgeholfen wurde, oder durch den Beschluss des Landtags zu einem anderen Gegenstand für erledigt erklärt.
2. Die Petition wird der Regierung zur Kenntnisnahme, als Material, zur Erwägung, zur Berücksichtigung oder zur Veranlassung näher bezeichneter bestimmter Maßnahmen überwiesen.
3. Der Petition kann nicht abgeholfen werden.
4. Die Petition wird als zur Bearbeitung im Landtag ungeeignet zurückgewiesen.
5. Der Petentin oder dem Petenten wird anheim gegeben, zunächst den Rechtsweg auszuschöpfen.

(3) Wird die Petition der Regierung zur Erwägung, zur Berücksichtigung oder zur Veranlassung einer bestimmten Maßnahme überwiesen, so berichtet sie schriftlich innerhalb von zwei Monaten, was sie aufgrund der überwiesenen Petition veranlasst hat. Der Landtag kann eine andere Frist festsetzen. Lässt sich der Beschluss des Landtags nicht innerhalb von zwei Monaten oder der vom Landtag bestimmten Frist erledigen, so kann die oder der Vorsitzende des Petitionsausschusses die Frist verlängern, wenn die Regierung rechtzeitig vor Fristablauf die Gründe darlegt, die einer fristgemäßen Erledigung entgegenstehen. Die Berichte der Regierung werden von der Präsidentin oder dem Präsidenten dem Petitionsausschuss überwiesen. § 37a Absatz 2 Satz 2 und Absatz 3 gilt entsprechend.

(4) Über die Erledigung der Petition wird die Petentin oder der Petent, bei mehreren Unterzeichnerinnen und Unterzeichnern die oder der erste, von der oder dem Vorsitzenden des Petitionsausschusses unterrichtet. In den Fällen des § 66 ist die Anstalt gleichzeitig zu unterrichten, soweit ein berechtigtes Interesse der Anstalt besteht.

§ 69
Mündlicher Bericht des Petitionsausschusses

Der Petitionsausschuss erstattet dem Landtag in der Regel jährlich einen mündlichen Bericht über seine Tätigkeit.

§ 70
Regelung für andere Ausschüsse

(1) Betrifft eine Petition einen Gegenstand, der zur Zeit ihres Eingangs in einem anderen Ausschuss behandelt wird, so leitet sie die Präsidentin oder der Präsident diesem Ausschuss zu. Sofern es einer Aufklärung des Sachverhalts mit den Mitteln des Gesetzes über den Petitionsausschuss des Landtags offensichtlich nicht bedarf, kann die Präsidentin oder der Präsident auch in sonstigen Fällen die Petition einem fachlich zuständigen Ausschuss zuleiten.

(2) Für das Verfahren gelten § 67 Absatz 2 und 3 sowie § 68 Absatz 2 entsprechend. Über die Erledigung der Petition wird die Petentin oder der Petent, bei mehreren Unterzeichnerinnen und Unterzeichnern die oder der erste, von der Präsidentin oder dem Präsidenten unterrichtet.

## XIII. Sitzungsordnung

§ 71
Allgemeines

Sitzungsperiode ist die Wahlperiode des Landtags.

§ 72
Zutritt zum Sitzungssaal

Während der Sitzungen des Landtags haben nur Abgeordnete und Mitglieder der Regierung zum Sitzungssaal Zutritt, ferner die Präsidentin oder der Präsident des Rechnungshofs, die oder der Landesbeauftragte für den Datenschutz und die oder der Landesbeauftragte für die Informationsfreiheit im Rahmen ihrer gesetzlichen Aufgaben. Über die Zulassung von Bediensteten des Landtags entscheidet die Präsidentin oder der Präsident, über die Zulassung von anderen Bediensteten das zuständige Mitglied der Regierung sowie gegebenenfalls die Präsidentin oder der Präsident des Rechnungshofs, die oder der Landesbeauftragte für den Datenschutz oder die oder der Landesbeauftragte für die Informationsfreiheit.

§ 73
Teilnahme an den Arbeiten des Landtags

Die Abgeordneten sind verpflichtet, an den Arbeiten des Landtags teilzunehmen.

§ 74
Teilnahme an den Sitzungen des Landtags

(1) Verhinderte Abgeordnete haben die Präsidentin oder den Präsidenten rechtzeitig, spätestens bis zum Beginn der Sitzung, zu unterrichten. Liegen Umstände vor, die eine rechtzeitige Unterrichtung ausschließen, so erfolgt die Benachrichtigung der Präsidentin oder des Präsidenten, sobald es die Umstände gestatten.

(2) Abgeordnete, die eine Sitzung vorzeitig verlassen, machen der Präsidentin oder dem Präsidenten hiervon Mitteilung.

§ 75
Befreiung von der Teilnahmepflicht

(1) Die Präsidentin oder der Präsident kann bis zu vier Wochen von der Teilnahmepflicht befreien. Über längere Befreiungen

entscheidet das Präsidium. Auf unbestimmte Zeit kann von der Teilnahmepflicht nicht befreit werden.

(2) Einem Antrag einer Abgeordneten auf Befreiung von der Teilnahmepflicht innerhalb der gesetzlichen Mutterschutzfristen ist von der Präsidentin oder dem Präsidenten stattzugeben.

(3) Zum Zwecke der Kinderbetreuung kann die Präsidentin oder der Präsident Abgeordnete auf Antrag für längstens sechs Monate nach der Geburt des Kindes von der Teilnahmepflicht an Plenar- und Ausschusssitzungen befreien.

§ 76
Anwesenheitsliste

(1) In jeder Sitzung liegt eine Anwesenheitsliste auf.

(2) Übersieht eine Abgeordnete oder ein Abgeordneter die Eintragung, so gilt ihre oder seine Anwesenheit als nachgewiesen, wenn sie aus dem Sitzungsbericht festgestellt werden kann.

§ 77
Verfahren

(1) Vor Eintritt in die Tagesordnung werden die Anträge auf Befreiung von der Teilnahmepflicht erledigt.

(2) Die Präsidentin oder der Präsident unterrichtet den Landtag über die Eingänge.

(3) Vor Schluss jeder Sitzung schlägt die Präsidentin oder der Präsident den Zeitpunkt der nächsten Sitzung vor. Widerspricht eine Abgeordnete oder ein Abgeordneter, so entscheidet der Landtag.

(4) Selbstständig setzt die Präsidentin oder der Präsident Zeit und Tagesordnung der nächsten Sitzung fest, wenn der Landtag sie oder ihn dazu ermächtigt oder wegen Beschlussunfähigkeit oder aus anderen Gründen nicht entscheiden kann.

(5) In unaufschiebbaren Fällen kann die Präsidentin oder der Präsident unter Bekanntgabe der Tagesordnung eine Sitzung einberufen. Ist eine schriftliche Einladung nicht möglich, so kann die Einladung auf anderem Wege erfolgen.

§ 78
Tagesordnung

(1) Die Beratungsgegenstände sollen in der Tagesordnung nach der Bedeutung, der Aktualität und unter Berücksichtigung des

Sachzusammenhangs geordnet werden. Kommt ein Einvernehmen im Präsidium nicht zustande, so gilt für die Aufstellung der Tagesordnung durch das Präsidium die nachstehende Reihenfolge: Aktuelle Debatte, Dringliche Anträge nach § 57 Absatz 2, Gesetzentwürfe, Fraktionsanträge (einschließlich sonstiger Dringlicher Anträge), Große Anfragen, sonstige Anträge und Vorlagen, Kleine Anfragen. Abweichend hiervon kann jede Fraktion verlangen, dass eine Aktuelle Debatte, eine bestimmte eigene Initiative oder eine bestimmte Regierungs- oder sonstige nicht aus der Mitte des Landtags eingebrachte Vorlage behandelt wird; dafür stehen an ganztägigen Plenarsitzungen die Punkte 1 und 2, an halbtägigen Plenarsitzungen der Punkt 1 der Tagesordnung zur Verfügung. Die Ausübung des Wahlrechts erfolgt in wechselndem Turnus unter den Fraktionen.

(2) Die Tagesordnung wird vom Präsidium festgestellt, sofern sie nicht gemäß § 77 Absatz 4 und 5 von der Präsidentin oder dem Präsidenten festgesetzt wird.

(3) Die Tagesordnung wird den Abgeordneten und der Regierung übersandt.

(4) Der Landtag kann, soweit nichts anderes bestimmt ist, auf Antrag einer Fraktion oder auf Vorschlag der Präsidentin oder des Präsidenten die Tagesordnung zu Sitzungsbeginn erweitern, die Reihenfolge der Tagesordnung ändern, Gegenstände absetzen oder gleichartige oder verwandte Gegenstände gemeinsam behandeln. Gegenstände, die nicht auf der festgestellten oder vom Landtag erweiterten Tagesordnung stehen, können nicht beraten werden, wenn fünf Abgeordnete widersprechen. Für Dringliche Anträge gilt § 57

(5) Wird für denselben Tag eine weitere Sitzung anberaumt, so gibt die Präsidentin oder der Präsident Zeit und Tagesordnung mündlich bekannt.

§ 79
Schluss der Sitzung

Eine Sitzung kann vor Erledigung der Tagesordnung auf Antrag von fünf Abgeordneten geschlossen werden.

§ 80
Beschlussfähigkeit

(1) Wird die Beschlussfähigkeit vor einer Abstimmung oder Wahl bezweifelt und von der Präsidentin oder dem Präsidenten weder bejaht noch verneint, so wird sie durch Namensaufruf

festgestellt. Die Präsidentin oder der Präsident kann die Abstimmung oder Wahl kurze Zeit aussetzen.

(2) Nach Feststellung der Beschlussunfähigkeit unterbricht die Präsidentin oder der Präsident die Sitzung für 15 Minuten. Ist nach dieser Zeit die Beschlussfähigkeit nicht hergestellt, so hebt sie oder er die Sitzung auf und gibt Zeit und Tagesordnung der nächsten Sitzung bekannt.

(3) Ergibt sich die Beschlussunfähigkeit bei einer Abstimmung oder Wahl, so wird die Abstimmung oder die Wahl in einer der nächsten Sitzungen wiederholt. Ein Antrag auf namentliche Abstimmung bleibt in Kraft.

§ 81
Eröffnung der Beratung

(1) Die Präsidentin oder der Präsident eröffnet und schließt die Beratung über die einzelnen Gegenstände nach der Reihenfolge der Tagesordnung.

(2) Nimmt ein Mitglied der Regierung oder eine von ihm Bevollmächtigte oder ein von ihm Bevollmächtigter außerhalb der Tagesordnung das Wort, so findet eine Besprechung statt, wenn mindestens zehn Abgeordnete dies verlangen.

§ 82
Wortmeldungen, Worterteilung und Reihenfolge der

Rednerinnen und Redner

(1) Abgeordnete und Regierungsvertreterinnen und Regierungsvertreter, die sich an der Beratung beteiligen wollen, melden sich bei der Präsidentin oder dem Präsidenten zu Wort. Es wird eine Liste der Rednerinnen und Redner geführt. Die Präsidentin oder der Präsident erteilt das Wort.

(2) Die Präsidentin oder der Präsident bestimmt die Reihenfolge der Rednerinnen und Redner. Hierbei sollen die Sorge für eine sachgemäße Erledigung und zweckmäßige Gestaltung der Beratung sowie die Rücksicht auf die Stärke der Fraktionen maßgebend sein. Bei der Besprechung von Anfragen und der Beratung von selbstständigen Anträgen soll die erste Rednerin oder der erste Redner nach der Begründung des Antrags oder der Anfrage nicht derselben Fraktion angehören wie die Antragstellerinnen und Antragsteller. Der Berichterstatterin oder dem Berichterstatter stehen das erste und das letzte Wort zu.

(3) Regierungsvertreter müssen auf ihr Verlangen jederzeit gehört werden. Die Präsidentin oder der Präsident des Rechnungshofs, die oder der Landesbeauftragte für den Datenschutz und die oder der Landesbeauftragte für die Informationsfreiheit erhalten zu ihren regelmäßigen Berichten im Landtag das Wort.

(4) Ergreift die Ministerpräsidentin oder der Ministerpräsident zu Beginn oder im Verlauf einer Aussprache das Wort, so muss anschließend den Vorsitzenden der Oppositionsfraktionen auf ihr Verlangen das Wort erteilt werden. Wird von diesem Recht Gebrauch gemacht, so können danach auch die Vorsitzenden der anderen Fraktionen das Wort verlangen. Ist die oder der Vorsitzende einer Fraktion an der Teilnahme an der Sitzung verhindert, kann ihre oder seine Stellvertreterin oder ihr oder sein Stellvertreter nach Maßgabe der vorstehenden Sätze das Wort verlangen.

(5) Will sich die Präsidentin als Rednerin oder der Präsident als Redner an der Beratung beteiligen, so gibt sie oder er für die Dauer dieser Beratung den Vorsitz an ihre oder seine Stellvertreterin oder ihren oder seinen Stellvertreter ab.

(6) Die Rednerinnen und Redner richten ihre Ausführungen ausschließlich an den Landtag.

(7) In Immunitätsangelegenheiten soll die oder der betroffene Abgeordnete im Landtag das Wort zur Sache nicht ergreifen.

§ 82a
Zwischenfrage, Zwischenbemerkung (Kurzintervention)

(1) Zwischenfragen an die Rednerin oder den Redner können von Abgeordneten über die Saalmikrofone gestellt werden. Wer eine Zwischenfrage stellen will, meldet sich per Handzeichen von ihrem oder seinem Platz aus und wartet ab, bis die Präsidentin oder der Präsident die Rednerin oder den Redner gefragt hat, ob sie oder er eine Zwischenfrage zulässt. Wenn die Rednerin oder der Redner bejaht, erteilt die Präsidentin oder der Präsident das Wort zur Zwischenfrage. Eine Zwischenfrage muss sich auf den Verhandlungsgegenstand beziehen und darf bei einer Fraktionsredezeit von fünf Minuten zwei Minuten, im Übrigen drei Minuten nicht überschreiten. Die Dauer der Frage wird nicht auf die Redezeit angerechnet. Die Präsidentin oder der Präsident kann die Redezeit entsprechend der Inanspruchnahme für das Eingehen auf die Frage verlängern.

(2) Für Zwischenbemerkungen von Abgeordneten gilt Absatz 1 entsprechend mit der Maßgabe, dass, wer eine Zwischenbemer-

kung machen möchte, sich unmittelbar zum Saalmikrofon begibt und dort wartet, bis die Präsidentin oder der Präsident die Rednerin oder den Redner gefragt hat, ob sie oder er eine Zwischenbemerkung zulässt.

§ 82b
Persönliche Erklärungen

(1) Zu persönlichen Erklärungen erteilt die Präsidentin oder der Präsident auf Verlangen am Ende der Beratung das Wort.

(2) Persönliche Erklärungen dürfen nur die Zurückweisung eines persönlichen Angriffs oder die Berichtigung einer unrichtigen Wiedergabe von Ausführungen zum Gegenstand haben.

(3) Persönliche Erklärungen dürfen die Dauer von drei Minuten nicht überschreiten.

(4) Wird die Beratung durch Vertagung unterbrochen, so erteilt die Präsidentin oder der Präsident das Wort zu einer persönlichen Erklärung nach dem Vertagungsbeschluss.

§ 82c
Sachliche Richtigstellung

(1) Zu einer sachlichen Richtigstellung erteilt die Präsidentin oder der Präsident am Ende der Beratung oder vor Schluss der Sitzung außerhalb der Tagesordnung das Wort.

(2) Eine sachliche Richtigstellung darf die Dauer von drei Minuten nicht überschreiten.

§ 83
Reden und Berichte

Die Rednerinnen und Redner sollen grundsätzlich in freiem Vortrag sprechen. Sie können hierbei Aufzeichnungen benutzen.

§ 83a
Rededauer

(1) Das Präsidium kann Redezeiten für die Fraktionen und für die einzelnen Rednerinnen und Redner festlegen oder die Beratungsdauer eines Gegenstandes begrenzen. Legt das Präsidium zu den Beratungen des Staatshaushaltsgesetzes und der Einzelpläne zum Staatshaushaltsplan für die Aussprache Redezeiten für die Fraktionen fest, kann es zusätzlich für die Behandlung dazu gestellter Änderungsanträge weitere Fraktionsredezeiten festlegen. Der Landtag kann auf Antrag einer Fraktion oder auf

Vorschlag der Präsidentin oder des Präsidenten die Beschlüsse des Präsidiums ändern. Die Präsidentin oder der Präsident soll die Redezeiten der Fraktionen verlängern, wenn die Regierungsvertreterinnen und Regierungsvertreter in einer Aussprache, in der Redezeiten für die Fraktionen festgelegt sind, 50 Prozent der Gesamtredezeit der Fraktionen überschreiten.

(2) Bei der Festlegung von Redezeiten wird allen Fraktionen grundsätzlich die gleiche Grundredezeit eingeräumt. Die Grundredezeit soll so bemessen werden, dass jede Fraktion ausreichend Gelegenheit hat, ihren Standpunkt darzulegen. Auf Verlangen einer Fraktion ist eine Zusatzredezeit einzuräumen, die dem Stärkeverhältnis der Fraktionen entspricht. Die Zusatzredezeit einer Fraktion darf 50 vom Hundert ihrer Grundredezeit nicht überschreiten.

(3) An eine Regierungserklärung und an eine kurzfristige Information durch die Regierung schließt sich die Aussprache darüber an. Zur Vorbereitung darauf soll den Fraktionen 48 Stunden vor der maßgeblichen Plenarsitzung der Inhalt der Regierungserklärung oder der Information vertraulich zur Verfügung gestellt werden. Wenn die Regierung die Frist nach Satz 2 nicht einhält, können zwei Oppositionsfraktionen verlangen, dass die Aussprache erst zu einem späteren Zeitpunkt durchgeführt wird. Das gemeinsame Verlangen ist schriftlich bis spätestens 12 Uhr am Tag vor der Plenarsitzung bei der Präsidentin oder dem Präsidenten einzureichen. Die Aussprache wird stets von einer Oppositionsrednerin oder einem Oppositionsredner in wechselndem Turnus eröffnet. Im Übrigen gilt § 82 Absatz 2 Satz 2 entsprechend.

### § 84
### Bemerkungen zur Geschäftsordnung

Zur Geschäftsordnung wird das Wort auf Verlangen außerhalb der Reihenfolge erteilt. Bemerkungen zur Geschäftsordnung müssen sich auf die geschäftliche Behandlung des zur Beratung stehenden Gegenstandes oder auf die Anwendung der Geschäftsordnung beschränken. Sie dürfen die Dauer von fünf Minuten nicht überschreiten.

### § 85
### Schluss der Beratung

(1) Schluss der Beratung kann beantragt werden, wenn alle Fraktionen zur Darlegung ihres Standpunkts Gelegenheit hat-

ten. Über den Antrag wird ohne Aussprache abgestimmt. Vor der Abstimmung wird die Liste der Rednerinnen und Redner bekannt gegeben.

(2) Wird der Antrag auf Schluss der Beratung abgelehnt, so kann er, wenn mindestens eine weitere Abgeordnete oder ein weiterer Abgeordneter gesprochen hat, erneut gestellt werden.

§ 86
Wiedereröffnung der Beratung

Nimmt nach Schluss der Beratung noch eine Regierungsvertreterin oder ein Regierungsvertreter das Wort, so ist die Beratung wieder eröffnet.

§ 87
Übergang zur Tagesordnung

(1) Übergang zur Tagesordnung kann bis zur Abstimmung jederzeit beantragt werden. Über den Antrag wird vor Änderungsanträgen abgestimmt.

(2) Zu Regierungsvorlagen kann Übergang zur Tagesordnung nicht beantragt werden.

§ 88
[aufgehoben]

§ 89
[aufgehoben]

§ 90
Verweisung zur Sache

Eine Rednerin oder ein Redner, die oder der vom Verhandlungsgegenstand abweicht, wird von der Präsidentin oder dem Präsidenten zur Sache verwiesen.

§ 91
Ordnungsruf

Verletzt eine Abgeordnete oder ein Abgeordneter die Ordnung, so erteilt die Präsidentin oder der Präsident ihr oder ihm unter Nennung des Namens einen Ordnungsruf.

§ 91a
Wortentziehung

(1) Bei gröblicher Verletzung der Ordnung kann die Präsidentin oder der Präsident einer Rednerin oder einem Redner das Wort entziehen.

(2) Ist eine Rednerin oder ein Redner während einer Rede dreimal zur Sache verwiesen oder zur Ordnung gerufen und beim zweiten Male durch die Präsidentin oder den Präsidenten auf die Folgen einer dritten Verweisung zur Sache oder eines dritten Ordnungsrufs hingewiesen worden, so muss die Präsidentin oder der Präsident ihr oder ihm das Wort entziehen.

(3) Nach der Wortentziehung wird der Rednerin oder dem Redner das Wort vor Erledigung des zur Beratung stehenden Gegenstandes nicht mehr erteilt.

§ 92
Ausschluss von der Sitzung

(1) Die Präsidentin oder der Präsident kann eine Abgeordnete oder einen Abgeordneten von der Sitzung ausschließen, wenn eine Ordnungsmaßnahme nach § 91 oder § 91a wegen der Schwere der Ordnungsverletzung nicht ausreicht. Die Präsidentin oder der Präsident fordert die Abgeordnete oder den Abgeordneten auf, den Sitzungssaal unverzüglich zu verlassen. Leistet die oder der Abgeordnete dieser Aufforderung nicht Folge, so wird die Sitzung unterbrochen. Die oder der Abgeordnete ist damit ohne Weiteres für die nächsten drei Sitzungstage von der Sitzung ausgeschlossen; die Präsidentin oder der Präsident stellt dies bei Wiedereintritt in die Sitzung fest.

(2) In besonders schweren Fällen kann die Präsidentin oder der Präsident im Einvernehmen mit dem Präsidium feststellen, dass der Ausschluss für mehrere Sitzungstage, höchstens jedoch für zehn Sitzungstage wirksam ist. Dasselbe gilt beim erneuten Ausschluss einer oder eines Abgeordneten, die oder der sich innerhalb derselben Wahlperiode des Landtags bereits einmal den Ausschluss von der Sitzung zugezogen hat. Die Präsidentin oder der Präsident gibt vor dem Ende der Sitzung bekannt, für wie viele Sitzungstage die oder der Abgeordnete ausgeschlossen ist.

(3) Eine ausgeschlossene Abgeordnete oder ein ausgeschlossener Abgeordneter darf vor Ablauf des Sitzungstages, für welchen der Ausschluss gilt, auch an keiner Ausschusssitzung teilnehmen. Bei einem Ausschluss für mehrere Sitzungstage ist der Ablauf des letzten Sitzungstages maßgebend.

§ 93
Einspruch gegen Ordnungsmaßnahmen

(1) Gegen den Ordnungsruf, die Wortentziehung und den Ausschluss von der Sitzung kann die oder der Abgeordnete bis zum Beginn der nächsten Sitzung bei der Präsidentin oder dem Präsidenten schriftlich Einspruch einlegen. Über den Einspruch entscheidet der Landtag in dieser Sitzung ohne Beratung. Der Einspruch hat keine aufschiebende Wirkung.

(2) Ordnungsmaßnahmen sowie der Anlass hierzu werden nicht besprochen.

§ 94
Unterbrechung der Sitzung

Bei grober oder anhaltender Störung kann die Präsidentin oder der Präsident die Sitzung unterbrechen oder aufheben. Kann sich die Präsidentin oder der Präsident kein Gehör verschaffen, so verlässt sie oder er den Präsidentenstuhl; die Sitzung ist dadurch auf eine halbe Stunde unterbrochen.

§ 95
Weitere Ordnungsmaßnahmen

(1) Sitzungsteilnehmerinnen und Sitzungsteilnehmer, die nicht Mitglieder des Landtags sind, und Zuhörerinnen und Zuhörer unterstehen der Ordnungsgewalt der Präsidentin oder des Präsidenten.

(2) Den Zuhörerinnen und Zuhörern sind Zeichen des Beifalls und der Missbilligung sowie sonstige laute Äußerungen untersagt. Zuhörerinnen und Zuhörer, die hiergegen verstoßen oder die Ordnung in anderer Weise verletzen, können auf Anordnung der Präsidentin oder des Präsidenten entfernt werden. Bei störender Unruhe kann die Präsidentin oder der Präsident den Zuhörerraum räumen lassen.

## XIV. Abstimmung

§ 96
Fragestellung

(1) Nach Schluss der Beratung stellt die Präsidentin oder der Präsident die Fragen, über die der Landtag zu entscheiden hat. Sie werden so gefasst, dass sie mit „Ja“ oder mit „Nein“ beantwortet werden können. Über Fassung und Reihenfolge der ge-

stellten Fragen kann zur Geschäftsordnung das Wort verlangt werden. Wird den Vorschlägen der Präsidentin oder des Präsidenten widersprochen, so entscheidet der Landtag.

(2) Über mehrere Teile eines Antrags kann getrennt abgestimmt werden. Die Entscheidung trifft der Landtag.

(3) Widerspricht eine Antragstellerin oder ein Antragsteller der getrennten Abstimmung über einen Antrag, so muss über diesen im Ganzen abgestimmt werden.

(4) Über Anträge, die von Abgeordneten während der Beratung gestellt werden, kann erst abgestimmt werden, wenn sie vervielfältigt den Abgeordneten vorliegen.

(5) Bei der Abstimmung über Beschlussempfehlungen der Ausschüsse, die in Sammeldrucksachen zusammengeführt werden, stellt die Präsidentin oder der Präsident die Zustimmung entsprechend dem Abstimmungsverhalten im Ausschuss fest, sofern kein anderes Abstimmungsverhalten angekündigt oder keine Einzelabstimmung begehrt wird.

§ 97
Abstimmungsregeln

(1) Abgestimmt wird in der Regel durch Erheben von den Sitzen oder durch Handzeichen. Ist die Präsidentin oder der Präsident oder eine Schriftführerin oder ein Schriftführer über das Ergebnis der Abstimmung im Zweifel, wird die Abstimmung wiederholt. Ergibt auch diese Abstimmung keine Klarheit, wird das Ergebnis durch Namensaufruf festgestellt.

(2) Stimmengleichheit verneint die Frage.

(3) Stimmenthaltungen werden mitgezählt bei Feststellung der Beschlussfähigkeit, nicht aber bei Berechnung der Mehrheit.

(4) Vom Beginn der Aufforderung zur Abstimmung bis zur Bekanntgabe des Ergebnisses wird ein Antrag nicht mehr zugelassen und das Wort nicht erteilt.

(5) Über Anträge zur Geschäftsordnung wird vor Anträgen zur Sache, über den Geschäftsordnungsantrag, welcher der Weiterbehandlung des Gegenstandes am meisten widerspricht, vor anderen Geschäftsordnungsanträgen und über einen Schlussantrag vor einem Antrag auf Vertagung abgestimmt.

(6) Anträge zu einem Antrag, die diesem eine Alternative gegenüberstellen oder diesen ändern oder ergänzen (Änderungsanträge), werden nach der Abstimmung über den Antrag in der

Reihenfolge ihres Eingangs zur Abstimmung gestellt, es sei denn, die Antragstellerinnen und Antragsteller des Antrags sind mit dem Änderungsantrag einverstanden. In diesem Fall wird zuerst über den Änderungsantrag abgestimmt.

(7) Bei mehreren Anträgen wird über den Antrag, der von der Vorlage, der Beschlussempfehlung, einem sonstigen Antrag zur Sache oder von dem Ansuchen einer Eingabe am weitesten abweicht, bei Zahlenunterschieden über die höhere Zahl, zuerst abgestimmt.

(8) Ein Änderungsantrag zu einem Änderungsantrag ist zulässig, soweit er im Einzelnen eine Veränderung von dessen Wortlaut anstrebt und nicht lediglich das Begehren eines im gleichen Sachzusammenhang bereits gestellten Antrags wiederholt.

§ 97a
Wahlen

(1) Bei Wahlen findet geheime Abstimmung statt. Zur Abgabe der Stimmzettel werden die Abgeordneten mit Namen aufgerufen. Der Landtag bestimmt, welche besonderen Vorkehrungen zur Gewährleistung der geheimen Durchführung der Wahl zu treffen sind.

(2) Wenn keine Abgeordnete und kein Abgeordneter widerspricht, kann durch Handzeichen abgestimmt werden. Dies gilt nicht bei Wahlen, für welche in der Verfassung, durch Gesetz oder in dieser Geschäftsordnung geheime Abstimmung vorgeschrieben ist. Eine namentliche Abstimmung ist nicht zulässig.

(3) Die Mitglieder des Verfassungsgerichtshofs, die Präsidentin oder der Präsident des Verfassungsgerichtshofs und ihre oder seine ständige Stellvertreterin oder ihr oder sein ständiger Stellvertreter werden ohne Aussprache in geheimer Abstimmung gewählt. Entsprechendes gilt für die Erteilung der Zustimmung zur Ernennung der Präsidentin oder des Präsidenten und der Vizepräsidentin oder des Vizepräsidenten des Rechnungshofs und für die Wahl der oder des Landesbeauftragten für den Datenschutz.

§ 98
Bestimmung von Behördensitzen

(1) Ist in einem Gesetzentwurf über den Sitz einer Landesbehörde zu entscheiden, so erfolgt die Auswahl, wenn mehr als zwei Vorschläge für den Sitz der Behörde gemacht werden, erstmals und einmalig in der abschließenden Beratung nach beendeter

Einzelabstimmung, aber vor der Schlussabstimmung über das Gesetz.

(2) Der Landtag wählt mit Namenstimmzetteln, auf die der jeweils gewünschte Ort zu schreiben ist. Gewählt ist der Ort, der die Mehrheit der abgegebenen gültigen Stimmen erhält. Ergibt sich keine solche Mehrheit, dann werden in einem zweiten Wahlgang die beiden Orte zur Wahl gestellt, die im ersten Wahlgang die höchste Stimmenzahl erhalten haben. Gewählt ist dann der Ort, auf den sich durch Abgabe von Namenstimmzetteln die größte Zahl der abgegebenen gültigen Stimmen vereinigt. Bei Stimmengleichheit entscheidet das von der Präsidentin oder dem Präsidenten zu ziehende Los.

(3) Die Bestimmungen des Absatzes 2 sind entsprechend anzuwenden, wenn die Auswahl des Sitzes einer Landesbehörde bei der Beratung eines Antrags, der keinen Gesetzentwurf enthält, vorgenommen wird.

§ 99
Namentliche Abstimmung

(1) Eine namentliche Abstimmung findet statt, wenn ein entsprechender Antrag durch fünf Abgeordnete unterstützt wird.

(2) Über Verfassungsänderungen muss in der Schlussabstimmung namentlich abgestimmt werden.

(3) Eine namentliche Abstimmung ist nicht zulässig

1. bei Anträgen zur Geschäftsordnung,
2. bei Anträgen auf Festsetzung der Mitgliederzahl eines Ausschusses,
3. bei der Entscheidung über Einsprüche gegen Ordnungsmaßnahmen.

(4) Bei der namentlichen Abstimmung übergeben die Abgeordneten die amtliche, ihren Namen tragende, mit „Ja“, „Nein“ oder „Enthaltung“ gekennzeichnete Stimmkarte den Schriftführerinnen und Schriftführern, die die Stimmkarten in dafür bereitgestellten Urnen sammeln. Nicht amtliche Stimmkarten sind ungültig. Nach beendeter Einsammlung erklärt die Präsidentin oder der Präsident die Abstimmung für geschlossen.

(5) Für die Durchführung der namentlichen Abstimmung stehen grundsätzlich fünf Minuten zur Verfügung. Die Präsidentin oder der Präsident kann die Frist zur Stimmabgabe verlängern oder die Durchführung der namentlichen Abstimmung um 15

Minuten verschieben, insbesondere wenn die namentliche Abstimmung erst kurz vor Beginn der Abstimmung beantragt wurde. In diesen Fällen kann sie oder er einstweilen mit der Tagesordnung fortfahren.

(6) Das Ergebnis der Abstimmung wird durch die Schriftführerinnen und Schriftführer festgestellt und von der Präsidentin oder dem Präsidenten verkündet.

(7) Wird die Richtigkeit von einer oder einem Abgeordneten bezweifelt, so erfolgt sofort eine Nachprüfung durch die Schriftführerinnen und Schriftführer und die Präsidentin oder den Präsidenten. Die Nachprüfung ist nicht erforderlich, wenn am Gesamtergebnis kein Zweifel bestehen kann.

(8) Nach Schluss der Sitzung, in der die Abstimmung vorgenommen wurde, kann das Ergebnis nicht mehr angefochten werden.

§ 100
Erklärungen zur Abstimmung

(1) Jede und jeder Abgeordnete ist berechtigt, nach Bekanntgabe des Ergebnisses einer Abstimmung ihre oder seine Abstimmung kurz zu begründen. Dies gilt nicht, wenn ohne Aussprache abzustimmen ist.

(2) Erklärungen einer Fraktion zur Abstimmung sind zulässig.

(3) Erklärungen zur Abstimmung dürfen die Dauer von drei Minuten nicht überschreiten.

(4) Persönliche Erklärungen und sachliche Richtigstellungen erfolgen, wenn sich an die Beratung eines Gegenstandes eine Abstimmung anschließt, vor der Abstimmung. §§ 82b und 82c bleiben unberührt.

## XV. Sitzungsberichte und Drucksachen

§ 101
Sitzungsbericht

Über jede Sitzung wird ein wörtlicher Sitzungsbericht gefertigt.

§ 102
Überprüfung der Niederschrift

(1) Jede Rednerin und jeder Redner erhält eine Niederschrift ihrer oder seiner Ausführungen zur Prüfung auf ihre Richtigkeit.

Gibt sie oder er die Niederschrift nicht innerhalb der von der Präsidentin oder dem Präsidenten festgesetzten Frist zurück, so gilt sie als genehmigt.

(2) Berichtigungen dürfen den Sinn einer Rede nicht ändern. Über Korrekturen, die mit dieser Bestimmung nicht im Einklang stehen, wird die Präsidentin oder der Präsident von der Landtagsverwaltung unterrichtet. Sie oder er bespricht sich mit der oder dem Abgeordneten und entscheidet, wenn die Besprechung zu keiner Verständigung führt, darüber, in welcher Fassung die Niederschrift in den Sitzungsbericht aufzunehmen ist.

(3) Ausführungen einer oder eines Abgeordneten, der oder dem das Wort nicht erteilt wurde, werden in den Sitzungsbericht nicht aufgenommen. Eine Abgeordnete oder ein Abgeordneter kann eine Rede, für welche ihr oder ihm das Wort hätte erteilt werden können, mit Zustimmung der Präsidentin oder des Präsidenten zur Aufnahme in den Sitzungsbericht übergeben, wenn der Verzicht auf Worterteilung der sachgemäßen Erledigung der Tagesordnung dient. Die Erklärung muss der Präsidentin oder dem Präsidenten vor Schluss der Sitzung schriftlich übergeben werden. Sie wird im Sitzungsbericht am Ende der Niederschrift über den Tagesordnungspunkt abgedruckt und als Erklärung zum Protokoll kenntlich gemacht.

(4) Niederschriften dürfen vor Anerkennung ihrer Richtigkeit ohne Zustimmung der Rednerin oder des Redners nur der Präsidentin oder dem Präsidenten zur Einsicht überlassen werden.

§ 103
Drucklegung

(1) Die Vorlagen, Anträge und Sitzungsberichte werden gedruckt.

(2) Fand eine nichtöffentliche Sitzung statt, so bedarf es zur Drucklegung und Veröffentlichung des Sitzungsberichts der Zustimmung einer Zweidrittelmehrheit.

## XVI. Geschäftsordnungsfragen

§ 104
Auslegung der Geschäftsordnung

(1) Die Auslegung der Geschäftsordnung im Einzelfall obliegt der Präsidentin oder dem Präsidenten.

(2) Eine grundsätzliche, über den Einzelfall hinausgehende Auslegung der Geschäftsordnung kann der Landtag nur aufgrund eines von mindestens fünf Abgeordneten eingebrachten und vom zuständigen Ausschuss geprüften Antrags beschließen.

§ 105
Abweichungen von der Geschäftsordnung

(1) Einzelne Abweichungen von der Geschäftsordnung kann der Landtag mit einer Mehrheit von zwei Dritteln der Abstimmenden beschließen.

(2) Auf Verlangen von fünf Abgeordneten geht der Beschlussfassung eine Prüfung durch den zuständigen Ausschuss voraus.

§ 106
Rechte des für die Geschäftsordnung zuständigen Ausschusses

Der Ständige Ausschuss kann Fragen, die sich auf die Geschäftsführung des Landtags und seiner Ausschüsse beziehen, erörtern und dem Landtag oder der Präsidentin oder dem Präsidenten darüber Vorschläge machen.

§ 107
Änderungen der Geschäftsordnung

Eine Änderung der Geschäftsordnung kann der Landtag nur aufgrund einer von fünf Abgeordneten eingebrachten und von dem für die Geschäftsordnung zuständigen Ausschuss geprüften Vorlage mit einer Mehrheit von zwei Dritteln der anwesenden Abgeordneten beschließen.

## XVII. Schlussbestimmung

§ 108
Inkrafttreten, Außerkrafttreten

Diese Geschäftsordnung tritt am 16. Oktober 2019 in Kraft. Gleichzeitig tritt die Geschäftsordnung vom 1. Juni 1989 (GBl. S. 250), die zuletzt durch Beschluss vom 18. Juli 2019 (GBl. S. 371) geändert worden ist, außer Kraft.

## Anlage 1

**Regeln über die Offenlegung der beruflichen Verhältnisse der Abgeordneten**

I.

Die Abgeordneten haben zur Aufnahme in das Handbuch des Landtags anzugeben:

1. Die gegenwärtig ausgeübten Berufe, und zwar
   a) unselbstständige Tätigkeit unter Angabe der Arbeitgeberin oder des Arbeitgebers (mit Branche), der eigenen Funktion oder dienstlichen Stellung,
   b) selbstständige Gewerbetreibende: Art des Gewerbes unter Angabe der Firma,
   c) freie Berufe, sonstige selbstständige Berufe: Angabe des Berufszweiges,
   d) Angabe des Schwerpunktes der beruflichen Tätigkeit bei mehreren ausgeübten Berufen.

   Anzugeben sind auch Berufe, deren Ausübung im Hinblick auf die Mandatsübernahme ruht.
2. Vergütete und ehrenamtliche Tätigkeiten als Mitglied eines Vorstandes, Aufsichtsrats, Verwaltungsrats, sonstigen Organs oder Beirats einer Gesellschaft, Genossenschaft oder eines in einer anderen Rechtsform betriebenen Unternehmens.
3. Vergütete und ehrenamtliche Funktionen in Berufsverbänden, Wirtschaftsvereinigungen, sonstigen Interessenverbänden oder ähnlichen Organisationen auf Landes- oder Bundesebene.

II.

Die Abgeordneten haben der Präsidentin oder dem Präsidenten anzuzeigen:

1. Entgeltliche Tätigkeiten der Beratung, Vertretung fremder Interessen, Erstattung von Gutachten, publizistische und Vortragstätigkeit, soweit diese Tätigkeiten nicht im Rahmen des ausgeübten Berufs liegen. Tätigkeiten der Erstattung von Gutachten, publizistische und Vortragstätigkeit sind nur anzuzeigen, wenn die Einnahmen hieraus die vom Präsidium auf Vorschlag der Präsidentin oder des Präsidenten festgelegten Höchstbeträge übersteigen.

2. Zuwendungen, die ihnen als Kandidatin oder Kandidat für eine Landtagswahl oder als Mitglied des Landtags für ihre Tätigkeit zur Verfügung gestellt werden, soweit diese Zuwendungen von einer Spenderin oder einem Spender innerhalb eines Jahres die Höchstbeträge, die jährlich vom Präsidium auf Vorschlag der Präsidentin oder des Präsidenten festgelegt werden, übersteigen. Zuwendungen sind, soweit sie in einem Kalenderjahr einzeln oder bei mehreren Spenden derselben Spenderin oder desselben Spenders zusammen den Wert von 10 225 Euro übersteigen, von der Präsidentin oder dem Präsidenten unter Angabe ihrer Höhe und Herkunft zu veröffentlichen.

   Die Abgeordneten haben über alle Zuwendungen zu den vorgenannten Zwecken gesondert Rechnung zu führen.

   Die Annahme von Entgelten oder Gegenleistungen für ein bestimmtes Verhalten als Abgeordnete oder Abgeordneter ist unzulässig.

III.

Wirkt eine Abgeordnete oder ein Abgeordneter in einem Ausschuss an der Beratung oder Abstimmung über einen Gegenstand mit, an welchem sie oder er selbst oder eine andere oder ein anderer, für die oder den sie oder er gegen Entgelt tätig ist, ein unmittelbares wirtschaftliches Interesse hat, so hat sie oder er diese Interessenverknüpfung zuvor im Ausschuss offenzulegen, soweit sie sich nicht aus den Angaben im Handbuch ergibt.

IV.

Hinweise auf die Mitgliedschaft im Landtag in beruflichen oder geschäftlichen Angelegenheiten sind zu unterlassen.

V.

In Zweifelsfragen ist die oder der Abgeordnete verpflichtet, sich durch Rückfragen bei der Präsidentin oder dem Präsidenten über die Auslegung der Bestimmungen zu vergewissern.

VI.

Wird der Vorwurf erhoben, dass eine Abgeordnete oder ein Abgeordneter gegen diese Offenlegungsregeln verstoßen hat, so hat die Präsidentin oder der Präsident gemeinsam mit den stellvertretenden Präsidentinnen und Präsidenten den Sachverhalt aufzuklären und die betroffene Abgeordnete oder den betroffenen Abgeordneten anzuhören. Die oder der Abgeordnete kann selbst die Aufklärung eines gegen sie oder ihn erhobenen Vorwurfs verlangen; das Verlangen muss ausreichend begründet sein. Ergeben sich Anhaltspunkte für einen Verstoß, so hat die Präsidentin oder der Präsident der Fraktion, der die oder der betreffende Abgeordnete angehört, Gelegenheit zur Stellungnahme zu geben. Das von den Präsidentinnen und Präsidenten festgestellte Ergebnis der Überprüfung wird den Fraktionen mitgeteilt.

## Anlage 2

### Richtlinien für die Fragestunde

1. Jede und jeder Abgeordnete ist berechtigt, kurze Mündliche Anfragen an die Regierung zu richten. Die Anfragen sind der Präsidentin oder dem Präsidenten schriftlich einzureichen.
2. Eine Abgeordnete oder ein Abgeordneter darf zu einer Fragestunde nicht mehr als zwei Mündliche Anfragen einreichen.
3. Die Fragestunde darf 60 Minuten nicht überschreiten.
4. Zulässig sind Einzelfragen über Angelegenheiten, für die die Landesregierung unmittelbar oder mittelbar verantwortlich ist, sofern sie nicht schon Gegenstand der Beratungen im Landtag sind.
5. Die Anfragen dürfen nicht mehr als zwei konkrete Fragen enthalten, müssen kurz gefasst sein und eine kurze Beantwortung ermöglichen.
6. Anfragen, die den Nummern 1 bis 5 nicht entsprechen, gibt die Präsidentin oder der Präsident zurück.
7. Die Anfragen müssen spätestens am dritten Arbeitstag vor dem Tag, an dem die Fragestunde stattfindet, bis 12 Uhr bei der Präsidentin oder dem Präsidenten eingereicht werden.
8. Anfragen, die in der Fragestunde nicht mehr beantwortet werden können, werden von der Landesregierung schriftlich beantwortet.
9. Jede und jeder Abgeordnete kann bei Einreichung ihrer oder seiner Anfragen erklären, dass sie oder er mit schriftlicher Beantwortung einverstanden ist.

   Zusatzfragen zu schriftlichen Antworten sind nicht zulässig. Es bleibt der oder dem Abgeordneten überlassen, diese Fragen als selbstständige Anfragen zur nächsten Fragestunde einzubringen.

10. Die Fragestellerin oder der Fragesteller ist berechtigt, wenn die Anfrage mündlich beantwortet wird, bis zu zwei Zusatzfragen zu stellen. Bei den Zusatzfragen darf es sich nur um eine einzelne, nicht unterteilte Frage handeln.

    Zusatzfragen dürfen keine Feststellungen oder Wertungen enthalten.

11. Die Präsidentin oder der Präsident kann weitere Zusatzfragen durch andere Abgeordnete zulassen; Nummer 10 gilt entsprechend. Die ordnungsgemäße Abwicklung der Fragestunde darf dadurch nicht gefährdet werden.

12. Zusatzfragen müssen in einem unmittelbaren Zusammenhang mit der Hauptfrage stehen.

13. Anfragen, bei denen sich die Fragestellerin oder der Fragesteller mit schriftlicher Beantwortung einverstanden erklärt hat, werden in den Sitzungsbericht zusammen mit der schriftlich erteilten Antwort aufgenommen. Die Anfragen und die schriftlich erteilten Antworten erscheinen in dem Sitzungsbericht an der Stelle, an der sie erscheinen würden, wenn die Anfrage mündlich beantwortet wäre.

**Anlage 3**

**Richtlinien für die Regierungsbefragung**

1. Den Fragen können zu deren Verständnis kurze Bemerkungen vorangestellt werden.

2. Die Fragen dürfen einschließlich der Bemerkungen nicht mehr als drei Minuten dauern und müssen kurze Antworten bis höchstens fünf Minuten ermöglichen.

3. Zur Vorbereitung der Regierungsbefragung teilt die Staatssekretärin oder der Staatssekretär im Staatsministerium unmittelbar nach der Kabinettssitzung der Präsidentin oder dem Präsidenten des Landtags die zentralen Themen der Kabinettssitzung mit.

4. Bis 17 Uhr am Tag vor der Regierungsbefragung benennen die Fraktionen ein Ministerium, aus dessen Geschäftsbereich zu einem Thema Fragen gestellt werden, sowie das Thema.

5. Bei jeder neuen Regierungsbefragung wird unter den Fraktionen mit der Benennung der Themen turnusmäßig gewech-

selt. Die Fraktion, die ein Thema benannt hat, stellt hierzu die erste Frage. Im Übrigen erteilt die Präsidentin oder der Präsident das Wort unter Berücksichtigung von § 82 Absatz 2 der Geschäftsordnung.

6. Die Befragung zu einem Thema soll nicht länger als 30 Minuten dauern. Im Rahmen der verbleibenden Zeit können weitere Fragen von aktuellem Interesse zu Angelegenheiten, für die die Regierung verantwortlich ist, gestellt werden.

# LANDESREGIERUNG

**Ministerpräsident**
Winfried Kretschmann (GRÜNE), MdL
70184 Stuttgart, Richard-Wagner-Straße 15
Telefon (0711) 2153-0
E-mail: poststelle@stm.bwl.de

**Stellv. Ministerpräsident und Minister des Inneren, für Digitalisierung und Kommunen**
Thomas Strobl (CDU)
70173 Stuttgart, Willy-Brandt-Straße 41
Telefon (0711) 231-4
E-Mail: poststelle@im.bwl.de

**Minister für Finanzen**
Dr. Danyal Bayaz (GRÜNE)
70173 Stuttgart, Schlossplatz 4
Telefon (0711) 123-0
E-Mail: poststelle@fm.bwl.de

**Ministerin für Kultus, Jugend und Sport**
Theresa Schopper (GRÜNE)
70173 Stuttgart, Thouretstraße 6
Telefon (0711) 279-0
E-Mail: poststelle@km.kv.bwl.de

**Ministerin für Wissenschaft, Forschung und Kunst**
Theresia Bauer (GRÜNE), MdL
70173 Stuttgart, Königstraße 46
Telefon (0711) 279-0
E-Mail: poststelle@mwk.bwl.de

**Ministerin für Umwelt, Klima und Energiewirtschaft**
Thekla Walker (GRÜNE), MdL
70182 Stuttgart, Kernerplatz 9
Telefon (0711) 126-0
E-Mail: poststelle@um.bwl.de

**Bevollmächtigter beim Bund und Staatssekretär für Medienpolitik:**
Rudolf Hoogvliet (Bündnis 90/Die Grünen)

**Ministerin für Wirtschaft, Arbeit und Tourismus**
Dr. Nicole Hoffmeister-Kraut (CDU), MdL
70174 Stuttgart, Schlossplatz 4
Telefon (0711) 123-0
E-Mail: poststelle@wm.bwl.de

**Minister für Soziales, Gesundheit und Integration**
Manfred Lucha (GRÜNE), MdL
70173 Stuttgart, Else-Josenhans-Straße 6
Telefon (0711) 123-0
E-Mail: poststelle@sm.bwl.de

**Ministerin der Justiz und für Migration**
Marion Gentges (CDU), MdL
70173 Stuttgart, Schillerplatz 4
Telefon (0711) 279-0
E-Mail: poststelle@jum.bwl.de

**Minister für Verkehr**
Winfried Hermann (GRÜNE), MdL
70173 Stuttgart, Dorotheenstraße 8
Telefon (0711) 231-5830
E-Mail: poststelle@vm.bwl.de

**Minister für Ernährung, Ländlichen Raum und Verbraucherschutz**
Peter Hauk (CDU)
70182 Stuttgart, Kernerplatz 10
Telefon (0711) 126-0
E-Mail: poststelle@mlr.bwl.de

**Ministerin für Landesentwicklung und Wohnen**
Nicole Razavi (CDU), MdL
70174 Stuttgart, Theodor-Heuss-Straße 4
Telefon (0711) 123-0
E-Mail: poststelle@mlw.bwl.de

**Staatsrätin für Zivilgesellschaft und Bürgerbeteiligung**
Barbara Bosch
70184 Stuttgart, Richard-Wagner-Straße 15
Telefon (0711) 2153-0, Telefax (0711) 2153-340
E-Mail: poststelle@stm.bwl.de

**Staatssekretäre/innen / Politische Staatssekretäre/innen**

im Staatsministerium und Vertreter des Landes bei der EU
Florian Hassler (GRÜNE)

im Ministerium des Inneren, für Digitalisierung und Kommunen
Wilfried Klenk (CDU)
Julian Würtenberger (CDU)

im Ministerium für Finanzen
Dr. Gisela Splett (GRÜNE)

im Ministerium für Kultus, Jug*end und Sport*
*Sandra Boser (GRÜNE), MdL*
*Volker Schebesta (CDU), MdL*

im Ministerium für Wissenschaft, Forschung und Kunst
Petra Olschowski (GRÜNE), MdL

im Ministerium für Umwelt, Klima und Energiewirtschaft
Dr. Andre Baumann (GRÜNE), MdL

im Ministerium für Wirtschaft, Arbeit und Tourismus
Dr. Patrick Rapp (CDU), MdL

im Ministerium für Soziales, Gesundheit und Integration
Dr. Ute Leidig (GRÜNE), MdL

im Ministerium der Justiz und für Migration
Siegfried Lorek (CDU), MdL

im Ministerium für Verkehr
Elke Zimmer (GRÜNE), MdL

im Ministerium für Ernährung, Ländlichen Raum und Verbraucherschutz
Sabine Kurtz (CDU), MdL

im Ministerium für Landesentwicklung und Wohnen
Andrea Lindlohr (GRÜNE), MdL

# MITGLIEDER DER LANDESREGIERUNG OHNE LANDTAGSMANDAT



BAYAZ, Danyal
Minister für Finanzen

Ministerium für Finanzen
des Landes Baden-Württemberg
Neues Schloss
Schlossplatz 4
70173 Stuttgart
E-Mail: poststelle@fm.bwl.de
www.fm.baden-wuerttemberg.de

*BÜNDNIS 90/DIE GRÜNEN*

*Persönliche Angaben:*
Geboren 1983 in Heidelberg.

*Ausbildung, Berufslaufbahn, berufliche Funktionen:*
Abitur. Zivildienst am Deutschen Krebsforschungszentrum. Studium der Kommunikationswissenschaft u. a. mit Vertiefung Bankwirtschaft an der Universität Stuttgart-Hohenheim. Promotion über privates Beteiligungskapital (Private Equity) und Forschungsaufenthalt an der Cornell University in New York als Fulbright-Stipendiat. 2013 bis 2017 Berater (zuletzt in der Position des Projektleiters) bei der Boston Consulting Group, unter anderem für Kunden aus dem Banking und dem öffentlichen Sektor.

*Politische Funktionen:*
Seit 2005 Mitglied von Bündnis 90/Die Grünen, 2013 bis 2017 ehrenamtliches Mitglied des Landesvorstandes Baden-Württemberg. 2017 bis Mai 2021 Mitglied des Deutschen Bundestages für den Wahlkreis Bruchsal-Schwetzingen, hier ordentliches Mitglied im Finanzausschuss und stellvertretendes Mitglied im Haushaltsausschuss und in der Enquete-Kommission für Künstliche Intelligenz, Mitglied in der Deutsch-Französischen Parlamentarischen Versammlung und Obmann im 3. Untersuchungsausschuss („Wirecard") des 19. Bundestages und Leiter des Wirtschaftsbeirats der Fraktion Bündnis 90/Die Grünen.
Seit Mai 2021 Minister für Finanzen des Landes Baden-Württemberg.

SCHOPPER, Theresa
Ministerin für Kultus, Jugend und Sport

Ministerium für Kultus, Jugend und Sport des Landes Baden-Württemberg
Thouretstraße 6
70173 Stuttgart
Telefon 0711 279-0
Telefax 0711 279-2810
E-Mail: poststelle@km.kv.bwl.de
www.km-bw.de

*BÜNDNIS 90/DIE GRÜNEN*

*Persönliche Angaben:*
Geboren am 9. April 1961 in Füssen im Allgäu; römisch-katholisch; verheiratet, zwei Söhne.

*Ausbildung, Berufslaufbahn, berufliche Funktionen:*
1967 bis 1971 Grundschule Füssen, 1971 bis 1980 Gymnasium Hohenschwangau, Abitur. 1980 bis 1987 Studium Soziologie und Kriminologie, Abschluss Diplom. 1988 bis 1994 Fraktionsgeschäftsführerin.

*Politische Funktionen:*
Seit 1983 Mitglied der Partei Die Grünen; 2003 bis 2013 Landesvorsitzende, 2004 bis 2013 Bundesparteiratsmitglied. Mitglied des Bayerischen Landtags Oktober 1994 bis Oktober 2003 und Oktober 2008 bis Oktober 2013. 2014 bis 2016 Leiterin der Abteilung IV Grundsatz und Planung, Bundesangelegenheiten, Wissenschaft und Kunst, Gesellschaftspolitik, Integrationspolitik. Mai 2016 bis Oktober 2018 Staatssekretärin und Ministerialdirektorin im Staatsministerium Baden-Württemberg, Oktober 2018 bis Mai 2021 Staatsministerin für die politische Koordination.
Seit 12. Mai 2021 Ministerin für Kultus, Jugend und Sport des Landes Baden-Württemberg.

*Sonstige Funktionen und Mitgliedschaften:*
Deutsche Schulsportstiftung, Aufsichtsrat Staatliche Toto-Lotto GmbH Baden-Württemberg, Aufsichtsrat der Baden-Württemberg Stiftung gGmbH, Aufsichtsrat Deutsch-Griechisches Jugendwerk

STROBL, Thomas
Stellvertretender Ministerpräsident und
Minister des Inneren,
für Digitalisierung und Kommunen

Ministerium des Inneren,
für Digitalisierung und Kommunen
Willy-Brandt-Straße 41
70173 Stuttgart
Telefon (0711) 231-4
Telefax (0711) 231-5000
E-Mail: poststelle@im.bwl.de
im.baden-wuerttemberg.de
*CDU*

*Persönliche Angaben:*
Geboren am 17. März 1960 in Heilbronn; evangelisch; verheiratet.

*Ausbildung, Berufslaufbahn, berufliche Funktionen:*
Geboren am 17. März 1960 in Heilbronn; evangelisch; verheiratet.

*Ausbildung, Berufslaufbahn, berufliche Funktionen:*
1979 Abitur am Robert-Mayer-Gymnasium in Heilbronn. Studium der Rechtswissenschaften an der Ruprecht-Karls-Universität Heidelberg, Erstes juristisches Staatsexamen. Aufbaustudium an der Verwaltungshochschule in Speyer, Wissenschaftlicher Mitarbeiter der Universität Heidelberg, Zweites juristisches Staatsexamen. Wissenschaftlicher Assistent an der Universität Heidelberg, Parlamentarischer Berater im Landtag von Baden-Württemberg. Selbständiger Rechtsanwalt (Zulassung ruht); Partner in der Anwalts- und Steuerkanzlei Throm, Hauser, Strobl, von Berlichingen und Kollegen. Seit Mai 2016 Landesbeauftragter für Vertriebene und Spätaussiedler des Landes Baden-Württemberg. Mai 2016 bis Mai 2021 stellvertretender Ministerpräsident und Minister für Inneres, Digitalisierung und Migration, seit 12. Mai 2021 stellvertretender Ministerpräsident und Minister des Inneren, für Digitalisierung und Kommunen des Landes Baden-Württemberg; Mitglied des Bundesrates.

*Politische Funktionen:*
1995 bis 2005 Kreisvorsitzender der CDU Heilbronn, 2001 bis 2011 stellvertretender Vorsitzender des CDU-Bezirksverbandes Nordwürttemberg, 2005 bis 2011 Generalsekretär der CDU Baden-Württemberg, seit 2011 Landesvorsitzender der CDU Baden-Württemberg, 2012 bis 2022 stellvertretender Bundesvorsitzender der CDU Deutschlands. 1989 bis 2016 Stadtrat im Heilbronner Gemeinderat, 1994 bis 2012 Mitglied im Regionalverband Heilbronn-Franken und Vorsitzender der CDU-Fraktion, 1997 bis 2003 Vorsitzender der CDU-Fraktion im Heilbronner Gemeinderat. 1998 bis 2016 direkt gewähltes Mitglied des Bundestages des Wahlkreises Heilbronn, 2009 bis Juni 2016 Vorsitzender der CDU-Landesgruppe Baden-Württemberg, Januar 2014 bis Juni 2016 stellvertretender Vorsitzender der CDU/CSU-Fraktion.

*Sonstige Funktionen und Mitgliedschaften:*
Beteiligungsgesellschaft der Stadt Heilbronn mbH, Heilbronn. Mitglied des Aufsichtsrates (Mandat niedergelegt). Stellvertretender Vorsitzender des Verwaltungsrates der L-Bank (Mandat niedergelegt). Aufsichtsratsvorsitzender Südwestdeutsche Salzwerke AG, Heilbronn (Juni 2018 bis Mai 2020). Mitglied im Aufsichtsrat der Südwestdeutschen Salzwerke AG, Heilbronn, Mitglied im Aufsichtsrat der e-mobil BW GmbH, Mitglied im Aufsichtsrat der Rothaus AG, Mitglied im Aufsichtsrat der Landesbank Baden-Württemberg AdöR. Kreissparkasse Heilbronn, Heilbronn Mitglied der Gewährträgerversammlung und des Verwaltungsrates Stadt Heilbronn, Heilbronn (Mandat niedergelegt). Bundesverband mittelständische Wirtschaft e.V. (BVMW), Berlin. Mitglied des politischen Beirats (Mandat niedergelegt). Heilbronner Bürgerstiftung, Heilbronn, Mitglied des Stiftungsrates, ehrenamtlich (Mandat niedergelegt).

# ABKÜRZUNGSVERZEICHNIS

| | |
|---|---|
| **AfD** | Alternative für Deutschland |
| **AOK** | Allgemeine Ortskrankenkasse |
| **ASB** | Arbeiter-Samariter-Bund |
| **AStA** | Allgemeiner Studentenausschuss |
| **AWO** | Arbeiter-Wohlfahrt |
| **BUND** | Bund für Umwelt und Naturschutz Deutschland |
| **BW** | Baden-Württemberg |
| **CDU** | Christlich Demokratische Union Deutschlands |
| **DLRG** | Deutsche Lebensrettungs-Gesellschaft |
| **DRK** | Deutsches Rotes Kreuz |
| **FDP/DVP** | Freie Demokratische Partei/Demokratische Volkspartei |
| **FH** | Fachhochschule |
| **FU** | Freie Universität Berlin |
| **GEW** | Gewerkschaft Erziehung und Wissenschaft |
| **GRÜNE** | Bündnis 90/Die Grünen |
| **IG** | Industriegewerkschaft |
| **IHK** | Industrie- und Handelskammer |
| **Ing.** | Ingenieur |
| **JU** | Junge Union |
| **jur.** | juristisch |
| **kfm.** | kaufmännisch |
| **LAG** | Landesarbeitsgemeinschaft |
| **MdB** | Mitglied des Deutschen Bundestages |
| **MdL** | Mitglied des Landtages von Baden-Württemberg |
| **Mitgl.** | Mitglied |
| **NVBW** | Nahverkehrsgesellschaft Baden-Württemberg |
| **OLG** | Oberlandesgericht |
| **PH** | Pädagogische Hochschule |
| **pol.** | politisch |
| **RCDS** | Ring Christlich Demokratischer Studenten |
| **REP** | DIE REPUBLIKANER |
| **SGK** | Sozialdemokratische Gemeinschaft für Kommunalpolitik |
| **SPD** | Sozialdemokratische Partei Deutschlands |
| **stellv.** | stellvertretender |
| **SWR** | Südwestrundfunk |
| **TU** | Technische Universität |
| **ver.di** | Vereinte Dienstleistungsgewerkschaft e.V. |
| **VHS** | Volkshochschule |
| **wiss.** | wissenschaftlich |